KB090135

제4판

동기면담

변화와 성장을 돕는 사람들

MOTIVATIONAL INTERVIEWING

제4판 **동기면담**

변화와 성장을 돕는 사람들

조성희 옮김

William R. Miller
Stephen Rollnick

Σ 시그마프레스

동기면담 : 변화와 성장을 돕는 사람들, 제4판

발행일 | 2024년 4월 15일 1쇄 발행

지은이 | William R. Miller, Stephen Rollnick
옮긴이 | 조성희
발행인 | 강학경
발행처 | (주)시그마프레스
디자인 | 우주연, 김은경
편 집 | 윤원진, 김은실
마케팅 | 문정현, 송치헌, 최성복, 김성옥

등록번호 | 제10-2642호
주소 | 서울특별시 영등포구 양평로 22길 21 선유도코오롱디지털타워 A401~402호
전자우편 | sigma@spress.co.kr
홈페이지 | http://www.sigmapress.co.kr
전화 | (02)323-4845, (02)2062-5184~8
팩스 | (02)323-4197

ISBN | 979-11-6226-470-6

Motivational Interviewing, Fourth Edition
Helping People Change and Grow

Copyright ⓒ 2023 The Guilford Press
A Division of Guilford Publications, Inc.

All rights reserved.

Korean language edition ⓒ 2024 by Sigma Press, Inc. published by arrangement
with The Guilford Press

이 책의 한국어판 저작권은 The Guilford Press와 독점계약한 (주)시그마프레스에 있습니다.
저작권법에 의하여 한국 내에서 보호를 받는 저작물이므로 무단전재와 복제를 금합니다.

* 책값은 책 뒤표지에 있습니다.

윌리엄 밀러 박사와 개인적인 교류를 시작하게 된 것은 2007년 미국 시카고에서 밀러 박사와 모이어스 박사 두 분이 공동 진행한 TNT 워크숍(Training of New Trainers, 동기면담 훈련가 워크숍)에 한국인으로 처음 참여했을 때다. 이후 동기면담 관련 저서와 동영상을 번역하여 출간했고, 밀러 박사의 취지에 따라서 'Motivational Interviewing'을 '동기면담'으로 번역하기 시작했으며, *Motivational Interviewing* 제4판의 번역은 역자의 희망이자 저자의 기대였다.

밀러 박사는 약속했던 대로 1차 TNT 워크숍을 2015년에 서울에서 진행해주었다. 2차 TNT는 2021년 COVID-19으로 인해 비대면 방식으로 진행하였는데 디지털 매체를 활용한 첫 TNT 훈련 워크숍 모델이 되었다. 국내외에서 현재 40여 명의 한국인 훈련가가 MINT(Motivational Interviewing Network of Trainers) 회원이자 한국동기면담협회(Korean Association of Motivational Interviewing) 회원으로 활동하고 있다.

동기면담 제4판은 전문가뿐 아니라 일반 독자들이 읽기 쉽게 저술되었다. 각 장에 "개인적 관점" 칼럼에서 저자는 개인의 삶의 경험을 독자들과 진정성 있게 나누었고, "치료자에게" 칼럼에서는 특별히 실무자들에게 동기면담 적용, 이슈 등을 전문성과 세밀함으로 전한다. 그리고 본서 끝부분에, 미래의 동기면담 적용에 보다 시간·경제·효율적으로 역량을 증진하는 방향성을 제시한다.

번역할 때마다 많은 에너지와 열정과 인내가 필요함을 느낀다. 저자가 전달하고자 하는 내용을 정확하게 전달해야 하기 때문이다. 동기면담 제4판에서 역시 저자의 취지에 맞고, 우리 문화에 맞는 번역어를 선정하려고 노력했다. 동기면담의 네 가지 정신 중 하나인 유발(evoking) 정신이 임파워먼트(empowerment)로 바뀌었는데 이 단어 번역에 대해 동료 훈련가들과 고민하며 조언을 모았고, 흔히 사용하는 '역량 강화' '권한 부여' '권한 강화' 등이 언급되었으나, 강화나 부여는 동기면담의 정신과는 반대되는 의미가 있어 배제하기로 했다. 한편 '임파워먼트'는 일반인에게 이미 잘 알려진 단어여서 이대로 사용해도 무방할 것으로 보이며, 동기면담의 정신에 부합하는 '역량 유발' '역량 증진' '권한 증진' 등도 가능할 것이다. 마침 2023년 10월 코펜하겐에서 열린 동기면담 훈련가 포럼(MINT 포럼)에서 역자가 만난 밀러 박사는 임파워먼트의 의미를 "내면에 힘이 있음을 깨닫고 끌어내도록 돕는 것"으로 정의하여 번역어가 타당함을 확인해주었다. 'practice'는 글의 맥락에 따라서 적용, 실천, 연습 등으로 번역했다.

동기면담 제4판 번역에 격려를 아끼지 않은 밀러 박사와 한국 동기면담 훈련가들께 진심으로 감사의 마음을 전한다. 동기면담을 만나게 해준 중독자분들, 동료 실무자들, 원고 교정과 동기면담 용어 번역에 성심성의를 다해준 훈련가 강호엽 님, 김기은 님, 변신철 님, 임성철 님, 황정아 님께 진심으로 감사한다. 그리고 출판을 허락하신 (주)시그마프레스 강학경 사장님, 편집으로 수고하신 편집부 직원분들께 감사드린다.

제4판 저자 서문

우리는 동기면담 제4판을 마무리하면서, 지난 반세기 동안 사람들이 어떻게 그리고 왜 변화하는지, 또 변화하도록 어떻게 도와야 하는지를 이해하는 데 주력했다. 이 책을 포함해서 우리는 10년마다 그동안 알게 된 내용을 새로 써 왔다.

심리치료 기법들은 시간이 지나면서 더 기술적으로 변하고 복잡해지는 경향이 있다. 그래서 교과서 부피가 점점 커진다. 임상가, 교육자는 많이 유명해진 기법을 더 훈련받아 전문 자격증을 취득하고자 하고, 그러한 자격 과정을 마련해서 자격이 주어진 사람만 그 기법을 적용하도록 제한한다. 이런 변화의 이유가 이해할 만하다. 동기면담이 개발되어 발달하는 초기에, 동료들은 이름을 상표화하고 판권을 확보하여 적용 시 면허를 받게 하라고 조언하였다. "그렇게 하지 않으면 나중에 후회하실 거예요."라고 했다.

우리는 조언대로 하지 않기로 했고, 동기면담은 정말 다른 길을 가고 있다. 그렇게 하지 않은 이유는 동기면담 경찰이 되어 동기면담 적용이 잘되는지 아닌지 집착하는 것이 내키지 않았기 때문이다. 비록 그렇게 하는 것이 가능하다고 하더라도 말이다. 대신, 저자들과 동기면담 훈련가들 MINT(http://motivationalinterviewing.org)는 보다 나은 적용을 이해하고 도모하며, 수년간 배운 것을 자유롭게 나누는 데 초점을 맞추기로 했다. 동기면담은 누구나 접근 가능한 소프트웨어와 같아서, 동기면담을 배우고 적용하기를 원하는 사람들이 접근할 수 있다. 그렇기 때문에 동기면담은 놀랄 정도로 빠르게, 널리 퍼지게 되었다. 접근이 자유로운 많은 아이디어들이 그리 빠르게 퍼져나가지 않는 경우도 있다. 그런데 동기면담이 여러 다양한 장면에서, 전문 직종에서, 문화에서, 언어에서 채택되어 왔고, 상당히 폭넓은 변화 도전 영역에서 적용되는 이유는 그것에 조금 다른 면이 있기 때문인 것 같다. 전문 조력자들이 동기면담을 만나자마자 동기면담을 알아차리는 것 같다. 마치 이미 알고 있던 것처럼. 동기면담이 완전히 새롭거나 낯선 접근은 아니다. 어떤 사람들에게 있어서 동기면담은 오래전에 알았는데 한동안 연락이 끊긴 친구처럼 느껴진다.

이번 4판을 쓰면서 흥미로운 도전 과제들을 많이 제시하였다. 동기면담을 처음 만나는 독자에게 이 책은 동기면담 소개서가 된다. 이들은 동기면담을 들은 적이 있고, 발표나 논문에서 조금 배운 적이 있는데 어떻게 적용할지 알고 싶을 수 있다. 또한, 과학적 연구와 보다 심화된 이해를 원하는 독자에게 이 책은 동기면담에 대한 권위서가 될 수 있다. 어떤 독자는 교육자, 훈련가로서 피교육자, 학습자의 숙련도를 높이고자 할 수 있다. 이렇게 다양한 독자를 대상으로 어떻게 책을 쓸 수 있었나?

동기면담 제1판, 2판, 3판은 분량과 내용 면에서 깊이가 더해졌다. 수백 가지의 새로운 연구 결과들이 매번 쌓였고 동기면담의 전망, 과정, 한계를 명료화해주었다. 4판에서도 분량을 늘리고 내용의 깊이를 더할 수 있었지만, 보다 단순화하는 방향을 택했다. 어떤 것을 더 깊이 이해하게 되면, 더 명료하고 덜 전문적인 용어를 사용해서 설명하는 것이 가능해진다. 미국 대법원의 올리버 웬델 홈스 주니어 판사는 다음과 같이 말했다. "저는 복잡한 것을 단순화하는 데는 전혀 관심이 없어도, 그 이면을 단순화하는 데에는 제 삶을 바치고자 합니다." 4판에서 우리는 내용의 복잡성을 넘어서서 단순하게 전달하려고 도전했으므로 지난 10년간 우리가 배운 내용을 많은 다양한 전문 조력자들이 사용하기를 바란다.

동기면담은 우리가 처음에 상상했던 것 이상으로 아주 광범위하게 적용되고 있다. 상담, 심리치료뿐 아니라, 건강 분야, 교육, 영양, 코칭, 예방 치의학, 스포츠, 사회 사업, 교정, 리더십, 관리 등에도 적용한다. 여기에는, 심도 있는 행동 변화뿐 아니라 성장이라고 하는 보다 긴 기간 동안 사람들과 동행하는 역할을 하는 전문가들(교사, 멘토, 부모, 종교 지도자, 슈퍼바이저, 리더, 인생 코치 등)이 포함된다. 동기면담 적용에 대한 책들이 이미 100권 이상 출간되었다. 그래서 우리는 적용 분야를 더욱 폭넓게 잡았다. 이러한 역할을 하는 사람들 중에 내담자를 밀어붙일 때(달래기, 회유하기, 강요하기, 설득하기 등) 오히려 실패하거나 역효과를 낸 경험이 있다. 동기면담 정신과 기법을 사용하면, 눈에 보이는 변화가 일어날 수 있다. 대상자의 반응, 호전 등 임상가와 내담자가 서로 더 즐거워하며 작업할 수 있다. 동기면담은 조력 전문가로서 실천하는 방법이다. 이 방법을 처음 접하는 독자라면, 이 책을 통해서 동기면담에 관한 명확한 소개와 함께 환영하고 싶다. 동기면담 적용에 익숙한 독자라면, 해당 분야에서 어떻게 동기면담이 적용되는지에 관한 이해를 더 심도 있게 하고자 한다.

폭넓고 다양한 전문직 분야를 다루다 보니, 사용하는 언어 표현이 특별히 도전 과제이다. 분야마다 사용하는 용어가 다양한데, 동기면담의 핵심 본질은 어디서든 똑같다. 4판에서 이 핵심 본질에 초점을 두고 있고, 이는 조력 관계에 적용하는 기법들의 본질이 된다. 도움을 받는 사람이 내담자, 환자, 친척, 학생, 운동선수, 학습자, 피수련자, 고용인이 될 수 있는데, 우리는 4판에서 통틀어 내담자(client) 또는 사람(person)이라고 부를 것이다. 독자에게도 이 용어가 편하게 다가가길 바란다. 동기면담 임상가는 매우 다양한 전문직, 전문 분야에 있는데, 간단히 '실무자'로 표기한다. 성차별적 언어를 피하기 위해 복수 대명사('그들')를 사용한다.

많은 독자가 행동 건강 분야의 특수 전문가이고, 심리적 문제를 다루는 임상가, 상담자, 심리치료사들이다. 그래서 우리는 "치료자에게"라는 칼럼을 별도로 만들어 심리치료 맥락과 용어를 사용하여 좀 더 심화된 자료를 제공하였다. 이 칼럼 내용은 특수 전문가에게 제공되는데, 독자가 전부 치료에 관심이 있지는 않을 것이고 또 심리치료 전문 용어에 익숙하지 않을 수 있기 때문이다.

동기면담에 이미 익숙한 독자는, 4판에서 몇 가지 변화를 보게 된다. 독자 대상을 조금 더 광범위한 분야의 조력자로 염두하여, 특수 전문가들의 전문 용어를 피해 보다 일상 언어를 사용하였다. 1, 2, 3판에서 변화하도록 준비하기에 초점을 두었다면, 이제(4판에서)는 변화와 성장의 여정을 통해서 사람들과 동행하는 길이 동기면담임을 이해하게 되었다. 동기면담 정신으로, 우리는 파트너십(협동), 수용, 연민이라는 구성 요소를 그대로 유지하고, '유발' 정신을 '임파워먼트(empowerment)'로 확장하면서, 내담자의 장점, 동기, 자원, 자율성을 인정하고 있다. 동기면담의 네 가지 과정(관계 맺기, 초점 맞추기, 유발하기, 계획하기)을 조금 더 단순하게 동기면담의 구성 '과제(task)'로 기술하였다. 칭찬하기와 인정하기의 차이에 대해서 오랫동안 논의해 온 것에 대해서, 이제 단순인정, 복합인정으로 분류하기로 하였다. 이러한 분류는 2021년에 출간한 유능한 심리치료사(*Effective Psychotherapists*)에서 소개한 바 있다. 교정반사를 영어로 righting reflex 대신, fixing reflex로 바꾸었다. 기선 제압(running head start)이라고 다소 부적절하게 명명했던 기술적 절차를 이제 진자추(pendulum) 기법이라고 부른다. 우리는 방향 지향적 질문하기와 반영하기를 전략적으로 사용하는 것에 더 많은 주의를 기울였고, 이렇게 선별하여 사용할 때 의도적으로 변화대화를 이끌어내고 견고하게 한다. 전화나 디지털 매체를 사용한 장거리 전달 방식의 사용이 증가하면서, 4판에서는 대면을 넘어서는 동기면담 제공 방법을 다루고 있다.

이 책에는 연구 결과들이 상세하게 제시되는데, 미국심리학회(APA) 양식을 따르지 않았다. APA 양식을 따르게 되면 본문에 표기되는 연구자 이름과 출판연도로 인해 읽기의 흐름이 끊기기 때문이다. 대신, 인용문헌 등은 각 장 끝부분에 번호를 달아 제시했다. 동기면담 대화 예시들은 매우 경험 많은 임상가들이 제공한 비디오 시연 면담에서 축어록을 가져왔다. 그리고 각 장에 "개인적 관점"이라는 칼럼을 별도로 만들어 저자가 동기면담 적용 중 특정 주제에 대해 개인적 경험을 달았다. 4판에서 우리는 특별히 유의하거나 특별한 의미가 있는 용어, 구절을 강조하거나 그것이 처음 나올 때는 **볼드체**로 표기하고, 각 장 끝부분에 가나다순으로 다시 제시했다. 마지막에는 동기면담 용어 모음을 따로 실었다. 저자가 특별히 중요하다고 보는 사항들은 각 장에 의도적으로 반복해서 설명했다.

이전 3판에서처럼, 동기면담 학습과 교육 자료를 추가적으로 찾을 수 있는 웹사이트 www.guilford.com/miller2-materials가 있다.

4판에서 몇 가지 변화가 있기는 하나, 동기면담 기법은 모두 그대로다. 1판보다 더 많이 알게 된 것뿐이다. 동기면담 자체로서 '순수한' 기법으로 독립해서 우뚝 설 수 있으나, 기타 근거 기반 기법들과 연합하여 활용되는 경우가 매우 많다. 동기면담은 덧붙이는 기법이라기보다 독자가 조력 전문가로서 이미 하고 있는 것들을 더 잘하는 하나의 방식이 되면서 동시에 독자가 조력하는 사람들과 함께하는 길이 된다. 동기면담은 독자가 하고 있는 것을 대신하는 것이 아니라 더 증진하는 것이다. 동기면담의 핵심 본질은 조력자가 더 잘 조력하게 돕는 것들과 상당 부분 겹친다. 4판에서 저자들의 바람은, 변화와 성장의 여정에서 독자의 도움을 구하는 사람들에게 안내자로 환영받는 방식을 찾는 것이다.

제4판 한글 번역판 추천사

동기면담(Motivational Interviewing : MI)은 세계적으로 75개 이상의 언어로 가르치고 있고 적용되고 있습니다. 본서의 최신 개정판이 한국어로 번역되어 출판됨에 감사드립니다. 특별히 한국인으로 처음 동기면담 훈련가가 된 조성희 박사가 본서를 번역함에 감사합니다. 한국에서 조성희 박사와 함께 동기면담을 가르쳤고, 한국인 훈련가들을 함께 배출할 수 있어서 매우 기쁩니다. 한국동기면담협회(Korean Association of MI : KAMI)는 짜임새 있고 활동적인 기구이며 국제 동기면담 훈련가 네트워크(MINT)를 통해서 이 기법을 교육할 준비가 되어있습니다. 동기면담의 수준 높은 코딩이 한국어로 가능하여, 교육, 학습, 질적 보장 등에 활용됩니다.

저자들은 본 개정판을 저술할 때 다양한 조력자들과 대상자들이 사용할 수 있도록 하였습니다. 동기면담은 1983년에 상담과 심리치료에서 시작했는데, 지금은 건강, 사회복지, 교육, 교정, 스포츠, 비즈니스, 리더십 등의 분야에서 조력하는 전문가들이 동기면담을 사용하고 있습니다. 여러분이 만나는 사람들이 변화하고 성장할 수 있도록 동기면담을 사용할 방법들은 아직도 많습니다. 그 방법들을 발견하기를 기대합니다.

윌리엄 R. 밀러 박사
미국 뉴멕시코대학교

Motivational interviewing (MI) is now being taught and practiced in at least 75 languages around the world and I am grateful for this Korean translation of the newest edition of our text, with special thanks to the translator, Sung Hee Cho, who was the first MI trainer in Korea. It has been my pleasure to personally work with her to teach MI in Korea, including participating in the very first Korean training for new trainers. There is now a well-established and active Korean Association of MI(KAMI) with more than 40 trainers who have been prepared to teach this method via the international MI Network of Trainers(MINT). The coding of quality of MI is also now available in Korean as an aid in teaching, learning, and quality assurance.

We wrote this new edition to be used by a wide range of helpers and populations. MI began in counseling and psychotherapy in 1983 and is now being used in many other helping professions including health care, social work, education, corrections, sports, business, and leadership. May you find still other ways for using MI in helping people change and grow!

William R. Miller, Ph.D.
The University of New Mexico, USA

차례

· 제3부 ·
동기면담으로 더 깊게 다이빙하기

 · 제4부 ·

동기면담을 학습하고 연구하기

변화하고 성장하기

제1부에서는 동기면담 정신과 기법을 소개한다. 제1장에서는 안내하기 스타일인 동기면담을 지시하기와 따라가기 중간에 위치하는 맥락으로 폭넓게 소개한다. 더불어, 파트너십(협동), 수용, 연민, 임파워먼트[A]라고 하는 조력자의 태도를 소개한다. 제2장에서는 동기면담 기법을 소개하며, 기법이 어떻게 시작되었는지, 양가감정의 역동, 네 가지 구성 과제(즉 관계 맺기, 초점 맞추기, 유발하기, 계획하기)를 소개한다. 제3장에서는 동기면담의 흐름을 설명한다. 동기면담 적용 시 대화가 어떻게 들리고 느껴지는지를 설명한다.

[A] 동기면담 정신의 특징 중에서 '유발' 대신 '임파워먼트'를 사용하고 있어서 우리말 번역에 대해 동기면담 훈련가들과 심도 있게 논의한 결과 이 책에서는 '임파워먼트' 또는 '역량 증진'을 사용하였다.

01

조력자의 마음과 정신

낯선 사람의 고통에 기꺼이 함께하려는 사람은 진정 대단한 사람이다.

—헨리 나우웬, 회상록

저자들은 조력하는 실무자, 즉 자신이 만나는 사람들을 위해서 인생의 많은 부분을 보내기로 선택한 사람들을 대상으로 이 책을 썼다. 사람들의 복지와 행복을 풍성하게 하고, 고통을 감소하거나 방지하고, 긍정적으로 바꾸도록 촉진하려는 연민과 욕구가 이들이 가지는 공통적인 동기다. 사람들이 성장하고 변화하는 것을 목격하는 즐거움과 특권이 있다. 이들이 달라지도록 도왔다는 것을 알기 때문이다. 이러한 동기 덕분에 사람들은 상담자, 교육자, 사역자, 코치, 건강 분야 전문가를 비롯하여 많은 분야에서 조력자가 되려고 하며, 다른 사람들의 인생 경로에 동행하고자 한다.

도와주고 싶은 마음이 훌륭한 시작이다. 그다음이 기술이다. 예로 건강상 위기나 상해를 입은 사람을 도우려 할 때 생명 구조 기술이 특별히 중요하다. 무엇을 해야 하는지 아는 것이 조력자의 전문 분야에 속한다. 전문 분야에서 과학적으로 효과가 검증된 기법의 사용을 강조하는 것은 타당하다.

조력하는 사람들에게, 무엇(what)을 하는가, 그리고 어떻게(how) 그것을 하는가가 중요하다. 기술적인 팁을 넘어서서, 조력자가 더 효과적, 또는 덜 효과적이 되게 하는 특정한 의사소통 기술이 있다.[1] 이 책에서, 저자들은 **동기면담**(Motivational Interviewing :

MI)을 소개하는데 동기면담은 변화와 성장을 도모하는 근거 기반 접근이다. 동기면담은 사람들이 스스로 동기와 결단을 견고히 하여 변화와 성장을 하도록 하는 특별한 대화 방식이라고 정의한다. 반영적 경청 등의 구성 기술은 성격 특성이나 타고난 재능이 아니고, 오랜 시간 학습하고 발전시키는 실천 방식이다.

• 치료자에게 •   효과적인 적용

동기면담이 시작되었을 때 동기면담은 행동 건강 상담자와 심리치료사를 위한 방법이었는데, 지금은 그밖의 많은 조력 전문 분야에서 사용되고 있다. 4판에서 저자들은 "치료자에게"라고 하는 특별 칼럼을 별도로 만들어서, 행동 건강 문제를 다루는 많은 임상가들에게 추가적으로 정보와 관점을 제공한다. 이 칼럼에는 더 심화된 내용을 담기 때문에, 기술적인 치료 개념에 익숙한 실무자가 아니면 어려울 수도 있다.

심리치료 연구 결과에서 공통적으로 제시하는 내용은, 치료를 제공하는 치료사에 따라서 내담자의 치료 효과가 다르다는 것이다. 구조화된 치료 매뉴얼을 따르는 경우라도 어떤 치료사는 다른 사람에 비해서 더 효과를 내는데, 이러한 차이는 경력 기간과 무관하다. 이론적 배경과 관계없이 내담자의 치료 효과가 커지고 작아지는 것은 최소 여덟 가지 임상 기술 때문임이 관찰되었다. 지난 70년간의 심리치료 연구를 검토한 결과,[2] 역량 있는 치료사들이 가진 여덟 가지 특성(아래에 기울인 글자로 표시하였음)과 본서에서 기술하는 동기면담의 핵심 요소들이 상응하는 것을 보고 저자들은 놀랐다. *정확한 공감*은 1983년에 동기면담을 처음 소개했을 때부터 있었고, *희망*과 *긍정적 존중* 또는 인정을 하는 것이기도 하다. 수용은 이 장 후반에 동기면담 정신의 핵심 구성 요소로 기술하였다. 변화 목표 공유와 목표 달성을 향한 전략은 작업동맹에서 필수적인 요소이자 동기면담의 초점 맞추기 과제에 핵심이기도 하다. 내담자 자신의 관점과 변화 동기 유발은 동기면담의 확고한 과제이고, *정보 및 조언 제공*을 내담자 중심 방식으로 하는 것을 말한다. 치료 기술 중 여덟 번째는 일치감 또는 *진정성*으로, 우리가 이전에는 거의 주의를 두지 않았으나 4판에서는 다루고 있다.

여덟 가지 치료 기술들은 폭넓게 적용 가능하다. 그래서 때로는 '비특정적' 요인이라고도 부르는데, 어떤 특정 이론에만 적용되지 않음을 의미한다. 한편, 이 기술들은 구체화, 관찰 가능, 학습 가능하며, 내담자의 치료 효과를 예측한다. 우리는 동기면담 개발과 평가에서 이 기술들을 보다 구체적으로 관찰하고 학습 가능하도록 조작화하였다. 타 치료 기법을 대신하는 동기면담이 아니라 타 기법들에 추가하는 동기면담으로 사용하고자 한다. 사실, 동기면담이 가장 자주 사용되는 경우는 기타 효과적인 치료들과 *연합*하는 경우이다. 우리가 보기에, 동기면담은 인지적 개입, 행동적 개입, 건강 증진 개입을 하는 *하나의 방식*이자, 내담자가 변화하고 성장하도록 전문성을 가지고 돕는 동안 그들과 함께하는 근거 기반 접근이다.

1980년대부터 동기면담 연구가 시작되었고, 그 당시 알코올과 기타 약물의 해로운 사용 행동을 바꾸도록 돕는 방법들을 찾고 있었다.[3] 얼마 지나지 않아서, 우리가 연구하고 가르치는 기술이 해로운 행동 습관을 줄일 뿐 아니라 긍정적이고 건강한 변화를 도모하는 데에도 유용함을 알게 되었다. 놀랍게도, 우리가 거의 지원을 하지 않았는데도, 동기면담은 의료, 사회 사업, 상담, 코칭, 정신건강, 영양학, 치의학, 교육, 공중 보건, 교정, 재활, 스포츠 분야에 널리 퍼져있었다. 6대륙에서 각기 다른 문화에 걸쳐 지금도 활용되며, 세계적으로 최소 75개국 언어로 동기면담을 가르치고 있다.

수십 년간의 연구와 이 책의 제1, 2, 3판을 통해서 우리는 동기면담 연구와 적용을 상당히 깊이 있게 탐구해 왔다. 동기면담의 효과성에 대해서 수많은 연구들이 축적되었고, 변화를 모색하는 조력 관계에서 무엇이 일어나는지를 깊이 있게 파헤쳤으며, 특정 상담자와 내담자 반응의 관계성을 알아냈고, 핵심 기술을 발전시키려면 어떻게 해야 하는지를 탐색했다. 우리가 이 글을 쓰고 있는 지금, 2,000가지 이상의 통제 임상 연구가 많은 국가, 다양한 분야에서 폭넓게 수행되어 과학문헌에 수록되어 있다.[4]

동기면담의 제4판에서 우리가 전하고 싶은 것은, 수십 년간의 복잡한 연구 결과들을 넘어서는 단순함이다.[5] 그러나 단순한 일반화로 시작한다면 도움이 되지 않을 것이다. 마치 부모에게 "자녀를 사랑하라."라고만 말하거나, 약물을 보면 "싫어요."라고 말하라고 청소년을 부추기는 것과 같기 때문이다. 그래서 구체적으로 '어떻게'라는 내용이 있어야 한다. 무언가를 깊이 있게 이해할 때, 우리는 그 내용을 더 단순하게 그리고 더 명료하게 설명할 수 있다. 동기면담은 단순하지만 쉽지는 않다. 적어도 배우기 시작할 때는 그렇다. 적용하면서 개발해야 할 것은 동기면담의 기저에 있는 마음가짐 또는 정신이다. 이제 우리는 사람들이 변화하고 성장하도록 돕는 법을 어떻게 가르치는가에 대해, 동기면담을 개발하기 시작했을 때보다 훨씬 더 나은 방식으로 이해하고 있다.

조력자의 현존

동기면담은 기존의 조력 방법들을 대신해서 활용해야 하는 새로운 접근이 아니다. 그보다 동기면담은 실무자가 이미 하고 있는 것을 잘하는 또 하나의 방식이자, 실무자가 돕는 사람들과 함께하는 방식이다. 동기면담은 조력 관계에서 핵심 본질을 보는 관점을 토대로 하기 때문이다.

우선 그리고 무엇보다도, 조력은 **사람 중심**이어야 한다.[6] 사람 중심으로 도울 때, 대상자의 결점, 진단명, 문제 유형을 집중해서 보지 않게 된다. **사람**으로 먼저 보고 말을 걸며, 그다음으로 내담자, 환자, 학생, 고용인, 운동

동기면담은 실무자가 이미 하고 있는 것을 잘하는 또 하나의 방식이다.

선수로 본다. 사람 중심일 때, 그 사람의 장점, 희망, 대인 관계를 보며, 그의 이야기를 듣고 가치 있다고 말해주고, 유능하다고 보아주기를 원하는 상대방을 보게 된다. 실무자는 선택하는 내담자를 실제 사람으로 관계 맺고, 실무자 역시 내담자에게 실제 사람으로 현존한다. 조력 전문가의 경우, 거리를 두고 권위 또는 객관성의 탈을 쓰고 싶어질 수 있다. 연극 배우나 법원 판사에게는 적합할 수 있으나 사람 중심의 실천 장면에서는 조력하는 전문가 자신으로 있으면서 마음과 정신이 함께하는 것이 필요하다.

사람 중심 접근에서 알려진 몇 가지 유의 사항이 있다. 호기심을 가져라. 겸손하게 초심자의 마음을 가지고 조력 관계를 맺어라. 내담자에게 무슨 일이 있는지 무엇이 필요한지 이미 안다고 어림잡지 말라. 주의 깊게 보라. 실무자가 말을 하거나 어떤 행동을 할 때 내담자가 어떻게 반응하는지 살펴라. 실무자는 상호 교류, 즉 함께 춤을 추는 것이지 독무하는 것이 아니다. 매 순간 반응하라. 연습된 상투적 절차, 체크리스트, 매뉴얼을 따라가기만 해서는 안 된다. 실무자는 자신의 반응에 유념하라.

동시에, 절제하라. 사람 중심 접근에서 초점을 둘 대상은 실무자가 아니라 내담자이다. 실무자 자신의 감정을 조절하고, 평온하게 현존을 보여라. 상황을 수정하고 해결책을 주려는 자신의 욕구에 신중하라. 대화 중에 현명한 사람이 자기가 아닐 수 있다. 조력자로서 실무자는 내담자의 세계에 손님으로 와있는 것이다.

어떤 조력자는 그저 따라가며 공감적으로 경청하는 것이 전부라고 생각한다. 어떤 조력자는 문제를 해결하도록 돕고, 무엇을 해야 하는지 말해주어야 한다고 믿는다. 이 두 가지 의사소통 스타일은 각각 **따라가기**, **지시하기**가 된다. 중간 최상의 지점에 **안내하기** 스타일이 있다. 어떤 나라로 여행을 갔다고 하자. 가이드가 필요할 것이다. 가이드가 여행자의 도착 시간, 출발 시간을 결정하고, 여행자가 무엇을 구경하고 무엇을 해야 하는지 명령하지 않는다. 그렇다고 가이드가 여행자를 따라다니기만 하지도 않는다. 가이드가 해야 할 일은, 여행자가 가고 싶어 하는 곳에 가도록, 하고 싶어 하는 것을

| 글상자 1.1 | **의사소통 스타일과 동사**

지시하기 스타일	안내하기 스타일	따라가기 스타일
집행하다	동행하다	허용하다
권한을 부여하다	분발시키다	수발을 들다
명령하다	지원하다	반응적이다
지휘하다	불러일으키다	함께 하다
판정하다	협력하다	이해하다
확정하다	이끌어내다	같이 하다
통치하다	격려하다	붙잡다
끌고 가다	일깨우다	믿음을 가지다
감독하다	고무하다	경청하다
주문하다	불붙이다	관찰하다
처방하다	말을 꺼내다	허락하다
주도하다	돌보아주다	그림자같이 따라다니다
다스리다	동기화하다	같이 있다
방향을 틀다	내밀다	고수하다
통제하다	가리키다	양보하다
책임을 담당하다	보여주다	관심을 가지다
통솔하다	지지하다	알아듣다
하라고 말하다	같이 가다	가치를 두다

하도록 돕는 것이다. 안전하게, 즐겁게, 그리고 경제적으로. 가이드의 전문성이 중요한 것처럼, 여행자의 목표와 선택도 중요하다. 가이드는 주로 옆에서 걸어간다. 앞에서 끌어당기거나 뒤에서 밀지 않는다. 가이드와 여행자는 상호 존중하는 것이 이상적이다. 안내하기 스타일의 중심에 동기면담이 살아있다. 경청을 잘하면서 따라가고, 필요하면 방향을 제공하는 것 사이에 동기면담이 있다. 글상자 1.1은 세 가지 의사소통 스타일 ─ 지시하기, 안내하기, 따라가기 ─ 로 연상되는 몇 가지 동사들의 목록이다.

동기면담의 안내하기 정신

동기면담은 기술만이 아니라, 기저에 흐르는 태도이기도 하다. 조력 관계에서 가지는 마음과 정신의 특별한 상태이며, 동기면담은 지배하는 것을 피한다. 이 태도를 가지려면 열려있고, 평온하며, 연민이 있어야 한다. 혼돈 속에서도 그러하다. 한편, 실무자가 자신이 해야 할 일이 문제에 대한 해결책과 치료를 제공하는 거라고 이해한다면 자세 역시 과해질 수 있다. 실무자가 의도적으로 설득하고 수정하고 교정한다면, 이미 사람 중심의 길에서 길을 잃은 것이다. 사람들은 무의식 중에도 영리하게 조종하려는 것을 감지한다. 실무자가 조력자로서의 자기 역할을 어떻게 생각하는지, 그리고 조력 절차 를 어떻게 이해하는지가 중요하다. 조력에서의 이러한 태도를 가리켜 **동기면담**의 안내 하기 **정신**이라고 한다. 정신이 빠져있다면 기술적인 접 근은 속이 비어있는 것이다. 동기면담 정신에는 네 가지 서로 연관성이 있는 요소가 있다. 파트너십(협동), 수용, 연민, 임파워먼트이다.[7]

> 상대방을 교정하려는 의도로 시작하는 순간, 길을 잃고 만다.

파트너십(협동)

조력자는 전문가 함정에 빠지기 쉽다. 요컨대 대상자를 우월한 위치에서 내려다보며 말하게 만든다. 벽에 걸린 자격증, 책상의 가로막, 창문의 가로막, 흰색 가운 등이 이러 한 불균형을 확대시킨다. 전문성은 조력자에게서 기대되는 것이긴 하지만, 조력 관계 에서 조력자만이 전문가는 아니다. 사람들 모두 저마다 전문가들이다. 대화 주제가 행 동 변화, 생활양식 변화라면, 그 사람의 전문성이 필요하다. 그들만큼이나 자기 경험에 대해 아는 사람은 없기 때문이다. 따라서, 조력 관계는 실무자의 전문성과 대상자의 전 문성 사이의 **파트너십**이라고 본다. 두 사람 모두 이 관계에 서로의 장점과 능력을 쏟기 때문이다. 이 관계는 레슬링처럼 적대적이지 않다. 함께 춤추면서 흐르는 동작, 상호 적응, 방향을 가지는 관계이다.[8] 연회장에서 춤춘다면, 파트너를 밀거나 끌어당기지 않 으면서 우아하게 움직인다. 조력 관계 역시 이와 같다. 숙련된 안내하기는 협동적인 파 트너십을 필요로 한다.

수용

비판단적인 **수용**은 심리치료에서 치유 요인으로 널리 인정되며, 과학적으로 증명된 바 있다.[9] 역량 있는 임상가, 치료사, 상담자는 공감적이고, 온정적이며, 수용적이고, 인 정하기를 하는 사람들이다.[10] 동일하게, 유능한 교사, 조직 리더, 코치에게도 이런 특성이 나타난다.

조력 관계에서 수용은 어떤 면에서 인류와 다양성을 향한 일반적 존경을 말한다. 열린 마음을 가진 조력자에게, 사람들은 태어나면서부터 가치가 있는 존재이므로 존중받기를 구걸하거나 증명할 필요가 없다. 더 나아가, 조력자들은 조력 대상자에게 도움을 주면서 그 사람을 존경하고 그에게 관심을 가진다. 수용한다는 것이 동의하거나 승인하는 것을 의미하지는 않는다. 예로, 의견 차이가 있을 때 동의하지 않고도 의견 차이를 수용할 수 있다. 수용은 실무자가 판단하기, 반대하기, 비판하기, 망신 주기 등을 하지 않음으로써 그 중요성이 전달된다.

있는 그대로 수용하는 것이 변화와 성장에 어떻게 도움이 되는 걸까? 역설적인 아이러니가 한 가지 있다. 사람은 있는 그대로 받아주면, 변한다.[11] 반대로, 받아주지 않는다고 느낄 때 부동한다. 변화 동기는 자신에 대해서 죄책감, 수치심, 무가치함을 느낄 때 유발되지 않는다. 비판단적으로 돕는다는 것은 그 사람의 개인적 경험이 어떠했든지 관심을 가지고 이해하는 것을 말한다.

> 있는 그대로 받아주면, 변한다.

연민

연민(compassion)이란 동정심(sympathy)이 아니며 불쌍히 여기는(pity) 느낌도 아니다. 동정심은 실무자로 하여금 교정자 또는 기술자 역할로 빠지게 하여, 대상자의 문제가 무엇인지 찾아서 고쳐주려 하거나, 정당하지 않고 편협한 결정을 내리게 만들기도 한다.[12] 한편, 연민이란 그 사람의 건강과 복지에 최우선 순위를 두려는 의도(intention)를 말한다.[13] 연민은 상대방에게 헌신하고자 전념하는 것이며, 고통을 경감하고 동시에 긍정적으로 성장하도록 지지하는 의도성을 말한다. 이 책에서 제시할 몇 가지 기술들은 임상가 자신의 이득을 위한 방식으로 상대방이 행동하게 만드는 데 사용될 수 있고 또 사용되기도 한다.[14] 동기면담은 임상가가 원하는 것을 하도록 만드는 것이 아니다. 연민을 가질 때, 핵심 방향은 피조력자의 최상의 이득에 있다. 동기면담은 연민을 행위화하는 것이다.

임파워먼트

전문 조력자를 가리켜서 '제공자(provider)'라고 부르곤 한다. 조력이라는 이름하에 대상자에게 부족한 무엇인가를 채워주어야 한다는 결함 모델을 토대로 하기 때문이다. 여기에 내포된 메시지는 "○○ 님에게 필요한 것을 제가 가지고 있으니까 드릴게요."다. 필요한 그 무엇은 지식, 통찰, 진단, 지혜, 현실성, 합리성, 대처 기술 등을 포함한다. 임상 장면에서 평가할 때도 전문가는 대상자가 가진 결점, 결함을 찾아내어 교정하는 데 주력한다. 기저에, 그 사람의 부족한 점이 무엇인지 찾아내면 무엇을 채워주어야 하는지 알게 된다고 추정하는 것이다. 이런 접근은 자동차 수리, 감염병 치료에 적합하지만, 생활양식의 변화가 대화의 화두일 때는 효과가 별로 없다.

임파워(empower)라는 말은, 상대방이 이전에 가지지 않은 것을 주는 것을 의미할 수 있다. 예로, 처음부터 권위라는 것이 없었던 사람에게 권위를 주는 것이다. 그러나 임파워라는 말의 두 번째 일반적인 의미는 상대방이 자신의 장점과 능력을 깨닫고 활용하도록 돕는 것이다. 동기면담 정신은 이 두 번째의 강점 기반을 전제로 하여 시작한다. 즉, 사람들은 자기에게 필요한 것을 이미 많이 가지고 있어서 실무자에게는 그것을 유발하고 끌어내는 과제가 있다. 그 사람의 자율성을 단순히 수용만 하는 것이 아니라, 적극적으로 그 자율성을 지지하고 격려함으로써 결함보다는 자산과 기회들을 찾는 것이다.[15] 동기면담에 내포된 메시지는 "○○ 님에게 필요한 것을 본인이 가지고 있으니까 우리 함께 찾아봐요."이다. 이 관점에서 보면, 그 사람의 강점과 자원에 초점을 두고 이해하는 것이 특히 중요하다. 즉, 사람들은 각자 자신에 관해서 지혜를 가지고 있고, 지금 하고 있는 행동에 대한 이유를 확실히 가지고 있다. 이미 동기와 능력을 가지고 있어서 스스로 끌어낼 수 있다는 것이며, 이것이 동기면담에서 유발하기 과제의 주요 목적이다(2장 참조). 동기면담 초기 연구 결과에서 놀라웠던 것은, 일단 사람들이 변화에 대한 거부감을 해결하면 전문가의 지원이나 허락을 추가하지 않고도 스스로 정진했다는 점이다.[16] **임파워먼트**(empowerment)는 동기면담에서, 그 사람에게 부족한 것을 주기보다는 이미 가지고 있는 것을 알아차리고 사용하게 돕는 것을 말한다. 강점과 유능감을 칭찬하는 낙관적인 관점이기도 하다.

임파워먼트는 또한 사람들이 스스로 선택하는 능력을 인정한다. 그것을 가리켜 **자율성 지지하기**라고 한다.[17]

수용뿐 아니라 그 사람의 자율성을 적극적으로 격려하라.

극단적이고 강제적인 수단(예로, 수감 등)을 사용하지 않는 한, 실무자가 아무리 원한다 해도 내담자의 자율성을 빼앗을 수 없다.[18] 자율성 지지하기의 반대는 지배이다. 즉 우월한 위치에서 힘과 통제력을 행사하여 사람들로 하여금 행동하게 만드는(make) 시도이다. 여기에 한 가지 역설은, 사람들에게 무언가 "할 수 없다."라고 말하면서 선택권을 억제하면, 그들은 오히려 자유를 주장하려는 욕구를 불러일으킨다는 점이다. 반대로, 선택의 자유를 즉각 받아들이면 방어가 감소하고 변화가 촉진되곤 한다.[19] 임파워먼트를 이해하면서 업무를 수행할 때, 사람이 변화하도록 내가 만들어야 하고 만들 수 있다는 생각은 버려야 한다. 처음부터 없었던 힘이므로 내려놓아야 한다.

저자들은 문화에 따라 개인의 자기 개념이 가족, 그룹, 공동체의 복지와 밀접하게 연결되어 있음을 인정한다. 이러한 환경 맥락에서는, 자율성 개념이 개인을 넘어설 수 있다. 예로, 어떤 단일 문화나 다문화에서는, 공동체의 복지를 우선적으로 고려하므로 개인 먼저 또는 개인만 생각하는 것은 괴상한 것이다. 동기면담은 보다 개인주의적인 서양 환경에서 처음 개발되었으나 지금은 세계 문화 속에서 채택되고 적용되고 있다. 동기면담은 시스템이나 사회 계급에서도 거시적 변화를 가져오는 데 적용될 수 있다.[20]

종합하면, 조력의 방법인 동기면담은 조력하는 동안 가지는 마음과 정신 상태에서 시작한다. 조력자로서 실무자는 상황을 올바로 고치려고 나타난 영웅이 아니라, 내담자의 변화와 성장의 여정에서 동반자이자 안내자인 것이다.

존재 방식

동기면담의 정신이 동기면담 적용에 사전 필수 과제가 아닌 것이 다행이다. 만약 사전 필수 과제라면 동기면담을 시작할 수 있는 사람은 거의 없다. 변화와 성장의 여정에서 파트너를 수용하고, 연민을 전달하고 임파워하려는 의욕과 의도성이 동기면담의 기반이다. 동기면담의 기술적인 기법들을 적용할 때 이러한 태도를 어떻게 드러내는가를 배운다. 동기면담 학습 여정을 시작할 때, 맑은 마음을 가지는 것이 최상의 자본이다. 불필요한 정신적 잡동사니는 버리고, 무언가 영리하게 말하려는 태도도 버린다.

저자들의 경험에 의하면, 동기면담을 적용하다 보면 실무자 자신이 달라진다. 조력 전문가들이 전해주는 말로, 동기면담을 배우고 적용하는 것이 어깨에 진 무거운 감정의 짐에서 벗어나게 했고, 업무를 훨씬 더 즐기게 되었다고 한다. 연구가 더 필요하기는 하나, 동기면담이 소진이라는 독약에 해독제가 될 것으로 본다.[21] 연민과 수용을 보일 때, 실무자 자신이 더 수용적인 사람, 더 인내하는 사람이 되도록 해준다. 타인뿐 아니라 자기 자신의 어려움에 대해서도 그러하다.[22]

조력 전문가에게 흔히 일어나는 상황에서 동기면담이 요구된다. 조력자가 볼 때 내담자가 긍정적 변화를 할 것 같은데, 변화를 꺼리거나 관심조차 없을 수 있다. 조력자는 변화를 주장하고, 내담자는 거부한다. 이 두 사람이 가진 목표가 다르기 때문에 주장하고 설득하는 시도는 결실이 없다. 이런 상황은 내담자와 조력자 모두에게 짜증을 유발할 수 있다. 조력자는 내담자를 일컬어 "경직되고, 저항적이고, 동기가 없다."라고 비난한다. 그들이 목표를 공유하고, 내담자의 변화 동기를 찾아 견고히 해줄 때 동기면담이 도래한다.[23] 저항(resistance)이라는 용어 자체가 조력 관계에서 도움이 되지 않음을 저자들은 알게 되었다. 동기면담 정신과 기술을 적용할 때, 처음부터 이런 적대적 갈등이 훨씬 줄어든다. 동기면담의 본질에 대해 언급을 마친 후에, 목표와 저항이라는 화두를 자세히 다루고자 한다.

이 방법을 배울 때, 내담자들이 실무자에게 반응하는 방식에 큰 변화가 있음을 알게 된다. 덜 방어적이고 덜 '저항적이고' 더 많이 감사해한다. 공동의 목표를 설정하

> 목표를 공유하고 그 방향으로 움직일 때 동기면담이 도래한다.

고 추구하는 것이 더 용이해진다. 동기면담에서 관계 맺기 기술이 신뢰 관계를 놀라울 정도로 신속하게 만들어준다. 사람들은 이런 방식의 경청 경험이 흔하지 않으므로 더 열의를 가지고 실무자와 대화하도록 해준다.

연민과 수용이라는 동기면담 정신이 체화되면, 변화와 성장을 도울 수 있다. 초기에 동기면담은 구체적인 변화에 초점을 맞추어, 폐해적인 행동을 감소시키고 건강한 행동을 증가하게 했다. 사람들의 행동 변화에 동기면담이 효과적이라는 증거는 매우 많다. 그런데 저자들은 이제 변화와 성장을 좀 더 일반적으로 촉진시키는 데도 동기면담이 유용하다고 본다. 예로 신체적 활동을 더 하기 등과 같이 구체적인 변화를 고민하는 경우에 양가감정 개념이 잘 적용된다. 원하면서도 원하지 않는 것이 동시적이다. 종종 성장하기 위해서는 다양한 대안 중에서 선택을 해야 한다. 무엇이 되기를 원하고 무엇을 하기 원하는지? 무엇을 배우기 원하고 어떻게 배우기 원하는지? 자기 자신을 위해서 어떤 삶을 추구하고자 하는지? 사랑하는 사람을 위해서는? 공동체와 국가를 위해서는?

동기면담은 이러한 성장 여정에 동행하는 방식이기도 하다.

•개인적 관점• **동기면담과 명상**

미국 남서부 지방에 사는 동안, 나는 원주민 조력자들과 동기면담에 대해 이야기할 기회를 자주 가졌다. 사람과 대화하는 이 멋진 방법이 부족에서 하는 대화 규범과 매우 일맥상통한다고들 말했다. 그런데 부족의 한 리더가 말하기를, 원주민들에게 동기면담을 가르치려면 기도문이나 노래, 춤이 있어야 한다는 것이다. 춤과 노래는 더 잘하는 사람들에게 맡기고, 나는 나바호 장로의 도움을 받아 다음과 같은 기도문을 적었다. 이 기도문은 여성 내담자를 떠올리며 명상 형식으로 만든 것인데, 대명사는 변경 가능하다.

> 내가 인내심 많은 동반자가 되도록 해주세요.
> 하늘처럼 마음을 열고 듣게 해주세요.
> 그녀의 눈을 가지고 볼 수 있게 해주세요.
> 그녀의 이야기를 듣는 열의 가득한 귀를 주세요.
> 우리가 함께 걷도록 안전하고 탁 트인 언덕을 만들어주세요.
> 그녀의 모습을 비출 맑은 물이 되게 해주세요.
> 그녀에게서 당신의 아름다움과 지혜를 찾게 인도해주세요.
> 그녀가 조화롭기를 당신이 원한다는 것을 알고 있어요.
> 건강하고 사랑스럽고 강하게.
> 그녀가 길을 찾아가는 동안 존중하고 존경하게 해주세요.
> 자유롭게 걷도록 그녀에게 축복해주세요.
> 우리가 다르더라도, 하나가 되는 평화로운 곳이 있음을
> 다시 한번 알게 해주세요.
>
> —빌

2장에서 저자들은 동기면담이 무엇이며, 어떻게 시작했고, 동기면담의 네 가지 구성 과제가 무엇인지를 설명한다. 각각의 구성 과제는 4장부터 7장까지 자세히 기술한다. 더불어 동기면담의 핵심 본질을 다룬다.

☑ 주요 개념

- 동기면담
- 동기면담 정신
- 따라가기
- 사람 중심

- 수용
- 안내하기
- 연민
- 임파워먼트

- 자율성 지지하기
- 지시하기
- 파트너십

☑ 요점 정리

- 동기면담은 근거 기반, 사람 중심 접근으로 변화와 성장을 촉진하며, 다양한 조력 전문 분야에서 폭넓게 적용 가능하다.
- 동기면담은 변화와 성장에 대해서 대화하는 특별한 방식이며 스스로 변화와 결단을 견고히 하도록 해준다.
- 동기면담은 타 조력 분야와 경쟁하지 않고 상응한다. 실무자가 이미 하고 있는 것을 잘하는 또 하나의 방식이기도 하다.
- 동기면담의 안내하기 정신에는 네 가지 요소가 있다. 파트너십(협동), 수용, 연민, 임파워먼트.
- 동기면담을 적용하면서 내담자의 반응을 바꾸는 동시에 실무자의 인간적인 면을 바꾸기도 한다.

참고문헌

1. Perhaps the most extensive research on what makes helpers more helpful is in the field of psychotherapy, where the therapist who delivers a treatment significantly influences its outcome. A review of 70 years of research on this subject is provided in Miller, W. R., & Moyers, T. B. (2021). *Effective psychotherapists: Clinical skills that improve client outcomes.* Guilford Press.
2. See note 1.
3. Miller, W. R. (1983). Motivational interviewing with problem drinkers. *Behavioural Psychotherapy, 11,* 147–172.

   Miller, W. R., & Rollnick, S. (1991). *Motivational interviewing: Preparing people to change addictive behavior.* Guilford Press.

4. The website of the international Motivational Interviewing Network of Trainers (MINT) (*https://motivationalinterviewing.org*) is a good resource for up-to-date references and perspectives on MI.
5. We were inspired by a quote from U.S. Supreme Court Justice Oliver Wendell Holmes Jr. that "I would not give a fig for the simplicity this side of complexity, but I would give my life for the simplicity on the other side of complexity."
6. The concept of person-centered counseling was pioneered by Carl Rogers and his students in the 1950s and 1960s, inspiring patient-centered health care and student-centered learning.

   Rogers, C. R. (1951). *Client-centered therapy.* Houghton-Mifflin.

   Truax, C. B., & Carkhuff, R. R. (1967). *Toward effective counseling and psychotherapy.* Aldine.

   Gordon, T., & Edwards, W. S. (1997). *Making the patient your partner: Communication skills for doctors and other caregivers.* Auburn House Paperback.

   Rakel, D. (2018). *The compassionate connection: The healing power of empathy and mindful listening.* Norton.
7. Rollnick, S., & Miller, W. R. (1995). What is motivational interviewing? *Behavioural and Cognitive Psychotherapy, 23,* 325–334.
8. We thank Jeff Allison for suggesting this analogy of dancing rather than wrestling.
9. Orlinsky, D. E., Grawe, K., & Parks, B. K. (1994). Process and outcome in psychotherapy: Noch einmal. In A. E. Bergin & S. L. Garfield (Eds.), *Handbook of psychotherapy and behavior change* (pp. 270–376). Wiley.
10. Miller, W. R., & Moyers, T. B. (2021). *Effective psychotherapists: Clinical skills that improve client outcomes.* Guilford Press.
11. This perspective lies at the heart of Carl Rogers's person-centered approach. In his own words, "The curious paradox is that when I accept myself just as I am, then I can change." Rogers, C. R. (1961). *On becoming a person: A therapist's view of psychotherapy.* Houghton Mifflin.
12. Bloom, P. (2016). *Against empathy: The case for rational compassion.* Harper Collins.
13. The Dalai Lama, & Vreeland, N. (2001). *An open heart: Practicing compassion in everyday life.* Little, Brown.
14. To our dismay, one book describing MI was entitled *Instant Influence: How to Get Anyone to Do Anything—FAST.* We recognize that it is usually the publisher, not the author, who chooses the title of a book.
15. Milner, H. R. (2012). Beyond a test score: Explaining opportunity gaps in educational practice. *Journal of Black Studies, 43*(6), 693–718.
16. Miller, W. R., Sovereign, R. G., & Krege, B. (1988). Motivational interviewing with problem drinkers: II. The Drinker's Check-up as a preventive intervention. *Behavioural Psychotherapy, 16,* 251–268.
17. Ryan, R. M., Deci, E. L., Grolnick, W. S., & La Guardia, J. G. (2006). The significance of autonomy and autonomy support in psychological development and psychopathology. In *Developmental psychopathology: Theory and method* (Vol. 1, 2nd ed., pp. 795–849). Wiley.
18. Vansteenkiste, M., Williams, G. C., & Resnicow, K. (2012). Toward systematic integration between self-determination theory and motivational interviewing as examples of top-down and bottom-up intervention development: Autonomy or volition as a fundamental theoretical principle. *The International Journal of Behavioral Nutrition and Physical Activity 9,* Article 23.
19. Hagger, M. S., & Protogerou, C. Self-determination theory and autonomy support to change healthcare behavior. In A. Hadler, S. Sutton, & L. Osterberg (Eds.),

Handbook of healthcare treatment engagement: Theory, research, and clinical practice (pp. 141–158). Wiley.

Chatzisarantis, N. L. D., Hagger, M. S., & Smith, B. (2007). Influences of perceived autonomy support on physical activity within the theory of planned behavior. *European Journal of Social Psychology, 37,* 934–954.

Deci, E. L., & Ryan, R. M. (2012). Self-determination theory in health care and its relations to motivational interviewing: A few comments. *International Journal of Behavioral Nutrition and Physical Activity, 9,* 24.

20. Avruch, D. O., & Shaia, W. E. (2022). Macro MI: Using motivational interviewing to address socially-engineered trauma. *Journal of Progressive Human Services, 33*(2), 176–204.

21. Pollak, K. I., Nagy, P., Bigger, J., Bilheimer, A., Lyna, P., Gao, X., et al. (2016). Effect of teaching motivational interviewing via communication coaching on clinician and patient satisfaction in primary care and pediatric obesity-focused offices. *Patient Education and Counseling, 99*(2), 300–303.

22. Endrejat, P. C., & Kauffeld, S. (2021). Learning motivational interviewing: Prospects to preserve practitioners' well-being. *International Journal of Workplace Health Management, 14*(1), 1–11.

Pastore, O., & Fortier, M. (2020). Understanding the link between motivational interviewing and self-compassion. *Journal of Counselling and Psychotherapy, 54*(4), 846–860.

23. Magill, M., Martino, S., & Wampold, B. E. (2022). Goal setting and monitoring with alcohol and other drug use disorders: Principles and practices. *Journal of Substance Abuse Treatment, 132,* 108650.

동기면담 소개

당신은 산파이다. 누군가의 탄생을 돕고 있다. 과시하거나 궁시렁대지 말고 일을 잘하라. 일어나야 할 것을 생각하기보다 지금 일어나고 있는 것을 촉진하라. 선두에 서야 한다면, 산모에게 도움이 되도록 하며, 자유롭고도 책임 있게 하라. 아이가 태어나면, 산모는 말할 것이다. "우리 둘이 해냈다!"

―노자, 도덕경

동기면담이라는 큰 그림을 얻으려면, 우선 이름으로부터 시작해야 한다. 동기(motivation)란 행동하기, 변하기, 성장하기 등 움직이게 하는 것이다. 동기가 없는 사람은 없다. 잠을 자거나 쉬고 있을 때도 사람은 늘 무언가를 하고 있다. 행위 촉발은 외적일 수 있고(뜨거운 불에서 손 떼기 등) 내적일 수도 있다(배가 고파서 먹기 등). 외적, 내적 동인은 불분명할 수 있다. 예로, 배고픔이 위장 수축으로 생긴 것이 아니라, 특정 시간대에 연상되는 단서나 먹을거리를 보고 냄새를 맡아서 생길 수 있다. 자유 의지, 동기와 같이 조금 신비한 내적 동인은 아니지만 내적, 외적 동인 모두로부터 나오는 것이 있다. 바로 사람과 사람 사이에서 일어나는 관계적인 것이다.

면담(interviewing)은 특별한 종류의 상호 교류이다. 면담자는 피면담자와는 다른 역할을 맡는다. 저자들이 '동기대화(motivational conversation)'라고 명명할 수도 있겠는데, 대화하는 두 사람이 일반적으로 비슷한 역할로서 친구처럼 대화를 나누는 것이 된다. 면담을 진행하는 사람은 안내하기 역할을 하는데 이 역할은 피면담자 역할과 다르다.

그래서 저자들은 'interviewing'이라는 단어를 택했는데 이 영어 단어는 두 사람 사이에 힘의 균형 관계를 의미하지 않는다. 면담자가 고용주라면 그가 누구를 고용할지 결정하는 경우 힘의 균형에서 힘을 행사할 수 있다. 또는 학생이 면담자가 되어 과제를 하기 위해서 유명 강사를 만나 질문을 하는 경우도 있다. 이 경우 모두 면담자가 해야 하는 과제는 질문하고 호기심으로 경청하고 배우는 것이다.[A]

동기면담은 특별한 면담 유형이다. 동기면담을 적용하면서 면담자는 안내하기 역할을 하는데, 이 책에서 자세히 설명할 기술들을 사용한다. 동기면담의 수혜자는 도움을 받아서 마침내 어떤 변화—그 변화가 어떤 것이든 간에—를 할지 결정하는 사람이다. 동기면담은 사람들에게 동기를 **부여하지**(installing) 않고, 동기를 유발한다

> 동기면담은 동기를 부여하지 않고, 유발한다.

(evoking). 해산할 때 산파가 주는 정도의 동기라고 할 수 있다. 이미 있는 것을 불러내는 것이 동기면담이다.

동기면담의 핵심은 변화에 대해서 **스스로** 동기를 발견하는 것이다. 곧 설명하겠지만, 사람들은 변화에 대해서 종종 **양가감정**을 가지는데 변화해야 하는 이유와 하지 말아야 하는 이유가 모두 있다. 동기면담은 변화의 이런 이슈에 대해서 함께 대화하는 특별한 대화 유형이다.

동기면담이 어떻게 시작되었나

동기면담은 경험과 연구를 통해 계속 진화하며 지금도 발전하고 있다.[1] 어떤 이론에서 나온 것은 아니다.[2] 칼 로저스(Carl Rogers)의 인간 중심 접근에서처럼, 임상 장면에서 면밀히 관찰하고 성찰하면서 시작되었다.[3] 동기면담은 변화와 성장에 폭넓게 적용되는데, 시작은 문제 행동의 완화를 위한 임상적 시도였다. 이는 1982년에 노르웨이 심리학자들과 사회복지사들이 참여한 일련의 강의에서 시작되었는데, 이들은 알코올사용장애를 가진 사람들을 치료하고 있었다.[4] 이들은 임상 적용 사례들에 대해 주의 깊게 경청하면서 다음과 같은 훌륭한 질문을 하였다.

[A] 저자들의 단어 사용 목적과 의도에 충실하고자 'interviewing'을 '면담'으로 번역하였다.

- "내담자가 한 말 중에서, 특별히 그 말에 초점을 맞추어 반영하신 이유가 있나요?"
- "내담자에게 할 수 있는 질문 중에서, 특별히 그 질문을 하신 이유가 있나요?"
- "그 지점에서 좀 더 밀어붙이지 않은 이유가 있나요?"

우리들은 면담자가 말을 할 때 무엇이 안내하기를 해준다고 생각했는지 면밀하게 보았고, 또 내담자가 상담자의 말에 어떻게 답하는지 보았다. 우리들은 잠정적으로 일련의 지침을 개발했고, 그것은 내담자의 음주 습관을 바꾸는 데 도움이 되는 것들로서 다음과 같은 내용이었다.[5]

- 변화는 시간이 흐르면서 진행되는 과정이며, 종종 개인적으로 상호 교류하면서 일어난다.
- 양가감정은 변화를 고민할 때 경험하는 정상적인 것이다.
- 변화할지의 여부를 결정하는 사람은 당연히 내담자이다.
- 내담자 스스로가 경험과 관점을 이해하는 것이 중요하다.
- 변화해야 하는 이유를 말해야 하는 사람은 내담자이지 면담자가 아니다.
- 면담자가 무엇을 질문하고, 인정하고, 반영하고, 요약하느냐가 중요하다.
- 저항처럼 느껴지는 것을 밀어붙이지 말라. 그럴 경우 현 상태를 강화하기 때문이다.
- 내담자의 변화 능력에 대해 희망과 낙관적 태도를 불러일으키라.

당시 우리는 이와 같은 지침을 염두에 두고 접근할 때 얼마나 효과가 있을지 알지 못했다. 중독치료에서 권위적이고 직면하는 스타일이 그 당시 유행이었기 때문에 이러한 지침과는 완전 반대였다. 그러나 이 접근이 효과가 있음을 우리는 알게 되었다. (동기면담 효과성 증거는 이후 수십 년간 알려졌고, 18장에 연구 결과를 요약 정리하였다.)

동기면담의 효과성을 지지하는 연구가 있기도 전에 다양한 영역에 동기면담이 적용되기 시작한 것은 놀라운 일이었다. 지금처럼, 그 당시에도 다양한 맥락과 장면에서 조력 실무자들에게 이 접근이 그들과 연결되었던 것 같다. 사람들이 동기면담을 배울 때 종종, 이미 인간적인 것에 대해 알고 있던 것을 회상하는 것처럼 동기면담을 알아보는

(recognize) 것 같다. "맞아요. 제가 이런 방식으로 사람들과 만나고 싶었어요!" 또는 "이와 비슷한 것을 제가 하고 있었어요. 그런데 이번에 더 잘할 수 있으려면 무엇을 해야 하는지 알게 되었어요." 연구 결과가 누적되면서, 과학적인 근거 기반은 변화와 성장을 돕는 이 방식에 관심을 갖는 또 다른 이유가 되었다. 인간적으로 다가감, 그리고 그것이 효과가 있다는 과학적 입증, 이 두 가지 요인이 동기면담으로 하여금 매우 많은 현장에서, 국가에서, 언어들에서 놀랄 만하게 스며들도록 기여하였다.[6]

양가감정

사람들이 변화하는 데 방해가 되는 건 무엇인가? 변화와 성장에 직면할 때 정상적인 인간 반응은 그것을 꺼리는 것이다. 왜냐하면 **현 상태**(status quo)에 안락하게 익숙해져 있기 때문이다. 즉 이제까지 했던 방식과 존재 방식에 익숙한 것이다. 변화하는 것이 중요한지, 필요한지, 도전적인지 여부에 대해서 망설인다. 그리고 변화가 가능한지에 관해서도 의구심을 가진다. "지금 이대로 살 순 없나?" 대답은 "살 수 있다."이다. 변화나 성장을 하지 않을 수 있다. 이 사실을 인지하고 받아들이는 것이 동기면담을 잘 적용하도록 돕는다.

한편, 변화란 어떤 이득을 가져온다. 새 거주지를 정하거나 직장을 정하거나, 더 건강해지거나, 교육과 훈련을 더 받거나, 가족을 갖는 것 등이다. 변화를 고민할 때 흔히 **양가감정**(ambivalence)을 경험하는데, 변화를 원하면서 동시에 원하지 않는 마음이 있다. 변화에 대한 양가감정은 매우 정상이며, 저항이나 병리가 아니다.[7] 이 점을 기억하면 내담자의 머뭇거림을 더 잘 이해할 수 있다.

새로운 행동이나 존재 방식은 종종 이득(찬성)과 손실(반대)을 모두 가진다. (아마도 실무자들은 지금 동기면담이 자신의 조력 관계에 도움이 될지 찬반을 재고 있을 수 있다.) 찬반의 비율이 변화 또는 성장 여부를 예측해준다.[8] 변화가 가능한지에 관해 이야기하는 사람들을 경청하자면, 찬반에 대해서 자신의 목소리를 내고 있다. 다음 사례에서, 이득은 +, 손실은 −로 표시하였다.

"저는 지금 혼자 살고 있는데 우리 딸이 자기네 집으로 들어와야 한다는 거예요. 손

주들이랑 가까이 지내는 건 좋아요(+). 하지만 며칠 지나면 소진되지요(−). 이 집 관리를 제가 안 해도 되고(+), 제가 잘 모르는 일들을 애들이 도와줄 수 있긴 해요(+). 그런데 이 나이에 완전 새로운 곳으로 이사하는 건 어려울 것 같아요(−). 재산이 줄어드는 건 원하지 않고(−), 내 친구들이 아직 여기 많고요(−). 그런데 제가 더 나이들면 무슨 일이 생길지 모르니까 애들 가까이 있는 건 좋겠어요(+). 그런데 그 애들이 또 다른 곳으로 이사하게 되면 어떻게 될지(−)?"

찬반을 이야기하면서, 결정저울이 이쪽저쪽으로 움직이는 것을 볼 수 있다.

선택이란 늘 두 가지만 있는 건 아니다. 음식점 메뉴처럼 선택 대안이 많을 수 있다. 대학교를 정할 때는 벅찰 정도이다. 발달 과정에서 선택해야 할 것들은 다음과 같다.

- "진로, 직업은 무얼 해야 할까?"
- "이런 만성 질환에 어떤 일상생활 변화가 있어야 할까?"
- "무엇을 배워야 할까?"
- "시간을 어떻게 보낼까? 누구랑?"
- "나는 어떤 사람이 되기 원하는 걸까?"

변화에 대해 이야기하기

조력 실무자의 업무는 변화와 성장을 촉진하는 데 있다. 때로는 직접적으로 무언가를 해주는 것이 될 수도 있다(예를 들어, 부러진 뼈 깁스 해주기, 신청서 건네주기, 지시 사항 알려주기, 의뢰하기 등). 그럴 때라도, 내담자가 자기 역할을 해야 원하는 효과가 있다(집에서 물리치료 연습하기, 신청서 작성하고 제출하기, 지시 사항 따라 하기, 의뢰된 곳에 가보기 등).

조력 실무자들이 종종 힘들어하며, "이야기하고, 이야기하고, 또 이야기해도, 여전히 변함이 없어요!"라고 말한다. 문제는 이야기하는 데 있다. 그들은 변화를 만들어내려는 성향을 가지고 있다. 이것을 가리켜 **교정반사**(fixing reflex)라고 하며,[9] 의도는 좋은데 그 의도대로 어떻게 하면 잘할 수 있느냐가 관건이다. 이야기하고 설득하는 것만으로는 불충분하고, 오히려 설득이 의도치 않은 정반대 결과를 가져올 수 있다.[10] 교정반사로 이야기하는 것은 일방적 소통이어서, 사람들은 잘 대꾸하지 않는다.

예로, 교정반사를 하는 실무자가 양가감정을 가진 사람을 만났다고 하자. 어떤 일이 일어날까. 실무자는 긍정적 변화를 옹호하면서, 어떻게 변화해야 하는지, 변화하는 것이 왜 중요한지를 설명하고, 변화하지 않을 때 발생할 위험성들을 강조한다. 양가감정을 가진 사람은 이미 변화에 대해서 찬반 동기를 경험해 왔다. 그래서 화를 낼 거고, 실무자는 다음과 같이 답한다.

- "그러니까 분노 조절 문제가 있으신 거 같아요."
- "공격적이 되시면 상황이 악화될 뿐이에요."
- "분노 관리법을 배우실 필요가 있어요."

내담자는 뭐라고 대답할까? 예측할 수 있듯이 "아니요, 그럴 필요 없어요."라고 할 것이다. 실무자는 내담자를 더 설득하기 위해서 안간힘을 쓸 것이고, 아주 좋은 의도에서 설득하는 거라고 말한다. 대화는 이런 식으로 계속될 것이다. "…되는 것 모르세요?" 답은 "알아요, 하지만…"이다.

이와 같은 대화 방식은 두 사람 모두 양가감정을 더욱 드러내게 한다. 친변화 주장을 하면, 상대방은 반대편의 목소리를 낸다. 양가감정을 가진 사람에게 한쪽 편을 옹호할 때마다, 그 사람은 반대편이 되어 방어한다. 이것은 흥미로운 사이코드라마와도 같다. 단, 자기가 한 말을 자기가 듣고 나면 그것을 믿는 경향이 있고, 또 그쪽으로 더 견고히 결단한다. 변화에서 멀어진 대화를 하는 것이고, 두 사람 모두 이런 일이 벌어지는 것을 의식하지 못한다.

아마도 '역방향 심리학'을 사용하는 것이 나을 수 있다. 내담자에게 '변하지 말라'고 강조하면, 내담자는 그 반대편에 서서 '변해야 한다'고 할 것이다. 효과가 있을 수 있다. 그러나 그 전략이 무언가 잘못된 것임을 느낀다. 이것은 **전략**(strategy)이다. 실무자가 마음으로 특정 변화가 일어나길 바라면서 이런 말을 하면, 내담자는 멀리서도 자기를 조종하려는 마음을 감지한다.

한편, 내담자 **자신**(own)의 변화 동기야말로 설득이 더 가능한 것이 될 수 있다. 그것이 동기면담이 들어오는 지점이다. 어떤 면에서, 동기면담을 적용하는 것은 '변화해야 해'라고 주장하는 것과 반대이다. 내담자가 반대 의견을 내지 않으면서 자신의 변화 욕구, 대안, 가치, 이유를 의식적으로 유발하는 것이 동기면담이다. 사람들이 스스로 변화와 성장을 말하도록 도와주며, 자기가 가지고 있는 욕구, 대안, 가치를 토대로 하여 이야기하도록 돕는다. 열정적인 실무자의 압력 없이, 실무자의 존재 없이도, 사람들은 변화로 놀라운 결정을 한다.[11]

동기면담 실천에서 중요한 부분은 교정반사의 유혹에 저항하는 것으로, 내담자가 변화하도록 확신시키려고(convince) 하거나 변화하게 만들려는(make) 유혹에서 벗어나야 한다. 확신시키다라는 단어는 라틴어에 뿌리를 두며 정복하다(vincere)라는 뜻이 있다. 이는 힘의 투쟁에서 유래된 단어로서, 승리를 성취한다고 해도 덧없이 날아가버린다는 것이다. 교정반사는 상당히 강할 수 있는데, 강한 조류를 거슬러 바닷가로 헤엄쳐 갈 때 그 조류는 바다로 끌어당기는 힘을 가진다. 동기면담 관점에서 보면, 바다로 끌고 가는 힘과 싸우며 소진하기보다 조금씩 옆으로 헤엄쳐 가면서 바닷가와 평행을 이루다가 좁은 물줄기로부터 벗어나서 힘을 덜 들이고 바닷가에 다다를 수 있다. 진정, 직접적인 직면은 효과가 별로 없다. 누군가를 바꾸고 성장하게 만들 수 없다. 그러나 가능하도록 조건을 제공할 수는 있다. 사람들은 스스로 자기 치유에 동참해야 한다. 웬디 팔리(Wendy Farley)가 말했듯이, "우리는 사랑하는 누군가가 중독에 빠져 파괴되고 있는 것을 보고 다가가 고리를 끊고 싶고, 청소년으로 하여금 자신의 파괴적인 행동을 보게 만들고 싶다. 그렇게 하는 것이 비윤리적이라는 건 아니다. 단지 가능하지 않을 뿐이다."[12]

동기면담은 사람들이 변화하도록 만드는 대안이다. 1장에서 정의한 바와 같이, 동기면담은 사람들로 하여금 변화와 성장에 대해서 이야기하며 그들 자신이 동기와 결단을 견고히 하도록 해주는 특별한 방법이다.

> 누군가로 하여금 변화하도록 만들고자 노력하는 건 비윤리적인 것은 아니나, 단지 가능하지 않을 뿐이다.

• 치료자에게 • 저항

정신역동적 심리치료에서 '저항'이란 특별한 기술적인 의미를 가지며 중요한 치료 요인이다. 고전적 분석에서, 저항은 위협적인 기억이 떠오르는 것을 막기 위한 무의식적인 방어기제들을 일컫는다. 그러나 심리역동 관점 밖에서 이 용어는 매우 느슨하게 사용되었는데, 일상적 단어뿐 아니라 심리치료, 의학, 상담, 코칭 등에서도 그랬다. 중독치료의 초기에도 이 용어를 사용했는데, 내담자가 상담자와 논쟁하면서 치료에 불응하는 것을 일컫는 말이었다. (오래전부터 심리치료에서 농담조로 말하는 것이, 치료자에 반대하면 저항이고, 치료자의 말에 따르면 통찰이다.[13]) 이 책에서 '저항', '부인'이라고 할 때의 의미는 이렇게 흔히 부주의하게 오용하는 것을 말한다.

저항은 불응하고 적대적인 반응으로 증상이 호전되지 않을 때 내담자에 대한 설명이자 비난의 방법이 되었다. 양가감정과 선경험 등과 같은 정상적인 현상들을 병리 또는 고의적인 방해 지표로 해석했다. 예로, 물질사용장애를 가진 사람의 경우, 부인, 합리화 등 미성숙한 방어기제를 보이는 것으로 낙인찍혔는데, 이러한 주장은 심리학 연구에서 조금도 입증되지 않았다. 이와 같은 견해가 방어기제를 '부수는' 가혹한 직면하는 접근을 타당화시켰는데, 대부분의 정신장애 치료에서는 의료과오로 간주될 만한 것이었다. '저항'은 또한 내담자가 적대적이지만 치료자가 도우려고 노력하는 것이라는 관점을 불러오기도 한다.

동기면담에서 저자들은 저항으로 (오)해석되는 내담자의 행동 구성 요소를 분해하여 유지대화(sustain talk, 변화하지 않겠다고 주장하는 행동으로 양가감정의 한쪽에 해당함)와 **불화**(discord, 치료동맹에서 불편감을 느끼는 표현임)로 나눈다. 이 행동 모두 다루어지지 않는다면 치료 효과가 나쁠 수 있음을 예측한다. 저자들은 이 행동이 가지는 *대인 관계적* 성격을 강조한다. 이 두 행동 모두, 면담자가 무엇을 하느냐에 따라 증감할 수 있다. 저항과 부인을 직면하도록 처방된 바로 그 전략들이 때로는 그런 행동을 명백히 악화시킨다는 점이 아이러니이다. 이런 전략들이야말로 정신역동 측면에서 보는 저항에 적용해야 할 정상적인 치유적 반응과는 매우 거리가 멀기 때문이다. 치료자가 조급하게 해석하여 너무 빨리 움직이려고 했음을 알 수 있다.

동기면담에서의 네 가지 과제

동기면담의 네 가지 중요 과제는 관계 맺기, 초점 맞추기, 유발하기, 계획하기 등이다 (그림 2.1). 이 과제들이 처음 보기에는 직선상에 있는 속성들 같아 보인다. 처음 과제는 상대방(내담자, 환자, 학생, 수련생 등 어느 조력 대상이든)과 관계를 형성하고, 그러고 나서 초점 화두를 설정하고, 마지막으로 변화해야 하는 이유를 유발하고, 어떻게 변화해야 할지 계획을 한다. 그러나 실천 면에서 보면, 이 과제들은 서로 겹치거나 섞인다. 계단을 오르내리는 것으로 생각하면 된다.

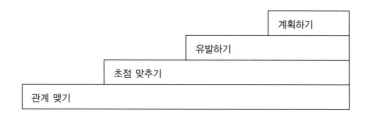

계획하기

유발하기

초점 맞추기

관계 맺기

그림 2.1　동기면담의 네 가지 과제

관계 맺기

조력하는 데 있어서 처음 단계는 협동적인, 신뢰하는, 인정하는 관계를 형성하는 것이다. **관계 맺기**(engaging)에 깔린 은유적 질문은 "같이 걸으실래요?"이다. 이 단계가 질문하기와 정보 제공하기 등 '문제 바로 다루기' 방식으로 인해서 종종 생략되는 경우가 있다. 관계 맺기에서는 사실, 내담자의 마음에 있지만 표현하지 않은 질문들에 대해서 답을 하는 것이다. 실무자는 답을 바로 주기보다 반응적 태도로 다가간다. 조력 관계를 기대하면서 내담자는 다음과 같이 스스로 질문할 수 있다.

- "우리는 여기서 무엇을 하는 건가?"
- "내가 안전할까? 이 사람 또는 이곳은 믿을 만한가?"
- "내가 이야기하는 것을 잘 들어줄까?"
- "내 감정과 가치관을 존중해주려나?"
- "여기서 도움을 받을 수 있나?"

관계 맺기는 친절하게 대해주는 것 이상을 요구한다. 특정 대인 관계 기술들이 조력 관계를 만들어서 내담자의 치료 효과를 높인다.[14] 관계 맺기는 공감적 경청으로 비판단적인 인간관계를 형성하는 것이다. 이런 관계는 마치 보호막 같아서 변화에 대해 고민하도록 돕는다. 시간이 오래 걸릴 필요는 없다. 동기면담 회기를 관찰하자면 몇 분 이내에 이루어지는 것을 본다. 첫 회기라면 주어진 시간에서 20% 정도의 시간을 할애하는 것이 대략적으로 적절하다. 실제로, 이 기술들만 있어도 도움을 줄 수 있다. 관계 맺기 기술은 4장에서 자세히 설명한다.

작업동맹(working alliance) 형성은 조력 관계의 질적 수준과 효과성에 영향을 준다.[15] 상담과 건강 케어 분야에서 모두, 적극적으로 관계 맺기가 된 내담자는 치료에 더 오래 참여하고, 치료를 더 잘 따르고, 효과도 더 있다. 관계 맺기가 잘되고 상호 연결이 잘되었다고 느끼는 학생은 그렇지 않은 학생보다 더 많이 배울 것이다. 그럼, 훌륭한 작업동맹의 정의는 무엇일까? 잘 알려진 체계적 연구에서 조력 관계 내 작업동맹의 세 가지 측면을 강조한 연구 결과가 있다.[16]

첫 번째, 상호 신뢰와 존경 굳히기
두 번째, 목표에 합의하기
세 번째, 목표 달성을 위해서 상호 동의한 과제에 협동하기

두 번째, 세 번째는 효과적인 작업동맹의 초점 맞추기에 해당되며 초점 맞추기는 동기면담의 네 가지 과제 중 두 번째 과제이다.

초점 맞추기

관계 맺기에서 표현되지 않은 질문은 "같이 걸으실래요?"이다. **초점 맞추기**에 깔려있는 질문들은 "어디로 갈까요?", "어떤 것에 대해서 이야기할까요?"가 된다. 동기면담은 지시적(directive)이지 않은데 지시적이란 단어의 일반적인 의미에서 볼 때 지시적이지 않다. 동기면담은 **방향 지향적**(directional)이며, 목적 지향적이고, 의도된 효과를 향해서 가는 것이다. 초점 맞추기는 실무자와 내담자가 어디로 가는지 감각을 갖게 도와주며, 조력 관계가 어떤 것을 성취하게 하는지, 그리고 어떤 주제(들)를 나누는 것이 가장 유용한지 알게 해준다.

도움이 되기 위해서 늘 목표가 명료해야 하는 것은 아니지만, 중요한 요소가 된다. 때로 내담자가 어떤 목표를 실무자에게 바로 말하거나 넌지시 비칠 수 있다.

- "체중을 감량해서 몸매가 좋아져야겠어요."
- "관계가 회복되었으면 좋겠어요."
- "요즘 많이 피곤해요. 에너지가 없어요."

● "유언장을 작성하는 데 도움이 필요해요."

때로 작업 현장에 따라서 목표가 달라진다. 금연 클리닉에 들어오는 사람의 경우, 어떤 화두로 이야기가 될지는 모호하지 않다. 반대로, 당뇨병 교육에 의뢰되어 온 사람이라면 화두가 더 다양할 수 있다. 식이요법, 체중 감량, 처방약 사용, 운동, 혈압, 발 관리, 스트레스 감소 등이 있다.[17] 그러면서, 이 모든 목표들은 혈당 조절, 건강, 삶의

> 동기면담은 방향 지향적이고 목적 지향적이다.

질이라고 하는 포괄적인 목표를 향해 가는 길이 된다. 다중 목표들이 꼬여있는 경우가 흔하다. 동기면담을 어떤 구체적인 행동 변화에 초점을 두는 것으로만 여기지만 초점이 더 폭넓을 수 있어서 종종 행동 변화에만 국한하지 않는다.[18] 어떤 경우, 내담자가 용서하기에 대해서 고민하거나, 인생의 더 큰 만족을 추구하기도 한다.

교정반사를 하면, 지시적이 되어서 목표를 처방하게(prescribe) 되며 내담자가 반드시 해야 하거나 해야 할 필요가 있는 것들이 무엇인지 말하게 된다. 하지만 사람들이 행동이나 생활양식을 바꾸도록 만들 수 없고, 변하도록 격려하고 도와줄 수만 있다. 처방전을 주었다는 것이 내담자가 처방약을 복용할 것임을 의미하지는 않는다. 조력 관계에서도, 내담자가 협력하지 않으면 목표는 목표가 아니다. 작업동맹을 만드는 것은 공유된(shared) 변화 목표들이다. 방향에 잘 맞추어서 대화를 해나가야 한다. 대화 내용을 사전 고지 없이 갑자기 바꾸지 않아야 하며, 도움이 되는 방향으로 함께 움직여야 한다. 대화는 돛단배와 같아서, 배가 항해를 시작하면 내담자에게 조종 키를 맡겨야 한다. 방향을 바꾸어야 할 때가 오면, 나란히 그리고 동의하에 해야 한다. 초점 맞추기 과제는 5장에서 더 설명한다.

여기서 제안하는 사항들을 잘못 이해하면 안 된다. 내담자가 '준비'되거나 '동기'가 있을 때까지 아무것도 할 수 없다는 말이 아니다. 사실, 동기면담이 처음 개발된 중독 현장에서, 많은 내담자가 가족이나 법원으로부터 치료 의뢰를 받았다. 중독치료 프로그램에 참여한다는 것이 알코올이나 약물 사용 습관을 바꿀 준비가 되어있음을 의미하지 않는다. 물질 사용과 관련된 폐해를 줄이는 것은 중독치료 실무자들이 가지는 당연한 목표이다. 동기면담은 내담자 자신이 변화 준비도를 높이도록 돕고자 개발된 것이 맞다. 세 번째 과제로서 중요한 과제인 유발하기가 있다.

유발하기

유발하기(evoking)에 깔린 은유적 질문은 "거기 가려는 이유는요?"이다. 변화의 시작점은 흔히 양가감정임을 기억하라. 변해야 할 이유를 보면서도, 꺼리게 된다.

> "먹는 습관을 바꾸어야 하는 거 알고 있어요. 혈당 조절이 안 되면 얼마나 끔찍한 일이 발생하는지 간호사가 경고하셨어요. 하지만 제가 당뇨병이 있는지가 확신이 안 서네요. 저는 괜찮거든요. 혈액검사를 하라고 의사가 그랬고, 당뇨가 있다고 하더라고요. 체중을 줄이려고 하고 있어요. 패스트푸드가 안 좋다는 거 알고 있는데 간편하고 맛있어요. 경고한 바를 무시해서는 안 되지만, 지금 저는 괜찮거든요. 운동을 더 해야 한다고 하는데, 그것도 중요하지만, 제가 너무 바빠요."

내담자의 마음속에 변화가 얼마나 중요한지에 대해 논쟁하는 위원회가 있는 것 같다. 변화에 대해서 찬성과 반대로 편이 나뉘어 자기편 생각을 옹호하는데, 누가 이길지는 누가 방송 분량을 더 가지느냐에 달려있다.

유발하기는 동기면담과 기타 접근들 간에 특별히 차별화를 해주는 과제이다. 변화에 대해서 이야기하는 동안, 내담자가 변화에 대해 옹호할 시간을 잘 가지도록 해준다. 위원들이 하는 말을 서로 가로채는 것은 당연하다. 즉, 한 위원이 지적하면 다른 한 위원이 튀어나와서, "그래요, 하지만…"이라고 낚아채기 때문에 절차가 난항을 만난다. 유발하기는 변화를 향해서 저울을 약간 기울이는 것인데, 내담자가 실무자에게 요구하는 것이 바로 그것이다.

숙련된 동기면담 대화는 마치 함께 춤을 추면서 움직이는 것 같다. 내담자가 하는 말은 실무자가 하는 말보다 더는 아니더라도 최소 그 정도 중요하다. **변화대화**(change talk)란 내담자가 특정한 변화를 향해서 움직이고 있음을 알려주는 언어적 표현이다. 이와 반대는 **유지대화**(sustain talk)로서, 현 상태를 유지하면서 변화로부터 멀어지게 한다. 6장에서 동기면담적 언어에 대해 더 설명한다. 면담에서, 실무자는 얼마나 많은 변화대화(그리고 유지대화)가 들리는지에 영향을 줄 수 있는데, 실무자가 어떤 질문을 하고 어떤 내용을 강조하는가에 따라 달라진다. 실무자가 어떤 특정한 방향으로 움직이도록 촉진하기 원한다면, 이 동기면담적 언어 표현과 이 표현에 미치는 영향에 세심한 주의를 기울여야 한다. 간혹, 중립적 위치를 지켜야 하는 경우가 있는데, 그때는 결정저울에 손가락을 올리지 **않도록** 조심해야 한다. 중립 유지를 위한 기술에 대해서는 9장에서 더 설명한다.

관계 맺기에서 핵심이 되는 기술들(4장)이 유발하기에서도 여전히 중요하다. 차이점이 있다면, 유발하기에서 하는 질문들이 더 **구체적**일 수 있고, 내담자가 언급한 내용 중에서 **특별히** 반영하고 인정하고 요약할 것들이 있다. 내담자가 무엇을 해야 하고 왜 해야 하는지를 실무자가 말하는 대신 내담자가 스스로 변화해야 하는 **이유**를 말하도록 유발하고 강화한다(6장). 이와 마찬가지로, 계획하기 과제에서는 실무자가 생각하는 최상의 방법을 말하는 것이 아니라, 내담자가 자신의 지혜를 끌어내어 어떻게 변화할지를 협의하는 것이다(7장). 내담자가 변할 수 있을지 스스로 확신이 없어 보인다면, 실무자는 가능성과 내담자 자신의 능력에 희망을 유발할 수 있다(10장).

계획하기

변화 동기(이유)가 충분해 보이면, 어떻게 변할지 확장해서 대화하는 것이 정상이다. 계획하기 과제는 실무자가 관계 맺기, 초점 맞추기, 유발하기에서 사용한 기술들을 계속 사용하면 된다. 사실, 동기면담에서 변화 계획은 내담자에게 부여되는 것이 아니라, 내담자로부터 이끌려나오는 것이다. 내담자가 받아들이기까지는 계획이 아니다. 은유적 질문은 "거기 어떻게 가실래요?"이다. 때로, 변화해야 하는 **이유**에 대해서 기꺼이 고민하고자 하는 내담자의 경우, **어떻게** 변화가 가능할지 그리고 수용 가능할지를 이미 알고 있는 경우일 수 있다. 따라서, 이 두 과제는 서로 얽혀있다.

이 점이 전문가 모델과 다르다. 전문가 모델에서는 전문가가 자신의 지혜를 전달한다. 동기면담은 실무자가 온갖 필요한 전문성을 모두 가지고 있다고 생각조차 하

> 변화 계획은 내담자가 수용할 때까지 계획이 아니다.

지 않는다. 물론, 내담자가 정보와 조언을 구할 때가 있고, 그것을 제공해주는 것 역시 동기면담의 당연한 부분이다(11장). 어떤 계획을 실무자가 제공하는 것이 잘못된 것이거나 출발점도 아니다. 왜냐하면 조언이나 방향만으로는 불충분할 때가 종종 있고, 오히려 역효과를 낼 수 있기 때문이다. 동기면담에서 실무자는 내담자의 경험을 존중하고, 유발하고, 협동하면서 변화의 출구를 열도록 해준다.

때로 사람들은 변화할 준비가 잘되어있어서, 작업동맹이 적절하면 신속하게 계획하기로 착수한다(7장). 계획하기를 하는데 양가감정이 나온다면, 언제나 초점 맞추기와 유발하기로 돌아가야 한다.

계획하기는 지속적인 과정이 되기도 한다. 계획을 했으니까 동기면담이 끝난 거라고 생각하는 건 오해이다. 실무자의 역할은 내담자가 계획을 세우고 그 계획을 실천하도록 계속 돕기도 하며, 최소한 어떻게 되어가는지 시간이 흐른 후 추적하기도 한다. 변화 또는 성장 계획을 실천할 때 차질이 생길 수 있다. 앞으로 두 발자국 그리고 뒤로 한 발자국을 가기도 한다. 내담자가 낙담하면, 관계 맺기와 유발하기 기술을 사용하여 조금 더 내담자의 동기를 견고히 할 수 있다. 동기면담은 치료사, 상담사, 의사, 간호사, 교육자, 코치가 모두 각자 이미 하고 있는 것을 잘하는 또 다른 방식이라는 것이 저자들의 이해이다.

네 가지 과제들은 하나씩 밑받침이 되어주면서 그다음 단계에 기반이 되어준다. 관계 맺기는 공유한 목표를 향해서 함께 작업하도록 토대를 놓아준다. 관계 맺기 기술은 동기면담의 흐름에서 지속적으로 사용된다. 초점이 명확해야, 무엇을 유발할지 알게 된다. 변화대화는 변화 목표로 정의된다. 내담자가 변화의 이유에 대한 동기를 가지도록 도울 때, 어떻게 변해야 할지 계획할 방도를 준비할 수 있다. 이론적으로 이 네 가지 과제는 직선상에 있는 것처럼 보이며, 순서를 따라 깔끔하게 발생할 것 같아 보인다.

그러나 실제 적용에서 보면, 늘 그렇지는 않다. 관계 맺기를 할 기회가 많지 않았는데도 내담자가 초점을 맞추거나 계획을 제시하기도 한다. 때로 실무자가 유발하기를 하는 중에, 내담자는 초점을 다른 데로 맞추면서 더 중요한 목표가 나타나기도 한다. 계획하기를 마지못해 하는 면이 보이면, 유발하기를 더 해야 함을 암시한다. 작업 관계에서 불화가 생기기도 하는데, 이는 관계 맺기를 다시 해야 함을 암시한다. 동기면담 과정이 직선이라고 추정하지 말라. 실무자가 하는 것에 내담자가 어떻게 반응하는지 면밀히 집중해야 한다. 왜냐하면 실무자가 제대로 가고 있는지 아니면 방향 전환을 해야 하는지에 대해서 즉각적인 피드백을 주기 때문이다. 매 순간, 일어나고 있는 것에 반응하면서 필요에 따라 네 가지 과제들을 유연성 있게 바꾸어야 한다.

피해야 할 함정들

1장에서 설명한 바와 같이, 동기면담은 지시하기 스타일과 따라가기 스타일 중간에 위치하는 안내하기 스타일이다. 지시하기나 따라가기 쪽으로 너무 멀리 전향하면, 함정에 빠져서 중간 지점에서 진행 속도가 느려질 수 있다.

첫째는 **전문가 함정**(expert trap)으로, 실무자가 권위자 자세를 취하여 내담자를 대신해서 문제를 해결해주려는 것을 말한다. 열심히 노력해서 얻은 교육과 훈련 덕분에, 실무자가 전문적인 노하우를 가지고 있다고 생각하는 것은 자연스럽다. 사실, 전문성 덕분에 사람들이 실무자에게 도움을 얻고자 오며, 지식을 잘 활용하는 것이 실무자의 업무이다. 동시에 중요한 것은, 내담자가 자신에 대해서는 중요한 전문성을 가지고 있음을 알아야 한다는 점이다. 아무도 타인의 인생에 전문가가 될 수 없다. 그리고 '당신에게 줄 답을 내가 가지고 있어요'라는 자세는 기껏해야 잠시뿐이다. 아무도 내담자만큼 자신을 아는 사람은 없다. 내담자가 행동이나 생활양식을 바꾸도록 촉진하기를 특별히 희망한다면, 내담자의 전문성이 필요하다. 전문가 자세를 취할 때, 내담자는 과잉보호 또는 제지되는 느낌을 받는다. 그러면서 실무자가 내담자 자신의 상황을 정말 이해하는지 의심한다. 이때 안전장치는 처음부터 내담자와 협동하려는 의도를 전달하고, 내담자의 강점, 지혜, 자기 주도적 방향을 존중하고 있음을 전하는 것이다.

전문가 함정처럼, **설득하기 함정**(persuasion trap)은 지시하기 스타일 쪽으로 벗어난 것이다. 내담자가 무엇인가 해야 함을 확인시켜주는 것이 실무자의 책임이라고 생각한다. 실무자는 친변화 논점을 내세우는데, 예측한 것처럼 효과는 내담자로 하여금 반대 논점을 주장하게 만든다. 내담자가 무엇을 해야 한다(교정반사)는 절박함을 실무자가 느낄 때 이런 함정이 쉽게 나타난다. 내담자에게 확신시키려 노력할수록 내담자는 반대 주장을 더 높인다. (확신시키다라는 단어의 의미가 '승리하다, 정복하다'라는 점을 기억하라.) 이 함정을 감지하지 못했으나 논쟁하고 있는 걸 감지한다면, 행로를 바꾸어야 한다. 말의 속도를 줄이고, 이야기하는 대신 질문을 하고, 경청하라. 상대방에게 지혜가 있다는 것, 그리고 스스로 결정하는 자유를 고마워한다는 것을 기억하라. 내담자에게 무엇이 최상인지 질문하라. 때로 내담자가 변화를 향해 가도록 돕는 길은, 실무자가 내담자에게 방해가 되지 않는 것일 수 있다.

급하게 느낄 때 서두르게 되고, 짧은 시간 안에 무언가 하려고 시도하게 된다. 이것이 **시간 함정**(time trap)이다. 압박감을 느낄 때일수록 달성하려는 것에 걸리는 시간이 더 길어지는 것이 아이러니이다. 몇 분밖에 남지 않은 것처럼 느끼고 행동할 때 종일 걸리고, 종일 걸리는 것처럼 느끼고 행동할 때 몇 분밖에 안 걸린다.[19] 일의 순서에 너무 빨리 초점을 두어서 내담자가 실무자를 따라가지 못할 때는 이 함정에 빠질 수 있다. 목표를 정하는 것이 절박하고 실무자의 작업 맥락에서도 중요할 수 있으나, 내담자는 아직 목표를 공유하지 않고 있다. 힘겨루기가 되는 걸 피해야 한다. 내담자와 관계 맺기에 시간을 더 들여야 할 것이다. (4장, 6장, 8장, 10장에서 이 함정을 피하고 내담자 자신의 관점, 동기, 아이디어를 이끌어내는 데 도움이 되는 대안들과 도구에 대해서 깊이 찾아본다.)

다음은 **산만해지기 함정**(wandering trap)이 있다. 사람들은 대부분 누군가 자기 이야기를 들어주면 좋아한다. 상대방이 몇 시간이고 행복하게 이야기를 해나갈 때 그리고 듣는 사람은 따라가기만을 할 때 적극적 경청이 필요하지는 않다. 친절하고 다정한 행동이기는 하지만, 따라가기만 하다 보면 방향 감각을 잃어버린다. 내담자가 향하는 대로 한 주제에서 다른 주제로 넘어가면서 이야기하는 경우라면, 실무자는 이 조력 관계에서 무엇을 바라는지 명료화할 때이다(5장에서 초점 맞추기에 관해 설명한다). 그리고 그 방향으로 어떻게 움직일지 명료하게 계획한다. 동기면담은 지시하기와 따라가기의 중간 지점에서 균형을 잡는 일이기도 하다.

동기면담이 아닌 것

끝으로, 동기면담이 아닌 것이 무엇인지 몇 가지 명료하게 아는 것이 유용하다. 때로 동기면담과 혼동되는 아이디어나 접근 방법들이 있다.[20] 바라건대, 그중 몇 가지는 이 책에서 더 명료해지는 것이다.

첫째, 동기면담은 사람에게 상냥하게만 대하는 것은 아니다. 칼 로저스가 '비지시적(nondirective)'이라고 처음 설명했던 내담자 중심 상담 접근과 동기면담은 같지 않다. 동기면담에서 초점을 맞추고, 동기를 유발하고, 계획하는 과제들은 사람들에게 방향성을 명료하게 해준다. 관계 맺기로 시작한 후, 한두 가지 구체적인 목표를 향해서 의도적, 전략적으로 움직인다.

동기면담은 또한 기술이 아니다. 도구상자에 잘 챙겨 넣을 수 있는, 쉽게 배울 수 있는 도구가 아니다. 동기면담은 사람들과 함께하는 **방법**이자, 변화 동기를 불러일으키는 특별한 대인 관계 기술들의 통합이다. 동기면담은 복잡한 스타일이어서, 수년에 걸쳐서 숙련될 수 있다.

동시에, 동기면담은 만병통치약이 아니며, 모든 상황에서 해결책이 되지는 않는다. 동기면담 정신과 스타일이 다양한 목표와 전문직에서 폭넓게 사용되는 것은 확실하다. 그러나 동기면담은 심리치료 또는 상담 '학파'가 아니다. 그래서 다른 학파들을 버리고 개종하여 신의를 맹세하지 않는다. 그보다 동기면담은 기타 상담 접근에서의 기술과 방법에 잘 어우러지고 혼합된다. 동기면담은 내담자가 양가감정을 해소하고 변화 동기를 견고히 하게 돕고자 개발되었다. 그렇다고 모든 내담자들에게 동기면담의 유발하기 과제가 필요한 것은 아니다. 변화 동기가 이미 강한 내담자는 계획하기와 행동 실천으로 움직여 갈 수 있고 이때 실무자는 동기면담의 정신과 기술을 여전히 적용하면 된다.

동기면담과 초이론적 변화 모델(TTM)이 같은 시기에 개발되었는데, 이로 인해 두 가지가 혼동되기도 한다. 동기면담과 TTM은 양립한다. 한편, 동기면담은 변화에 대한 포괄적인 이론이 아니고, TTM의 **변화 단계**(stage of change) 역시 동기면담에서 필수적인 부분은 아니다. 동기면담은 때로 결정저울로 혼동되는데, 결정저울은 변화의 찬반을 동등하게 탐색하는 기법이다. 이 책에서 저자들은 특정 변화 목표를 향할 때가 아니라 실무자가 중립을 유지해야 하는 경우 사용할 수 있는 적절한 방법이 결정저울이라고 설명한다(9장). 한편 특정 방향으로 변화를 도모하고자 의도할 경우에는, 결정저울 개입이 변화 결단을 늘리기보다는 오히려 감소시킬 가능성이 있다.[21]

동기면담에 평가 결과 피드백이 반드시 포함되어야 하는 것은 아니다. 여기서 혼동된 이유는 프로젝트 MATCH에서 효과성 검증이 되었던 동기면담의 변형[**동기증진치료**(motivational enhancement therapy)]과 관련이 있는데, 당시 동기면담의 임상적 스타일과 사전치료 평가 결과에 대한 개별 피드백이 통합되었다.[22] 평가 결과 피드백을 주면 동기를 증진하는 데 유용하고,[23] 특히 변화 준비도가 낮은 사람들의 경우 그러한데(12장), 그렇다고 동기면담에서 필요충분 요소는 아니다.

끝으로, 동기면담은 실무자가 원하는 대로 내담자가 하게 만드는 방식이 아니다. 동기가 없는 곳에서 동기를 생산하는 데 사용될 수는 없다. 동기면담은 협동적인 파트너십이며, 상대방의 자율성을 존중하고 존경하며, 그 사람이 가진 내적 준거 틀을 이해하고자 하는 것이다. 동기면담의 정신에 연민을 추가한 것은 동기면담이 실무자 자신의 복지나 최상의 이득이 아니라, 내담자들의 복지, 최상의 이득을 도모하는 데 사용되어야 함을 강조하기 위함이다.

• 개인적 관점 • 동기면담이란?

이 질문은 1982년 이래로 내가 스스로에게 했던 질문이다. 그리고 저자들이 배워가면서 이 질문의 답은 진화하고 있다. 동기면담은 언제나 공동체적 정체성을 가지고 발전했다. 동기면담은 내담자의 변화 조력 방법에 대해서 함께 이야기했던 노르웨이의 동료들과 처음 대화를 하면서 시작되었다. 동기면담은 실무자들이 이 질문을 하면서 질적으로 급부상했다. "우리가 여기서 하고 있는 것이 무엇일까?" **동기면담 훈련가 네트워크**(Motivational Interviewing Network of Trainers : MINT)가 국제적인 그룹으로 출범하였고, 동기면담의 마음과 정신이 모양을 갖추었다. 동기면담의 본질이 부상하면서, 이론과 충실도를 확인하려는 연구자들은 때로 좌절감을 갖기도 하였다. "동기면담이 정확하게 무엇인가?"[24] 나는 처음부터 동기면담이 경험 과학 분야에서 설명이 가능함을 보고 만족한다. 동기면담은 신뢰도 있게 측정 가능하며, 동기면담의 실천 충실도를 평가하는 도구들이 다방면에서 연구되어 왔다.[25] 칼 로저스의 기본 연구처럼,[26] 효과성에 대한 가정적 기제들이 구체적으로 반복 검증 가능하며, 다양한 장면에서 동기면담이 효과가 있음을 보이는 결과들이 누적되어 왔다. 현재 200건 이상의 메타 분석과 체계적 문헌 고찰에서 이를 드러낸다.[27] 이와 같은 연구 범위를 보면, 동기면담에 대한 집단적 이해가 계속 커지고 있음이 놀랄 만하지는 않다. 또한, 동기면담의 핵심 요소들이 폭넓은 전문직과 이론적 정의에서 내담자의 치료 효과와 관련이 많은 치료적 기술들과 겹친다.[28] 어떤 기술들이 실무자에게 더 도움이 될까? 우리가 수십 년간 연구해 온 것이 바로 이것이다.

−빌

요약하면, 2장에서는 사람들의 변화와 성장을 돕는 방식으로서 동기면담의 큰 그림과 개요를 제시했다. 동기면담이 상담과 심리치료 영역에서 시작되었으나, 폭넓은 분야에서 조력 관계에 적용되며, 학력이 높은 사람들에게만 제한해서 적용되지 않는다. 개발국과 개발도상국의 일반 상담자, 동료 지원 실무자들도 동기면담을 성공적으로 배우고, 제공하고 있다.[29] 동기면담은 조력자로서 자신의 역할을 이해하는 방식이며, 사람들의 동기와 자원을 동원하게 해준다. 어떻게 그렇게 할 수 있는가에 대해서는 2부와

3부에서 자세히 설명한다. 구체적인 기술로 들어가기에 앞서, 3장에서는 동기면담의 흐름을 소개한다. 동기면담을 실천할 때 어떻게 표현되고 어떤 느낌인지에 대한 설명이다.

☑ 주요 개념

- 계획하기 과제
- 관계 맺기 과제
- 교정반사
- 동기면담 훈련가 네트워크(MINT)
- 동기증진치료
- 방향 지향적

- 변화 단계
- 변화대화
- 불화
- 양가감정
- 유발하기 과제
- 유지대화
- 작업동맹

- 초점 맞추기 과제
- 피해야 할 함정들
  - 산만해지기 함정
  - 설득하기 함정
  - 시간 함정
  - 전문가 함정
- 현 상태

☑ 요점 정리

- 동기면담에서는 산파가 제공하는 것 이상으로 동기를 제공하거나 공급하지 않는다. 동기는 이미 그곳에 있으므로 꺼내기만 하면 된다.
- 변화를 고민할 때 양가감정은 정상이다.
- 변화해야 할 이유를 말로 하는 사람은 내담자이다. 실무자가 아니다.
- 저항을 밀쳐버리려고 하면 오히려 현 상태를 유지하려는 결단을 강화한다.
- 동기면담의 네 가지 핵심 과제는 관계 맺기, 초점 맞추기, 유발하기, 계획하기 등이다.
- 전문가 함정, 설득하기 함정, 시간 함정, 산만해지기 함정과 같은 흔히 있는 함정들을 유의해야 한다.

참고문헌

1. Miller W. R. (2023). The evolution of motivational interviewing. *Behavioural and Cognitive Psychotherapy*, 1–17. Advance online publication. *https://doi.org/10.1017/S1352465822000431*

2. Atkinson, C., & Woods, K. (2017). Establishing theoretical stability and treatment integrity for motivational interviewing. *Behavioural and Cognitive Psychotherapy*, *45*, 337–350.

3. Kirschenbaum, H. (2009). *The life and work of Carl Rogers*. American Counseling Association.
      Miller, W. R., & Moyers, T. B. (2017). Motivational interviewing and the clinical science of Carl Rogers. *Journal of Consulting and Clinical Psychology, 85*(8), 757–766.

4. Moyers, T. B. (2004). History and happenstance: How motivational interviewing got its start. *Journal of Cognitive Psychotherapy, 18*, 291–298.

5. The first description of MI was in this article: Miller, W. R. (1983). Motivational interviewing with problem drinkers. *Behavioural Psychotherapy, 11*, 147–172.

6. A classic exploration of how new approaches find their way into practice is Rogers, E. M. (2003). *Diffusion of innovations* (5th ed.). Free Press.

7. Miller, W. R. (2022). *On second thought: How ambivalence shapes your life*. Guilford Press.

8. Prochaska, J. O., Velicer, W. F., Rossi, J. S., Goldstein, M. G., Marcus, B. H., Rakowski, W., et al. (1994). Stages of change and decisional balance for 12 problem behaviors. *Health Psychology, 13*(1), 39–46.

9. In previous editions we called this the "righting reflex," and while we regret losing the alliteration, we think that "fixing reflex" is clearer. Dawn Clifford and Laura Curtis suggested this change as they prepared a second edition of *Motivational Interviewing in Nutrition and Fitness* (Guilford Press). We thank them for the idea along with Jonathan Lee, who suggested it to them.

10. Brehm, S. S., & Brehm, J. W. (1981). *Psychological reactance: A theory of freedom and control*. Academic Press.
      de Almeida Neto, A. C. (2017). Understanding motivational interviewing: An evolutionary perspective. *Evolutionary Psychological Science, 3*(4), 379–389.

11. Miller, W. R., & C'de Baca, J. (2001). *Quantum change: When epiphanies and sudden insights transform ordinary lives*. Guilford Press.

12. Farley, W. (2005). *The wounding and healing of desire: Weaving heaven and earth* (Kindle Locations 1932–1933). Kindle Edition.

13. Farrell, W. (1974). *The liberated man: Beyond masculinity—Freeing men and their relationships with women*. Bantam Books.

14. Miller, W. R., & Moyers, T. B. (2021). *Effective psychotherapists: Clinical skills that improve client outcomes*. Guilford Press.

15. Horvath, A. O., Del Re, A. C., Flückinger, C., & Symonds, D. (2011). Alliance in individual psychotherapy. *Psychotherapy, 48*(1), 9–16.

16. Bordin, E. S. (1994). Theory and research on the therapeutic working alliance: New directions. In A. O. Horvath & L. S. Greenberg (Eds.), *The working alliance: Theory, research, and practice* (pp. 13–37). Wiley.

17. Steinberg, M. P., & Miller, W. R. (2015). *Motivational interviewing in diabetes care*. Guilford Press.

18. Wagner, C. C., & Ingersoll, K. S. (2009). Beyond behavior: Eliciting broader change with motivational interviewing. *Journal of Clinical Psychology, 65*(11), 1180–1194.

19. Roberts, M. (2001). *Horse sense for people.* Knopf.
20. Miller, W. R., & Rollnick, S. (2009). Ten things that motivational interviewing is not. *Behavioural and Cognitive Psychotherapy, 37,* 129–140.
21. Miller, W. R., & Rose, G. S. (2015). Motivational interviewing and decisional balance: Contrasting responses to client ambivalence. *Behavioural and Cognitive Psychotherapy, 43*(2), 129–141.
22. Miller, W. R., Zweben, A., DiClemente, C., & Rychtarik, R. (1992). *Motivational enhancement therapy manual: A clinical research guide for therapist treating individuals with alcohol abuse and dependence* (Vol. 2). National Institute on Alcohol Abuse and Alcoholism.

    Project MATCH Research Group. (1993). Project MATCH: Rationale and methods for a multisite clinical trial matching patients to alcoholism treatment. *Alcoholism: Clinical and Experimental Research, 17,* 1130–1145.
23. Agostinelli, G., Brown, J. M., & Miller, W. R. (1995). Effects of normative feedback on consumption among heavy drinking college students. *Journal of Drug Education, 25,* 31–40.

    Davis, T. M., Baer, J. S., Saxon, A. J., & Kivlahan, D. R. (2003). Brief motivational feedback improves post-incarceration treatment contact among veterans with substance use disorders. *Drug and Alcohol Dependence, 69,* 197–203.

    Juarez, P., Walters, S. T., Daugherty, M., & Radi, C. (2006). A randomized trial of motivational interviewing and feedback with heavy drinking college students. *Journal of Drug Education, 36,* 233–246.
24. Atkinson, C., & Woods, K. (2017). Establishing theoretical stability and treatment integrity for motivational interviewing. *Behavioural and Cognitive Psychotherapy, 45,* 337–350.

    Draycott, S., & Dabbs, A. (1998). Cognitive dissonance 2: A theoretical grounding of motivational interviewing. *British Journal of Clinical Psychology, 37,* 355–364.
25. Caperton, D. D., Atkins, D. C., & Imel, Z. E. (2018). Rating motivational interviewing fidelity from thin slices. *Psychology of Addictive Behaviors, 32*(4), 434–441.

    Hurlocker, M. C., Madson, M. B., & Schumacher, J. A. (2020). Motivational interviewing quality assurance: A systematic review of assessment tools across research contexts. *Clinical Psychology Review 82,* 101909.

    Kramer Schmidt, L., Andersen, K., Nielsen, A. S., & Moyers, T. B. (2019). Lessons learned from measuring fidelity with the Motivational Interviewing Treatment Integrity code (MITI 4). *Journal of Substance Abuse Treatment, 97,* 59–67.
26. Kirschenbaum, H. (2009). *The life and work of Carl Rogers.* American Counseling Association.
27. Apodaca, T. R., & Longabaugh, R. (2009). Mechanisms of change in motivational interviewing: A review and preliminary evaluation of the evidence. *Addiction, 104*(5), 705–715.

    Frey, A. J., Lee, J., Small, J. W., Sibley, M., Owens, J. S., Skidmore, B., et al. (2021). Mechanisms of motivational interviewing: A conceptual framework to guide practice and research. *Prevention Science, 22*(6), 689–700.

    Moyers, T. B., Martin, T., Houck, J. M., Christopher, P. J., & Tonigan, J. S. (2009). From in-session behaviors to drinking outcomes: A causal chain for motivational interviewing. *Journal of Consulting and Clinical Psychology, 77*(6), 1113–1124.
28. Miller, W. R., & Moyers, T. B. (2021). *Effective psychotherapists: Clinical skills that improve client outcomes.* Guilford Press.

    Pirlott, A. G., Kisbu-Sakarya, Y., DeFrancesco, C. A., Elliot, D. L., & MacKinnon, D. P. (2012). Mechanisms of motivational interviewing in health promotion: A Bayesian mediation analysis. *International Journal of Behavioral Nutrition and Physical Activity, 9*(1), 69.

29. Naar-King, S., Outlaw, A., Green-Jones, M., Wright, K., & Parsons, J. T. (2009). Motivational interviewing by peer outreach workers: A pilot randomized clinical trial to retain adolescents and young adults in HIV care. *AIDS Care, 21*(7), 868–873.

Nadkarni, A., Weobong, B., Weiss, H. A., McCambridge, J., Bhat, B., Katti, B., et al. (2017). Counselling for Alcohol Problems (CAP), a lay counsellor-delivered brief psychological treatment for harmful drinking in men, in primary care in India: A randomised controlled trial. *Lancet, 389*(10065), 186–195.

Phillips, R., Copeland, L., Grant, A., Sanders, J., Gobat, N., Tedstone, S., et al. (2018). Development of a novel motivational interviewing (MI) informed peer-support intervention to support mothers to breastfeed for longer. *BMC Pregnancy and Childbirth, 18,* Article 90.

Singla, D. R., Weobong, B., Nadkarni, A., Chowdhary, N., Shinde, S., Anand, A., et al. (2014). Improving the scalability of psychological treatments in developing countries: An evaluation of peer-led therapy quality assessment in Goa, India. *Behaviour Research and Therapy, 60,* 53–55.

동기면담 대화의 흐름

자기 자신이 되어라. 다른 사람들도 이미 그렇다.

-익명[1]

우리 모두가 위대한 일을 할 수는 없다. 하지만 사소한 일들을 위대한 사랑으로 해낼 수 있다.

-테레사 수녀

2부 에서 저자들은 동기면담의 기술적인 기법들을 다룰 것이다. 그러기에 앞서, 동기면담을 적용할 때 어떻게 표현되고 느끼는지 감각을 제공하고자 하며, 어떻게 사람으로서 관여하는지를 나누고자 한다. 기본적으로 동기면담은 변화와 성장에 대해서 유동적으로 대화하는 것이며, 실무자의 항해에 따라 매우 많은 대화 경로를 가진다. 동기면담은 이미 작곡되어 정해진 음표들을 따라 연주하는 것이 아니라, 즉흥적으로 화음을 따라가는 것이라고 본다. 두 경우 모두, 음악가는 연주를 하면서 특정한 규칙을 따른다. 차이가 있다면, 유연성 있는 예술성의 여부이다.

3장에서는 세 가지 상호 연관된 주제들을 담고 있다. 첫째, 저자들은 동기면담의 두 가지 간략한 사례를 제시하면서 서로 다른 문화 환경에서 어떻게 표현이 달라지는지 본다. 사례 중 두 번째는 동기면담의 네 가지 과제 모두를 보여준다. 관계 맺기, 초점 맞추기, 유발하기, 계획하기가 상당히 단기적인 면담에서도 일어날 수 있음을 보여준다. 둘째, 동기면담을 실천하는 실무자가 진정성 있는 사람으로 드러나는 것을 보여준다. 즉 인위적으로 역할을 맡은 사람이 아닌 모습을 보여준다. 끝으로, 문화―실무자의 문화, 내담자의 문화―가 가지는 역할을 더 광범위하게 고려하여 다양한 사회 현장에서 동기면담이 어떻게 잘 흘러가는지 보여준다.

간단해 보이는 사례 두 가지

숙련된 실무자는 동기면담을 상당히 짧은 시간 안에 적용한다. 코로나 시기에 저자(스티브)는 자선단체 자원봉사자로 근무하면서 정신적, 신체적 건강상 이유로 고립되어 고투하는 사람들과 전화 상담을 했다. 한 80대 여성이 많은 신체 질병으로 고투하고 있었는데 전화해준 것을 감사하며, 침대에 누워있는 것이 좋지 않은 것은 알지만 누워 있을 때 얼마나 안전하게 느끼는지에 대해서 편하게 이야기하였다. 저자는 한동안 연민으로 경청하며, 그 여성 환자가 자신의 삶과 활동에서 얼마나 속박되어 있는지, 좌절감을 느끼는지 듣고 있었다. 그리고 나서, 저자는 이렇게 말했다.

"제가 질문 하나 해도 될까요? 내담자분이 조금 더 건강하기 위해서 한두 가지 간단한 것을 해본다면, 어떤 것일까요?"

그러자 변화대화가 튀어나오면서, 기분을 좋게 하고 덜 구속적인 것들에 대해서 스스로 훌륭한 생각들을 내놓았다. 이 사례에서 구체적인 세부 묘사가 중요하지는 않다. 다음 장에서 더 자세하게 대화 예시들을 제시할 것이다. 사례에서 보듯이, 간단한 질문으로 보이지만 동기면담의 본질을 노래하고 있다. 단어 하나하나가 중요한 것이 아니다. 대화에서 어떤 일이 벌어지고 있고 또 벌어지지 않고 있는지 눈여겨보자. 내담자에게 무엇을 해보라고 하지 않았고, 동정하지 않았고, 내려다보듯이 말하지 않았다. **허락** (permission)을 구하면서 내담자의 생각에 대해서 호기심을 가지고 다가갈 때 내담자는 자신만의 지혜와 자율성을 존중받는다.

오해하지 말아야 할 것은, 동기면담에 처방전과 같은 어떤 공식이 있는 것이 아니라는 점이다. **항상**(always) 허락을 구해야 하고 정보나 조언을 **절대**(never) 하지 말아야 한다는 공식은 없다. 이 지점에서 들려줘야 하는 것은 음악이지, 특정 음표가 아니다.

> 동기면담을 잘하는 방법은 수도 없이 많다.

특정 상황에서 동기면담을 잘할 수 있는 길은 수도 없이 많아서 선택하면 된다. 동기면담에 숙련될수록, 저자들과 똑같은 방식으로 해야 한다고는 말하지 않겠다. 오히려, 각자 나름대로 동기면담 실천 방법을 배우기 바란다.

두 번째 사례는, 지역사회 간호사의 사례이다. 배경은 남아프리카의 농촌에 있는 한 보건클리닉이다. 그곳에서의 업무는 간단하지만 매우 숙련된 업무로 보인다. 한 어머니가 오랫동안 HIV 관련 만성 질병으로 이 보건클리닉에서 치료를 받고 있고, 남편, 아이도 모두 양성으로 판정되었다. 이 여성 환자는 가정을 꾸리고자 열심히 일하는 사람이다. 오늘도 약속된 클리닉 방문차 아이를 안고 여름 더위 속에서 먼 길을 걸어왔다. 그녀는 자기 자신도, 아이도 몸이 좋지 않아 걱정하고 있다. 간호사는 환자의 식습관, 안전한 성생활, 지속적인 약물 복용이 바이러스 퇴치에 필요하기 때문에 관심을 가지고 보고 있다.

이 보건클리닉은 매우 바빠서 간호사는 환자당 5~10분 정도를 할애한다. 간호사는 먼저 차트를 훑어보고 기억을 되살린다. 이 여성 환자를 알고 있고, 이 환자가 당면한 어려운 도전들을 이해하기 때문에, 다시 볼 수 있어서 진심으로 반가워한다. 이 소중한 시간에 여성 환자에게 무엇을 해야 하는지, 왜 해야 하는지를 말해주고 싶으나 그렇게 하는 것은 덜 효과적이고, 그것보다는 공감적으로 관계를 맺고, 이 여성이 가진 도전들을 명료화하고 환자 스스로 중요한 결정을 하도록 책임을 갖게 안내하는 것이 더 효과적이라는 것을 간호사는 알고 있다. 간호사는 후자의 길을 택하기로 결정하고, 따뜻하게 맞이하며, 환자와 시선을 맞추고 미소를 짓는다.

간호사 : 오늘 와주셔서 정말 반가워요!

환자 : 우리 아이 때문에 꼭 와야 했어요.

간호사 : 아이가 정말 중요하지요.

환자 : 예, 맞아요.

간호사 : 두 사람 모두 건강하기를 바라요.

환자 : 예. 남편한테 제가 오늘 여기 온다고 말했어요. 남편이 지지적이에요. 그렇지만 저를 도와주지 않은 것도 있어요. 남편은 콘돔 사용을 원하지 않아요.

간호사 : 재감염을 막을 수 있을 텐데요.

환자 : 맞아요.

간호사 : 오늘 무엇에 대해서 이야기 나누는 것이 가장 도움이 될까요? 콘돔 사용, 처방약, 식습관, 아니면 다른 것이 있을까요?

환자 : 약에 대해서요.

간호사 : 좋아요. 나중에 원하면 다른 것들도 이야기 나눌 수 있어요. 그러니까 약이 중요한 거네요.

환자 : 정말 중요해요. 약을 어떻게 먹어야 하는지 알고 싶어요. 저랑 아이랑 모두 건강하게요.

간호사 : 약에 대해서 가장 알고 싶은 건 무엇일까요?

환자 : 혹시 약 먹는 걸 놓치면, 해가 될지 걱정이에요.

간호사 : 그렇군요. 약을 제때 먹는 것이 어려울 때가 있지요.

환자 : 중요하다는 건 아는데, 약 먹는 게 창피해요. 부모님이 제가 약 먹는 걸 보거나 아이한테 약 먹이는 걸 보기 원하지 않거든요.

간호사 : 매우 개인적인 거죠.

환자 : 맞아요. 그런데 멀리 가서 안 보이게 하는 것이 어려워요. 제가 약을 제때 못 먹으면 어느 정도 해가 될까요?

간호사 : 어머님이 말한 대로, 매일 제때 약 먹는 게 정말 중요해요. 건강하려면요. 약을 제때 복용하지 못하면 어머니나 아이에게 해가 될 수 있고요. 힘들다는 거 알겠어요. 상태는 어떠세요?

환자 : 별로 안 좋아요. 오늘 여기 오는 게 힘들었어요. 힘이 필요한데 힘이 없는 것 같아요.

간호사 : 힘이 필요하시죠.

환자 : 예, 그래요.

간호사 : 어머님이 가족에 대해서 그리고 이런 것이 왜 중요한지 아시니까 여쭙건대, 어떻게 해야 어머님과 아이가 약을 제때 먹을 수 있을까요? 어떤 대안들이 있을까요?

이 사례는 친구끼리의 대화처럼 들린다. 2분간의 대화에서 어떤 일이 일어나고 있고 어떤 일이 일어나지 않고(not) 있나 살펴보자. 환자를 밀고 당기고 과제를 부여하는 일은 없다. 간호사는 평온하고 급해 보이지 않으며, 또 즉각적으로 전문가 역할을 하면서 정보를 수집하거나 환자에게 무엇을 해야 하는지 말하지 않는다. 환자가 처음에 언급했던 주제, 즉 배우자의 콘돔 사용 건에 대해서 해결책을 제시하지도 않는다. 간호사는 면담에 머물며 환자의 정서에 맞추어 경청하면서 잘 이해했는지 확인하며 소통하고 있다. 이런 방식으로 하는 경우 몇 분 정도라도 충분히 관계 맺기를 하고 필요한 것이 무엇인지 명료화할 수 있다.

간호사는 2분 동안 무엇을 하고 있나? 몇 가지 점들이 나타나고 있고 이 내용에 대해
서 다음 장에서 자세히 설명한다. 간호사는 인사를 나눈 후에, 경청하고 능숙하게 반영
하면서 환자와 관계를 다시 형성하고, 환자의 말을 잘 듣고 있음을 알게 해준다(4장에
서 자세히 설명). 그리고 나서, 환자가 가장 염려하는 것이 무엇인지 질문하여 다음에
기타 염려에 대해서 다시 이야기할 틈을 남겨놓는다. 처방약 준수가 초점이 되었고, 너
잘 경청하고 있는 것을 본다. 약을 잘 복용하는 것이 중요하다는 것에 두 사람 모두 동
의하고, 환자가 어떻게 잘 복용할지 생각을 묻는다. 이러한 방식으로 대화가 자연스럽
게 흘러가듯이 펼쳐질 때 일상적인 대화처럼 느껴진다. 여유롭고 편안하며, 간호사는
수평적으로 민감하게, 방향을 유념하면서 대화가 진행되는 곳에 주의를 집중한다. 상
당한 숙련함을 토대로 단순함을 보여준다. 동기면담이 잘될 때, 흘러가는 느낌이 있다.
이 대화를 제외하고는 어느 것도 중요하지 않은 것 같은 느낌이다.[2]

앞에서 언급한 대로, 이처럼 짧은 사례에 동기면담의
네 가지 과제가 모두 담겨있다. 처음 시작부터 간호사는
공감적인 경청으로 환자와 관계 맺기를 한다. 이후, 환자

> 동기면담이 잘될 때, 흘러가는 느
> 낌이 있다.

와 간호사는 이번 내방에서 무엇에 초점을 두어야 할지 생각해본다. 환자는 첫 번째로
처방약 준수를 언급했다. 이후, 간호사는 환자가 가지고 있는 염려, 관심사를 유발하고
이어서 어떻게 해야 할지 계획하기를 나누는데, 이때 중요한 질문을 한다. "어떤 대안이
있을까요?" 대화가 펼쳐지면서, 이 네 가지 과제 중 한 가지에 시간을 더 들일 수 있다.
이 사례는 몇 분간의 대화에서 동기면담 과제들이 어떻게 드러날 수 있고 또 섞일 수 있
는지 보여준다.

숙련된 동기면담 실무자들은 동기면담이 편안하고 자연스럽게 되는 것을 느끼는데,
바로 '흐름 속(in the flow)'에 있기 때문이다. 지금 시점에서 목격자로서의 특혜로 현
존한다고 설명하는데, 이 상태는 평온하게 호기심을 가지고 이 내담자에게 변화 여정
이 어떠할지 보면서, 내담자가 자신의 동기와 지혜의 문을 두드리도록 돕는 욕구를 가
진 상태이다. 실무자가 무엇을 말하는지, 그리고 그 말이 어떻게 받아들여지는지 정중
한 경의와 고조된 의식을 하는 상태이다. 이때 실무자는 인간 대 인간의 면담 속(in the
interview)에 현존한다.

흐름 타고 가기

동기면담 과정에 진정성을 가지고 현존하려면 무엇이 필요한가? 내담자가 자신의 상황이 어떻게 달라지길 원하는지 큰 소리로 말할 수 있는 안전한 공간을 만들어내려면 무엇이 필요한가? 위 사례의 간호사처럼, 어떻게 이렇게 할 수 있을까? 시간의 압박, 미해결된 과제, 고통에 대한 인식, 내담자에게 최상의 것이 무엇일까 하는 침투적 사고에도 불구하고 어떻게 이것을 할 수 있을까?

동기면담은 실무자가 스스로 자기가 될 때 더 자연스럽게 흘러간다. 어떤 실무자들은 탈을 쓰거나 역할을 입고, 거리를 두고 초연하게 객관성을 유지하는 것을 떠올리는 것 같다. 전문가의 윤리적 경계선이 적절한지 관찰할 필요가 있지만, 많은 조력 관계에서 자기 자신이 되는 것은 가능할 뿐 아니라 유익하기도 하다. 심리치료 연구 결과, 치료자의 한 인간으로서의 **진정성**(genuineness) 또는 진실성이야말로 치료 효과를 예측한다고 본다.[3]

진정성의 본질은, 조력자가 진정성이 없을 때 즉 진정성이 빠져있을 때 가장 잘 드러난다. 예로, 경험이 적은 상담사의 경우, 전문성과 객관성이라고 하는 휘장 뒤에 스스로 숨고 싶은 욕구를 경험한다. 어느 정도의 객관성이 필요하지만, 소원하게 거리를 두거나, 가려져있거나, 또는 가짜같이 보이는 사람과 신뢰하는 협동 관계를 가지기는 어렵다. 조력자로서 본인이 진정성을 느낀다고 하더라도, 내담자가 그것을 경험해야 무언가 달라진다.[4]

진실성 있는 사람은 정직하고(honest) 진실을 말한다. 정직성은 연민(compassion)이라고 하는 자비로운 정신 안에서 항상 표현되어야 한다(1장). 인정하기를 할 때(4장 참조), 진실함이 있어야 한다. 즉, 내담자 안에서 보고 느끼는 것이어야 한다. 경청할 때, 진정성 있는 호기심을 가져야 한다. 정직성은 또한 실무자가 자신의 반응을 인식하면서 진실함이 있어야 하는 것이다. 사람들은 진화하면서 가짜를 검열할 수 있는 촉각을 갖게 되었다. 실무자가 느끼고 생각하는 것을 아니라고 우길 때 그것이 더 명백하게 드러난다.

진정성 있는 사람은 개방적이고 반응적이다. 고정된 탈을 쓰기보다, 상대방이 말한 것에 반응하면서 표정이 달라지고, 자기가 듣고 느낀 것을 반영해준다. 진정성을 가지고 현존하며 관계를 맺으면, 실무자 자신의 얼굴 표현이 자연스럽게 상대방이 경험하는 바를 거울로 비추어준다. 실무자의 얼굴만 보고서도 관찰자는 실무자가 경청하고 있는 대상자의 감정이 기쁨인지, 공포인지, 슬픔인지 알 수 있다. 내담자들이 실무자를 향해서 분노를 표현하는 특별한 경우가 있다. 실무자가 거기에 반응할 때 말이나 얼굴 표정으로 똑같이 분노를 표현하는 경우, 내담자의 분노는 악화된다. 이때는 평온하게 중심을 지키는 것이 유용한 반응일 것이다. 특히 분노가 실무자에게 향할 때는 실무자 자신의 감정 각성 수준을 낮게 유지할 필요가 있다. 의도적이면서 비폭력적인 소통이야말로 훈련된 기술이며, 연습과 훈련을 통해서 강해지고, 내적 상태와 행동 반응이 일치됨을 말한다.[5]

진정성에서 세 번째 측면은 적당한 **겸손**이다. 이미 다 이해하고, 해결책을 알고 있다는 태도여서는 안 된다. 모르는 것이 정직성이고, 훌륭한 경청이 겸손의 행위이다. 실무자가 자신에 대해서 유머를 가지고 표현하는 것 역시 겸손을 드러낸다.

> 훌륭한 경청은 겸손의 행위이다.

조력 관계에서 실무자가 자신의 경험을 나누는 것은 어떠한가? 상담에서, 적당한 **자기 개방**(self-disclosure)이 내담자와의 작업 관계를 더 좋게 하고 긍정적 효과를 더 가져온다고 한다.[6] 자기 개방은 실무자가 자기 삶에서 개인적으로 경험한 바를 말하는 것인데, 이것만큼 중요한 것은 실무자가 이 순간에 무엇을 경험하는지 인지하고 말하는 것이다. 대화에서 조력자로서 마음에 떠오르는 모든 것을 말하는 것은 권하지 않는다. 동기면담은 주로 내담자의 경험과 복지에 초점을 둔다. 실무자가 초연하게 자신에 대해 아무것도 드러내지 않으려는 것 역시 권하지 않는다. 필요하다면 실무자 자신에 대해서 기꺼이 나누는 등의 균형적인 면이 필요하다. 그렇다면 실무자가 자신의 경험을 나눌 때, 과거나 현재에 대한 것 중에 어떤 것을 나누어야 하는가? 몇 가지 테스트가 있다.

자기 개방이 진실한가?

진정성을 위해서, 실무자가 전하려는 자신의 경험은 진실이어야 한다(전부는 아니더라도). 과거나 현재 경험에 대해서 이야기를 만들 수는 있으나, 저자들은 권하지 않는다. 더구나, 지금 경험하는 것을 아니라고 부인하는 것은("아니에요. 아닙니다. 정말로. 저는 불편하지 않아요. 저는 반대하는 것이 아닙니다.") 내담자에게 어느 정도 확실히 드러날 가능성이 있다.

자기 개방이 피해를 줄 수 있나?

조력 관계에서 "첫째, 피해를 주지 말 것"이라고 하는 교훈, 즉 자기 개방이 해가 되느냐 여부가 또 하나의 검증 테스트이다. 유해한 자기 개방 목록의 가장 위에, 비난하기가 있다. 이는 상대방의 능력, 의도, 노력, 외모 등에 대해서 부정적으로 코멘트하는 것을 말한다. "제가 솔직하게 말해도 될까요?"라는 질문을 하는 것이 내담자에게 상처 주는 것을 허용하는 것은 아니다. 자기 개방은 항상 공감과 연민이라는 정신 안에서 제공되어야 한다.

자기 개방이 도움이 되는 이유가 명확한가?

가까운 친구 사이에서, 자기 개방은 일상적이고 상호적일 수 있다. 그러나 전문가가 조력 관계에서 자기 개방을 할 때는 이유가 구체적이어야 한다. 적당한 자기 개방(적당한 자세로 내담자에게 초점을 맞춘)과 과도한 자기 개방, 즉 조력자로서 실무자 자신에게 초점이 옮겨진 자기 개방에는 차이가 있다.[7] 실무자는 현재 또는 과거 경험을 전하기 전에 왜 이것이 도움이 된다고 믿는지 스스로 질문해야 한다. 몇 가지 이유가 있을 수 있다.

- 신뢰와 관계 맺기를 도모하기 위해서
- 개방적 태도를 모델로 보여주면서 내담자가 솔직하도록 격려하기 위해서
- 내담자가 한 질문에 답하기 위해서("자녀가 있으세요?", "이런 느낌을 경험하신 적 있으세요?")
- 인정하기를 하기 위해서 등이다. 인정하기는 자기 개방의 한 유형이며, 내담자의 장점과 행동을 그 순간에 진정성을 가지고 존중하는 것이다.

동기면담은 특별한 기술의 실천과 진정성 있는 모습을 모두 포함한다. 조력하는 전문가로 협동하고, 수용하며, 연민을 가지고 힘을 실어주는 자신을 보여준다. 동기면담 기술은 이런 존재 방식을 구체화하여 전달한다.

· 치료자에게 · **진정성**

내담자 중심 상담에서 칼 로저스가 강조했던 것은, 치료자의 진정성이야말로 변화를 돕는 데 필수 조건이라는 점이다.[8] 이후 로저스는 진정성을 "이 순간 내가 경험하는 것이 내 인식 안에 존재하고, 내 인식 안에 존재하는 것이 나의 대화 속에 존재할 때"[9]라고 정의하였다. 다른 말로 하면, 1장에서 서술한 동기면담 정신의 요소들처럼, 진정성은 두 가지 수준을 가진다. 즉, 인식과 표현이다. 인식 수준에서, 로저스가 주장한 것은 내담자와 대화할 때 실무자가 자신의 반응, 그리고 자신의 경험 안에서 어떤 것이 일어나는지에 잘 맞추어져야 한다는 것이다. 표현 수준에서, 진정성은 내담자에게 이것을 전달하면서, 최소한 이것에 대해 부정직해서는 안 된다.

말년에 칼 로저스는 진정성 있는 현존(presence)이야말로 상담과 심리치료의 중요한 요소라고 했다. 진정성 있는 현존은 실무자가 자신의 업무에 인간성을 가져오는 것이다. 냉랭하고 객관적인 전문가 역할을 행위화하거나 자신을 감추려고 하지 않는다. 이 요소의 내적 구성을 가리켜 일치성(congruence)이라고 부른다. 자신이 경험하고 있는 것을 인식하고 수용하는 것을 말한다. 자신의 경험에 불편감을 느낀다면 다른 사람들의 경험에 대해서도 솔직하기 어렵다. 로저스가 믿었던 것은, 타인을 수용하는 마음을 전하는 것은 자기 수용과 직접적으로 관련이 있다는 것이다. 심리치료에서 일치성이란 내담자에 대한 실무자의 생각과 느낌을 현시점에서 인식하는 것을 포함한다. 회기 과정에서 내담자에 대한 실무자 자신의 반응을 처리해야 할 필요는 없다.

내담자가 실무자에게 개인적인 사항을 묻는다면 어떻게 할까? 중독치료에서 종종 "선생님은 회복자인가요?"라든가 "약물 사용을 해본 적 있나요?"라는 질문, 가족치료에서 "자녀가 있으세요?"라는 질문을 받는다. 유용한 답으로, "질문에 답 드릴게요." (기꺼이 답하고자 하면서) "그런데 먼저 알고 싶은 것은, 제가 '예'라고 하면 어떤 의미로 다가올까요? 만약 '아니요'라고 답하면 어떤 의미가 있을까요?"가 있다. 제공한 정보에 대해서 내담자가 가지고 있는 염려에 대해 대화하면 된다.

결국, 진정성이 중요하다. 수십 년간 연구한 결과에 따르면, 진정성과 적당한 자기 개방이 치료동맹을 강화하고 내담자의 치료 효과를 높인다.[10]

동기면담과 문화 차이

어떤 문화권이든지 조력 관계가 발생한다. 동기면담은 유럽과 북미에서 주로 시작되어 발전했으나, 지금은 각 문화마다 발전하고 있다. 현재 아프리카, 아시아, 오스트랄라시아, 유럽, 북미, 남미 등 여러 나라에서 그들의 언어로 동기면담을 적용하고, 연구하고, 교육하고 있다. 미국에서 소수민족을 대상으로 한 동기면담 효과는 백인 내담자들

> 동기면담에서는 내담자를 전문가로 간주한다.

과 유사하거나 때로는 더 나은 것으로 나타났다.[11] 동기면담은 다양한 문화권에 잘 적용되는 것으로 보인다.[12] 공감적 경청과 수용이 있고, 각기 다른 문화에 대한 존중을 가지고 내담자를 전문가로 간주하기 때문이다.[13]

동기면담은 변화에 대한 언어 표현에 많은 초점을 두기 때문에, 영어가 아닌 언어로 번역할 때 약간의 적응이 필요하다. 변화에 관한 대화 규준이 문화마다 다양하다. 동기면담을 실천하는 사람이 어떤 특정 문화에서 성장하였고 또 그들의 문화권 내 사람들을 위해서 동기면담을 진행할 때, 그 특정 언어와 사회적 규준에 자연스럽게 맞추어진다. 이러한 사례는 수없이 많다.[14] 간단하게는 문화적으로 적절하게 환영받는 느낌이 들도록 하는 것에서부터 시작한다.[15] 아시아계, 흑인, 원주민, 라틴계를 대상으로 한 문화 특성적 동기면담이 개발되고 검증되었으며, 다문화권 내에서도 동기면담이 적용된다. 동기면담의 문화적 적응에 대한 연구 및 자료 목록이 3장 끝에 있다.

동기면담을 문화 특성에 맞게 적용해도 동기면담인가 하는 질문이 있다. 이보다 더 좋은 질문은, 적용할 때 유익한지, 언제 유익한지, 그리고 누구에게 유익한지를 묻는 질문이다. 그런데 다양한 문화권에 걸쳐서 동기면담의 충실도 평가 도구가 만들어졌고 비교 연구 결과가 제시되었다.[16] 아프리카계 미국인, 원주민, 스페인 언어권에 있는 실무자들을 대상으로 동기면담 훈련 워크숍을 하고 비교했을 때, 동기면담 기술 증진 면에서 백인 비라틴계 집단과 유사하게 나타났다.[17]

> ・개인적 관점・　**가족에게도 동기면담을 사용할 수 있나?**

가족에게 동기면담을 사용할지 여부는 수십 년간 저자 개인적으로도 수수께끼였는데, 다음과 같은 경험을 하고 난 후 수수께끼가 풀렸다. 네 자녀들이 끝없이 "아빠, 동기면담은 나한테 하지 마세요!"라고 하니, 이 질문에 답하기가 어려웠다. 가정에는 행동 변화가 필요한 일이 매우 많다. 방 정리하기, 정해진 시간에 귀가하기 등등. 경청 기술은 정말 유용하다. 의심할 여지가 없다. 그런데 호기심과 평온함을 가지고 행동 변화를 유발하는 것은? 문제는 내가 결과에 너무 애를 썼다는 것이다. 내가 아이들보다 더 많이 변화를 기대했다. 그리고 이슈에 대해 감정적으로 흥분해있었다. 그래서 교정반사로 빨리 가고 싶었다. "오늘은 간식 없는 거야, 알겠지?" 등. 그 결과, 제자리걸음이었다.

어느 날, 아이가 울면서 학교에서 돌아왔다. 학교 화장실에서 점심을 먹었다는 것이다. 왜냐하면 몇몇 아이들이 유대인을 조롱하는 말을 하면서 히틀러와 유대인에 대한 만화를 돌려보며 자신을 '쫄게' 했기 때문이라는 것이다. 당시는, 동기면담의 초점 맞추기 과제를 행동 변화로부터 성장이라는 측면으로 보다 폭넓게 확장하던 때였다. 이런 도전적 이슈를 동기면담으로 다룰 수 있을까? 여기서 중요한 것은 아이의 복지와 성장이었다.

그래서 나는 이렇게 했다. 교정반사를 억눌렀다. 학교로 달려가서 교장에게 항의하고 싶은 나 자신을 멈추었다. 경찰관인 맏아들에게도 학교에 가지 않도록 했다. 아내와 나는 아이와 앉아서, 학우들에게 괴롭힘당하는 느낌에 대해서 조용하게 호기심을 가지고 대화를 했다. 그러고 나니 성장에 대한 핵심 질문이 떠올랐다. "피해자 느낌을 덜 받으면서 동시에 네 권리를 더 옹호하는 사람이 되려면, 어떻게 하면 될까?" 변화대화로 된 답들이 천천히 나오기 시작했다. 동기면담에서 우리가 잘 알고 있는 온갖 함정들을 피해갔다. 변화대화가 나올 때 나는 경청했다. 계획이 떠오르기까지 몇 주가 걸렸다. 아이는 점차 인권 이슈에 대해서 열정과 관심을 더 많이 가지게 되었다. 나는 가족과의 대화에서 동기면담에 더 확실한 관점을 갖게 되었다. 그것은 다음과 같다. "만약 그들의 성장과 도전 과제에 관한 것이라면, 동기면담은 매우 유용하다."

－스티브

동기면담이 잘되면 일상대화처럼 흐른다. 내담자를 향해서(to) 무엇인가 하는 것처럼 느껴지지 않는다. 내담자의 관심사와 동기에 대해서 관여하고 존중하며 탐색하는 것이다. 2부에서 저자들은 동기면담의 숙련된 적용에 대해 설명한다.

동기면담의 문화적 적응

지난 수십 년간 정신건강, 인본주의적 서비스, 교육, 기타 관련 분야에서 문화의 역할을 주제로 한 학술 연구가 싹터 왔다. 동기면담을 특정 문화권에 맞추어서 개발한 자료들은 다음과 같다.

아시아 문화권

Hughes, S. C., Corcos, I., Hovell, M., & Hofstetter, C. R. (2017). Feasibility pilot of a randomized faith-based intervention to reduce secondhand smoke exposure among Korean Americans. *Preventing Chronic Disease 14*, E19.

Hughes, S. C., & Obayashi, S. (2017). Faith-based intervention to increase fruit and vegetable intake among Koreans in the USA: A feasibility pilot. *Public Health Nutrition, 20*(2), 357–362.

Kandula, N. R., Dave, S., De Chavez, P. J., Bharucha, H., Patel, Y., Seguil, P., et al. (2015). Translating a heart disease lifestyle intervention into the community: The South Asian Heart Lifestyle Intervention (SAHELI) study; A randomized control trial. *BMC Public Health 15*, 1064.

Khetan, A., Hejjaji, V., Hughes, J., Gupta, P., Barbhaya, D., Mohan, S. K. M., et al.

(2019). Rationale and design of a study to test the effectiveness of a combined community health worker and text messaging-based intervention for smoking cessation in India (Project MUKTI). *mHealth, 5*(15), 1–11.

Kianinezhad, S., Sadaghifard, M., Esmaeeli, M., Zarei, E., & Forozanfar, A. (2021). Comparison of the effectiveness of motivational interview and motivational interview with the orientation of Islamic ontology on the motivation to change domestic violence. *Iranian Evolutionary and Educational Psychology Journal, 3*(4), 447–456.

Li, M., & Ren, Y. (2019). Intervention effects of motivation interviewing Chinese modified on the mental health of college students with exercise dependence. *Psychiatric Quarterly, 90*(2), 447–459.

Reich, H., Zürn, D., & Mewes, R. (2021). Engaging Turkish immigrants in psychotherapy: Development and proof-of-concept study of a culture-tailored, web-based intervention. *Clinical Psychology in Europe, 3*(4), e5583.

Rongkavilit, C., Naar-King, S., Koken, J. A., Bunupuradah, T., Chen, X., Saengcharnchai, P., et al. (2014). A feasibility study of motivational interviewing for health risk behaviors among Thai youth living with HIV. *Journal of the Association of Nurses in AIDS Care, 25*(1), 92–97.

Vlaar, E. M. A., Nierkens, V., Nicolaou, M., Middelkoop, B. J. C., Busschers, W. B., Stronks, K., et al. (2017). Effectiveness of a targeted lifestyle intervention in primary care on diet and physical activity among South Asians at risk for diabetes: 2-year results of a randomized controlled trial in the Netherlands. *BMJ Open, 7*(6), e012221.

Wu, D., Ma, G. X., Zhou, K., Zhou, D., Liu, A., & Poon, A. N. (2009). The effect of a culturally tailored smoking cessation for Chinese American smokers. *Nicotine and Tobacco Research 11*(12), 1448–1457.

흑인 문화권

Bogart, L. M., Mutchler, M. G., McDavitt, B., Klein, D. J., Cunningham, W. E., Goggin, K. J., et al. (2017). A randomized controlled trial of *Rise*, a community-based culturally congruent adherence intervention for Black Americans living with HIV. *Annals of Behavioral Medicine, 51*(6), 868–878.

Boutin-Foster, C., Scott, E., Rodriguez, A., Ramos, R., Kanna, B., Michelen, W., et al. (2013). The trial using motivational interviewing and positive affect and self-affirmation in African-Americans with hypertension (TRIUMPH): From theory to clinical trial implementation. *Contemporary Clinical Trials, 35*(1), 8–14.

Cukor, D., Pencille, M., Ver Halen, N., Primus, N., Gordon-Peters, V., Fraser, M., et al. (2018). An RCT comparing remotely delivered adherence promotion for sleep apnea assessment against an information control in a Black community sample. *Sleep Health, 4*(4), 369–376.

Longshore, D., & Grills, C. (2000). Motivating illegal drug use recovery: Evidence for a culturally congruent intervention. *Journal of Black Psychology, 26*, 288–301.

Nicolaidis, C., Wahab, S., Trimble, J., Mejia, A., Mitchell, S. R., Raymaker, D., et al. (2013). The interconnections project: Development and evaluation of a community-based depression program for African American violence survivors. *Journal of General Internal Medicine, 28*(4), 530–538.

Resnicow, K., Campbell, M. K., Carr, C., McCarty, F., Wang, T., Periasamy, S., et al. (2004). Body and soul: A dietary intervention conducted through African-American churches. *American Journal of Preventive Medicine, 27*, 97–105.

Schoenthaler, A. M., Lancaster, K. J., Chaplin, W., Butler, M., Forsyth, J., & Ogedegbe, G. (2018). Cluster randomized clinical trial of FAITH (Faith based approaches in the treatment of hypertension) in Blacks. *Circulation: Cardiovascular Quality and Outcomes, 11*(10), e004691.

Thevos, A. K., Quick, R. E., & Yanjuli, V. (2000). Motivational interviewing enhances the adoption of water disinfection practices in Zambia. *Health Promotion International, 15*, 207–214.

원주민 문화권

Britt, E. F., Gregory, D., Tohiariki, T., & Huriwai, T. (2014). *Takitaki mai: A guide to motivational interviewing for Māori.* Matua Raki, The National Addiction Workforce Programme. Available at *https://takitaki-mai-a-guide-to-motivational-interviewing-for-maori.pdf.*

Choi, W. S., Beebe, L. A., Nazir, N., Kaur, B., Hopkins, M., Talawyma, M., et al. (2016). All Nations Breath of Life: A randomized trial of smoking cessation for American Indians. *American Journal of Preventive Medicine, 51*(5), 743–751.

Cordisco Tsai, L., & Seballos-Llena, I. F. (2020). Reflections on adapting motivational interviewing to the Filipino cultural context. *Practice, 32*(1), 43–57.

Dickerson, D. L., Brown, R. A., Johnson, C. L., Schweigman, K., & D'Amico, E. J. (2016). Integrating motivational interviewing and traditional practices to address alcohol and drug use among urban American Indian/Alaska Native youth. *Journal of Substance Abuse Treatment, 65*, 26–35.

Field, C., Ramirez, S. O., Juarez, P., & Castro, Y. (2019). Process for developing a culturally informed brief motivational intervention. *Addictive Behaviors, 95*, 129–137.

Gilder, D. A., Geisler, J. R., Luna, J. A., Calac, D., Monti, P. M., Spillane, N. S., et al. (2017). A pilot randomized trial of motivational interviewing compared to psycho-education for reducing and preventing underage drinking in American Indian adolescents. *Journal of Substance Abuse Treatment, 82*, 74–81.

Jamieson, L., Bradshaw, J., Lawrence, H., Broughton, J., & Venner, K. (2016). Fidelity of motivational interviewing in an early childhood caries intervention involving indigenous Australian mothers. *Journal of Health Care for the Poor and Underserved, 27*(1), 125–138.

Morris, S. L., Hospital, M. M., Wagner, E. F., Lowe, J., Thompson, M. G., Clarke, R., et al. (2021). SACRED connections: A university-tribal clinical research partnership for school-based screening and brief intervention for substance use problems among Native American Youth. *Journal of Ethnic and Cultural Diversity in Social Work, 30*(1–2), 149–162.

Nagel, T., & Thompson, C. (2008). Motivational care planning: Self management in indigenous mental health. *Australian Family Physician, 37*(12), 996–1000.

Venner, K. L., Greenfield, B. L., Hagler, K. J., Simmons, J., Lupee, D., Homer, E., et al. (2016). Pilot outcome results of culturally adapted evidence-based substance use disorder treatment with a Southwest tribe. *Addictive Behaviors Reports 3*, 21–27.

라틴 문화권

Añez, L. M., Silva, M. A., Paris, M., Jr., & Bedregal, L. E. (2008). Engaging Latinos through the integration of cultural values and motivational interviewing principles. *Professional Psychology: Research and Practice, 39*(2), 153.

Borrelli, B., McQuaid, E. L., Novak, S. P., Hammond, S. K., & Becker, B. (2010). Motivating Latino caregivers of children with asthma to quit smoking: A randomized trial. *Journal of Consulting and Clinical Psychology, 78*(1), 34–43.

Coronado, G. D., Beresford, S. A. A., McLerran, D., Jimenez, R., Patrick, D. L., Ornelas, I., et al. (2016). Multilevel intervention raises Latina participation in mammography screening: Findings from ¡fortaleza Latina! *Cancer Epidemiology, Biomarkers and Prevention, 25*(4), 584–592.

Corsino, L., Rocha-Goldberg, M. P., Batch, B. C., Ortiz-Melo, D. I., Bosworth, H. B., & Svetkey, L. P. (2012). The Latino health project: Pilot testing a culturally adapted behavioral weight loss intervention in obese and overweight Latino adults. *Ethnicity and Disease, 22*(1), 51–57.

Interian, A., Martinez, I., Rios, L., Krejci, J., & Guarnaccia, P. J. (2010). Adaptation of a motivational interviewing intervention to improve antidepressant adherence among Latinos. *Cultural Diversity and Ethnic Minority Psychology, 16*(2), 215–225.

Kurth, A. E., Chhun, N., Cleland, C. M., Crespo-Fierro, M., Pares-Avila, J. A., Lizcano, J. A., et al. (2016). Linguistic and cultural adaptation of a computer-based counseling program (CARE+ Spanish) to support HIV treatment adherence and risk reduction for people living with HIV/AIDS: A randomized controlled trial. *Journal of Medical Internet Research, 18*(7), e195.

Lee, C. S., López, S. R., Colby, S. M., Rohsenow, D., Hernández, L., Borrelli, B., et al. (2013). Culturally adapted motivational interviewing for Latino heavy drinkers: Results from a randomized clinical trial. *Journal of Ethnicity in Substance Abuse, 12*(4), 356–373.

Lewis-Fernández, R., Balán, I. C., Patel, S. R., Sánchez-Lacay, J. A., Alfonso, C., Gorritz, M., et al. (2013). Impact of motivational pharmacotherapy on treatment retention among depressed Latinos. *Psychiatry, 76*(3), 210–222.

Moore, A. A., Karno, M. P., Ray, L., Ramirez, K., Barenstein, V., Portillo, M. J., et al. (2016). Development and preliminary testing of a promotora-delivered, Spanish language, counseling intervention for heavy drinking among male, Latino day laborers. *Journal of Substance Abuse Treatment, 62*, 96–101.

Osborn, C. Y., Amico, K. R., Cruz, N., O'Connell, A. A., Perez-Escamilla, R., Kalichman, S. C., et al. (2010). A brief culturally tailored intervention for Puerto Ricans with type 2 diabetes. *Health Education and Behavior, 37*(6), 849–862.

Rocha-Goldberg, M. P., Corsino, L., Batch, B., Voils, C. I., Thorpe, C. T., Bosworth, H. B., et al. (2010). Hypertension Improvement Project (HIP) Latino: Results of a pilot study of lifestyle intervention for lowering blood pressure in Latino adults. *Ethnicity and Health, 15*(3), 269–282.

Sánchez, J., De La Rosa, M., & Serna, C. A. (2013). Project salud: Efficacy of a community-based HIV prevention intervention for Hispanic migrant workers in south Florida. *AIDS Education and Prevention, 25*(5), 363–375.

☑ 주요 개념

- 자기 개방
- 진정성
- 허락

☑ 요점 정리

- 동기면담을 적용하면 자연스러운 일상대화처럼 흐른다. 면담자는 대화의 방향에 영향을 줄 수 있는 특정 기술들을 사용하게 된다.
- 동기면담자는 대화에서 진정성 있고 반응적인 사람으로 현존한다.
- 동기면담은 다양한 문화권에서 잘 어우러진다. 공감적 경청과 수용이 있고, 문화에 대해 겸손함을 가지고 내담자를 전문가로 간주한다.

참고문헌

1. This quotation is often and incorrectly attributed to Oscar Wilde. The actual author is unknown.
2. Csikszentmihalyi, M. (2008). *Flow: The psychology of optimal experience*: Harper Collins.
3. Gelso, C. J., Kivlighan, D. M., & Markin, R. D. (2018). The real relationship and its role in psychotherapy outcome: A meta-analysis. *Psychotherapy, 55*(4), 434–444.
   Kolden, G. G., Wang, C.-C., Austin, S. B., Chang, Y., & Klein, M. H. (2018). Congruence/genuineness: A meta-analysis. *Psychotherapy, 55*(4), 424–433.
4. Miller, W. R., & Moyers, T. B. (2021). *Effective psychotherapists: Clinical skills that improve client outcomes.* Guilford Press.
5. Rosenberg, M. B. (2015). *Nonviolent communication: A language of life.* Puddle Dancer Press.

Moses, G. (1997). *Revolution of conscience: Martin Luther King, Jr., and the philosophy of nonviolence*. Guilford Press.

6. Hill, C. E., Knox, S., & Pinto-Coelho, K. G. (2018). Therapist self-disclosure and immediacy: A qualitative meta-analysis. *Psychotherapy, 55*(4), 445–460.

   Levitt, H. M., Minami, T., Greenspan, S. B., Puckett, J. A., Henretty, J. R., Reich, C. M., et al. (2016). How therapist self-disclosure relates to alliance and outcomes: A naturalistic study. *Counselling Psychology Quarterly, 29*(1), 7–28.

7. Rachman, A. W. (1990). Judicious self-disclosure in group analysis. *Group, 14*(3), 132–144.

8. Rogers, C. R. (1959). A theory of therapy, personality, and interpersonal relationships as developed in the client-centered framework. In S. Koch (Ed.), *Psychology: The study of a science. Vol. 3. Formulations of the person and the social contexts* (pp. 184–256). McGraw-Hill.

   Rogers, C. R. (1965). *Client-centered therapy*. New York: Houghton-Mifflin.

9. Rogers, C. R. (1980). *A way of being*. Houghton Mifflin, p. 15.

10. See note 3 (Gelso et al., 2018) and Kolden, G. G., Wang, C.-C., Austin, S. B., Chang, Y., & Klein, M. H. (2018). Congruence/genuineness: A meta-analysis. *Psychotherapy, 55*(4), 424–433.

11. Hettema, J., Steele, J., & Miller, W. R. (2005). Motivational interviewing. *Annual Review of Clinical Psychology, 1*, 91–111.

    Villanueva, M., Tonigan, J. S., & Miller, W. R. (2007). Response of Native American clients to three treatment methods for alcohol dependence. *Journal of Ethnicity in Substance Abuse, 6*(2), 41–48.

12. Self, K. J., Borsari, B., Ladd, B. O., Nicolas, G., Gibson, C. J., Jackson, K., et al. (2023). Cultural adaptations of motivational interviewing: A systematic review. *Psychological Services, 20*(Suppl 1), 7–18.

13. Nedjat-Haiem, F. R., Carrion, I. V., Gonzalez, K., Bennett, E. D., Ell, K., O'Connell, M., et al. (2018). Exploring motivational interviewing to engage Latinos in advance care planning: A community-based social work intervention. *American Journal of Hospice and Palliative Medicine, 35*(8), 1091–1098.

14. Here are just a few examples: Abdull, M. M., McCambridge, J., Evans, J., Muazu, F., & Clare, G. (2017). Can adapted motivational interviewing improve uptake of surgical or laser treatment for glaucoma in Nigeria: Randomized controlled trial. *Journal of Glaucoma, 26*(9), 822–828.

    Afriwilda, M. T., & Mulawarman, M. (2021). The effectiveness of motivational interviewing counseling to improve psychological well-being on students with online game addiction tendency. *Islamic Guidance and Counseling Journal, 4*(1), 106–115.

    Bai, B., Yan, Z., Hao, Y., Zhang, Z., Li, G., Dekker, J., et al. (2017). A randomised controlled multimodal intervention trial in patients with ischaemic stroke in Shandong, China: Design and rationale. *The Lancet, 390 (Special Issue S13)*.

    Kiene, S. M., Bateganya, M. H., Lule, H., & Wanyenze, R. K. (2016). The effect of brief motivational interviewing-based counseling during outpatient provider-initiated HIV testing and counseling in rural Uganda on high risk sexual behavior. *AIDS and Behavior, 20*, 1928–1936.

    Mojahed, K., & Navidian, A. (2018). The effect of motivational interviewing on craving and dependence on hookah in suburban pregnant women in south east of Iran. *Issues in Mental Health Nursing, 39*(8), 693–699.

    Rasekh, B., Saw, Y. M., Azimi, S., T., K., Yamamoto, E., & Hamajima, N. (2018). Associations of treatment completion against drug addiction with motivational interviewing and related factors in Afghanistan. *Nagoya Journal of Medical Science, 80*, 329–340.

Rimal, P., Khadka, S., Bogati, B., Chaudhury, J., Rawat, L. K., Bhat, K. C., et al. (2021). Cross-cultural adaptation of motivational interviewing for use in rural Nepal. *BMC Psychology, 9*(1), 52.

Shimada, T., Ohori, M., Inagaki, Y., Shimooka, Y., Sugimura, N., Ishihara, I., et al. (2018). A multicenter, randomized controlled trial of individualized occupational therapy for patients with schizophrenia in Japan. *PLOS ONE, 13*(4), e0193869.

Song, H. Y., Yong, S. J., & Hur, H. K. (2014). Effectiveness of a brief self-care support intervention for pulmonary rehabilitation among the elderly patients with chronic obstructive pulmonary disease in Korea. *Rehabilitation Nursing, 39*(3), 147–156.

15. Venner, K. L., Feldstein, S. W., & Tafoya, N. (2007). Helping clients feel welcome: Principles of adapting treatment cross culturally. *Alcoholism Treatment Quarterly, 25*, 11–20.

16. Carroll, K. M., Martino, S., Ball, S. A., Nich, C., Frankforter, T., Anez, L. M., et al. (2009). A multisite randomized effectiveness trial of motivational enhancement therapy for Spanish-speaking substance users. *Journal of Consulting and Clinical Psychology, 77*(5), 993–999.

Koken, J. A., Naar-King, S., Umasa, S., Parsons, J. T., Saengcharnchai, P., Phanuphak, P., et al. (2012). A cross-cultural three-step process model for assessing motivational interviewing treatment fidelity in Thailand. *Health Education and Behavior, 39*(5), 574–582.

Lee, C. S., Tavares, T., Popat-Jain, A., & Naab, P. (2015). Assessing treatment fidelity in a cultural adaptation of motivational interviewing. *Journal of Ethnicity in Substance Abuse, 14*(2), 208–219.

Schmidt, L. K., Andersen, K., & Nielsen, A. S. (2022). Differences in delivery of motivational interviewing across three countries. *Journal of Ethnicity in Substance Abuse, 21*(3), 823–844.

17. Miller, W. R., Hendrickson, S. M. L., Venner, K., Bisono, A., Daugherty, M., & Yahne, C. E. (2008). Cross-cultural training in motivational interviewing. *Journal of Teaching in the Addictions, 7*, 4–15.

동기면담 적용하기

제1부에서 동기면담의 정신, 방법, 흐름에 대해 소개했다. 제2부에서는 동기면 담의 네 가지 기본 과제를 기술한다. 관계 맺기(제4장), 초점 맞추기(제5장), 유 발하기(제6장), 계획하기(제7장)의 기본을 설명하고, 각 과제마다 기저에 흐르 는 은유적 질문을 달았다.

관계 맺기 : "같이 걸으실래요?"
초점 맞추기 : "어디로 갈까요?"
유발하기 : "거기 가려는 이유는요?"
계획하기 : "거기 어떻게 가실래요?"

동기면담 적용과 실천은 실무자 앞에 있는 내담자에게 연민을 가지고 집중 하며, 변화와 성장이라는 시야를 향해서 민감한 시선을 두는 것이다. 2부에서 는 동기면담 적용과 실천을 통해 숙련됨을 인지하면서 무엇이 필요한지 알려 준다. 학습의 여정처럼 길을 잘못 들거나, 넘어지거나, 길을 잃을 수도 있다. 이 런 것들이 동기면담을 최상으로 적용하도록 마음가짐과 기술을 발전시키는 데 필요한 부분이다. 이 여정에 홀로 있지 않다. 만나고 배울 수 있는 사람들과 동행한다. 아프리카 격언에, "빨리 가려면 혼자 가고, 멀리 가려면 함께 가라." 라고 한다. 2부에서 시작한 부분을 3부에서는 각 과제별로 보다 심도 있게 탐 색한다.

관계 맺기
"같이 걸으실래요?"

놀라운 것은, 해결 못 할 것들이 경청하면서 해결되고, 구제 불능인 혼돈이 잘 들으면서 매우 맑은 흐름의 물줄기로 바뀐다는 것이다. 이처럼 예민하게, 공감적으로, 집중하여 경청하며 경험했던 순간들에 깊이 감사한다.

−칼 로저스, *소통의 경험*

몰입하는 경청자는 늘 힘을 북돋아준다.

−애거사 크리스티

때로 학교, 병원, 사무실, 집회, 그리고 가정에 들어서자마자 느껴지는 것이 있다. 이곳은 내가 환영받고, 정서적으로 안정적인 장소인가? 내가 사람으로서 배려되는 곳인가? 이러한 느낌에 영향을 주는 것은 물리적 공간, 가구, 벽에 걸린 것 등이기도 하지만 주로 내가 거기서 만나는 사람과 그 사람이 나를 어떻게 대하는지 등이다. 어쩌면 내게 무관심해 보이거나, 나를 사람이 아닌 대상으로 간주하는 듯 보일 수 있다. 다른 곳에 가면, 그곳 사람들은 바로 내게 따뜻하고 다정하고 관심을 보일 수도 있다. 그들의 태도는 기분 좋게 하는 것 이상일 수 있다. 그것은 공감받는 경험일 수 있다. 나를 느낌, 욕구, 강점을 가진 지각 있는 사람으로 보며 의식적으로 관계를 형성하는 사람을 경험할 수 있다.

성장하면서, 사람들은 어느 정도 **공감**(empathy)이 발달한다. 공감이란 다른 사람들이 어떻게 경험하는지를 이해하고 느끼는(feel with) 능력을 말한다.[1] 우리에게 이러한 능력이 깊숙이 있는 것 같다. 이는 타고나는 능력으로 정상분포 곡선을 따라 개인 차이가 다양할 수 있다.[2] 분포 곡선 오른쪽 끝에 있는 적은 수의 사람들은 타인에게 매우 예민한 감수성을 가지고 있어서 공감자(empath)라고 부를 수 있겠다. 이 사람들은 타고난 지각으로 타인이 어떤 경험을 하는지 알며, 이러한 지각력을 꺼버릴 수가 없다.[3] 초인적인 예민성이 직관이나 텔레파시 같아 보여서 타인들이 불편해할 수도 있다. 한편 분포 곡선에서 반대편에 있는 사람들은 타인에 대한 공감이 거의 또는 전혀 없는 듯 보이는데 자기애적인 사람들이거나 사회병적일 수 있다. 대부분의 사람들(우리 저자들 포함)은 중간 어딘가에 위치한다.

공감을 얼마나 **정확하게**(accurate) 할 수 있을까? 누군가 생각하고 느끼는 것을 감지하는 범위는 제대로 맞히는 것에서부터 완전 잘못 맞히는 것까지이다. 천성과 양육의 영향으로, 어떤 사람들은 상대방이 의미하거나 의도한 것을 오해한다. 예로, 알코올은 감정을 정확히 인지하지 못하게 하는데, 중독된 사람의 경우 위협과 적대감에 대해 과잉 지각하기도 한다.[4] 발달 과정의 경험에 의해, 어떤 사람은 특정 정서에 대해서 과잉 경계하거나, 자기의 느낌을 타인에게 투사한다. 이런 요인들 그리고 또 다른 요인들은 타인이 경험한 바를 이해하는 정확도에 영향을 줄 수 있다.

동기면담에서 첫 번째 과제는 관계 맺기이다. 관계 맺기는 상호 존중하고 신뢰하는 관계를 형성하여 함께 앞으로 나아가도록 한다. 관계 맺기에서 흐르는 질문은, "같이 걸으실래요?"가 된다. 잘 형성한 동맹 관계가 긍정적 변화의 문을 연다는 과학적 근거는 확고하다.[5] 실제로, 이와 같은 라포를 형성하지 않으면 앞으로 나아가기 어렵다. 변화와 성장을 돕는 것은 협동적인 과정이며, 실무자의 지혜뿐 아니라 내담자의 지혜도 요구된다. 관여하지 않고 힘을 실어주지 않는 소극적인 사람은 변화와 성장에 동반자가 될 수 없다.[6]

> • 치료자에게 • **작업동맹**

동기면담에서 관계 맺기 과제는 치료자들이 알고 있는 작업동맹과 유사하며, 이것은 치료 효과를 예측하는 데 가장 일관성 있는 요인이다.[7] 작업동맹이라는 개념은 정신분석에서 부상한 것으로, 이후 심리치료 연구에서 널리 사용되는데, 보다 일반적인 개념에서 긍정적 치료 관계를 정의하고 측정하는 방법으로 쓰이고 있다.[8,9] 어떤 특정 심리치료 학파에 국한되지 않고, 이전에 언급한 바와 같이, 다양한 이론적 배경에서 두루 내담자의 치료 효과 증진과 연관되어 있다. 심리치료에서 중요한 것이 치료적 관계에 사용되는 어떤 특정 기법인지, 또는 비특정적 기술인지에 대해서 논의되고 있다.[10] 저자들은 둘 중에 어느 하나이기보다 두 가지 모두라고 본다. 실무자가 치료 시 무엇을 하고, *어떻게* 하는지가 중요하다. 동기면담을 개발하고 검증할 때, 저자들은 상담에서의 *어떻게*라는 차원들을 특별히 탐색해 왔는데, 몇몇 특정 기법들 역시 이것과 연관되어 있다.

더 일반적으로는 치료적 관계에서처럼 관계 맺기는 회기 시작에만 하는 것은 아니고 치료 전반에 걸쳐 역동적이다. 4장에서 설명하는 관계 맺기 기술은 상담 전반에 걸쳐 중요하다. 매 회기마다 간단히 몇 가지 질문을 하면서 작업동맹을 지속적으로 이어갈 수 있다.[11] 회기마다 이런 평가로 반응을 모니터링하면, 즉시적으로 피드백을 받을 수 있기 때문에 실무자는 자신의 접근을 조정하고, 조기 탈락을 방지하고, 마침내 내담자 치료 효과를 향상시킨다.[12]

사실, 관계 맺기란 내담자와 작업을 하는 동안 지속적으로 해야 하는 것이다. 경청할 때마다 경청은 관계 맺기를 견고히 한다. 무언가 두 사람의 접속을 방해하는 것이

> 경청할 때마다 관계 맺기는 견고해진다.

있다면, 다시 관계를 맺어야 한다. 관계 맺기 기술은 동기면담의 초점 맞추기, 유발하기, 계획하기 과제에서도 지속적으로 사용된다.

대인 업무 시, 관계 맺기에 시간이나 관심을 할애하지 않는 경우가 매우 잦다. 시간 압박과 업무량으로 인해 업무적으로 바로 들어가야 한다는 충동이 클 수밖에 없다. 그러나 실무자가 바라는 것이 누군가의 긍정적인 변화와 성장을 촉진하는 것이라면, 관계 맺기를 제쳐둔다는 건 현명하지 않다.

그러면 환영할 만한 대화는 어떤 것일까? 거리를 두는 대신 관계를 형성하기 위해 무엇을 할 수 있을까? 관계 맺기 기술이야말로 때로는 누군가를 돕는 데 필요한 모든 것이다. 4장에서 설명하는 공감적 태도와 기술만으로도 긍정적 변화를 촉진할 수 있다.[13] 저자들의 초기 그리고 지속적인 연구 결과에서 보면, 상당히 짧은 공감적 대화가 행동

변화에 주는 영향력은 놀라웠다.[14] 동기면담에서 다른 것을 배우지 않더라도, 관계 맺기 능력은 개발할 가치가 있으며, 이 능력은 숙련된 경청이다.

경청 잘하기

관계 맺기는 실무자가 **행동(do)**하는 것이다. 질적으로 높은 수준의 경청은 관계 맺기에 필수 토대이며, 내적, 외적 구성 요소를 가진다. 외적 행동 구성 요소는 반영적 경청의 거울 되기(mirroring) 기법이며, 4장에서 세밀하게 주의를 기울일 것이다. 내적, 경험적 구성 요소는 호기심을 가진 태도로서 내담자가 생각하고 느끼는 것이 무엇인지 궁금해하는 것이다. 호기심을 가진 태도는, 내담자가 경험하는 것을 내담자의 관점에서(from their own point of view) 이해하려는 적극적인 관심이다. 실무자는 자기의 인생 경험에 국한되지 않고, 마음 읽기와 경청으로 타인의 내적 세계에 들어갈 수 있다. 다양한 사람들을 알게 되는 것은 조력자가 가지는 특혜이다. 저자들도 이러한 호기심과 인간의 능력에 감동하면서 즐겨 왔다.

　관계 맺기를 잘하려면, 어수선하지 않은 마음을 가질 때 도움이 된다. 경청 대상을 이해하기 위해 분산되지 않은 완전한 주의를 기울여야 한다. 이 사람은 무엇을 경험하고 있는 걸까? 이 사람의 관점에서 볼 때 현실은 무엇일까?

　다행히, 그 사람이 무엇을 생각하고 느끼는지 상상만 할 필요는 없다. 거울 되기 기법은 내담자가 의미하는 바에 대해서 보다 명확한 그림을 그릴 수 있게 해준다. 거울 되기 기법은 공감에서 외적, 표현적 측면이 된다. 누군가에게 공감할 때 개인적으로만 경험하고 표현하지 않는다면 그리 도움이 되지 않는다. **정확한 공감**(accurate empathy)은 실무자가 배우고, 적용하고, 지속적으로 발전시키는 기술이다. 질문하기 이상으로, 정확한 공감 표현은 앞에 있는 사람이 무엇을 전하려고 노력하는지에 대해서 추측한 바를 소리로 표현하여 검증하는 방법이다. 실무자는 내담자가 경험하는 바를 가장 잘 이해한 대로 그대로 비춰주는 거울이다.

　첫째, 훌륭한 경청을 하려면 온전한 주의를 기울여야 한다. 비언어적 기본 태도를 당연하게 여길 수 있겠으나 매우 중요하다. 비언어적 태도는 실무자가 세밀히 주의

> 관계 맺기를 잘하려면, 어수선하지 않은 마음이 필요하다.

를 기울이고 있음을 보여준다. 모든 문화권에서 그런 건 아니지만 많은 문화권에서 경청하며 상대방과 시선 접촉을 상당히 일관성 있게 유지하는 것이 그 사람을 존중하는 집중 신호가 된다. 얼굴 표정은 반응에 따라 자연스럽게 변한다. 즉흥적 미소, 고개 끄덕임, 제스처 등이 내담자의 말을 따라가며 관계를 맺고 있음을 말한다. 딴짓(차트 읽기, 전화하기 등)을 하지 않고, 온전히 집중하는 것이 당연하다. 그런데 필기하는 것은 어떤가? 저자들은, 면담에서는 주의가 흩어지지 않도록 집중하고 나중에 기록하기를 선호한다. 가끔씩 필기할 필요가 있다면 산만하지 않게 하는데, 사전에 그 목적을 설명하는 것이 좋다.

둘째, **거울 되기** 기법은 '기타 반응 방식 내려놓기'를 말한다. 잠시, 실무자 자신의 의견, 지식, 관점들을 보류하고, 내담자가 의미하는 바를 이해하는 데 온전히 초점을 맞춘다. 최소한 잠시 동안, 도와주려고 했던 것들(예로, 동의 또는 반대하기, 말해주기, 주의 돌리기, 제안하기, 경고하기, 해석하기, 설득하기, 재확인해주기 등)을 뒤로 둔다. 이것이 잘못된 것은 아니나, 질 높은 수준의 경청과 거리가 멀 뿐이다. 이러한 것이 경청에 걸림돌이 되어, 글자 그대로 내담자를 이해하는 데 방해가 된다.[15] 경청에 온전히 집중하고, 공감적 인식을 산만하게 하는 말은 삼간다.

거울 되기 기법

그렇다면, 침묵하고만 있는가? 그럴 필요는 없다. 방해하지 않고 조용히 경청하는 것은 선물이다. 한편 조용히 경청하면서 말할 수 있는 것들이 있고, 그런 말을 할 때 실제로 관계 맺기가 깊어진다.[16] 실무자는 일종의 거울이 되어서, 내담자가 지금 말하고 있는 것을 바로 지금 이해한 대로 다시 들려준다. 한편, 내담자가 속도를 줄이면서 내담자 자신이 방금 한 말을 듣도록 돕는다.[17] 앵무새같이 따라 하는 것은 아니다. **거울 되기** 기법은 그것보다 훨씬 더 숙련된 것이다.

사람들은 말하기 전에 이미 생각하고 느낀다. 그리고 그것을 어느 정도 말로 표현한다. 그림 4.1에서 보면, 왼쪽 하단 상자 1에는 내담자가 경험하는 것이 표시되어

> 내담자가 속도를 줄이면서 방금 했던 말을 듣도록 한다.

있다. 내담자는 화자로서, 말뿐 아니라 목소리 톤, 얼굴 표정, 제스처, 자세 등을 통해서 의미하는 바를 전달한다. 상자 2에는 화자가 말로 전달하는 내용이 있다. 소통이 시작

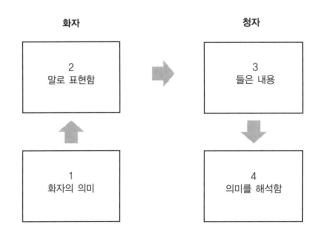

그림 4.1   소통 과정

Thomas Gordon (1970), *Parent Effectiveness Training.*

된다. 상자 3에서 청자(실무자)는 청각과 시각을 통해서 내용을 받는다. 끝으로, 청자는 화자가 전달하려는 의미를 해석한다(상자 4). 청자가 흔히 하는 실수는, 상자 4(의미를 알아들었다고 생각한 것)가 상자 1(화자가 실제로 의미한 것)과 같다고 믿는 데에 있다.

그림 4.1에서 보면, 소통이 왜곡될 수 있는 장소가 세 군데 있다. 첫째, 사람들은 자기가 의미하는 바를 늘 정확하게 말하지는 않는다. 다양한 이유로, 상자 1(화자가 경험하는 바)은 상자 2(화자가 목소리와 얼굴 표정으로 말하고 전하는 바)와 똑같지 않다. 둘째, 청자는 불완전한 수신자이다. 상자 3이 상자 2와 항상 똑같지는 않다. 상자 1과 비교하면 더 똑같지 않다. 예로, 화자가 말을 정확하게 듣지 못했거나, 산만해져 있거나, 주의 집중하지 않기 때문이다. 끝으로, 청자는 자기가 들었다고 생각한 내용(상자 3)을 자기만의 해독 시스템을 거치도록 하여, 화자가 의미했다고 믿는 바로 해석한다(상자 4). 이 과정은 마치 자기 내면의 사전에서 단어를 찾아 가장 적합한 정의를 선별하는 과정과 같다. 이 과정은 즉시적으로 일어나기 때문에 거의 의식적으로 인지하지 못한다.

실무자가 끊임없이 추측하고 있음―상자 4가 상자 1과 매우 다르다는 것―을 깨달아 안다면 새로운 도전 과제가 생긴다. 어떻게 하면, 내담자가 경험한 바에 더 가깝게 이해할 수 있을까 하는 것이다. 이것이 거울 되기의 목적이다. 내담자가 의미한 것을 조용히 상상만 하는 것이 아니라, 실제로 알아내는 것이다. 그런데 내담자가 무슨 말을 할 때마다 확인 질문을 하는 것은 어색한 일이다. 곧 신경이 거슬릴 수 있다. 대신, 직접적으로 묻지 않고도 거울 되기 기법으로 그렇게 — 추측하고 확인하기 — 할 수 있는데, 대화처럼 보다 자연스럽게 흘러갈 수 있다. 사례를 보자.

화자 : 저는 정말로 백신 접종을 하기 싫어요.

청자 : 병에 걸리는 것에 신경 쓰지 않으시는 것 같아요.

화자 : 사실 주사 맞고 오히려 아플까 봐 걱정되어요!

청자 : 접종 후에 아팠던 사람들 이야기를 들으셨나 봐요.

화자 : 위험하다고 들었어요.

청자 : 예방주사가 바이러스보다 더 나쁘다고 들으신 거군요.

화자 : 그러니까, 백신을 맞고 사망한 사람에 대해서 실제로 들은 바는 없지만, 그럴 수 있다고 생각해요.

청자 : 그것이 걱정되는 거군요. 백신 접종으로 죽을 수 있다는 점이요.

화자 : 그게 얼마나 안전할지 모르겠어요. 연구실에서 개발하고, 실제로는 짐작만 하는 거라고 저는 생각해요.

청자 : 백신을 어떻게 개발하는지 알고 계시네요.

화자 : 조금 알아요. 몸에 그런 걸 주사한다는 것이 좋지 않아요.

청자 : 통제가 어려워질 것 같고, 충분히 믿어야 하는데 무모한 믿음이라고 보시나 봐요.

화자 : 그러니까, 전에 예방주사 맞은 적이 있었어요. 이번 백신은 잘 모르겠어요.

청자 : 이 백신은 좀 다르신가 보네요. 그래서 걱정되시고요.

우선 청자가 하지 않는(not) 것을 보자. 질문이 하나도 없다(질문이 도움이 되기도 한다. 추후 설명할 것이다). 청자는 친구나 건강 분야 실무자가 될 수 있는데, 반대 의견을 내거나 조언을 하지 않는다. 이 대화에서 보면, 청자가 어떤 의견을 가지고 있는지 명료하지 않다. 청자는 화자의 관점을 이해하는 데 관심을 가지고 있고, 이 점은 대화가 진행되며 더 명백해진다. 관점을 서로 교환하는 대화가 아니다. 대신, 청자는 화자를 더 잘 이해하기 위해서 면담(interviewing)을 한다. 그 과정에서 화자는 그 이슈에 대해 자신이 가진 생각과 느낌을 더욱 명확히 한다.

그러면, 이 청자가 하는 것은 무엇인가? 공감 **반영**(reflection)이라는 기술이다. 위 대화에서 보면, 청자가 하는 말은 모두 진술형(statement)이다. **단순반영**(simple reflection)은 상대방이 한 말을 매우 유사하게 말하는 것인데, 앵무새같이 할 필요는 없다. 부분적으로 중점을 두고 다시 말할 수 있다. 또는 동의어를 사용할 수 있다. 단순반영에서는 내담자가 한 말에 많이 추가하지 않는다.

화자 : 오늘 기분이 안 좋아요.

청자 : 기분이 저조하군요. [단순반영; 동의어]

화자 : 뭔지 모르겠는데, 가라앉는 것 같아요. 걸어다니는 것조차 힘이 많이 들어요.

청자 : 느려지는 거네요. [단순반영]

화자 : 무거운 짐을 질질 끌고 가는 것 같아요.

청자 : 짐을 지고 가는 것 같군요. [단순반영; 끌고 가는 이미지에 조금 추가한 것이나, 그 이상은 아님]

화자 : 그냥 기분이 안 좋아요.

단순반영에 국한하는 경우, 제자리에 있는 기분일 수 있다. 적어도 빠르지는 않게 느껴질 수 있다. 실무자가 온전히 집중하여 이해하는 것이 재능이다. 그러나 단순반영만 하면 제자리에서 맴맴 도는 것 같을 수 있다. 한편, **복합반영**(complex reflection)은 그 사람이 의미하는 바를 어느 정도 추측하는 것이다. 일반적으로, 크게 비약하는 것은 아니고 그 사람이 말한 내용을 가능한 한 확장하는 것이다.

화자 : 오늘 기분이 안 좋아요.

청자 : 에너지가 많지 않다는 거군요. [복합반영; 추측]

화자 : 예! 혼이 빠져나가는 것 같아요.

청자 : 그러니까 뭐가 뭔지 확신이 안 서는 거네요. [복합반영; 합리적 추측]

화자 : 어젯밤에 엄마가 제게 했던 말을 생각하고 있어요.

청자 : 그 말이 거슬리시나 봐요. [복합반영; 역시 합리적 추측]

화자 : 머릿속에서 계속 생각나요. 어떤 의미로 말했는지 모르겠어요.

청자 : 의미를 이해하려고 하고 있네요. 그 의미가 중요한지 여부요. [복합반영]

화자 : 중요하다고 생각해요. 그 말에 어떻게 해야 할지를 모르겠어요.

위에서 네 번의 복합반영으로 대화는 앞으로 나아가고, 속도를 내고 있다. 흔히 단순반영으로 시작하는데, 이해하려고 경청하면서 복합반영을 더 많이 할 필요가 있다.

거울 되기 기법으로 반영할 때, 추측이 조금 이상하게 느껴질 수도 있다. 질문을 하는 것이 더 낫지 않을까? 하는 의문이 생길 수 있다. 진술문으로 만드니까, "화자의 입에 말을 다시 집어넣어 주는 것"이 되는 건 아닐까? 등이다.

실제로, 청자가 한 말을 질문으로 만들 수 있다. 문장 끝부분에서 목소리 톤을 올려 질문으로 만들 수 있다. "병에 걸릴 걱정은 없으세요?"는 "병에 걸릴 걱정은 없으세요."와 다르다. 문장 끝부분에서 목소리 톤을 올려 질문으로 만드는 것이 큰 차이가 없다고 느낄 수 있으나, 큰 차이가 있다. 아래 두 문장을 소리 내서 읽고, 어떻게 들리는지 그 차이를 느껴보자.

"어머니한테 화가 나는군요?" (끝부분을 올려서)
"어머니한테 화가 나는군요." (끝부분을 내려서)

질문으로 끝부분을 올리며 말할 때 사뭇 다른 점이 있다. 내담자가 그런 식으로 느껴야만 하는(should) 것을 의심하는 것처럼 들린다. 비록 의도한 것은 아니지만 그런 느낌을 줄 수 있다. 질문을 받으면, 사람들은 방어적으로 되거나, 자기가 한 말 뒤로 물러난다. 청소년 내담자에게 다음과 같이 말한다고 상상해보자.

"네가 한 행동에 아무 문제가 없다는 거지?"
"네가 한 행동에 아무 문제가 없다는 거지."

많은 언어권에서, 반영 진술을 듣는 것과 질문을 받는 것이 다르게 느껴진다. 질문을 하면 살짝 압박을 주는 면이 있다. 즉, 답을 요구하는 것이 된다. 거울 되기 기법에서는 질문을 하지 않는 것이 정상이다.

따라서 내담자를 이해하고, 내담자가 자신의 경험을 계속 말하도록 고무하고자 한다면, 반영 진술 기술을 시도해야 한다. 처음에는 보기와 달리 어려울 수 있는데, 질문을 반영으로 바꾸는 것이 기술적으로 용이하다. 우선 질문형을 진술형으로 바꾸어야 하는데, 문장 끝부분에서 목소리 톤을 **낮춘다**.

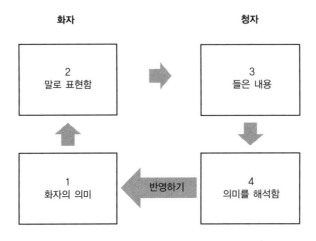

그림 4.2 소통에서의 반영 역할

Thomas Gordon (1970), *Parent Effectiveness Training*.

"걱정되시지요?"를

"걱정되시지요."로 바꾼다.

반영은 소통의 벌어진 틈을 넘어서서 잘 이해했는지 검증하게 해주므로 중요하다. 이 과정이 계속되면 이해가 더 정확하게 된다(그림 4.2 참조).

거울 되기 기법 연습에서 결정적으로 중요한 것은 초심이 되어 호기심을 가지는 것이며, 실무자 자신이 아직 알지 못함을 인지해야 한다.[18] 반영 기술에는 더 섬세하고 세밀한 부분들이 있는데 8장에서 설명한다. 여기서 저자들의 요지는, 조력 관계에서 관계 맺기를 할 때 숙련된 경청이 기초적인 토대가 된다는 점이다. 보다 일반적 대인 관계에서도 경청은 유익하다. 한 가지 지침으로, 반영할 때 상대방이 한 말보다 길어서는 안 된다.

거울 되기 기법의 고무적인 측면은, 연습하면 더 잘 된다는 것이다. 반영할 때마다, 추측해서 말하고 이어서 즉시적으로 피드백을 받게 된다. 흔히 나오는 반응으로, "예, 그리고…"라고 말함으로써 실무자가 반영한 것이 (대부분) 맞다고 알려주면서 더 많은 이야기를 한다. 또 다른 반응으로, "아니에요. 그런 것이 아니고…"라고 말하면서 더 많이 이야기해준다. 둘 중 어느 쪽 피드백 반응을 듣더라도, 추측한 것이 맞았는지 알게 되고, 또 더 많은 것을 새롭게 알게 된다. 다른 말로 하면, 틀려도 벌점은 없다! 연습과 적용을 하면서 사람들이 의미하는 바를 더 잘 예감하게 되는데, 추측으로 남기기보다는 확인하는 것이 더 낫다.

OARS로 움직이기

반영은 관계 맺기에 유용한 네 가지 소통 기술 중 하나이다. 저자들은 이 기술들을 약자로 **OARS**라고 쓴다.

Open questions(열린 질문)
Affirming(인정하기)
Reflecting(반영하기)
Summarizing(요약하기)

관계 맺기에서 이 네 가지 기술은 결합이 잘되고 혼합하여 사용하는데, 어떻게 이 기술들을 능숙하게 혼합하는지 보여주기 전에 아직 논의하지 않은 나머지 세 가지 기술을 좀 더 설명한다.

열린 질문

열린 질문(open questions)은 사람들이 말을 하도록 초대한다. 닫힌 질문과는 달리, 무슨 말을 할지 정할 수 있게 여유를 준다. **닫힌 질문**(closed questions)은 구체적인 정보를 요청하기 때문에 반응의 범위를 제한할 수 있다. 닫힌 질문의 예는 다음과 같다.

"주소가 어떻게 되나요?"
"언제부터 이런 기분이었나요?"
"하루에 술은 얼마나 마시나요?"

때때로 닫힌 질문에는 '예', '아니요'로 답하게 된다.

"두통이 있으세요?"

"기혼이세요?"

"오늘 아침에 뭐라도 드셨나요?"

건강 분야나 사회복지 분야에서는 접수 면접 시 물어보아야 할 닫힌 질문들의 목록이 긴 편이고, 도움을 주기 전에 중요하다고 보는 정보나 사실을 수집해야 한다. 이 경우, 내담자가 소극적인 자세를 취하게 하는 경향이 있다. "내가 질문할 테니 (짧게) 답하세요."라는 식이다. 단답형 질문을 모두 하고 나면, 해결 방법이 나온다는 의미가 되기도 한다.

대화 주제가 변화 또는 성장에 대한 것이라면 적극적으로 관계를 맺는 파트너가 되는 것이 최상이다. 그리고 다음과 같은 열린 질문을 하는 것이 유용한 접근이 된다.

> 열린 질문은 사람들이 말을 하도록 초대한다.

"오늘 어떤 마음으로 오셨나요?"

"제가(우리가) 어떻게 도움이 되기를 바라나요?"

"대인 관계에서 상황이 어떻게 달라지기를 원하나요?"

"어떤 점에서 이것이 중요하실까요?"

이런 질문을 할 경우, 답이 어떻게 나올지 알지 못한다. 배우는 것이다. 열린 질문은 대화에서 앞으로 나가는 원동력이 된다. 질문을 하고 나서 상대방이 무엇을 말하든 간에 그것을 반영하는 것이 훌륭한 방법이다. 저자들이 제안하는 지침은, 질문 하나에 반영을 두 번 하는 것이다. 이 지침을 따르면 주로 질문으로 대화하려는, 흔히 있는 습관에서 벗어나도록 해준다. 질문만 하는 것보다는 공감적 경청을 잘함으로써 더 많은 것을 자주 배우게 된다.

인정하기

초심을 가지고 호기심을 넘어서서, 귀를 기울여 내담자가 가진 장점과 훌륭한 점이 무엇인지 듣는 것이 또한 현명하다. 이렇게 귀를 기울이다 보면, 인정하기를 할 수 있는 실제적인 무언가를 알게 되어 헤아리며 코멘트를 하게 된다. **단순인정**(simple affirmation)은 내담자가 행동으로 또는 말로 한 구체적인 것을 가지고 코멘트하는 것이다.

> "그 말씀을 잘하셨어요."
> "어떻든 무엇을 해야 할지 아셨고, 바로 실천하셨네요."
> "경고 신호를 보셨고 행동을 취하셨군요."
> "정말 친절하셨네요."

이러한 단순인정은 상당히 쉽지만, 과잉 사용하면 진정성이 없게 들린다. 진실로 감사할 것에 관해 코멘트해야 한다! 한편, **복합인정**(complex affirmation)은 내담자가 오랫동안 가지고 온 강점이나 존경할 만한 속성에 관해 코멘트하는 것이다. 복합인정은 인성에 대해 인정하는 것으로서, 행동에 대한 것을 넘어서서 그동안 지속되어 온 긍정적 특성을 찾아 헤아리는 것이다.

> "○○ 님이 하신 행동은 정말 용기 있는 거였어요."
> "무언가 하기로 마음먹으면, 성공할 때까지 밀고 나가시는군요."
> "사람들이 의지할 수 있는 그런 분이 ○○ 님이세요."

기억할 점은, 인정하기 역시 종종 반영이기도 하며 추측하는 것이기도 하다는 점이다. 실무자가 반영한 것을 내담자가 확인해주거나 명료화해줄 수 있다. 여기서 한 가지 팁은, 인정하기를 할 때 "저는"이라는 말을 빼는 것이다. 인정하기는 상대방에 대한 것이지 실무자에 대한 것이 아님을 기억해야 한다.

긍정적인 특성들에 대해서 인정하기를 할 때 영향력이 크다. 인정하기는 내담자에게 이런 말을 하는 것과 같다. "장점과 훌륭한 특성을 가진 분으로 보이네요." 행동이든 심리적 속성이든 간에, 인정하기를 할 때 더 많은 인정할 것을 얻을 수 있으므로 인정하는 내용에 대해 잘 알고 있어야 한다. 내담자는 자기가 한 말에 대해서 인정을 받을 경우 그런 진술을 더 많이 할 가능성이 있는데, 진술의 내용이 부적응적이라면 나쁜 결과를 가져올 수 있다.[19]

인정하기는 내담자의 방어적 태도를 감소시켜서 위협적일 수 있는 개인 정보를 개방할 가능성이 높아진다.[20] 훌륭한 특성을 헤아려줄 때, 방어할 필요가 적어지기 때문이다. 상담과 심리치료 분야에서 긍정적 존중을 전달할 때 결과가 더 좋아지는 것으로 나타났다.[21]

전문가 훈련에서는 실무자로 하여금 내담자의 문제나 결함을 찾도록 하는데, 그것이 때로 적절할 수 있다. 한편, 인정하기를 하는 마음가짐은 마치 안경 렌즈 같아서 긍정적이고 존경할 만한 것을 보게 해준다. 먼저 장점을 가진 사람으로 바라보면, 인정하기는 자연스럽게 나온다.[22]

> 장점을 가진 사람으로 바라보면, 인정하기는 자연스럽게 나온다.

요약하기

위에서 언급했듯이, 거울 되기를 할 때 내담자가 자신이 방금 한 말을 다시 듣도록 반영한다. 반영하기가 거울 되기의 한 기술이다. 요약하기는 한 걸음 더 나아간다. 대화를 할 때 사람들은 자기가 하는 말을 먼저 듣는다. 실무자는 반영하고, 내담자는 그 반영을 다시 듣는데, 약간 다른 관점에서 들을 수 있다. 무엇을 반영할지가 중요하다. 인정하기에서도 무엇을 인정할지가 중요했다. 내담자가 말한 것 중에서 특정 내용에 주의를 기울여 반영하다 보면, 내담자로부터 더 많은 것을 듣게 된다.

요약하기(summary)는 본질상 반영의 집합체로서, 내담자가 한 말을 서너 개 열거하는 것이다. 내담자의 경험 중에서 몇 가지를 뽑는다. 이렇게 하면, 내담자는 자기가 한 말을 다시 듣는데, 세 번째로 듣는 것이며, 자기가 한 말 중에 다른 내용을 전후 관계로 듣게 된다. 이 자체로 인정하기가 될 수 있다. 왜냐하면, 내담자가 한 말이 매우 중요해서 실무자는 그것을 기억하면서 다시 정리해서 전달하기 때문이다. 회기 마무리에서 요약하기 전에 흔히 다음과 같이 서두를 말한다. "이제까지 제가 들은 것을 말하려는데, 혹시 중요한 내용을 제가 놓친다면 알려주세요." 그러나 요약하기를 회기 마무리에서만 할 필요는 없다. 회기 중에도 짧게 요약하기를 할 수 있다. 이렇게 함으로써 실무자가 주의 깊게 경청하며 집중하고 있음을 알게 하는 것이다. 예로, 최근에 내담자가 염려하는 바를 듣고 나서 실무자는 다음과 같이 두 가지로 요약한다.

"이제까지 말씀하신 것으로는, 아드님이 학급에서 얼마나 학습을 잘하고 있는지 의

심된다는 거고요. 최근에 아드님이 싸움에 끼어들게 되어 걱정이 된다는 거군요. 그 밖에 어떤 것이 있지요?"

반영과 인정하기에서처럼, 요약할 때 어떤 내용을 담을지가 중요하다. 내담자가 한 말 중에서 서너 가지를 뽑아서 말해주는 것이 매우 인상적일 수 있다. 성취한 내용을 요약할 때 기운이 살아나고, 온갖 부정적인 경험을 요약할 때 사기를 저하시킨다. 관계 맺기, 초점 맞추기, 유발하기, 또는 계획하기를 할 때, 무엇을 질문하고, 인정하고, 반영하고, 요약할지에 대해서 인식하고 의도적이어야 한다.

관계 맺기 사례

종합해서, 관계 맺기 기술을 보여줄 사례는 다음과 같다. 장면은 지역사회 센터이고, 노인 주민들에게 무료 또는 저렴하게 다양한 프로그램들을 제공하고 있다. 어떤 주민이 처음 센터에 방문하고, 접수 직원에게 몇 가지 질문을 하는데 이후 스태프 직원이 맞이한다. 두 사람은 인사를 하고, 사무실에 앉아 문을 닫고, 관계 맺기를 시작한다.

스태프 : 오늘 여기 어떻게 오셨는지 말씀해주세요. [열린 질문]

주민 : 몇 달 동안 여기를 지나가곤 했는데, 무엇을 하는 곳인지 궁금했어요.

스태프 : 종종 지나가곤 하셨군요. [반영]

주민 : 날씨 좋을 때는 밖에 나오면 좋으니까요. 퇴직하고 나서 활동이 필요해서요.

스태프 : 건강을 유지하기 원하시는군요. [반영]

주민 : 예. 집에만 있는 건 좋지 않아서요. 퇴직한 지 7개월 되었어요. 금방 내리막길이 될 수 있거든요.

스태프 : 퇴직이 큰 변화였다는 말씀이군요. [반영]

주민 : 그랬지요. 우체국에서 36년간 근무했어요.

스태프 : 우와, 성실한 직원이셨네요. 그 세월 동안 정말 꾸준하셨군요! [복합반영]

주민 : 매일 많이 걸어서 출근했어요. 직장에 좋은 친구들도 많았고요.

스태프 : 그렇게 오래 근무하셨다니 상상이 가네요. 요즈음은 어떻게 지내세요? [열린 질문]

주민 : 그게 문제예요. 일만 하며 살았어요. 가끔 친구를 두어 명 만나기는 하나, 친구들이 가족

들과 바쁘게 지내네요.

스태프 : 그러니까 또 다른 큰 변화네요. 함께 시간 보낼 사람이요. [반영]

주민 : 그게 아쉬워요.

스태프 : 퇴직이 때로는 외로울 수 있네요. [반영]

주민 : 때론 그래요. 저는 사람들이랑 뭔가 하는 걸 좋아하는데 말이죠.

스태프 : 이전에는 어떤 일을 즐기셨나요? 과거에 좋아했는데 한참 동안 하지 않은 거요. [열린 질문]

주민 : 테니스 치는 걸 즐겼어요. 지금도 가끔 하는데, 예전만큼은 잘 못해요.

스태프 : 테니스를 즐기셨고 지금도 하시고요. [반영] 그 밖에는요? [열린 질문]

주민 : 모르겠어요. 수영을 했었고, 카드놀이도 했었고, 아주 오래전 일이에요.

스태프 : 여전히 하실 수 있을 거예요. [반영]

주민 : 물론이죠. 옛날엔 정말 많이 했으니까요.

스태프 : 사람들이랑 같이 할 수 있는 거네요. [반영]

주민 : 예. 혼자 하는 놀이는 재미없어요. 사람들 도와주는 것도 좋아해요.

스태프 : 지금은 시간이 많아서 하실 수 있겠어요. [반영]

주민 : 그럴 거예요. 쓸모 있다는 느낌이 좋지요.

스태프 : [요약하기] 그러니까 퇴직이 선생님에게 큰 변화였고, 인생의 2막에서 무엇을 할까 고민 중이시네요. 신체 활동을 원하셔서 걷고, 테니스 치고, 야외 활동을 하시네요. 사람들이랑 함께하는 걸 좋아하시고, 가능하다면 다른 사람들을 돕고 싶으시고요. 그런 것이 선생님에게 중요하네요. 건강을 유지하는 것이 우선순위이고, 스스로 돌보는 일을 이미 하고 계시네요. 그 밖에 어떤 것이 있을까요?

주민 : 그 정도예요. 여기에서는 무엇을 하나요?

스태프 : 좋아요. 이곳에서 우리가 제공해드리는 것을 말씀드릴게요. 선택하실 수 있는 것들이 많이 있어요. 매일 아침 식사와 점심도 드리고, 등록하시면 되어요.

주민 : 여기 들어올 때 음식 냄새가 좋았어요.

스태프 : 지금부터 45분까지 식사를 제공하고 있어요. 여기 활동 목록과 일정이 있어요. 매일 조금씩 달라집니다.

이 대화는 관계 맺기에 대한 것이다. 즉시적으로 정보를 제공하려고 뛰어들기보다 스태프 직원은 OARS 핵심 기술을 사용하여 주민이 가장 관심 있어 하는 것이 무엇인지 알아보았다. 이렇듯 능숙한 태도로 이야기하는 것이, 새로 맞는 주민을 환영하면서 개인적으로 어떤 관심이 있는지 소통하는 방법이다. 이렇게 하는 데 시간이 오래 걸리지 않는다. 시작할 때 잘하는 것이 중요하다. 위의 대화는 3분 정도 걸렸다. 잘 경청하면서 열린 질문을 몇 번 한 것이다.

주목할 것은 숙련된 경청이다. 스태프 직원은 반영할 때, 주민이 한 말을 따라가기만 하지는 않았다. 주민이 무엇을 의미하는지 추측하거나 주민이 다음(next)에 어떤 말을 할지 기대하면서 대화를 이어갔다. 이러한 경청 기술을 가리켜 문단 이어가기(continuing the paragraph)라고 부른다(8장 참조). 이제 주민은 지역사회 센터에서 어떤 프로그램을 활용할지에 초점을 맞춘다.

관계 맺기는 동기면담에서 첫 번째이자 절대적으로 필요한 과제이며 이 과제는 조력 관계에서 너무나도 자주 간과된다. 관계 맺기는 파트너십을 형성하는 방법이다. 즉, "같이 걸으실래요?"와 같다. 저자들은 5장에서 초점 맞추기를 설명하면서 "어디로 갈까요?"라는 질문으로 옮겨간다.

· 개인적 관점 ·　　**빠르게 관계 맺기**

실무자 대상 훈련을 하던 어느 날, 우리는 이런 생각을 했다. *관계 맺기만*(nothing but engage) 하면 어떨까? 오지리 내담자가 자기 이야기를 펼치는 것만 하고 다른 것은 전혀 안 한다면? 조사하는 질문도 안 하고, 문제 탐색, 다른 이야기, 개입 또는 재치 있는 질문도 안 한다면? 적당한 열린 질문으로 시작하고, 예로 "기분은 어떠세요?" "어떻게 도와드릴까요?"라고 하며 맑은 정신으로, 호기심과 열정적 태도를 취하면서, 오로지 관계 맺기만 하는 것이다. 얼마나 시간이 걸릴까? 효과는 어떨까?

우리는 이것을 시도했고, 두 가지 인상적인 화제가 떠올랐다. 첫째, 환자가 자기 이야기를 하기까지 시간이 오래 걸리지 않았다. 이러한 현상은 수십 년간 의학 연구문헌에서 밝힌 바 있다. 둘째, 그러기 위해서는 엄청난 자제력이 요구되었다. 특히 내담자가 극적인 이야기, 당혹스러운 이야기, 심란한 이야기를 할 경우였다. 어떤 관심사에 개입해서 초점을 맞추고 싶은 유혹을 강하게 느꼈다. 하지만 이러한 유혹으로 개입하는 경우 대화의 흐름을 자주 막았다. 유혹을 자제할 때, 나머지 면담이 훨씬 용이하게 방향을 잡아갔고, 생각보다 시간도 짧게 걸렸다.

나는 수십 명의 동료들과 시도했고, 임상 장면에서도 해보았다. 우리는 이것을 가리켜 **빠르게 관계 맺기**(rapid engaging)라고 부른다. 오로지 관계 맺기만 하는 것이다. 회기에서 처음 20%의 시간을 관계 맺기에 썼을 때 상당한 보상을 얻게 되는데, 그 결과 훨씬 빠르게 효과를 낸다고 본다.

—스티브

☑ 주요 개념

- 거울 되기
- 공감
- 단순반영
- 단순인정
- 닫힌 질문

- 반영
- 복합반영
- 복합인정
- 빠르게 관계 맺기
- 열린 질문

- 요약하기
- 정확한 공감
- OARS

☑ 요점 정리

- 공감은 상대방이 경험하고 있는 바를 이해하고 함께 느끼는 자연적인 능력이다. 정확한 공감은 학습 가능한 소통 기술로서, 상대방이 경험하는 바를 이해한 대로 되돌려서 반영하는 것이다.
- 공감적 경청이 가지는 내적 측면은 상대방의 경험을 이해하고자 하는 호기심 있는 태도라고 본다. 외적 측면은 행동적인 것으로서, 반영적 경청을 하는 거울 되기 기법이다.
- 단순인정이란, 상대방이 한 행동이나 말에 대해서 긍정적으로 코멘트하는 것이며, 복합인정은 그 사람이 오랫동안 지녀 온 긍정적 특성을 강조하는 것이다.
- 반영은 상대방이 의미한 것이라고 생각한 바와, 상대방이 실제로 경험한 바 사이의 틈을 좁혀준다.
- 반영은 질문형이 아니라 진술형으로 하는 것이 최상이다.
- 요약하기는 본질상 반영의 집합체이다.

참고문헌

1. Lennon, R., & Eisenberg, N. (1987). Gender and age differences in empathy and sympathy. In N. Eisenberg & J. Strayer (Eds.), *Empathy and its development* (pp. 195–217). Cambridge University Press.

   McDonald, N. M., & Messinger, D. S. (2011). The development of empathy: How, when, and why. In J. J. Sanguineti, A. Acerbi, & J. A. Lombo (Eds.), *Moral behavior and free will: A neurobiological and philosophical approach* (pp. 333–358). IF Press.

2. Baren-Cohen, S. (2011). The empathy bell curve. *Phi Kappa Phi Forum, 91*(1), 10–12.

   Hojat, M., & Gonnella, J. S. (2015). Eleven years of data on the Jefferson Scale of Empathy-Medical Student Version (JSE-S): Proxy norm data and tentative cutoff scores. *Medical Principles and Practice, 24*, 344–350.

3. Orloff, J. (2018). *The empath's survival guide: Life strategies for sensitive people.* Sounds True.

4. Eastwood, A. P., Penton-Voak, I. S., Munafò, M. R., & Attwood, A. S. (2020). Effects of acute alcohol consumption on emotion recognition in high and low trait aggressive drinkers. *Journal of Psychopharmacology), 34*(11), 1226–1236.

5. Extensive research in psychotherapy, health care, and education links the quality of working alliance to subsequent outcomes. See Horvath, A. O., & Greenberg, L. S. (1994). *The working alliance: Theory, research, and practice.* Wiley.

   Fuertes, J. N., Mislowack, A., Bennett, J., Paul, L., Gilbert, T. C., Fontan, G., et al. (2007). The physician-patient working alliance. *Patient Education and Counseling, 66*(1), 29–36.

   Lacrose, S., Chaloux, N., Monaghan, D., & Tarabulsy, G. M. (2010). Working alliance as a moderator of the impact of mentoring relationships among academically at-risk students. *Journal of Applied Social Psychology, 40*(10), 2656–2686.

   Miller, W. R., & Moyers, T. B. (2021). *Effective psychotherapists: Clinical skills that improve client outcomes.* Guilford Press.

   Muran, J. C., & Barber, J. P. (Eds.). (2010). *The therapeutic alliance: An evidence-based guide to practice.* Guilford Press.

6. Increasing attention is being given to "patient activation" that makes people active partners in their own health care. See: Hibbard, J. H., Stockard, J., Mahoney, E. R., & Tusler, M. (2004). Development of the patient activation measure (PAM): Conceptualizing and measuring activation in patients and consumers. *Health Services Research, 39*, 1005–1026.

   Hibbard, J. H., Mahoney, E. R., Stock, R., & Tusler, M. (2007). Do increases in patient activation result in improved self-management behaviors? *Health Services Research, 42*(4), 1443–1463.

   Martell, C. R., Dimidjian, S., & Herman-Dunn, R. (2022). *Behavioral activation for depression: A clinician's guide.* Guilford Press.

7. Horvath, A. O., & Symonds, B. D. (1991). Relation between working alliance and outcome in psychotherapy: A meta-analysis. *Journal of Counseling Psychology, 38*(2), 139–149.

8. Bordin, E. S. (1979). The generalizability of the psychoanalytic concept of the working alliance. *Psychotherapy: Theory, Research and Practice, 16*(3), 252.

   Horvath, A. O. (2000). The therapeutic relationship: From transference to alliance. *Journal of Clinical Psychology, 56*(2), 163–173.

9. Horvath, A. O., & Luborsky, L. (1993). The role of the therapeutic alliance in psychotherapy. *Journal of Consulting and Clinical Psychology, 61*(4), 561–573.

10. McFall, R. (1991). Manifesto for a science of clinical psychology. *The Clinical Psychologist, 44*(6), 75–88.

   Wampold, B. E., & Imel, Z. E. (2015). *The great psychotherapy debate: The evidence for what makes psychotherapy work* (2nd ed.). Routledge.

11. Miller, S. D., Duncan, B. L., Brown, J., Sorrell, R., & Chalk, M. B. (2006). Using formal client feedback to improve retention and outcome: Making ongoing, real-time assessment feasible. *Journal of Brief Therapy, 5*(1), 5–22.

12. Maeschalck, C. L., Prescott, D. S., & Miller, S. D. (2019). Feedback-informed treatment. In J. C. Norcross & M. R. Goldfried (Eds.), *Handbook of psychotherapy integration* (pp. 105–123). Oxford University Press.

   Miller, S. D., Duncan, B. L., Brown, J., Sorrell, R., & Chalk, M. B. (2006). Using formal client feedback to improve retention and outcome: Making ongoing, real-time assessment feasible. *Journal of Brief Therapy, 5*(1), 5–22.

13. Bohart, A. C., Elliott, R., Greenberg, L. S., & Watson, J. C. (2002). Empathy. In J. C. Norcross (Ed.), *Psychotherapy relationships that work* (pp. 89–108). Oxford University Press.

   Carkhuff, R. R. (2008). *The art of helping* (9th ed.). Possibilities Publishing.

   Truax, C. B., & Carkhuff, R. R. (1976). *Toward effective counseling and psychotherapy: Training and practice.* Aldine Transaction.

14. Miller, W. R. (2000). Rediscovering fire: Small interventions, large effects. *Psychology of Addictive Behaviors, 14,* 6–18.

   Bien, T. H., Miller, W. R., & Tonigan, J. S. (1993). Brief interventions for alcohol problems: A review. *Addiction, 88,* 315–336.

   Rollnick, S., Miller, W. R., & Butler, C. C. (2023). *Motivational interviewing in health care: Helping patients change behavior* (2nd ed.). Guilford Press.

15. A list of 12 such roadblocks to listening was originally described by Thomas Gordon in his 1970 classic *Parent Effectiveness Training* (Crown).

16. For more in-depth discussion of reflective listening, see: Miller, W. R. (2018). *Listening well: The art of empathic understanding.* Wipf & Stock.

   Nichols, M. P., & Straus, M. B. (2021). *The lost art of listening: How learning to listen can improve relationships* (3rd ed.). Guilford Press.

   Rakel, D. (2018). *The compassionate connection: The healing power of empathy and mindful listening.* W. W. Norton.

17. We thank psychotherapist James Finley for this phrase: "A therapist is someone who encourages you to slow down and listen to what you just said."

18. Grant, A. (2021). *Think again: The power of knowing what you don't know.* Viking.

   Carr, S. (2021). Learning how not to know: Pragmatism, (in)expertise, and the training of American helping professionals. *American Anthropologist, 123*(3), 526–538.

19. Karpiak, C. P., & Benjamin, L. S. (2004). Therapist affirmation and the process and outcome of psychotherapy: Two sequential analytic studies. *Journal of Clinical Psychology, 60*(6), 659–656.

20. Epton, T., Harris, P. R., Kane, R., van Konigsbruggen, G. M., & Sheeran, P. (2015). The impact of self-affirmation on health-behavior change: A meta-analysis. *Health Psychology, 34*(3), 187–196.

21. Farber, B. A., Suzuki, J. Y., & Lynch, D. A. (2018). Positive regard and psychotherapy outcome: A meta-analytic review. *Psychotherapy, 55*(4), 411–423.

22. Looking first for strengths is sometimes called *asset framing.* See Shorters, T., & Hudson, T. (2016). Black men love family and community. In L. Burton, D. Burton, S. McHale, V. King, & J. Van Hook (Eds.), *Boys and men in African American families* (Vol. 7, pp. 243–247). Springer.

   Milner, H. R. (2012). Beyond a test score: Explaining opportunity gaps in educational practice. *Journal of Black Studies, 43*(6), 693–718.

초점 맞추기
"어디로 갈까요?"

어디로 가고 있는지 모른다면, 엉뚱한 곳에 다다를 것이다.

—요기 베라

관계 맺기 기술은 4장에 설명했고, 그 기술만 가지고도 도움이 될 수 있다. 잘 경청하는 것이 때로 내담자가 필요로 하는 모든 것이다. 깊이 있게 마음 소리를 듣는 재능이 매우 드물고 또 보상이 되기 때문에, 사람들은 훌륭한 경청자와는 계속 대화하며 행복해한다.[1] 공감적 경청이라는 예술적 역량이 동기면담에서 견고한 토대가 된다.

한편, 사람들은 훌륭한 경청 이상의 것을 실무자로부터 필요로 한다. 정보나 조언, 헷갈리는 대안들, 고집스러운 패턴에서 빠져나오기 위한 대안들을 고민하면서 안내받기를 원한다. 대화를 시작할 때, 주제가 명료하지 않을 수도 있다. 5장에서, 변화와 성장의 두 번째 과제인 초점 맞추기를 시작한다. 초점 맞추기에 흐르는 질문은 "어디로 갈까요?"이다.

초점 맞추기의 첫 번째 단계는 대화의 주제를 정하는 것이다. 관계 맺기 과제를 하기 전에 나올 수도 있고, 또 다양한 방식으로 이 단계가 나타날 수 있다. 디지털이나 전화로 첫 면담을 하는 경우, 내담자가 무엇을 이야기하고 싶어 하는지 바로 드러난다. 소비자 상담사는 "어떻게 도와드릴까요?"라고 질문하고, 상담사는 "오늘 어떤 이야기를 하고 싶으세요?"라고 묻고, 건강 분야에서는 종종 "오늘 어떻게 오셨어요?"(한 내담자는 매우 구체적으로 "버스 타고요."라고 답했다.)라고 묻는다. 친구의 얼굴이 근심에 싸여 있는 경우, "무슨 일 있어?"라고 물을 것이다. 상대방의 염려와 희망을 이해하려면 잘 경청해야 하며, 경청하면서 대화가 어디로 향하고 있는지 감지할 수 있다. 때로, 대화 주제는 맥락에 따라 이미 정해진다. 유서 작성을 돕는 전문성이 있거나, 금연을 돕는 전문성이 있을 때, 대화 주제는 이미 정해진다. 법률 사무소, 일차 진료소, 상담실의 경우는 주제가 더 광범위하다. 이런 장면에서는, 대화 시작 시 주제를 좁히는 단계를 가진다.

대화 주제가 떠오르면 초점 맞추기 과제의 두 번째 단계로서, 한 가지 또는 그 이상의 목표를 설정한다. 목표를 명료화하는 것이 동기의 근본이 되는 구성 요소임이 연구 결과에서 증명되었다.[2] 보다 효과적인 상담사와 심리치료사들이 가지는 특성 중 하나는, 잘 정의된 목표를 기억하면서 목표 달성과 일치하는 계획을 가진다는 것이다.[3] 합의된 목표를 찾는 것이 **작업동맹**(working alliance)에서 주요한 요인이 되며, 이 요인이 치료 효과를 일관성 있게 예측한다.[4] 행동 건강 분야에서는 흔히 치료 계획을 명확히 하고, 계획을 달성하기까지 진행하며 따라간다.

일단 공유된 목표가 명확해지면, 그 목표에 계속 초점을 맞추는 도전 과제가 기다린다. 시간 압박이 있는 상황에서 이 점이 특히 중요할 수 있는데, 예를 들자면 회기의 길이 또는 회기 수가 제한적일 경우이다. 실무자가 경청을 잘하는 경우, 내담자는 주제와 관련 없어 보이는 화두에 대해서 이런저런 이야기를 하며 주제를 벗어날 수 있다. 고민거리가 많은 내담자의 경우, 계속되는 사건들로 산만해져서 실무자와 함께 동의한 장기 목표를 잊어버리기도 한다. 물론, 내담자가 떠올리는 염려들에 대해 경청해야 한다. 한편, 내담자가 순간마다 멈추는 곳을 따라가기만 하는 경우, 2장에서 설명했던 산만해지기 함정에 빠진다. 관계 맺기와 초점 맞추기 사이에서 균형을 유지해야 한다. 어느 정도의 잡담이 우호적인 라포를 유지하게 하지만, 전문적 장면에서 주제를 떠나 헤매는 것은 목표를 향한 호전 가능성을 저해할 수 있다.[5] 공유된 목표로부터 멀리 가더라도, 실무자는 대화를 초점으로 정중하게 되돌릴 수 있다.

물론, 조력 관계에서 맞춘 초점이 시간이 흐르면서 달라질 수 있다. 조력을 해나갈 때 초점 맞추기는 딱 한 번으로 끝나지 않는다. 우선순위가 달라질 수 있다. 하나의

> 잘 경청하면서 동시에 시야에 있는 목표를 기억하라.

목표를 달성하면, 새로운 목표들이 자리를 채운다. 치료 계획처럼, 초점은 내담자의 욕구와 조건이 변함에 따라 시간이 흐르며 전개되어야 한다. 그것이 정상이다.

초점 맞추기의 세 가지 유형

경청하면서 관계 맺기를 하면, 미래의 변화 성장을 향한 방향들이 내담자의 초기 대화에서 모습을 보인다.

- "지금 이 관계를 어떻게 해야 할지 모르겠어요."
- "직업을 좋은 걸로 얻으려면 교육이나 훈련이 더 필요해요."
- "아이들 교육이며 저희 노후 생활을 위해서 저축을 시작하고 싶어요."
- "제가 성격이 급해요. 하지만 사람들이 저를 약하다고 보는 건 싫어요."

기억할 점은, 동기면담은 변화에 대해서 대화하는 특별한 방법이라는 점이다. 동기면담에서 초점 맞추기란 내담자가 어떤 변화를 할지에 대해 명료화하는 것을 말한다. 때로 이것은 간단할 수 있는데, 내담자가 자기의 목표를 명확하게 하면서 도움을 구할 때이다. 다른 상황에서는 조금 더 복잡할 수 있다. 서너 가지 좋은 대안 중에서 선택을 해야 하는 경우라든가, 내담자가 바라는 결과가 무엇인지 명료화해야 하는 경우에 복잡할 수 있다.

> 초점 맞추기란 내담자가 어떤 변화를 할지 명료화하는 것이다.

확실한 목표(들)

목표가 처음부터 명백하게 드러날 수 있다. 폭넓은 주제이지만, 초점이 확실할 수 있다.

- "운전면허를 따고 싶어요."
- "대출을 신청하고 싶어요."
- "체중 감량이 필요해요."

이런 경우, 초점을 더 탐색할 필요는 없고 약간의 명료화가 도움이 된다. 운전면허를 전에도 딴 적이 있었나? 어떤 대출을, 얼마 정도, 무슨 목적으로? 체중 감량을 위해서 노력해본 적이 있다면, 결과는? 초점 맞추기에서 명료한 목표가 드러나면, 변화를 왜(why) 해야 하는지 그리고 어떻게(how) 할 수 있는지 유발한다(6장, 7장). 그리고 실무자가 줄 수 있는 도움이 어떤 건지 생각한다. 행동 변화가 주제인 경우, 목표를 명백하게 하고 변화 동기를 유발하는 것만으로 충분할 때가 있다.[6]

궤도 선택하기

초점 맞추기의 또 다른 유형은, 장기적이고 뚜렷한 목적과 함께 그 목적을 달성하는 데 도움이 되는 다양한 방법들이 있는 경우이다.

- "나이가 들어도 건강하게 몸매를 유지하고 싶어요."
- "이번에는 교도소에 재입소하지 않고 살고 싶어요."
- "합격할 확률을 어떻게 올릴 수 있을까요?"

위에서 제시된 포괄적 목표는 누가 봐도 명백하지만, 그 목표를 달성하기 위해서 어떻게 하는 것이 최상일지는 덜 명백하다. 따라서, 변화 목표를 향해 가는 가능한 궤도들을 목록으로 작성하고, 우선순위를 매긴다. 저자들은 때로 **물방울 용지**(bubble sheet)를 사용하여 시각적으로 보여준다. 물방울 안에 주제를 적어넣을 수 있고, 또는 이미 적어넣은 용지를 사용할 수도 있다. 그림 5.1은 당뇨병으로 처음 진단받은 사람들과 대화할 때 사용하는 물방울 용지이다.[7] 당뇨 교육 간호사는 다음과 같이 소개한다.

"당뇨병 진단받으신 지가 얼마 안 되셔서, 지금 하는 것이 모두 새로울 수 있어요. 다행인 것은, 당뇨병을 관리하고 건강을 유지할 수 있는 방법이 매우 많다는 거지요. 여기 용지를 보시면 몇 가지 적혀있어요. 혈당 수치 측정에 대해서 이미 말씀드렸어요. ○○ 님 혈압은 좋으세요. 오늘 두세 가지 화두를 가지고 면담한다면 어떤 것이 좋을까요? 여기 쓰여있지 않으나 원하시는 것이 있으면 물음표 있는 곳에 넣으시면 되어요."

당뇨에서의 건강 관련 화두

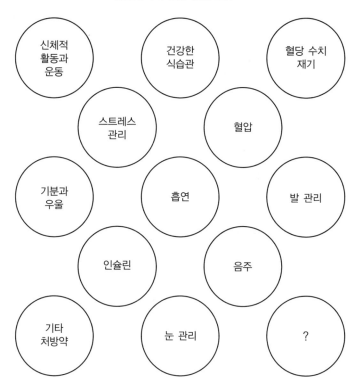

그림 5.1 물방울 용지 샘플

M. P. Steinberg & W. R. Miller (2015, p. 17). *Motivational Interviewing in Diabetes Care*. Copyright © 2015 The Guilford Press. Reprinted by permission.

또는 매우 바쁜 실무자의 경우, 정기적인 회기에서 물방울 용지를 사용할 수 있다.

> "여기 ○○ 님의 검사 결과가 있어요. 전반적으로 좋아요. 몇 분 정도 시간이 있는데
> 여기 용지에서 어떤 이야기를 할 수 있을까요? 그리고 당뇨 관리에 도움이 되는 것
> 을 다음에 이야기 나눈다면 이 중 어떤 것이 좋을까요?"

여러 가지 주제에서 자유롭게 고르다 보면, 사람들은 자기 자신의 건강에 대해서 보다 적극적으로 몰입하여 건강 증진을 위해 **자신들**이 할 수 있는 것을 생각한다.

명료화하기

초점 맞추기에서 세 번째 유형으로, 변화 목표가 처음부터 잘 정의되지 않았거나 선택할 만한 변화 대안들도 없는 경우가 있다. 무엇이 잘못되었냐고 질문하면, "모든 게 잘못되었어요."라고 답하는 경우이다. 변화를 바라는지도 불분명한 경우이다.

- "인생이 엉망이에요."
- "희망이 있다고 생각하지 않아요."
- "우리 관계가 사실 괜찮은데, 아내는 무슨 이유에서인지 우리 관계에 행복해하지 않아요."

여기에서의 느낌은 마치 안개를 헤쳐 가거나, 뿌연 유리창을 통해 보려고 노력하는 것이다. 어디로 가는지 알기 어렵다.

명료화하기(clarifying)는 종종 일반화된 염려와 걱정으로 시작한다. 잘 경청하는 관계 맺기를 조금 더 길게 해야 한다. 과제는 위기, 스트레스, 혼돈을 경감하는 것일 수 있다.[8] 관계 맺기를 하면서 폭넓게 관심사나 염려하는 바에 대해 경청을 하다 보면, 가능한 변화들을 알아낼 수 있고 그 변화 중에서 내담자의 우선순위를 탐색할 수 있다. 여기서 초점 맞추기는 일반적인 목표에서부터 보다 구체적인 목표로 옮겨가는 것이다. 초점 맞추기의 세 가지 유형에 대해서 5장 끝부분에 사례를 제시한다.

누구의 목표인가?

조력 관계에서 목표는 어디서 오나? 조력을 구하는 사람이 가장 흔한 출처이다. 내담자, 학생, 소비자, 환자가 원하는 것은 무엇인가? 시작할 때 이것이 늘 명료하지 않을 수 있으나, 가장 중요한 방향은 그 사람의 최상의 이득과 복지이다. 이런 점을 고려할 때, 개인을 넘어서서 가족, 그룹, 공동체의 복지로 확장된다. 첫 번째로 고려할 점은 어떤 것을 도와주기 바라는지, 어떤 도움을 요청하는지 등이다. 관련 질문으로, "나의 내담자는 누구인가?"가 있다.[9] 누가 이런 변화를 실제로 원하는가?

> 내담자는 실제로 어떤 것을 도와주기를 바라는가?

　목표의 범위는 상황이나 실무자의 전문성의 한계로 인해 때로 영향을 받을 수 있다. 변호사는 정신건강 가이드를 제공하지는 않는다. 심리치료사가 치과학적 조언을 해주지 않는다. 초점 맞추기에서 한 요인은, 기관의 취지나 실무자의 전문적 역량 내에서 가능한 목표 범위이다. 중독치료 기관의 경우, 어떤 기관에서는 목표가 향정신성 약물의 완전 중단일 수 있고, 다른 기관에서의 목표는 피해 감소가 될 수 있다.[10] 산모 상담실의 경우, 피임과 임신중절 대안이 포함되기도 하고, 금지되기도 한다. 따라서 상황과 맥락에 따라 도울 수 있는 목표가 제한된다.

　한편, 목표의 또 다른 출처는 실무자의 전문성이다. 내과 의사의 경우, 만성적인 위장 문제가 식습관으로 악화됨을 발견하고 식이요법의 변화를 권할 수 있다. 유별난 짜증감의 경우라면 우울이나 약물 사용과 관련될 수 있다. 회계사의 경우, 이전에는 고려하지 않았던 투자 대안을 제안할 수 있다. 심리전문가는 내담자의 주 호소가 기면 발작이나 외상후 스트레스와 같이 이미 알려진 것들과 일치함을 알아차릴 수 있다. 내담자가 도움을 요청했던 것이 아님에도 초점으로 맞추어질 수 있으나, 내담자의 상황에 더 친숙해지면 이러한 화두의 가능성이 부각되기도 한다.

　예로, 한 여성 교역자와 젊은 교인 폴의 대화를 보자. 폴은 교역자 사무실에 와서, 잠시 이야기를 나눌 수 있는지 물었다.[11] 교역자는 최근에 폴과 첼시 부부의 주례를 서주었는데, 두 사람 모두 같은 교회 신도이고, 지금 위기가 생긴 것이다. 부엌에서 두 사람이 크게 논쟁하다가 폴이 첼시의 팔을 잡고 밀쳐서 첼시가 뒤로 넘어졌고, 첼시는 폴을 피해서 아파트를 나갔다. 아내가 어디 갔는지 모르는 가운데, 아내는 전화로 '괜찮다'는 메시지를 남겼다. 교역자는 약 15분간 잘 경청하였고, 폴은 안정되었다.

교역자 : 지금 여러 가지 일이 많았네요. 직장에서 문제가 있었고 그래서 잠을 잘 못 자고 있다고 했어요. 그리고 이 일이 일어났고요. 현시점에서 바라는 것은 무엇일까요?

폴 : 정말 당황스러워요. 아내를 밀쳤다는 게 믿기지 않아요. 아내가 걱정되고, 다시는 피해를 주고 싶지 않거든요. 제 잘못이고, 엉망이에요.

교역자 : 폴이 한 행동이 잘못되었다는 거 동의해요. 다시는 이런 일이 일어나지 않아야죠. 폴 가족을 오랫동안 알고 지내서, 폴에 대해 장점을 많이 알고 있고, 첼시를 얼마나 사랑하는지도 알아요. [인정하기] 이번 일을 어떻게 이해하고 있나요? [열린 질문]

폴 : 모르겠어요. 제가 바보예요. 말씀하신 것처럼, 제게 많은 일이 있었어요. 그냥 아내가 저를

용서하길 바라요. (눈물이 흐른다. 교역자는 잠시 기다린다.)

교역자 : 궁금한 것이 있어요.

폴 : 어떤 건데요?

교역자 : [요약하기] 누구를 해치는 것이 폴답지 않아서요. 판단을 잘하지 못하고, 밤중에 일어
　　　　나서 다시 잠들지 못한다고 했어요. 그래서 지쳐있고 에너지가 없고요.

폴 : 맞아요. 정말 엉망이에요.

교역자 : 폴은 자신에 대해 나쁘게 느끼고 있고, 최근에 직장에서 논쟁이 있었고요. [반영하기]
　　　　이런 것들이 폴의 일상적인 모습과 달라 보여요.

폴 : 맞아요.

교역자 : 저는 심리전문가나 의사가 아니지만, 이 모든 것이 제가 아는 우울증과 많이 비슷해서
　　　　요. 이 모든 걸 이해하자면, 우울할 때 사람들은 날카로워지고 흥분하게 되는데, 이런 것은
　　　　아닐지 궁금해지네요. 우울증은 치료 가능하고 크게 차도를 보여요. 우울증에 대해 더 알고
　　　　싶어지나요?

폴 : 그런 것 같아요. 약을 먹어야 할까요?

교역자 : 그럴 가능성도 있지만, 다른 도움들도 있어요. 전문가랑 이야기 나누기를 원하세요?
　　　　그리고 우울증에서 회복한 교인이 있는데 자기 경험을 기꺼이 나누어줄 거예요.

　　폴은 처음에 우울증에 대해서 이야기하러 온 것은 아니다. 그저 인생이 두 조각 나는
것 같았다. 한편 교역자는 자신의 경험을 토대로 수수께끼의 한 조각이 될 수 있는 중요
한 사항에 초점을 맞추도록 폴을 도왔다. 명료화하는 과정에서 그리고 위기 가운데 '이
런 것은 아닐지 궁금해지네요'라는 순간들이 가능성을 고려하도록 문을 열고, 그다음
단계를 밟도록 한다. 교역자는 또한 자신의 전문 역량의 한계를 인정하며 적당한 의뢰
및 연계로 이끌었다.

·치료자에게· **동기면담과 트라우마**

최근 들어 전문가들은 '트라우마 관련' 서비스를 제공하도록 요청받고 있다. 트라우마 경험이 주는 영향
으로 인한 징후들을 알아내고 다루도록 한다. 예로, 물질사용장애로 치료를 받는 사람들은 일반인들에
비해 심각한 트라우마 경험을 가진 경우가 훨씬 많다.[12] 이 자체가 문제가 되는 건 아니다. 불행한 아동
기 경험에 노출된 사람 모두가 심리적으로 상처를 입는 것은 아니며, 어떤 사람들은 회복하여 외상후 성

장을 보이는 경우가 종종 있다.[13] 트라우마 관련 고통이 지속될 때 관심을 기울여야 하며, 기타 증상 치료와도 절충해야 한다. 피터 치아렐리(Peter Chiarelli) 장군이 제안했듯이, 외상후 스트레스 장애보다는 외상후 스트레스 손상(posttraumatic stress injury)이라는 용어를 채택해야 한다. 장애라는 용어는 내담자에게 무언가 잘못된 것이라는 의미인 한편, 손상이라는 용어는 내담자에게 무엇인가 발생했다는 의미이다.

동기면담이라고 하는 정중한 안내하기 스타일은 오랫동안 외상후 스트레스 손상을 입은 사람들과 관계 맺기를 하고 치료하는 데 특별히 적합하다.[14] 동기면담의 핵심 실천들, 즉 강점을 인정하고, 선택권을 존중하고, 희망을 유발하고, 정확한 공감으로 경청하는 것이 치료 자체가 스트레스가 될 수 있는 내담자로 하여금 치료를 시작하고, 치료에 협조하고, 치료를 견디도록 돕는다.[15] 동기면담은 외상후 스트레스에 대한 인지행동치료에 참여 준비도와 참여도를 증진하는 데 효과적으로 사용되어 왔다.[16] 동기면담은 또한 외상후 두뇌 손상 이후 삶의 적응 및 일상 기능을 촉진하는 것으로 나타났다.[17]

동기면담에서 초점 맞추기 사례

기억할 점은, 초점을 명료화하는 것은 폭넓고 일반적인 목표나 염려에서 시작하여 보다 구체적인 것으로 옮기는 것을 말한다는 점이다. 다음 사례는 교사와 피트니스 코치 간의 대화로서 초점 맞추기를 하고 있으며, 코치는 동기면담 훈련을 받은 바 있다. 교사는 코치가 근무하는 센터 등록을 고려하는 중이다. 다음 대화 이전에 잠시 환영 및 관계 맺기를 하는 시간을 가졌고 이제 초점 맞추기로 들어간다.

코치 : 어떤 것을 하기 원하시는지 말씀해주세요.	열린 질문
교사 : 학교에서 가르치면서 주로 앉아있기만 하고, 올해는 특히 온라인 수업을 하면서 컴퓨터 앞에만 있어요.	
코치 : 신체 활동을 많이 못 하시는군요.	반영
교사 : 한참 동안 못 했지요. 체형이 엉망인 것 같아요. 근육도 없어지고요.	
코치 : 지금보다 나았던 때가 있었던 거죠.	반영(추측)
교사 : 젊었을 땐, 훨씬 더 활동적이었어요.	
코치 : 어떤 신체 활동을 좋아하세요?	열린 질문
교사 : 여행, 여기저기 다니고. 골프, 달리기도 좀 했어요. 댄스도	

좋아했어요.

코치 : 다양하게 좋아하셨네요. 활동적이고 에너지가 넘치셨   인정
군요.

교사 : 그땐 그랬어요.

코치 : 그럼, 이런 질문을 할게요. 체형이 좋아지려는 이유가 사   코치는 용지(물방울 용지)
람마다 달라서요. 선생님은 어떤지 모르겠어요. 어떤 사람은   에 원을 그리면서 가능한
장수, 오래 사는 걸 이유로 말해요. 어떤 사람은 삶의 질, 신체   목표들을 적어넣거나, 내
건강, 예뻐 보이기, 통증 완화, 원하는 것을 할 수 있기 위해서   담자가 할 말을 기다린다.
등요. 어떠세요?

교사 : 좋은 질문이에요. 아들이 두 명 있는데, 11살, 14살이에요.
아이들을 신체적으로 지탱해야 하고, 또 오래 살아서 아이들
이 성인이 되어 자녀를 갖는 것도 보고 싶어요.

코치 : 아이들을 신체적으로 지탱하고 또 장수해서 아이들 옆에   반영
오래 있고 싶으시네요. 그 밖에는요?

교사 : 심장병 가족력이 있어요.

코치 : 에고. 심장을 건강하게 하기.   반영

교사 : 말씀하신 대로, 삶의 질. 나이가 들면서 인생을 즐기고 싶
어요. 벌써부터 등에 통증이 있어서 힘들어요.

코치 : 좋아요. 좋은 이유가 많으시네요. 어린 아들 두 명과 신체   요약 : 코치는 내담자의 변
적으로 버티고, 건강하게 오래 함께 있어주고, 특별히 심장병   화해야 하는 이유들을 요
가족력이 있으시고요. 인생을 즐기고 싶고 통증으로 처지고   약한다(6장).
싶지 않은 거네요. 그럼, 무엇을 해야 할지 이야기하지요. 괜
찮으시죠?

교사 : 예. 여기 온 이유겠지요.

코치 : 좋아요. 어디서부터 시작하기를 원하는지, 얼마만큼의 시   이후, 초점을 좁히기 시작
간을 할애하고 싶은지가 궁금해요. 한꺼번에 모든 걸 할 필요   하고 선택할 대안 메뉴를
는 없어요. 심장혈관 피트니스라고, 심장 상태를 유지하면서   제공한다.
내구력을 올리는 것이 있어요. 핵심 근육 운동으로 특히 복부,
척추, 허리, 자세 피트니스가 있고요. 하체로서 다리 근육, 상
체에서 팔, 가슴, 어깨 피트니스가 있어요. 그리고 낙상과 손
상을 예방하는 균형 및 유연성 피트니스가 있어요. 어느 것이

먼저 시작할 만한 중요성이 더 있을까요?

교사 : 모두 다 해야 할 것 같은데, 우선 시작을 심장혈관부터 할 수 있겠어요.

코치 : 가족력을 고려할 때 그렇겠어요.　　　　　　　　　　반영

교사 : 맞아요. 핵심 근육이라고 하셨는데, 등에도 도움이 될까요?

코치 : 물론이죠. 사람들이 잘 연결하지 못하는데, 복부 근육이　　정보 제공
　　척추를 세워서 버티기 때문에 아래쪽 등의 통증을 막아주지
　　요. 그렇다면, 심장혈관 피트니스와 핵심 근육 만들기부터 시　　초기 변화 목표 요약
　　작하지요. 맞나요?

교사 : 예. 좋아요.

　　주목할 점은, 이 사례에서 코치가 처방적이지 않다는 것이다. 즉 교사에게 무엇을 하라고 말하지 않는다. 여러 가지 대안 메뉴를 제시하고 무엇이 중요한지 찾도록 하며, 거기서부터 시작하고 있다. 초점 맞추기와 유발하기 과제가 함께 어우러져 있는 훌륭한 사례이다. 코치가 열린 질문을 할 때, "제가 무엇을 도와드릴까요?"라고 하지 않고, "어떤 것을 하기 원하시나요?"라고 하였다. 위의 대화로부터 어떻게 하면 핵심 근육과 심장 피트니스를 증진할지 보다 구체적으로 이야기를 전개할 수 있다. 9장에서 이 대화를 계속한다. 지금은, 동기면담에서 명료화하는 기본 방식에 주목하면 된다. 이 사례에서 처음에는 다소 애매하고 일반적인 염려, 즉 체형이 엉망이라는 것으로부터 시작했다. 코치는 피트니스를 하려는 목적 ― 왜 하려는지 ― 을 탐색하였고, 내담자의 우선순위를 이해하고, 어디서부터 시작하는 것이 최상인지 생각하도록 했다. 초점 맞추기에서 내담자는 두 개의 피트니스 활동을 우선순위로 하였다. 다음 단계로 (9장에서) 코치는 특정 활동에 보다 구체적으로 접근한다. 일반적인 것에서부터 구체적인 것으로 점진적으로 명료화하는 과정을 볼 수 있다. 그러면서 내담자 자신의 관심에 중심을 두고 있다.

　　이전에 언급했듯이, 공유된 목표는 시간이 흐르면서 진화할 수 있다. 위의 대화에서, 코치와 내담자는 처음에는 피트니스의 특정 유형에 초점을 두었으나 시간이 흐르면서 초점이 달라지고, 손상이나 건강 증진이 우선순위가 되었다. 내담자가 피트니스를 할 수 있는 시간이 들쭉날쭉할 수 있고, 다른 일들이 신체 피트니스 대신 자리를

> 동기면담 실천에서, 초점 맞추기와 유발하기가 함께 어우러진다.

잡을 수도 있다.

　　요약하면, 초점 맞추기에서 공유된 목표를 명료화하고, 그 기술은 매 순간마다 목표를 염두에 두는 능력과 함께, 방향이 빗나갈 때는 유연하게 다시 초점을 맞추는 능력에 달려있다. 방향이 빗나가는 것은 흔히 있는 일이다. 다시 초점을 맞추는 방법이 많이 있는데, 관계 맺기를 잘 유지하면서 공유된 목표에 다시금 집중하면 된다. 언제나 내담자가 안내자가 된다. 집중하여 잘 경청하고 있으면, 바른 길로 가고 있는지 아닌지를 내담자가 말해준다. 내담자의 언어에 집중하는 것이 6장 유발하기 과제에서 열쇠가 된다.

> ・개인적 관점・   **동기면담은 내담자를 조종하는 건가요?**

가끔 이런 질문을 받는다. "동기면담은 내담자를 조종하는 건가요?" 조종하다(manipulate)의 의미 중 하나는 '빈틈없는 기술로 작업하다'이다. 마치 외과 의사가 로봇 수술 기구를 능숙하게 조작하는 것처럼. 그러나 두 번째 정의는 '부당하게 또는 부도덕하게 행동하다'이다. 이 질문은, 동기면담이 어쩌면 최면 후 암시 또는 무의식 상태에서 영향을 주는 것, 즉 사람들로 하여금 의식적 알아차림이나 동의 없이 무언가를 하도록 재주를 부림으로써 자기 목적을 채우려는 것인지를 염려하는 것 같다. 나의 개인적 경험에서 볼 때, 초점 즉 공유된 목표가 그 사람의 가치관과 일치하지 않거나 그 사람만의 이득이 아니면, 동기면담 기법은 효력이 없다. 동기면담은 그 사람만의 동기를 발휘하도록 하는 것이지, 다른 동기를 삽입하는 것이 아니다.

　　동기면담을 네덜란드의 '출입국 사무소'에서 피난민을 대상으로 사용한다고 생각해보자. 피난민들은 보호시설 신청이 기각된 사람들이다. 아직 추방당하지는 않았으나, 경찰이 이런 피난민에게 '강제로 매달 동기면담'에 참가하도록 하고, 이들로 하여금 스스로 떠나도록 동기화하려고 한다고 생각해보자.[18] 이것은 동기면담을 노골적으로 부적절하게 적용하는 것이다.[19] 왜냐하면 그 사람의 최상의 이득이 아닌 행동을 촉진시키고자 힘을 사용한 것이기 때문이다. 다행히도, 이런 시도는 효과가 없었다. "경찰 면담자들에 의하면, [피난민들은] 전반적으로 동기면담에 잘 반응하지 않는다. 경험을 토대로 볼 때, 몇 명[피난민]이 자발적 귀국에 서명했는데, 이들마저도 떠나지 않는다."[20] 면담자와 피난민 모두 회기에 참여하는 것을 답답해하고 기피하고자 했다.

　　이제까지의 과학적 증거에서, 동기면담 관련 기법들이 사람들의 동기와 가치관과 일치되지 않는 것을 하게끔 한다는 증거는 없다. 매우 중요한 점은, 파트너십, 수용, 연민, 임파워먼트의 자율성 존중 정신 안에서 동기면담이라는 방법을 이해하고 실천하는 것이다.

—빌

☑ 주요 개념

|||||||||||||||||||||||||||||||||||||||||||||||||||||||||||||||||||||||||||||||||||||||||||||||||||||||

- 물방울 용지

☑ 요점 정리

|||||||||||||||||||||||||||||||||||||||||||||||||||||||||||||||||||||||||||||||||||||||||||||||||||||||

- 공유된 명료한 목표를 가지는 것이 **작업동맹의 중요한 구성 요인**이며, 이것은 장차 긍정적 변화가 일어날지를 예측해준다.
- 초점 맞추기 과제는 함께 작업할 공유된 목표("어디로 갈까요?")를 찾는 것이다.
- 때로 목표는 정확하다. 때로 대안 궤도 중에서 선택하기도 한다.
- 때로 목표가 처음에는 애매모호하여 명료화 과정을 통해서 공유된 목표를 정교화할 필요가 있다.
- 목표는 내담자, 실무자 환경, 실무자 전문성 등에 영향을 받기도 한다.

참고문헌

1. Schofield, W. (1964). *Psychotherapy: The purchase of friendship*. Prentice-Hall.
2. Ford, M. E. (1992). *Motivating humans: Goals, emotions, and personal agency beliefs*. SAGE.
    Locke, E. A., & Latham, G. P. (1990). *A theory of goal setting and task performance*. Prentice-Hall.
3. Miller, W. R., & Moyers, T. B. (2021). Focus. In *Effective psychotherapists: Clinical skills that improve client outcomes* (pp. 66–79). Guilford Press.
4. Flückiger, C., Del Re, A. C., Wlodasch, D., Horvath, A. O., Solomonov, N., & Wampold, B. E. (2020). Assessing the alliance–outcome association adjusted for patient characteristics and treatment processes: A meta-analytic summary of direct comparisons. *Journal of Counseling Psychology, 67*(6), 706–711.
    Horvath, A. O., & Greenberg, L. S. (1994). *The working alliance: Theory, research, and practice*. Wiley.
    Tryon, G. S., & Winograd, G. (2011). Goal consensus and collaboration. *Psychotherapy, 48*(1), 50–57.
5. Bamatter, W., Carroll, K. M., Añez, L. M., Paris, M. J., Ball, S. A., Nich, C., et al. (2010). Informal discussions in substance abuse treatment sessions with Spanish-speaking clients. *Journal of Substance Abuse Treatment, 39*(4), 353–363.
6. This was an early surprise from research, showing that after an MI session often people proceed to make the change on their own. MI was clearly more effective

than no help at all, and often it was just as effective as longer interventions.

Burke, B. L., Arkowitz, H., & Menchola, M. (2003). The efficacy of motivational interviewing: A meta-analysis of controlled clinical trials. *Journal of Consulting and Clinical Psychology, 71*(5), 843–861.

Hettema, J., Steele, J., & Miller, W. R. (2005). Motivational interviewing. *Annual Review of Clinical Psychology, 1*, 91–111.

7. Steinberg, M. P., & Miller, W. R. (2015). *Motivational interviewing in diabetes care*. Guilford Press.

8. Susan Gilmore in *The counselor-in-training* (1973, Prentice-Hall) described three broad potential goals in counseling: choice, change, and confusion reduction.

9. Monahan, J. (Ed.). (1980). *Who is the client? The ethics of psychological intervention in the criminal justice system*. American Psychological Association.

10. Gleghorn, A., Rosesnbaum, M., & Garcia, B. A. (2001). Bridging the gap in San Francisco: The process of integrating harm reduction and traditional substance abuse services. *Journal of Psychoactive Drugs, 33*, 1–7.

Miller, W. R. (2008). The ethics of harm reduction. In C. M. A. Geppert & L. W. Roberts (Eds.), *The book of ethics: Expert guidance for professionals who treat addiction* (pp. 41–53). Hazelden.

Tatarsky, A., & Marlatt, G. A. (2010). State of the art in harm reduction psychotherapy: An emerging treatment for substance misuse. *Journal of Clinical Psychology, 66*, 117–122.

11. Wherever actual case material is used in this book, names and other details are disguised to protect confidentiality.

12. Simpson, T. L., & Miller, W. R. (2002). Concomitance between childhood sexual and physical abuse and substance use disorders. *Clinical Psychology Review, 22*, 27–77.

13. Henson, C., Truchot, D., & Canevello, A. (2021). What promotes post traumatic growth? A systematic review. *European Journal of Trauma and Dissociation, 5*(4), 100195.

Jayawickreme, E., Infurna, F. J., Alajak, K., Blackie, L. E., Chopik, W. J., Chung, J. M., et al. (2021). Post-traumatic growth as positive personality change: Challenges, opportunities, and recommendations. *Journal of Personality, 89*(1), 145–165.

Michael, C., & Cooper, M. (2013). Post-traumatic growth following bereavement: A systematic review of the literature. *Counselling Psychology Review, 28*(4), 18–33.

14. Avruch, D. O., & Shaia, W. E. (2022). Macro MI: Using motivational interviewing to address socially-engineered trauma. *Journal of Progressive Human Services*, 1–29.

Greenwald, R. (2009). *Treating problem behaviors: A trauma-informed approach*. Routledge.

Motivational Interviewing and Intimate Partner Violence Workgroup. (2010). Guiding as practice: Motivational interviewing and trauma-informed work with survivors of intimate partner violence. *Partner Abuse, 1*(1), 92–104.

Sypniewski, R. (2016). Motivational Interviewing: A practical intervention for school nurses to engage in trauma informed care. *NASN School Nurse, 31*(1), 40–44.

15. See the section "Trauma-Informed Practice and MI" in Hohman, M. (2021). Innovative applications of motivational interviewing. In *Motivational interviewing in social work practice* (pp. 204–223). Guilford Press.

16. Darnell, D., O'Connor, S., Wagner, A., Russo, J., Wang, J., Ingraham, L., et al. (2016). Enhancing the reach of cognitive-behavioral therapy targeting posttraumatic stress in acute care medical settings. *Psychiatric Services, 68*(3), 258–263.

Murphy, R. T., Thompson, K. E., Murray, M., Rainey, Q., & Uddo, M. M. (2009). Effect of a motivation enhancement intervention on veterans' engagement in PTSD treatment. *Psychological Services, 6*(4), 264–278.

Seal, K. H., Abadjian, L., McCamish, N., Shi, Y., Tarasovsky, G., & Weingardt, K. (2012). A randomized controlled trial of telephone motivational interviewing to enhance mental health treatment engagement in Iraq and Afghanistan veterans. *General Hospital Psychiatry, 34*(5), 450–459.

17. Bell, K. R., Temkin, N. R., Esselman, P. C., Doctor, J. N., Bombardier, C. H., Fraser, R. T., et al. (2005). The effect of a scheduled telephone intervention on outcome after moderate to severe traumatic brain injury: A randomized trial. *Archives of Physical Medicine and Rehabilitation, 86*, 851–856.

Bombardier, C. H., Bell, K. R., Temkin, N. R., Fann, J. R., Hoffman, J. M., & Dikmen, S. (2009). The efficacy of a scheduled telephone intervention for ameliorating depressive symptoms during the first year after traumatic brain injury. *Journal of Head Trauma Rehabilitation, 24*(4), 230–238.

18. Kohl, K. S. (2022). The stalemate: Motivational interviewing at a carceral junction. *Incarceration: An International Journal of Imprisonment, Detention and Coercive Confinement, 3*(1), 1–18. This report by a sociologist reads like an exposé of the practice.

19. Miller, W. R. (1994). Motivational interviewing: III. On the ethics of motivational intervention. *Behavioural and Cognitive Psychotherapy, 22*, 111–123.

20. See note 18 (Kohl, 2022, p. 11).

유발하기
"거기 가려는 이유는요?"

진실한 거울은 거기 이미 있는 것을 불러낼 뿐이다.

—리처드 로어

에너지는 관심을 따라간다. 관심을 두는 어디든지, 그곳에 체계적 에너지가 가고 있다.

—오토 샤르머

유발하기(evoking)는 글자 그대로 이미 있는 것을 불러내는 것을 의미한다. 동기면담은 사람들에게 동기를 부여하고 심어주는 것이 아니라, 사람들이 스스로 변화의 이유와 자원이 무엇인지 목소리를 내도록 초대하는 것이다. 사람들은 다른 사람이 자기를 위해서 원하는 것으로 설득되기보다는, 자기가 알고 또 자기가 좋아하는 것으로 더 잘 설득된다. 동기는 이미 거기 있으므로 유발하면 된다. 동기면담에서 유발하기라는 것은 **임파워먼트**(empowerment)를 위한 중요한 수단이다.

양가감정이라는 말이 때로 나쁜 것으로 여겨진다. 이 단어가 우유부단, 마비 상태, 흔들림 등으로 들릴 수 있다. 실제로, 2장에서 검토했던 바와 같이, 양가감정은 변화의 방향으로 가는 첫걸음이다. 상황이 나아지게 하는 행동 변화에 직면하는 경우, 그것을 원하기도 하고 또 원하지 않기도 하기 때문에 찬반을 생각하는 것은 정상이다.[1] 양가감정은 변화 동기를 어느 정도 내포하기에 변화 이유나 가치가 전혀 없어 보여도 그것을 넘어서는 호전을 보인다. 양가감정을 가진 사람은 이미 **결정저울**(decisional balance)이 작동하고 있는 것이다. 저울 한편에는 현 상태 유지를 선호하는 주장이 담겨있고, 다른 한편에는 변화를 선호하는 추가 담겨있다. 찬성과 반대라는 현재의 균형은 내담자의 변화 준비도를 나타낸다.[2] 변화가 일어날지의 여부를 예측한다.[3] 찬반저울은 또한 동기면담 기술에 명확하게 반응한다.[4] 따라서 실무자가 영향을 줄 수 있다.

왜(why) 유발하기

무엇(what)에 해당하는 것을 얻은 후에는—변화 주제 또는 초점(focus)(5장)—두 가지 중요한 질문이 따라온다. 왜(why) 그리고 어떻게(how)이다. 두 질문 모두 내담자가 호전할지 여부에 영향을 준다. 6장에서는 왜 부분에 대해서 다룬다. 왜는 행동 실천의 중요성을 지각하는 것이라고 할 수 있다. 기억할 점은, 초점 맞추기의 은유적 질문은 "어디로 갈까요?"라는 점이다. 유발하기 과제의 은유적 질문은 "거기 가려는 이유는요?"이며, "왜"는 많은 형태로 표현된다.

- "왜 이것을 하고 싶어 하나요?"
- "이것이 얼마나 중요한가요?"
- "이것을 해야 하는 이유는 무엇인가요?"
- "이것이 얼마나 중요하고 필요한 건가요?"

일반적으로 사람들은 자기가 그것을 하기 원하거나, 필요로 하거나, 바람직한 이유가 있지 않으면, 어떻게 그것을 할 것인지에 대해서는 생각을 시작하지 않는다. 결정저울에서 찬성, 즉 변화의 중요성 쪽으로 기울어지면 그때 어떻게 해야 할지 생각한다. 이 부분은 7장 동기면담의 계획하기 과제에서 다룬다.

일반적으로 사람들은 변화의 방법에 앞서 변화의 이유를 고려하는데, 예외적인 경우도 있다. 할 수 있는 어떤 방법이 있다는 사실을 알아야만, 해야 하는 이유를 기꺼이 생각하기도 한다. 성취할 희망이 없어 보이면 변화의 절박한 필요성에 대해 너무 깊이 생각할 것도 없다. 사람들은 가능성에 대해 확신이 없다면 대화 초기에 왜에 대답하기에 앞서서 어떻게 할 수 있는지 먼저 질문한다.

변화대화

유발하기 기술을 발달시키는 첫 번째 단계는 변화로 들리는 말들이 무엇인지 배우는 것이다. 사람들은 주위 사람들과 함께 살면서 누구나 이러한 언어에 대해 이미 상당히 많이 알고 있다. 누군가에게 무엇을 해달라고 요청하고 나서, 그 사람이 어떻게 반응하는지 보면서 경청한다. 요청과 관련하여 그 사람이 해줄지에 대해서 중요한 정보를 담고 있는 말을 들을 수도 있기 때문이다. 예로, 이사를 하기 위해 친구나 가족에게 짐 싸는 것과, 가구와 이삿짐을 옮기는 것을 도와달라고 했다고 하자. 아래 반응에 따라 그들의 도움을 얻을지 여부를 알 수 있다. 각 반응을 보자. 도와줄 것으로 들리는가?[5]

- "도와주고 싶어."
- "도와줄 수 있어."
- "도울 수 있어."
- "내 도움이 정말 **필요**하구나."
- "도와줄 수 있으면 **좋겠네**."
- "*기꺼이* 생각해볼게."
- "전에 내가 두 번이나 이사를 도와주었지."
- "날 믿지는 마."
- "금요일 오전에 거기 있을게."

각각의 문장마다 그 사람의 동기와 의도가 다르다. 의식적이든 아니든, 언어의 미묘한 차이, 즉 뉘앙스에 바짝 집중하게 된다.

동기면담 40년간의 연구에서, 저자들은 변화대화에 대해 많이 알게 되었다.[6] 사람들은 말을 하면서, 사실상 어떤 행동을 할지(안 할지) 여부를 말한다. 위의 예시에서 이 과정이 시작되는 것을 볼 수 있다. 2장에서 언급했듯이, 변화대화(change talk)는 어떤 특정 행동을 하겠다는 움직임을 말한다. 변화대화에 귀를 기울이는 데 도움이 되는 일곱 가지 유형이 있다.

예비적 변화대화

예비적 변화대화(preparatory change talk)에는 네 가지 유형이 있다. 행동을 할 것인지 고민할 때 들을 수 있는 표현들이다. 네 가지 유형은 변화의 욕구, 능력, 이유, 필요를 말한다. 외우는 데 도움이 되고자, 약자로 **DARN**을 사용한다.

욕구(D)

욕구는 인간의 보편적인 경험이다.[7] 모든 언어에 **욕구대화**(desire language)가 있다. "원해요."라는 언어이다. 아이들은 말을 배우기 전에 욕구를 표시하는 방법을 빨리 배운다. 변화 욕구 단어로는 원하다, 바라다, 좋아하다, 사랑하다 등이 있고, 변화에 대한 대화 중에 들을 수 있다.

- "체중을 줄이면 정말 **좋겠어요.**"
- "담배를 끊기 **원해요.**"
- "좀 다정한 사람이 되고 **싶어요.**"
- "여행을 더 즐겼으면 **좋겠어요.**"

욕구대화는 행동을 향한 의향을 전달한다.

능력(A)

욕구와는 달리, **능력대화**(ability language)는 얼마나 자신감이 있는지, 그래서 행동을 실천할 수 있는지에 대한 정보를 제공한다. 능력 단어로 변화대화에서 들을 수 있는 것은, 할 수 있다, 능력이 있다, 가능하다 등이다.

- "10시 정각에 거기서 만날 수 있어."
- "훌륭한 교사가 될 수 있다고 생각해요."

- "너를 위해서 내가 그건 할 **능력이 되지**."
- "더 좋은 직장을 찾을 수 있을까? **가능할 듯**."

참고로 "노력할게."라고 하는 문장은 욕구가 담겨있으나 능력에 대해서는 의구심이 있어보인다.

이유(R)

세 번째 유형은 그 행동을 해야 하는 구체적인 이유이다. **이유대화**(reason language)에는 '만약-그러면' 속성이 있다. 변화하면 이득, 변화하지 않을 때 불이익 등이다.

- "조금씩 저축을 시작하지 않으면, 집을 절대 마련하지 못할 거야."
- "카페인을 줄이면 밤에 잠이 더 잘 올 거야."
- "먹고사는 일에 가족이 나를 의지하고 있어."
- "운동을 좀 더 하면 건강을 유지할 수 있을 거야."

필요(N)

필요대화(need language)는 변화의 절박성을 강조하는, 절대적 필요의 의무를 속성으로 가진다. 이유(why)에 대해서 구체적으로 말하지 않고 변화가 필요하다고 말하는 것이 필요대화이다. 따라서 이유를 말했다면 이유대화가 된다. 흔히 다음과 같다.

- "…해야 해."
- "…할 필요가 있어."
- "정말 …해야 해."
- "…하고 말아야 해."

만약 "이렇게 계속할 수만은 없어." "뭔가 바뀌어야 해."라고 한다면, 모두 필요대화이다.

활동적 변화대화

실제로 변화에 가까워질 때 듣게 되는 세 가지 변화대화 유형이 있다. **활동적 변화대화**(mobilizing change talk)는 사람들로 하여금 움직이게 한다. 세 가지 변화대화는 약자로 **CATs**이다. 결단, 활성화, 행동 실천 등이다. 아래에서 언급하는 것처럼, 세 가지 유형 모두 유지대화에서도 나타날 수 있다. 유지대화에서는 비활성화로 현 상태를 유지하려는 결단이 증가하는 것을 말한다.

결단(C)

원하거나 할 수 있다거나 바람직한 이유가 있다거나 할 필요가 있다거나 하더라도, 실제로 하는 것은 아니다. **결단대화**(commitment language)는 변화가 일어날 것에 확신을 준다. 약속하고 서로 계약을 하는 것이다. 가장 명확하고 간단한 결단대화는 "할 겁니다."이다. 좀 더 공감적인 표현으로는 "약속해요." "장담해요." "맹세해요." 등이 있다.

활성화(A)

활성화 대화(activation language)에서는, 사람들이 행동 쪽으로 기울어져 있음을 듣는다. 완전히 결정하거나 결단하지는 않았으나 거의 거기에 와있다. 다음은 몇 가지 예시들이다.

- "기꺼이 할 거예요."
- "고려 중에 있어요."
- "생각하고 있어요."

이러한 언어는 솔직한 개방을 알려주지만, 완전한 결정은 아니다. 결단을 요구하는 질문이라면 만족할 만한 답이 되지 않는다. 예로, 결혼식에서 선서를 하는 경우, 법원에서 증인석에 서는 경우 등이다. 일상대화에서 활성화 대화를 듣는다면, 자연스럽게 다음 단계로는 보다 구체적인 답을 묻는다. "언제 할 건가요? 어떤 준비를 구체적으로 했나요?"

행동 실천(T)

상담 회기를 검토해보면 또 다른 변화대화를 찾을 수 있는데, 이전 유형과는 달리 변화로 움직이는 것을 알려준다. **행동 실천 대화**(taking-steps language)로서, 변화의 방향으로 이미 행동 실천을 한 경우이다.

- "운동하려고 운동화를 샀어요."
- "어제 처방전 가지고 가서 약을 사왔어요."
- "오늘 일자리를 세 군데 알아봤어요."

들리는 변화대화에 주의를 기울여야 한다. 결단대화를 들어야 변화할 거라고 생각할 수 있다. 그러나 변화하려는 의도를 말하는 것이 좋기는 하나,[8] 모든 변화대화 유형이 추후 변화의 가능성을 나타낸다고 대부분의 연구 결과에서 보고한다.[9]

유지대화

양가감정은 변화에 대한 찬성과 반대를 주장하는 내적 논쟁이다. 변화를 지지하는 언어가 있다면, 현상 유지를 선호하는 반대편의 언어가 있다. 2장에서 검토한 바와 같이, 후자를 유지대화(sustain talk)라고 부르며, 반변화 대화(counterchange talk)라고도 할 수 있다.[10] 변화대화의 일곱 가지 유형 모두, 변화하지 말아야 하는 이유를 표현하는 유지대화로 바꿀 수 있다. DARN CATs에 따른 유지대화 예시를 보자. 변화대화에서처럼, 유지대화 역시 변화에 대한 것이다. 다음 예시는 금연이 주제이다.

	변화대화	유지대화
욕구	"저도 금연하고 싶지요."	"담배가 정말 좋아요."
능력	"금연이 가능하다고 생각해요."	"금단을 견딜 수 있다고 생각 안 해요."
이유	"아이들이 저보고 금연하라고 안달이에요."	"제가 이완하는 유일한 방법이에요."
필요	"금연해야죠."	"흡연이 필요해요."
행동화	"다시 한번 시도하려고요."	"흡연을 계속할 계획이에요."

결단	"금연할 거예요."	"계속 흡연하기로 결정했어요."
실천	"오늘 니코틴 껌을 샀어요."	"오늘 담배를 두 갑 샀어요."

위에서 변화대화만 읽어보면(왼쪽 칸), 금연 동기가 강하다. 유지대화만 읽어보면(오른쪽 칸), 흡연 동기가 강하다. 양가감정은 찬반, 즉 상호 갈등적인 동인(motive)들이 동시에 혼재한다. 누군가 양가감정이 있을 때, 하나의 문장에 변화대화와 유지대화가 함께 표현되는 경우가 자주 있다. 혼재하는 동인들의 고전적 예시는 다음과 같다.

- "금연하고 싶은데, 할 수 있을 것 같지 않아요."
- "너랑 외출하고 싶은데, 시험 때문에 집에서 공부해야 해."
- "부모님은 제가 변호사가 되기를 바라는데, 저는 예술을 하고 싶어요."

사람들 말속에 들어있는 변화대화와 유지대화의 비율이 변화 발생 여부를 매우 잘 예측한다. 완전한 양가감정이란 변화대화 50%, 유지대화 50%로 팽팽한 상태를 말한다. 유지대화가 많아지면, 변화 발생 가능성은 낮아진다. 변화대화가 많아지면(그리고 유지대화가 적어지면), 변화 발생 가능성은 높아진다.

일곱 가지 유형의 변화대화에 대해서 생각해본 적이 없더라도, 이미 알고 있었을 것이다. 내담자가 변화할지 여부를 예측하고 싶다면, 의식적으로 알고 있든 아니든 간에, 변화대화와 유지대화의 결정적 비율을 잘 경청하

> 양가감정을 가진 사람의 경우, 변화대화와 유지대화가 섞여서 나온다.

면 된다. 실제로, 변화대화 대 유지대화 비율이 변화 가능성을 예측한다.[11] 상식적으로, 변화 동기가 많은 사람이 변화를 실천하고 성공할 가능성이 높다.

더 나아가, 동기면담 연구 결과 또 하나의 중요한 수수께끼가 있다. 변화대화와 유지대화의 비율에 영향을 주는 것이 가능하다는 것이다. 동기면담의 유발하기 기술을 사용하면, 면담자는 유지대화에 비해서 변화대화 비율을 유의미하게 증진할 수 있으며,[12] 따라서 변화 발생 가능성이 높아진다.[13] 어떻게 그런 일이 일어날까?

유발하기 과제

변화대화를 유발할 때 세 가지 주요 기술이 필요하다. 집중하기, 초대하기, 견고히 하기 등이다. 첫째, 변화대화에 특별히 주의를 집중하여 변화대화를 듣게 되면 그것이 중요한 것임을 알아야 한다. 둘째, 변화대화가 자발적으로 나오기를 단순히 기다리는 대신, 더 많은 변화대화가 나오도록 초대한다. 셋째, 변화대화를 들으면 특별한 방식으로 변화대화를 강화하는 반응을 해야 한다. 내담자가 변화를 스스로 말하도록 돕는 것이 필수이다.

변화대화에 집중하기

변화대화는 변화에 대한 내담자 자신의 의미 있는 동기를 드러낸다. 동기를 심거나 부여할 필요가 없다. 동기를 발견하는 것이다. 동기는 이미 거기에 있기 때문이다. 양가감정을 가진 사람들은 말할 때, 변화대화와 유지대화를 모두 자연스럽게 표현한다. 아무것도 하지 않고도 실무자가 관계 맺기와 경청을 잘하면(4장), 양가감정을 가진 사람으로부터 변화대화를 들을 수 있다. 중요한 것은 주의 집중해서 들어야 놓치지 않는다는 것이다. 변화대화는 꽃과 같아서 하나씩 모아서 들고 있어야 한다. 들었던 변화대화를 기억해야 하는데, 다음에 그 변화대화가 필요할 수 있기 때문이다.

때로, 변화대화가 표면 아래에 있기도 하다. 그런 말들을 일컬어 붉은 잿불 또는 붉은 석탄으로 저자들은 비유한다. 숨을 조금 불어주면, 화염이 된다. 변화대화 견고히 하기에서 이 부분을 다시 설명한다.

> 들었던 변화대화를 기억해야 하는데, 다음에 그 변화대화가 필요할 수 있기 때문이다.

동기면담 기술을 배우는 사람들이 적용하는 것을 들을 때, 기회를 놓치는 것을 종종 본다. 변화대화 꽃들이 바로 거기에 있거나 타오르는 석탄이 화염이 되기를 기다리는데 면담자가 간과하고 지나가는 것을 본다. 아마도 면담자가 정보 제공 업무에 몰입하고 있었거나, 아니면 무엇이 내담자를 걱정하게 하는지에 대한 생각을 좇고 있었을 수 있다. 음악 훈련에서처럼, 동기면담은 청각 훈련을 통해서 현재 일어나고 있는 것을 알아차릴 수 있게 한다. 마음에 새겨야 할 점은, 변화대화가 되려면 특정 목표나 초점에 맞아야 한다는 것이다(5장). 다음은 음주에 초점을 맞춘 대화에서 가능한 몇 가지 변화대화들이다.

- "음주 습관에 대해서 무언가 해야겠어요." (필요)
- "맑은 정신으로 아침에 일어나는 건 기분 좋은 거죠." (이유)
- "정말로 금주할 수 있다고 생각해요." (능력)
- "절주를 해보고 싶어요." (욕구)

음주로 의뢰되어 온 내담자가 "제 문제는 사실 흡연이라고 생각해요."라고 말하는 경우, 이 말은 변화대화이기는 하지만 음주가 아닌 흡연에 대한 변화대화이다. 주의 깊게 경청해야 한다.

변화대화 초대하기

변화대화가 발생하기를 기다릴 필요는 없다. 내담자가 변화대화를 하도록 초대하는 특별한 방법들이 있다.

방향 지향적 질문하기

본질적으로, 동기면담에서 해야 하는 과제는 이미 존재하는 내담자의 변화 동기를 유발하고 강화하는 것이다. 가장 간단한 방법은 **방향 지향적 질문**(directional questions)을 하는 것이다. 열린 질문으로서 이에 대한 자연스러운 답인 변화대화가 나오므로, 잘 경청해야 한다. 이러한 열린 질문을 할 경우 답을 경청하는 사람은 실무자만이 아니다. 내담자는 질문에 반응하기 전에 잠시 쉬면서 자기 말에 귀를 기울인다.

DARN 유형을 사용하여 열린 질문을 만들 수 있다. 예로, 변화에 대한 욕구대화를 듣기 원한다고 해보자. 다음 질문을 할 수 있다. "상황이 어떻게 달라지면 **좋을**까요?" "왜 이런 변화를 원하나요?" 변화에 대한 능력대화를 초대하는 경우, "이것을 하고자 결심한다면, 성공하기 위해서 어떻게 하실 수 있나요?" "○○ 님이 가지고 있는 어떤 강점이나 능력이 이런 변화를 도울 수 있을까요?" 변화에 대한 이유대화는 확실한 질문으로 이끌어낼 수 있다. "이렇게 하려는 가장 큰 이유는 무어라고 말하실까요?" 필요대화는 중요성에 관한 것으로 다음 질문들이 있다. "이렇게 하는 것이 왜 필요할까요?"

0	1	2	3	4	5	6	7	8	9	10
전혀 중요하지 않다										매우 중요하다

0	1	2	3	4	5	6	7	8	9	10
전혀 자신이 없다										매우 자신 있다

그림 6.1 중요성과 자신감 척도

Motivational Interviewing, Fourth Edition. W. R. Miller & S. Rollnick. Copyright © 2023 The Guilford Press.

"이것이 얼마나 중요한 거죠?"

때로, 유발적인 질문을 할 수 있는데 **중요성 잣대나 척도**(importance ruler or scale)를 사용하여 다음과 같이 질문한다(그림 6.1). "0에서 10까지 있는 척도에서, 0은 '전혀 중요하지 않다'이고, 10은 '지금 내 인생에서 가장 중요하다'라고 하면, 이런 변화를 하는 것이 ○○ 님에게 얼마나 중요하다고 보나요? 몇 점인가요?" 점수를 듣고 나서 또 질문한다. 예로, '4점'이라고 답하면, "0점이 아니고 4점인 이유는요?"라고 묻는다. 추후 질문에 답하는 것이 변화대화일 가능성이 있다. 주목할 것은, "8점이나 10점이 아니고 왜 4점인가요?"라고 묻지 않아야 한다. 이 질문에 대한 답은 유지대화일 가능성이 있기 때문이다. **자신감 척도**(confidence ruler) 역시 동일한 방법으로 변화의 능력에 대해 사용할 수 있다. "0에서 10까지 있는 척도에서, 변하기로 결정한다면 자신감이 얼마나 되나요?" 추후 질문 역시 **자신감 대화**(confidence language) 또는 **능력대화**(ability language)를 유발할 수 있다. 이러한 척도 질문은 변화대화를 초대하는 데 사용하는 구조화된 방법의 한 가지 예가 된다. 한편 이런 질문들을 항상 또는 자동적으로 사용해서는 안 된다. 변화대화를 유발하는 방법은 수없이 많다.

변화를 왜 하려는지 유발하면서, 유지대화를 답으로 할 만한 질문은 피한다. 양가감정의 비율이 아직 유동적일 때는, 유지대화에 힘을 더 신도록 초대해서는 안 된다. 몇 가지 부적당한 질문 예시이다.

- "왜 이제까지 변하지 않으셨나요?"

| 글상자 6.1 | **결정저울로 개입하는 것이 좋을까?**

내담자가 지각한 찬성과 반대에 대해서 비율을 알아보는 것은, 변화 준비도가 어느 수준인지 알려주는 훌륭한 지표가 된다. 한편 불행히도, 결정저울로 *개입*(intervention)하는 것이 유행되면서, 변화에 대한 찬반 모두를 말하게 하거나 작성하게 하고 있다. 이 접근을 사용한다고 해서 변화를 결정하게 도울 거라는 생각에는 이론적, 과학적 근거가 없다. 실제로, 양가감정을 가진 사람에게 결정저울을 작성하도록 하여 변화 결단이 저하되기도 한다.[14] 찬반의 목소리가 동일하다면 기대 결과는 *양가감정*이고 변화는 있을 수 없기 때문에 일리가 있다.[15] 우리는 9장에서 실무자가 중립을 지키면서 어느 특정 방향으로 변화를 조장하지 *않는* 것이 목표라면, 결정저울을 적절히 사용함에 대해 설명한다. 한편, 변화를 촉진하기 원한다면, 동기면담 관점에서 볼 때 결정저울을 사용하는 것이 역생산적일 수 있다. 변화로 향하는 움직임은, 찬성을 강화하면서 변화 반대를 누그러뜨릴 때 촉진된다.[16]

- "이렇게 하지 못하게 했던 건 무엇인가요?"
- "현 상황에서 어떤 점이 좋으시죠?"
- "왜 그냥 변할 수 없나요?"

이 질문들에 대해서 있는 그대로 답한다면, 결과적으로 유지대화가 나온다. 나중에, 변화를 어떻게 할지 고민할 때라면 잠재적인 걸림돌을 탐색하는 것이 유용하지만(7장), 내담자가 아직 변화 여부(whether)를 재고 중이라면 걸림돌에 머무는 것은 시기상조이다. 실무자가 중립을 지키면서 찬반에 동일하게 집중하기를 원한다면, 결정저울로 개입하는 것이 유용하다(글상자 6.1 참고).

동기면담을 일관성 있게 하기

동기면담 정신과 방법은 어느 면에서 그 자체가 변화대화를 유발하는 것이다. 그중 하나는 내담자의 선택의 자유를 강조하는 것이다.[17] 변화대화는 상담자가 내담자의 자율성을 지지하는 말을 할 때 발생하는 경향이 있다.[18] 인정하기는 변화대화 수를 늘리면서 동시에 유지대화 수를 줄인다.[19] 이해해야 할 점은, 변화대화 유발을 위해서 저

> 인정하기는 변화대화 수를 늘리면서 동시에 유지대화 수를 줄인다.

자들이 소개하는 특별한 기법들을 하나씩 별개로 사용하는 것이 아니라, 동기면담이라고 하는 전반적인 맥락 안에서 사용해야 한다는 점이다.

극단적인 결과 탐색하기

변화대화를 초대하는 또 하나의 전략은, 극단적인 결과의 가능성 탐색하기이다. 만약 내담자가 변화를 한다면, 가장 최상의 이득이 무엇이라고 상상할 수 있나? 이 질문을 하고, 반영하기를 한 다음, 재차 열린 질문을 하는데 이때 내담자가 긍정적인 결과를 떠올리도록 도울 수 있다. (주목할 점은 이때 반응이 변화대화일 수 있으며, 변화의 이유가 되기도 한다는 점이다.)

> 상담자 : 복학해서 학위를 따기로 결정한다면 어떤 좋은 점이 있을까요? 최상의 이득은 어떤 것일까요?
>
> 내담자 : 기분이 좋을 것 같아요. [변화대화]
>
> 상담자 : 어떤 면에서죠? [부가설명 요청 질문]
>
> 내담자 : 제가 원할 때 무언가 성취할 수 있다는 걸 보여줄 것 같아요. [변화대화 추가]
>
> 상담자 : 자랑스럽게 느낄 수 있겠네요. [반영] 그 밖에는요?
>
> 내담자 : 글쎄요. 제게 뭔가 가능성이 열릴 것 같아요. [변화대화 추가]
>
> 상담자 : 그럴 것 같아요. 어떤 것들이 가능할까요? [부가설명 요청 질문]
>
> 내담자 : 더 나은 직장을 잡거나, 지금 하고 있는 일에 꼼짝 못 하고 있진 않을 거고요. 더 즐길 수 있는 일을 할 수 있겠어요. [변화대화 추가]

극단적인 결과 탐색하기는 유지대화에 대해서도 할 수 있다. 예로, 내담자가 변화를 하지 않는다고 하자. 최악의 상황은 어떤 것일까? 역시, 잘 경청하고, 열린 질문으로 추가 질문을 한다.

> 상담자 : 그러니까, ○○ 님이 실제로 할 수 있고, 기분이 좋아지고, 수입이 더 많아지겠네요. 그럼, 반대로 질문할게요. 복학하지 않는다면 어떨까요? 그럴 경우 실제로 어떤 결과가 있을까요?
>
> 내담자 : 말씀드린 대로, 꼼짝달싹 못 하고 지금 일을 하겠지요. 기분이 저조해지고요.

상담자 : 자신에게 실망이 되겠어요.

내담자 : 저뿐 아니라 다른 사람들도 그럴 거예요. 제가 할 수 있는데 하지 않는다면요.

상담자 : 할 수 있는 자신이 있으신데, 지나쳐버린다면 스스로 실망스럽겠군요. 다른 사람들도 이 점에 관심을 둔다고 말하셨어요.

내담자 : 제가 그렇게 하길 오빠가 정말 원해요. 오빠는 학위를 마치고 지금 병원에서 근무하고 있어요.

상담자 : 오빠가 ○○ 님이 할 수 있다는 걸 알고 있군요.

과거 회상하기 또는 미래 바라보기

현재 어려움이 있기 전의 시간을 돌아보고 어떤 삶이었는지 말하도록 요청한다. 갈등하는 커플에게 이들이 어떻게 만났는지, 처음에 어떤 매력에 끌렸는지 종종 묻곤 한다. 과거에 서로의 관계에서 어떤 즐거움과 마술적인 면이 있었나? 이전의 좋았던 시간에 대해 말하다 보면, 긍정과 희망이 회복되곤 한다. 때로, 물론 회상할 만큼 좋았던 때가 없을 수 있는데, 이런 경우에는 '좋았던 때' 전략은 도움이 되지 않는다.

대안으로, 추구하는 변화를 성공적으로 한 후의 미래를 바라보고 상상하도록 요청한다. 몇 가지 해결중심치료 질문들이 있다. "기적이 일어난다고 상상해보세요. 내일 아침에 깨어보니, ○○ 님이 원하는 대로 인생이 펼쳐집니다. 어떻게 다를까요? 기적이 일어났다는 것을 어떻게 알 수 있나요?"[20] 가능한 긍정적인 미래를 마음속에 그리는 것이다.

목표와 가치관 탐색하기

내담자가 가장 중요하고 가장 소중하게 여기는 것을 탐색할 때, 때로는 묻혀있는 보석이 있다. 동기화되지 않는 사람은 없다. 이 사람에게 가장 중요한 것은 무엇인가? 그리고 그것이 지금 고민하는 변화와 어떻게 관련되어 있나? 예로, 문제음주자의 경우, 가치관 다섯 개 내지 열 개를 목록으로 만들도록 유발한 후에, 각각의 가치관에 대해서 질문한다(도전으로 하는 것이 아니라, 호기심을 가지고 질문한다). 음주가 그 가치관을 성취하는 데 도움이 되는지, 음주가 영향을 주는지, 그런 가치관을 가지고 사는 것을 방해하는지 등이다. 저자들은 9장에서, 가치관이 변화 동기 면에서 어떻게 원동력이 되는지 보다 깊이 탐색한다.

> 동기화되지 않는 사람은 없다.

・치료자에게・　**동기면담은 왜 효과가 있나?**

동기면담은 심리학 이론에서 유래하지 않고, 임상 현장에서 세밀하게 관찰하고 맞추어보기를 하면서 시작되었다. 한편 수십 년에 걸쳐, 왜 동기면담이 효과가 있는지를 다양한 이론들이 설명해주었다.[21] 이론이 유용한 이유는 우리가 이미 알고 있는 것을 정리하는 것만이 아니라, 새로운 아이디어의 효과를 검증하여 사실임을 밝히고 우리의 이해를 확장하도록 돕기 때문이다.

　동기면담의 효과성을 설명해주는 이론은 자기조절이론이다.[22] 누구나 무엇이 정상이고 무엇을 수용할 수 있는지, 그리고 무엇이 행동을 필요로 하는지에 대한 지론을 가지고 있다. 내가 어떻게 느끼는가에 따라서 달리기를 해야 할지, 잠을 자야 할지, 무엇을 먹거나 마셔야 할지, 아니면 의사를 만나야 할지 묻는다. 온도계와 비슷하다. 어떤 행동이 정상 범위 또는 기대 범위를 넘어서면, 자기조절계가 작동한다. 자기조절은 환경, 타인과의 비교에 영향을 받기도 한다. 얼마큼의 알코올 사용량이 '정상' 범위인가? 개인이나 문화마다 기준이 상당히 다른데, 수용 가능한 한도 내에서 음주를 한다면 변화는 일어날 가능성이 없다. 그런데 심한 음주자가 정상 범위 이상의 알코올을 사용하거나, 정상이라고 느끼면서 유사한 음주 습관을 가진 사람들과 어울리는 것을 보는 건 놀랄 만한 일이 아니다. 동기면담이 어떻게 효과가 있는지에 대해서 생각할 수 있는 방법은 동기면담이 자기조절을 유발한다는 것으로서, 현재의 행동을 알아차리게 하고 자신의 중요한 가치관에 비추어 수용할 만한지를 판단하도록 촉진하기 때문이다.[23] 동기증진치료(motivational enhancement therapy, 13장 참조)[24]는 동기면담에 개별 평가 결과 피드백을 표준 비교치와 함께 추가한 것으로, 표준 비교치란 표준 교정치를 좀 더 일반화한 것이다.[25]

　수년간, 다양한 이론들이 왜 동기면담이 효과적인지 설명해 왔다. 행동 분석,[26] 구조주의,[27] 진화심리학,[28] 정신역동적 관점,[29] 그리고 자기결정이론[30] 등이다. 동기면담에 대한 최초의 설명은 동기면담이 칼 로저스의 인본주의적 관점,[31,32] 인지적 부조화,[33] 자기지각이론[34] 등에 연결된다고 하였다. 동기면담은 또한 양가감정의 게슈탈트 해결,[35] 애착이론,[36] 그리고 변화대화 대 유지대화의 결정저울[37] 등과 관련이 있다. 이러한 이론들이 동기면담을 이해하는 데 사용할 만한 렌즈를 제공하며, 하나의 이론만으로는 연구 결과를 품기에 적당하지 않다.

변화대화 견고히 하기

부연 설명하자면, 우선 변화대화를 찾고자 경청하고(집중하기), 알아차리고, 기억해야 한다. 방금 중요한 것을 들었음을 알아차려야 한다. 그리고 변화대화가 나오기를 기다리기만 하는 것보다 변화대화를 초대하는 방법을 발달시켜야 한다. 세 번째 주요 기술은, 변화대화를 들으면 그것을 강화하고 더 많은 변화대화를 초대하는 방식으로 반응하는 것이다.

OARS로 반응하기

저자들이 4장에서 설명한 관계 맺기 기술처럼 인간 중심 스타일을 실무자가 훈련받은 적이 있다면, 실무자들은 아마도 열린 질문 하기, 반영적 경청 진술하기, 인정하기, 이제까지 들은 바를 요약하기 등을 배웠을 것이다. 한편, 무엇을 질문하고, 반영하고, 인정하는지 또는 요약하기에 넣을지에 대해서는 안내가 거의 없었다. 당연히 무엇을 질문할지가 중요하다. 앞서 변화대화 또는 유지대화를 유발하는 질문들을 예시로 보여주었다. 실무자가 요청하는 것 이상을 얻을 수 있는 질문을 하는 것이 하나의 안내가 된다. 무엇을 선택해서 반영하는가 역시 차이가 있다. 반영적 경청으로 주의를 기울이다 보면 많은 것을 들을 수 있다. 심리치료 연구 결과, 무엇을 인정하는지의 중요함을 보여주고 있다. 건강하지 않은 면을 인정하는 경우와 관련해서도 많은 이야기가 나온다.[38] 끝으로, 요약하기는 중립적이거나 객관적이지 않은데, 요약하기에 무엇을 넣을 것인가가 결과를 가져온다. 방향 지향적인 질문을 하여 변화대화를 초대하여야 하며, 이후 들은 내용을 반영하고 인정한다. 변화대화를 잘 경청하고, 가끔씩 요약하기를 할 때 두세 가지라도 모아서 한다는 것을 기억해야 한다. 예로, "복학하는 것이 ○○ 님의 기분을 좋게 하고, 오빠도 그렇다는 거군요. 더 나은 직장을 얻을 수 있고 더 많이 즐길 수 있는 것이기도 하고요."

저자들은 4장에서 OARS 기술을 설명하면서 이 기술이 협동적인 동맹 관계에서 관계 맺기에 도움이 된다고 하였다. 변화대화를 듣게 되면, 관심과 호기심을 가지고 이 네 가지 기술을 사용하여 변화대화를 강화해야 한다. 변화대화에 대해서 상세히 설명하거나 예를 들어달라는 열린 질문을 한다. "어떤 점에서 가족이 더 행복할 거라고 생각하세요?" 구체적인 예를 말해달라고 질문할 수 있다. "음주의 안 좋은 점이 숙취라는 거군요. 최근에 과음으로 잠에서 깨어났던 건 언제였나요? 그때 어떤 상태였는지 말씀해주세요." 주목할 점은, 후자 질문에서 변화대화는 현 상태를 유지할 때의 손실(변화 시 이득, 즉 맑은 정신을 내포한다.)에 대한 것이라는 점이다.

열린 질문(O)과 변화대화 반영(R)에 덧붙여서, 실무자가 들었거나 내담자가 의미했던 내담자의 강점들을 인정(A)할 수 있다. "가족을 깊이 사랑하는 분이시군요." "정말 이 생각을 곰곰이 하셨네요." "한번 마음먹으면 끝까지 하시는 분 같습니다." 요약(S)에 변화대화들을 모은다. OARS를 사용하여 원동력을 더 많이 만든다.

방향 지향적 반영하기

반영할 내용을 선택할 때 의도적이고 방향 지향적이 되는 것이 동기면담 기술 중 하나이다. 내담자가 한 말 중에서 반영할 때 특별히 이 점에 관심을 가지고 반영하면 변화대화를 더 많이 듣게 된다. 따라서 무엇을 반영하는지가 중요하다. 유발하기의 경우라면, **방향 지향적 반영**(directional reflection)은 변화대화를 선별해서 비추어주는 것이다. 변화대화가 나왔을 때 그것을 반영하면, 내담자가 이어서 더 많은 변화대화를 할 가능성이 있다. 기억할 점은, 내담자가 양가감정을 가진 경우라면 변화대화가 종종 유지대화와 섞여서 나온다는 점이다. 어떤 친구가 다음과 같이 말한다. "나는 정말 금연하고 싶지 않아. 금연해야 하는 건 알지만, 전에 해봤는데 정말 어렵더라고." 이때, 친구의 말에 대해서 할 수 있는 훌륭한 반영은 다음 세 가지이다.

1. "정말 금연하고 싶지 않구나."
2. "금연해야 한다는 걸 잘 알고 있네."
3. "금연할 수 있다고 생각하진 않는구나."

동기면담의 관점에서 최상의 반영은 어느 것일까? 각각의 반영 후에 친구가 이어서 할 말을 생각해보자. 1번 반영의 경우, 친구는 금연하고 싶지 않은 것(유지대화)에 대해 더 많이 말할 가능성이 있다. 3번 반영의 경우, 친구는 금연의 어려움에 대해서 더 설명하면서, 과거에 불편했던 경험(유지대화)을 이야기할 것이다. 한편, 2번 반영의 경우, 금연이 왜 가장 좋다(변화대화)고 생각하는지 친구는 더 많이 이야기할 것이다. 무엇을 선택하여 반영했는지에 따라서 말 그대로 더 많은 변화대화 또는 더 많은 유지대화를 유발할 수 있으므로,[39] 어느 쪽을 할 것인지가 중요하다. 유지대화를 더 유발하는 경우, 변화 유발 가능성은 낮아진다.[40]

또 다른 사례로, 음주운전으로 검거된 적이 있는 사람을 보자. "그러니까, 제 친구 모두 술을 마셔요. 모이면 하는 일이에요. 어떤 친구는 훨씬 더 많이 마시죠. 제가 금주한다면 친구가 하나도 없게 되는 거예요! 집에 있어야죠, 뭐." 이 대화에서 변화대화가 나오는가? 그러면, 반영의 예를 보자.

1. "그렇게 되면 엄청 외롭겠어요."
2. "금주가 또 새로운 문제를 낳게 되네요."
3. "그리고 동시에 알고 계시는 건 ○○ 님과 친구분들이 과음을 한다는 사실이네요."

위 세 가지 반영 모두 내담자가 한 말에서 내용을 선택한 것이어서 타당한 반영이기는 하나, 1번과 2번 반영은 더 많은 유지대화가 나오게 한다. 3번 반영만이 변화대화를 더 많이 나오게 해준다. 언급한 대로 유지대화보다 변화대화 비율이 더 높을 때 변화가 일어난다.[41] 반영할 내용으로 무엇을 선택하느냐에 따라서, 이어서 표현될 변화대화와 유지대화의 비율에 영향을 준다.

문단 이어가기(continuing the paragraph)(8장 참조)라고 하는 반영 기법이 있는데, 내담자가 아직 말하지 않은 변화대화를 시험적으로 반영하고 나서, 내담자가 말을 하면 따라가는 것이다. 이 기술을 **변화대화 빌려오기**(lending change talk)라고 부른다. 본질적으로, 내담자가 생각하고 있는 변화대화를 실무자가 먼저 시도하는 것이다. 그렇다고 내담자보다 훨씬 더 멀리 서둘러 뛰어넘지 않아야 한다. 예로, 내담자가 어떤 대인 관계의 어려움으로 힘들어하는 경우, "이 관계에 정말 변화를 줄 준비가 되어있네요."라고 할 수 있다. 이어지는 내담자의 반응이 실무자가 옳게 가고 있는지 알려준다.

방향 지향적 요약하기

전문가들은 종종 요약하기를 한다. 진전 여부를 검토하여 상호 공동의 이해를 하고 있는지 확인할 때 요약하거나, 주제를 바꾸기 전 또는 회기 종료를 앞두고 한다. 동기면담에서 변화대화를 다시 짚어본다는 점에서 요약하기 기능은 훨씬 중요하다. 유발적 질문으로 변화대화를 초대하는 경우, 내담자는 자기가 이야기를 하면서 스스로 듣는다. 이후, 실무자가 변화대화를 반영하면 내담자는 그것을 다시 듣고, 더 많은 변화대화를 말한다. 변화대화를 유발하는 것은 꽃들을 모으는 것으로 비유하는데, 요약하기는 이러한 꽃들로 부케를 만드는 것과 같다.[42] 두세 가지 변화대화를 들었다면, 작은 부케가 된다. 면담이 진행되면서 부케는 더 커지는데, 내담자의 변화대화가 많아지기 때문이며 내담자가 이 꽃들을 다시 보는 것이다. 유의할 점은, 이 꽃들을 증거로 내담자

> 변화대화에서, 내담자는 변화를 옹호하는 자신의 말을 스스로 듣는다.

의 말을 심문하는 검찰관처럼 생각하지 않아야 한다는 것이다. 호기심과 수용하는 마음으로 면담을 할 때, 사람들은 스스로 결론에 다다른다.

　다음은, 동일한 면담에서 나올 수 있는 네 가지 요약하기 예시들이다. 흡연에 대해서 어느 내담자와 동기면담을 한 내용으로, 출판된 적이 있다.[43] 축어록이 없어도 각각의 요약하기가 가지는 서로 다른 영향력을 볼 수 있다. 다음 요약을 듣는 내담자는 어떤 생각과 느낌을 가지는지 상상해보자.

요약하기 1

"흡연에 대해서 저와 많은 이야기를 나누셨어요. 담배를 사러 가기 위해서 경험했던 많은 어려움이 미친 짓이라고 생각할 때가 있고요. 금단 증상이 얼마나 힘든지 무서운 이야기를 들은 적이 있으시고 당장 금연하는 것은 불안해지고요. 흡연하는 것에 대해 사람들이 무례하고 비판적일 때 화가 나고, 또 누구도 금연하게 만들 수는 없다는 걸 잘 아시고요. 금연 약을 먹는 건 싫으시고, 금연 없는 인생을 생각하면 무미건조하네요. 상상할 수 없는 거지요."

　위의 요약은 면담 중에 내담자가 표현했던, 정서 면에서 무거운 것들을 강조하고 있다. 감정이 특별히 중요하다는 생각으로 요약한 것이다. 한편, 표현된 정서 내용이 대부분 상당히 부정적이며, 이러한 감정 분위기는 요약 후에도 사라지지 않을 것이다. 요약 내용 대부분이 유지대화로서 변화를 고무하지 않는다. 내담자는 담배를 피우고 싶어질 수 있다.

요약하기 2

"흡연이 더 이상 도움이 되지 않는 것 같네요. 사회적인 낙인, 담뱃값과 성가심, 게다가 건강에 피해를 줄 수 있고요. 흡연을 많이 할수록 재미가 덜해지는군요. 한편, 흡연이 ○○ 님의 삶에서 당연한 부분이고, 비흡연자로 상상하기가 어려울 정도네요. 한 번도 금연을 시도해본 적이 없고요. 금연 약을 복용하고 싶지 않으시고, 금단이 얼마나 힘들고 미칠 정도인지에 대해 걱정도 되고요. 실제로, 담배 없는 삶을 떠올리면 정말 미쳐버릴 것 같으시네요."

2번 요약에서 보면, 내담자가 흡연에 대해서 말했던 찬반을 검토하면서 공평하게 균형을 맞추고 있다. 이런 의미에서 보면 양가감정 요약이라고 할 수 있으며, 결정저울을 사용하는 것 같다. 또 중요한 것은, 흡연 찬성을 흡연 반대 **이후에** 요약하고 있다는 점이다. 사람들은 실무자가 마지막에 한 말을 더 잘 기억하고 거기에 반영하는 편이다. 이 요약에서 기대하는 효과는 양가감정의 표현인데, 흡연의 이득에 대해서 반영하는 것에 머물고 있다.

요약하기 3

"흡연이 많이 안 좋다는 것을 잘 알고 계시네요. 이젠 그리 재미가 없고요. 돈이 드는 나쁜 습관이 되어버렸고, 사회적 낙인이 있고요. 이제는 흡연하기가 더 어려워지고, 냄새나 맛도 잘 못 느끼시네요. ○○ 님의 건강에 영향을 주기 시작했다는 걸 아시고, 이런 대가를 치르면서 얻는 것이 무엇인지 스스로 묻고 계시네요. 금연의 이득을 바라보기 시작하시면서 돈이나 성가심을 생각하시고, 음식 맛도 더 나아질 것 같네요. ○○ 님이 준비가 되어가고, 이미 반 정도는 준비가 되었다고 말씀하셨어요. 지금이 그때이고 금연할 거라는 걸 아신다고 하셨고요."

3번 요약의 경우, 동기면담의 고전적 요약이다. 면담에서 내담자가 말했던 변화대화 모두를 수집했다. 유지대화와 섞여있었던 변화대화를 고른 것이다. 이런 요약은 잡초에서 꽃을 골라내는 것이 된다. 이 꽃 부케에는 내담자의 변화대화가 모두 묶여있다. 이 요약에서 내담자가 스스로 변화 동기를 표현했던 모든 것을 느낄 수 있을 것이다. 동기면담 요약의 모델이라고 할 수 있다.

요약하기 4

"글쎄요. 니코틴 중독이신 게 명백해요. 흡연이 피해가 되는 걸 아시면서 계속 피우시네요. 한밤중에 빙판길을 운전해서까지 달려가셔서 담배 사느라 돈을 쓰시고, 담뱃불이 옷에 떨어져서 구멍이 나고, 건강에 해가 되는데도 말이죠. 금연을 생각만 해도 불안해져서 바로 담배를 피우시는군요. 금단이 걱정된다고 하시지만, 금단을 도울 약을 복용하지 않겠다고 하시네요. 그러다 보니 계속 미루게 되시고요."

이 요약은 마치 검찰관의 마무리 요약 같다. 흡연자가 면담에서 인정했던 것 모두를 요약에 넣었고, 수치심을 느껴서 금연하게 할 희망을 반대 심문하는 데 사용하고 있다. 대부분의 사람들은 이와 같은 직면에 잘 반응하지 않는다는 것은 말할 필요가 없다.

위의 네 가지 요약 모두 기술적으로 타당한데 어느 것도 실제 축어록에 포함되지는 않았다. 내담자가 말했던 내용을 동일한 길이로 요약한 것들인데 각 요약이 주는 영향력에 차이가 많다. 이처럼 요약에 무엇을 담을 것인지가 중요하다.

변화대화에 반응하기

변화대화를 들으면, 그냥 있으면 안 된다. OARS를 사용하라. 동기면담은 변화대화를 알아차리고 초대하는 것이며, 변화대화를 들었을 때 반응하는 것이다. 이전에 설명했듯이, 변화대화(그리고 유지대화) 이후에 실무자가 어떻게 말하는지에 따라 더 많거나 더 적은 변화대화가 나온다.[44] 변화대화에 어떻게 반응하는지가 변화대화를 유발하는 데 중요한 부분이 된다. 열린 질문(O)을 사용하여 상세히 설명하도록 하거나 예를 들도록 초대한다. 변화대화를 인정한다(A). 경청 후 반영을 한다(R). 그리고 변화대화를 수집하여 요약하기를 한다(S). 이 모두가 변화대화를 강화하고 더 많은 변화대화를 초대하는 효과를 가진다.

진실성이 없는 변화대화는 어떤 것일까?

이런 생각을 할 수 있다. '변화대화를 그대로 믿을 수 있을까? 내가 원한다고 생각하여 별 뜻 없이 말하는 걸까?' 때로 미덥지 않거나 미약한 변화대화가 나올 수 있다. 힘의 관계에서 힘이 없는 사람이라면 특히 그럴 수 있다.

다음과 같은 직면적인 반응을 억제해야 한다.

"못 믿겠군요!"
"거짓말을 하고 있군요. 진심이 아닌 거지요."
"현실적이지 않네요. 현실을 보세요."

이러한 반응들은 라포에 손상을 주고 불화를 일으킬 수 있다. 대신, 어떻게 해야 하나?

한 가지 방법은 직설적이 되는 것이다. 실무자가 내담자에게 가지고 있는 염려를 표현하고 검토하는 것이다. 공감적으로 의구심을 전달할 수 있다.

"○○ 님이 그런 변화를 하는 것에 대해서 어떻게 느끼는지 궁금합니다. 말씀하시는 그대로라고 생각합니다. 한편, 그런 변화를 원하지 않는 면이 있어 보입니다."

또는,

"오랫동안 ○○ 님의 삶의 한 부분이었는데, 간단하게 끊을 수 있다고 하시니까 제가 걱정이 되네요."

내담자가 반응을 하면 반영한다.

미덥지 않거나 미약한 변화대화는 종종 구체적이기보다 일반적이다. 내담자가 한 말을 그대로 받아들이면서 구체적인 것에 관심을 가지는 것이 필요하다. 애매모호하거나 피상적인 변화대화는 동기를 유발하기에 아직 부족하다. 상세히 설명하도록 요청하는 것, 즉 왜와 어떻게에 대해서 더 자세히 말해달라고 함으로써 보다 구체적인 변화대화를 이끌어낼 수 있고, 모호하고 일반적인 것을 구체적인 의도로 변형시킬 수 있다. 지지적이고 호기심을 가진 마음가짐으로 이러한 탐색을 해야 한다. 냉소적이거나, 내담자가 속이고 있고 자기기만 하는 것을 '잡아낼' 시도는 하지 말아야 한다.

내담자 : 아녜요. 정말 금주할 거예요. 그러고 싶어요.

면담자 : 왜 그런 변화를 선택하시는 건가요? [유발적 질문 : 이유]

내담자 : 그냥 그럴 거예요. 그게 다예요.

면담자 : 멋져요. 제가 궁금한 점은, 그동안 음주가 ○○ 님에게 매우 중요했는데 왜 금주를 원하시나 하는 겁니다. [유발적 질문 : 욕구]

내담자 : 음, 저희 가족들이 제가 금주하기를 원해요. 딸이 "아빠 제발 오늘 밤엔 술 마시지 마요!"라고 할 때 눈물이 나요.

면담자 : 딸이 간절히 말하니까 음주가 정말 힘들겠어요. [반영] 자녀들을 사랑하시네요. [인정하기] 그 밖에는요? 금주하려는 이유로 또 어떤 것이 있나요? [유발적 질문]

내담자 : 글쎄요. 의사가 금주해야 한다고 했어요.

면담자 : ○○ 님은 어떻게 생각하세요?

내담자 : 의사가 걱정하는 거 알아요. 혈액검사 결과들로요. 간 수치가 제한치를 넘어섰다고 해요.

면담자 : 그것이 얼마나 중요한 건가요? [유발적 질문 : 필요]

내담자 : 글쎄요. 그건 제가 잘 알지 못해요. 하지만 수치가 좋아지지 않으면 간이 상한다고 생각해요. 그리고 정말 나쁜 상태가 되겠죠.

면담자 : 건강을 유지하고 싶어 하시는군요. [반영]

내담자 : 물론이죠. 그래서 금주하려고 하는 거예요.

면담자 : 처음 단계는 무엇이 될까요?

여기서 핵심 열쇠는, 호기심을 가지고 내담자의 변화 욕구, 능력, 이유, 필요, 계획에 대해서 더 구체적이 되도록 돕는 것이다. 구체적인(specific) 의도를 소리로 내어 표현할 때 내담자의 변화 발생 가능성이 높아진다.[45] 변화대화를 액면 그대로 받아들이는 것이 변화대화에 도전하는 것보다 더 변화가 가깝게 느껴지게 한다. 분명치 않은 확신으로 시작했더라도 변화의 특정 단계들을 결단할 수 있다. 구체적인 사항은 또한 책무성을 증가시킨다. 구체적인 의도에 비해 일반적인 동기와 의도는 변화를 즉시 발생시키지 않는다.[46]

윤리적 고찰

양가감정을 가진 사람과 작업을 할 때 가능한 접근 방법 하나는 중립을 유지하는 것이며, 무심코 어떤 특정 방향으로 내담자를 격려하는 것을 피하는 것이다. 어떤 전문가들은 항상(always) 중립을 유지해야 한다고 믿는다. 그래서 내담자가 변화에 대해서 스스로 결정하게 해야 한다고 본다. 실존적 의미로 보면, 항상 내담자 자신의 선택이 맞다. 빅토르 프랑클(Viktor Frankl)은 나치 강제 수용소의 극심한 고난에서 살아남은 생존자인데, 다음과 같이 말했다. "사람에게서 무엇이든 빼앗아갈 수 있으나 한 가지 예외가 있다. 자유 중에 마지막 자유로서, 주어진 환경이 어떻든 간에 선택할 수 있는 태도이며, 자기 마음대로 선택할 수 있다는 자유이다."[47] 어떠한 극단적인 강압에서도 결국에는 선택을 대신할 수는 없다.

간혹 사람들은 동기면담이 개인의 자율성과 가치를 바꾸는 데 사용되는 것이 아닌가

하고 염려한다. 동기면담이 최면 후 암시를 하거나 잠재의식으로 영향을 준다고 말하기도 한다. 동기면담은 개인의 가치를 유린할 수 없다. 한편 이 주장을 증명할 수 없으나, 한 가지 예로 틀리다고는 할 수 없다.

심리학 연구 결과에서 명백하게 보여주듯이, 개인의 자발적 선택과 변화에 **영향**(influence)을 주는 것은 가능하다. 특정 선택을 하도록 언어로 격려하는 노력은 늘 있어 왔다. 예로, 당뇨 교육, 건강 증진, 정치, 보호관찰 등에서 다양한 방법으로 그렇게 해 왔다.[48] 광고, 영업, 마케팅 역시 사람이 원하는(want) 바에 영향을 주는 데 목적을 둔다. 동기면담의 독특한 기법은 6장에서 기술한 유발하기 과제로서 내담자의 변화대화를 선별적으로 초대하고 강화한다. 정의한다면, 이것은 외적(external) 변화 동기는 아니다. 내담자 자신의 가치와 우선순위를 토대로 유발하기 때문이다. 동기면담 연구 결과 저자들이 알게 된 것은, 실무자가 무엇을 질문하고, 무엇을 반영하고, 무엇을 인정하고, 무엇을 요약하느냐가 중요하다는 것이다. OARS 기술을 의식적으로 방향성 있게 사용하는 경우 내담자의 변화대화가 증가한다. 그리고 이것은 실제로 선택하고 변화하는 것과 관련이 된다.

그러면 동기면담의 유발 기술을 언제 사용하는 것이 특정 방향으로의 선택이나 변화를 격려하는 데 적당할까? 이 결정은 초점 맞추기 과제를 하는 동안 내담자가 기대하는 변화 목표를 알아낼 때 시작된다. 왜냐하면, 이것을 알기 전까지는 어떤 변화대화를 유발해야 할지 모르기 때문이다. 특정 변화를 하도록 격려하는 최우선이자 가장 흔한 이유는 내담자가 그렇게 하도록 실무자에게 요청하기 때문이다. 이 경우, 내담자의 목표는 실무자의 목표와 조화를 이루는데, 이것이 바로 긍정적 작업동맹의 선행 조건이다.[49]

특정 선택이나 변화를 선호하게 되는 두 번째 이유는, 그것이 실무자가 제공하고 내담자가 자원해서 도움을 요청하러 온 서비스의 목적이기 때문이다. 예로, 체중 감량 클리닉에 오는 사람들은 체중 감량이 초점이 될 것임을 안다. 마찬가지로, 금연 클리닉이나 중독치료 프로그램에 오는 내담자들은 대화 주제가 약물 사용에 관한 것임에 놀라지 않을 것이다. 그러나 프로그램이 특정 목표만을 받아들이는 경우(예를 들어, 유해성 감소 대신 평생 절제와 같은 목표), 이러한 요구 사항은 처음부터 내담자들에게 명확하게 알려져야 한다. 마찬가지로, 임신 상담실이라면 어떤 결과(예로, 중절)가 허용되지 않음을 미리 알려야 한다.

특정 방향으로 움직이도록 격려해야 하는 세 번째 이유는 내담자의 절박한 웰빙 때문이다. 웰빙이 어떤 것이며 내담자에게 최상의 이익이 무엇인지에 대해서는 임상 및 윤리적 판단이 필요하다. 예로, 자살예방 긴급전화 실무자들은, 충동적으로 생명을 끊으려는 내담자에게 그렇게 하지 못하도록 하는 것이 일반적이며, 건강 분야 실무자는 환자가 건강을 회복하고 유지하도록 돕고자 한다.

끝으로, 실무자가 중립을 유지하면서 변화 방향으로 영향을 주지 않는 행동이 비윤리적이거나 의료과오로 간주되는 상황이 있다. 확실한 예로, 가정 폭력, 음주 운전, 성적 피해 등과 같이 내담자가 타인에게 해를 주거나 위험에 처하는 행동을 하는 경우이다. 금연이나 중독치료 프로그램 실무자들이 해가 되는 약물 사용을 감소시키려고 하지 않는다면 그들은 자신의 업무를 하고 있지 않는 것이다. 보호관찰관들은 범죄 행위에 대해 중립적이지 않다. 질문은, 만약 내담자가 처음에 의도하지 않고 있는 변화를 어떻게 가장 잘 격려할 수 있느냐이다. 이러한 현실적 맥락에서 동기면담이 처음 개발되었다. 유발하기 과제를 통해 내담자 자신의 욕구, 바람, 가치와 일관된 변화를 할 수 있는 방법을 찾는 것이다.

결정저울을 가지고, 내담자의 친변화(pro-change) 동기가 반변화(counterchange) 동기를 넘어서는지 우선 결정한 후, 결과가 그럴 때만 유발하기로 이어가야 할까? 여기서 복잡해지는 것은, 양가감정을 가진 사람에게 결정저울을 적용할 때 잘 움직이지 않는다는 점이다. 즉 양가감정을 강화하면 변화 동기가 감소(decrease)하는 경향이 있다. 관찰하거나 측정하는 행위 자체가 검토 내용에 영향을 줄 수 있다. 양가감정을 가진 사람에게 친변화와 반변화를 똑같이 유발하는 경우, 실무자의 의도와는 달리 변화에 반대하는 쪽으로 저울이 기울어질 수 있다.[50]

초점 맞추기 과제에서 적당한 선택과 변화가 무엇인지 결정하는 것이 때로 단순하지도 않고 확실하지도 않다. 최근 윤리적으로 논쟁이 되는 몇 가지 주제들이 있는데 사람들마다 매우 다른 견해를 가지고 있다. 동기면담을 사용하여 각각의 상황에서 어떤 특정 선택이나 변화를 향하도록 할 수 있을까? 사용할 수 있다면 이유는? 없다면 그 이유는?

- **백신 접종.** COVID-19 상황에서 백신은 삶과 죽음의 결과를 가져오고, 개인뿐 아니라 그들이 밀접 접촉하는 가족이나 주위 사람들에게도 그러했다. 동기면담은

COVID-19 백신 접종을 격려하는 데 사용되었고, 보다 일반적으로 백신에 대해 주저하는 이슈를 다루는 데 사용 가능하다.[51]

- 장기 기증. 장기 기증은 기증자의 자율적 선택이지만, 수혜자의 생명과 사망의 문제이기도 하다. 기증자가 미치는 잠재 효과가 알려진 경우, 한 생명을 구하는 장기 기증을 격려하는 데 동기면담을 사용해야 하는가?
- 존엄사. 말기 환자의 경우 자연사까지 기다리며 고통을 겪도록 해야 하는가, 아니면 선택하여 생을 마감하게 도와야 하는가?
- 피해 절감. 약물 사용자가 사용한 주삿바늘과 소독된 바늘을 바꾸어줌으로써 안전하게 주입하도록 도와야 하는가?
- 임신 상담. 임산부가 중절을 선택하기보다 분만하도록 설득해야 하는가?
- 피임. 10대 청소년이 콘돔을 사용하도록 고무해야 하는가?
- 취조. 재소자가 누군가의 생사와 관련한 치명적 정보를 가지고 있다면, 이렇게 가치 있는 정보를 어떻게 얻어낼 수 있을까?[52]

동기면담은 이 질문에 답을 주지 않는다. 실무자의 전문적 업무 장면에 따라서 항상 중립을 유지하기로 결정할 수 있다. 즉, 어떤 특정 방향으로 움직이게 동기면담의 유발하기 기술을 절대로 사용하지 않을 수 있다. 만약 동기면담의 유발하기 과제가 적당한 조건이라면, 몇 가지 가이드라인이 있다.

동기면담의 윤리적 사용을 위한 가이드라인

최상의 이득

내담자의 웰빙과 최상의 이득에 대한 우선적인 관심으로 시작하라. 메이오 클리닉(Mayo Clinic)에 방문했을 때 저자들은 벽에 걸린 윌리엄 메이오(William Mayo) 박사의 1910년 인용문을 보았다. "환자의 최상의 이득이 유일한 관심이다."

자율성

내담자의 자율성을 알아차리고 존중하라. 결국 변화 여부를 정하는 사람은 내담자이다. 그들의 선택 자유권을 받아들여야 한다. 자율성과 영향력에 대한 이슈는 동기면담에만 해당하는 것은 아니다. 어떤 환경에서는, 매우 강제적인 수단을 사용하여 선택과 변화를 하도록 하고 있다. 다양한 방법을 사용하여 변화하도록 하는 것이 윤리적/도덕적으로 적당한 경우는 언제인가? 사람들마다 다른 의견을 보이는 이슈들이 있다. 생명을 보호하는 것이 구조대 또는 응급실 의사의 가장 중요한 일급 명령인데, 이 가치 또한 자율적 선택의 존중과 갈등에 부딪힐 수 있다.

정직성

정서적으로, 임상적으로, 이념적으로 어떤 특정 효과에 투자를 많이 한다면, 그것을 노출하라. 알게 모르게 그 특정 방향으로 사람들을 끌고 가기가 쉽기 때문이다. 9장에서 설명할 것인데, 동기면담 연구 결과에서도 중립적이기로 선택했다면 어떻게 하는 것이 최상으로 중립적일 수 있는지 알려준다. 내담자의 선택의 자율을 인정하면서 동시에 실무자가 가지고 있는 염려와 관점을 공유하라. 실무자의 염려는 온전히 실무자의 관점임을 표현하라. 내담자는 그것을 공유할 수도 있고 아닐 수도 있다.

이해관계

실무자 또는 실무자가 진행하는 프로그램이 내담자의 선택 결과에 특별히 투자하고 있는 경우 윤리적 고민이 발생한다. 선호하는 변화가 실무자 자신의 이득이나 실무자가 속한 체계의 이득이라면, 그리고 내담자에겐 최상의 이득일 수도 있고 아닐 수도 있다면, 그 방향으로의 유발하기는 부적합하다. 그 방향으로 투자를 크게 하면 할수록, 방향 지향적 유발하기를 더욱 피해야 한다. 투명해야 한다. 내담자의 관점을 공감하며 경청하라. 정보와 조언을 제공하라. 자율성을 인정하라. 그리고 **중립적 자세로 양가감정을 탐색하라**(9장 참조). 개인적인 투자가 적을수록, 실무자는 더욱 편안하게 내담자의 선택의 자율성을 존중하면서 방향 지향적인 유발하기에 임할 수 있다.

6장에서는 왜 변화하려는지를 유발하는 것에 중점을 두었다. 내담자가 양가감정을 가진 경우, 이러한 자세가 도움이 된다. 변화하는 것이 중요하다고 결정하기까지는 어떻게 변화하려는지에 대해서 말할 준비가 되어있지 않기 때문이다. 어느 시점이 되면,

왜라는 질문으로부터 어떻게라는 질문으로 전환된다. 7장 계획하기에서 이 주제로 넘어간다.

• 개인적 관점 •   **동기면담과 건강한 환경**

사람들은 "글로벌 건강 환경 이슈에 대해 개인적인 기여를 할 수 있는가"라는 질문에 대해 양가감정을 가지고 반응하지 않는 경향이 있다. "나 한 사람이 지구 온난화에 무슨 차이를 만들어줄 수 있는가?" 한편 환경에 기여 여부는 수십억 인구의 선택과 관련된다.

동기면담은 화석 연료, 플라스틱, 동물성 식품을 줄이거나, 재활용, 반재활용을 늘리는 변화를 가져오는 데 어떠한 역할을 할 수 있을까? 지역사회 수준에서 동기면담 관련 개입은 이미 검증되어 왔는데, 예로, 안전한 수자원 시스템,[53] 건강 증진 활동,[54] 알코올 사용의 감량,[55] 환경주의 행동 실천[56] 등이 있다.

결국 동기면담은 변화에 관해서 대화를 하는 한 가지 방식이다. 동기면담 방법은 환경 이슈에 대한 사실 정보 발표 이후, 또는 결정권자들과의 논의에서 개인과 집단 대화에 사용된다. 중요성과 자신감에 관한 열린 질문들이 변화대화를 선별적으로 유발할 수 있다.

- "…에 관해서 가장 염려가 되는 것은 무엇인가요?"
- "희망하는 것이 무엇인가요?"
- "어떻게 하면 그렇게 될까요?"
- "무엇을 하실 수 있나요?"

개인의 자율성을 인정하는 것이 도움이 된다.

- "물론 ○○ 님에게 달려있지요."
- "지금 토의한 대안 중에서, 어떤 것이 가장 가능할까요?"

주저함이 보이면, 동기면담 연구 결과에서 알려주는 유용한 가이드라인이 있다. 논쟁하거나 반대하지 말라. 유지대화를 유발할 가능성이 높다. 대신 복합반영, 양면반영 또는 확대반영을 사용하여 실무자가 염려하는 바를 이해하고 있음을 전달하라. 변화대화를 찾아 경청하고 반영하라.

동기면담 연구 결과에서 우리가 배운 것은 또한 대화 방식 매스미디어의 발달을 이끌 수 있고, 변화대화를 유발하도록 고안할 수 있다.[57] 동기면담은 문자와 전자 매체에서 어떤 방향적 질문을 해야 할지(또 하지 말아야 할지) 알려준다. 1960년대 초에, 컴퓨터 프로그램은 이미 반영적 진술로 반응하도록 고안되었고,[58] 이러한 진술이 지금은 방향 지향적 반영으로 제시될 수 있다. 언어 프로그램을 통해 사용자의 변화대화를 부케로 요약할 수도 있다. 동기면담 시뮬레이션 소프트웨어와 로봇이 등장하고 있다.

—빌

☑ 주요 개념

- 결단대화
- 결정저울
- 능력대화
- 방향 지향적 반영
- 방향 지향적 질문
- 변화대화 빌려오기

- 예비적 변화(유지)대화
- 욕구대화
- 이유대화
- 자신감 대화
- 자신감 척도
- 중요성 척도

- 필요대화
- 행동 실천 대화
- 활동적 변화(유지)대화
- 활성화 대화
- CATs
- DARN

☑ 요점 정리

- 양가감정이란 인간의 정상적인 반응으로서, 변화를 고민할 때 변화대화와 유지대화가 섞여 나온다.
- 유발하기 과제란 변화대화, 즉 내담자가 왜 변화하려는지를 차별적으로 초대하고 강화하는 것이다.
- 예비적 변화대화에는 욕구, 능력, 이유, 필요 대화가 있다.
- 활동적 변화대화에는 결단, 활성화, 행동 실천 대화가 있다.
- 방향 지향적 질문, 반영, 요약하기는 자연스럽게 변화대화가 답이 되도록 해준다.
- 보기에 진정성이 없어 보이는 변화대화가 나오면, 구체적인 내용에 관해 호기심을 가지고 질문한다.

참고문헌

1. Miller, W. R. (2022). *On second thought: How ambivalence shapes your life.* Guilford Press.
2. Carey, K. B., Maisto, S. A., Carey, M. P., & Purnine, D. M. (2001). Measuring readiness-to-change substance misuse among psychiatric outpatients: I. Reliability and validity of self-report measures. *Journal of Studies on Alcohol, 62*(1), 79–88.
3. Moyers, T. B., Martin, T., Christopher, P. J., Houck, J. M., Tonigan, J. S., & Amrhein, P. C. (2007). Client language as a mediator of motivational interviewing efficacy: Where is the evidence? *Alcoholism: Clinical and Experimental Research, 31*(10, Suppl.), 40s–47s.

4. Glynn, L. H., & Moyers, T. B. (2010). Chasing change talk: The clinician's role in evoking client language about change. *Journal of Substance Abuse Treatment, 39*(1), 65–70.

   Vader, A. M., Walters, S. T., Prabhu, G. C., Houck, J. M., & Field, C. A. (2010). The language of motivational interviewing and feedback: Counselor language, client language, and client drinking outcomes. *Psychology of Addictive Behaviors, 24*(2), 190–197.

5. Miller, W. R., & Rollnick, S. (2004). Talking oneself into change: Motivational interviewing, stages of change, and the therapeutic process. *Journal of Cognitive Psychotherapy, 18*, 299–308.

6. We are particularly indebted to our psycholinguist colleague Dr. Paul Amrhein, who helped attune our ears to and develop coding systems for what we now call "change talk." See Amrhein, P. C. (1992). The comprehension of quasi-performance verbs in verbal commitments: New evidence for componential theories of lexical meaning. *Journal of Memory and Language, 31*, 756–784.

   Amrhein, P. C., Miller, W. R., Yahne, C. E., Palmer, M., & Fulcher, L. (2003). Client commitment language during motivational interviewing predicts drug use outcomes. *Journal of Consulting and Clinical Psychology, 71*, 862–878.

   Moyers, T. B., Martin, T., Catley, D., Harris, K. J., & Ahluwalia, J. S. (2003). Assessing the integrity of motivational interventions: Reliability of the Motivational Interviewing Skills Code. *Behavioural and Cognitive Psychotherapy, 31*, 177–184.

7. Farley, W. (2005). *The wounding and healing of desire: Weaving heaven and earth.* Westminster John Knox.

8. Amrhein, P. C., Miller, W. R., Yahne, C. E., Palmer, M., & Fulcher, L. (2003). Client commitment language during motivational interviewing predicts drug use outcomes. *Journal of Consulting and Clinical Psychology, 71*, 862–878.

   Daeppen, J.-B., Bertholet, N., Gmel, G., & Gaume, J. (2007). Communication during brief intervention, intention to change, and outcome. *Substance Abuse, 28*(3), 43–51.

9. Martin, T., Christopher, P. J., Houck, J. M., & Moyers, T. B. (2011). The structure of client language and drinking outcomes in Project MATCH. *Psychology of Addictive Behaviors, 25*(3), 439–445.

   Moyers, T. B., Martin, T., Houck, J. M., Christopher, P. J., & Tonigan, J. S. (2009). From in-session behaviors to drinking outcomes: A causal chain for motivational interviewing. *Journal of Consulting and Clinical Psychology, 77*(6), 1113–1124.

   Vader, A. M., Walters, S. T., Prabhu, G. C., Houck, J. M., & Field, C. A. (2010). The language of motivational interviewing and feedback: Counselor language, client language, and client drinking outcomes. *Psychology of Addictive Behaviors, 24*(2), 190–197.

10. Moyers, T. B., Martin, T., Houck, J. M., Christopher, P. J., & Tonigan, J. S. (2009). From in-session behaviors to drinking outcomes: A causal chain for motivational interviewing. *Journal of Consulting and Clinical Psychology, 77*(6), 1113–1124.

11. Magill, M., Apodaca, T. R., Barnett, N. P., & Monti, P. M. (2010). The route to change: Within-session predictors of change plan completion in a motivational interview. *Journal of Substance Abuse Treatment, 38*(3), 299–305.

   Moyers, T. B., Martin, T., Christopher, P. J., Houck, J. M., Tonigan, J. S., & Amrhein, P. C. (2007). Client language as a mediator of motivational interviewing efficacy: Where is the evidence? *Alcoholism: Clinical and Experimental Research, 31*(10, Suppl.), 40s–47s.

   Vader, A. M., Walters, S. T., Prabhu, G. C., Houck, J. M., & Field, C. A. (2010). The language of motivational interviewing and feedback: Counselor language, client language, and client drinking outcomes. *Psychology of Addictive Behaviors, 24*(2), 190–197.

12. Gaume, J., Bertholet, N., Faouzi, M., Gmel, G., & Daeppen, J. B. (2010). Counselor motivational interviewing skills and young adult change talk articulation during brief motivational interventions. *Journal of Substance Abuse Treatment, 39*(3), 272–281.

   Glynn, L. H., & Moyers, T. B. (2010). Chasing change talk: The clinician's role in evoking client language about change. *Journal of Substance Abuse Treatment, 39*(1), 65–70.

   Moyers, T. B., Houck, J. M., Glynn, L. H., Hallgren, K. A., & Manual, J. K. (2017). A randomized controlled trial to influence client language in substance use disorder treatment. *Drug and Alcohol Dependence, 172*, 43–50.

13. Moyers, T. B., Martin, T., Houck, J. M., Christopher, P. J., & Tonigan, J. S. (2009). From in-session behaviors to drinking outcomes: A causal chain for motivational interviewing. *Journal of Consulting and Clinical Psychology, 77*(6), 1113–1124.

14. Miller, W. R., & Rose, G. S. (2015). Motivational interviewing and decisional balance: Contrasting responses to client ambivalence. *Behavioural and Cognitive Psychotherapy, 43*(2), 129–141.

15. Magill, M., Stout, R. L., & Apodaca, T. R. (2013). Therapist focus on ambivalence and commitment: A longitudinal analysis of motivational interviewing treatment ingredients. *Psychology of Addictive Behaviors, 27*(3), 754–762.

16. Prochaska, J. O. (1994). Strong and weak principles for progressing from precontemplation to action on the basis of twelve problem behaviors. *Health Psychology, 13*, 47–51.

17. Resnicow, K., & McMaster, F. (2012). Motivational interviewing: Moving from why to how with autonomy support. *International Journal of Behavioral Nutrition and Physical Activity, 9*(19), 1–9.

18. Carcone, A. I., Naar, S., Clark, J., MacDonell, K., & Zhang, L. (2020). Provider behaviors that predict motivational statements in adolescents and young adults with HIV: A study of clinical communication using the motivational interviewing framework. *AIDS Care, 32*(9), 1069–1077.

   Carcone, A. I., Naar-King, S., Brogan, K. E., Albrecht, T., Barton, E., Foster, T., et al. (2013). Provider communication behaviors that predict motivation to change in black adolescents with obesity. *Journal of Developmental and Behavioral Pediatrics, 34*(8), 599–608.

19. Apodaca, T. R., Jackson, K. M., Borsari, B., Magill, M., Longabaugh, R., Mastroleo, N. R., et al. (2016). Which individual therapist behaviors elicit client change talk and sustain talk in motivational interviewing? *Journal of Substance Abuse Treatment, 61*, 60–65.

20. Miller, S. D., & Berg, I. K. (1996). *The miracle method: A radically new approach to problem drinking.* Norton.

21. Angelini, F. J., & Efran, J. S. (2021). Motivational interviewing: Contributions from structure determinism. *Professional Psychology: Research and Practice, 52*(4), 368–375.

   Angelini, F. J., & Efran, J. S. (in press). Orthogonal interaction: Motivational interviewing's key ingredient. *Journal of Psychotherapy Integration.*

   Bem, D. J. (1967). Self-perception: An alternative interpretation of cognitive dissonance phenomena. *Psychological Review, 74*, 183–200.

   Christopher, P. J., & Dougher, M. J. (2009). A behavior-analytic account of motivational interviewing. *Behavior Analyst, 32*, 149–161.

   Miller, W. R., & Rose, G. S. (2009). Toward a theory of motivational interviewing. *American Psychologist, 64*(6), 527–537.

de Almeida Neto, A. C. (2017). Understanding motivational interviewing: An evolutionary perspective. *Evolutionary Psychological Science, 3*(4), 379–389.

Vansteenkiste, M., & Sheldon, K. M. (2006). There's nothing more practical than a good theory: Integrating motivational interviewing and self-determination theory. *British Journal of Clinical Psychology, 45*(1), 63–82.

22. Kanfer, F. H. (1970). Self-regulation: Research, issues, and speculation. In C. Neuringer & J. L. Michael (Eds.), *Behavior modification in clinical psychology* (pp. 178–220). Appleton-Century-Crofts.

Miller, W. R., & Brown, J. M. (1991). Self-regulation as a conceptual basis for the prevention and treatment of addictive behaviours. In N. Heather, W. R. Miller, & J. Greeley (Eds.), *Self-control and the addictive behaviours* (pp. 3–79). Maxwell Macmillan Publishing Australia.

23. Wagner, C. C., & Sanchez, F. P. (2002). The role of values in motivational interviewing. In W. R. Miller & S. Rollnick, *Motivational interviewing: Preparing people for change* (2nd ed., pp. 284–298). Guilford Press.

24. Miller, W. R., Zweben, A., DiClemente, C. C., & Rychtarik, R. G. (1992). *Motivational enhancement therapy manual: A clinical research guide for therapists treating individuals with alcohol abuse and dependence* (Vol. 2, Project MATCH Monograph Series). National Institute on Alcohol Abuse and Alcoholism.

25. Agostinelli, G., Brown, J. M., & Miller, W. R. (1995). Effects of normative feedback on consumption among heavy drinking college students. *Journal of Drug Education, 25*, 31–40.

Cislaghi, B., & Berkowitz, A. D. (2021). The evolution of social norms interventions for health promotion: Distinguishing norms correction and norms transformation. *Journal of Global Health, 11*, 03065.

Miller, W. R., Toscova, R. T., Miller, J. H., & Sanchez, V. (2000). A theory-based motivational approach for reducing alcohol/drug problems in college. *Health Education and Behavior, 27*, 744–759.

26. Christopher, P. J., & Dougher, M. J. (2009). A behavior-analytic account of motivational interviewing. *Behavior Analyst, 32*, 149–161.

27. Angelini, F. J., & Efran, J. S. (in press). Orthogonal interaction: Motivational interviewing's key ingredient. *Journal of Psychotherapy Integration,*

Angelini, F. J., & Efran, J. S. (2021). Motivational interviewing: Contributions from structure determinism. *Professional Psychology: Research and Practice, 52*(4), 368–375.

28. de Almeida Neto, A. C. (2017). Understanding motivational interviewing: An evolutionary perspective. *Evolutionary Psychological Science, 3*(4), 379–389.

29. Weegmann, M. (2002). Motivational interviewing and addiction—A psychodynamic appreciation. *Psychodynamic Practice, 8*(2), 179–195.

30. Deci, E. L., & Ryan, R. M. (2012). Self-determination theory in health care and its relations to motivational interviewing: A few comments. *International Journal of Behavioral Nutrition and Physical Activity, 9*(Article 24).

Markland, D., Ryan, R. M., Tobin, V. J., & Rollnick, S. (2005). Motivational interviewing and self-determination theory. *Journal of Social and Clinical Psychology, 24*(6), 811–831.

31. Miller, W. R. (1983). Motivational interviewing with problem drinkers. *Behavioural Psychotherapy, 11*, 147–172.

32. Rogers, C. R. (1959). A theory of therapy, personality, and interpersonal relationships as developed in the client-centered framework. In S. Koch (Ed.), *Psychology: The study of a science. Vol. 3. Formulations of the person and the social contexts* (pp. 184–256). McGraw-Hill.

33. Festinger, L. (1957). *A theory of cognitive dissonance.* Stanford University Press.

34. Bem, D. J. (1967). Self-perception: An alternative interpretation of cognitive dissonance phenomena. *Psychological Review, 74*, 183–200.

35. Engle, D. E., & Arkowitz, H. (2006). *Ambivalence in psychotherapy: Facilitating readiness to change.* Guilford Press.

36. Berry, K., Palmer, T., Gregg, L., Barrowclough, C., & Lobban, F. (2018). Attachment and therapeutic alliance in psychological therapy for people with recent onset psychosis who use cannabis. *Clinical Psychology and Psychotherapy, 25*(3), 440–445.

    Westra, H. A. (2012). *Motivational interviewing in the treatment of anxiety.* Guilford Press.

37. Miller, W. R., & Rose, G. S. (2009). Toward a theory of motivational interviewing. *American Psychologist, 64*(6), 527–537.

    Moyers, T. B., Martin, T., Houck, J. M., Christopher, P. J., & Tonigan, J. S. (2009). From in-session behaviors to drinking outcomes: A causal chain for motivational interviewing. *Journal of Consulting and Clinical Psychology, 77*(6), 1113–1124.

38. Karpiak, C. P., & Benjamin, L. S. (2004). Therapist affirmation and the process and outcome of psychotherapy: Two sequential analytic studies. *Journal of Clinical Psychology, 60*(6), 659–656.

39. Apodaca, T. R., Jackson, K. M., Borsari, B., Magill, M., Longabaugh, R., Mastroleo, N. R., & Barnett, N. P. (2016). Which individual therapist behaviors elicit client change talk and sustain talk in motivational interviewing? *Journal of Substance Abuse Treatment, 61*, 60–65.

40. Magill, M., Bernstein, M. H., Hoadley, A., Borsari, B., Apodaca, T. R., Gaume, J., et al. (2019). Do what you say and say what you are going to do: A preliminary meta-analysis of client change and sustain talk subtypes in motivational interviewing. *Psychotherapy Research, 29*(7), 860–869.

    Magill, M., Gaume, J., Apodaca, T. R., Walthers, J., Mastroleo, N. R., Borsari, B., et al. (2014). The technical hypothesis of motivational interviewing: A meta-analysis of MI's key causal model. *Journal of Consulting and Clinical Psychology, 82*(6), 973–983.

41. Magill, M., Apodaca, T. R., Borsari, B., Gaume, J., Hoadley, A., Gordon, R. E. F., et al. (2018). A meta-analysis of motivational interviewing process: Technical, relational, and conditional process models of change. *Journal of Consulting and Clinical Psychology, 86*(2), 140–157.

42. An alternative metaphor from our colleague Dr. Theresa Moyers is that each bit of change talk is a tasty chocolate and that a summary is like assembling a box of chocolates that you periodically show to your client.

43. Miller, W. R., Rollnick, S., & Moyers, T. B. (2013). The committed smoker. In *Motivational interviewing: Helping people change (DVD series).* The Change Companies.

44. Moyers, T. B., Houck, J. M., Glynn, L. H., Hallgren, K. A., & Manual, J. K. (2017). A randomized controlled trial to influence client language in substance use disorder treatment. *Drug and Alcohol Dependence, 172*, 43–50.

    Moyers, T. B., & Martin, T. (2006). Therapist influence on client language during motivational interviewing sessions. *Journal of Substance Abuse Treatment, 30*(3), 245–252.

    Walthers, J., Janssen, T., Mastroleo, N. R., Hoadley, A., Barnett, N. P., Colby, S. M., et al. (2019). A sequential analysis of clinician skills and client change statements in a brief motivational intervention for young adult heavy drinking. *Behavior Therapy, 50*(4), 732–742.

45. Gollwitzer, P. M. (1999). Implementation intentions: Simple effects of simple plans.

American Psychologist, 54(7), 493–503.

　Gollwitzer, P. M., Wieber, F., Myers, A. L., & McCrea, S. M. (2010). How to maximize implementation intention effects. In C. R. Agnew, D. E. Carlston, W. G. Graziano, & J. R. Kelly (Eds.), *Then a miracle occurs: Focusing on behavior in social psychological theory and research* (pp. 137–161). Oxford University Press.

46. Gollwitzer, P. M. (1999). Implementation intentions: strong effects of simple plans. *American Psychologist, 54*(7), 493.

47. Frankl, V. E. (2006). *Man's search for meaning.* Beacon Press.

48. Cialdini, R. B. (2021). *Influence: The psychology of persuasion* (rev. ed.). Harper Collins.

49. Bordin, E. S. (1994). Theory and research on the therapeutic working alliance: New directions. In A. O. Horvath & L. S. Greenberg (Eds.), *The working alliance: Theory, research, and practice* (pp. 13–37). Wiley.

　Horvath, A. O., & Luborsky, L. (1993). The role of the therapeutic alliance in psychotherapy. *Journal of Consulting and Clinical Psychology, 61*(4), 561–573.

50. Miller, W. R., & Rose, G. S. (2015). Motivational interviewing and decisional balance: Contrasting responses to client ambivalence. *Behavioural and Cognitive Psychotherapy, 43*(2), 129–141.

51. Lemaitre, T., Carrier, N., Farrands, A., Gosselin, V., Petit, G., & Gagneur, A. (2019). Impact of a vaccination promotion intervention using motivational interview techniques on long-term vaccine coverage: The PromoVac strategy. *Human Vaccines and Immunotherapeutics, 15*(3), 732–739.

52. Alison, L., & Alison, E. (2017). Revenge versus rapport: Interrogation, terrorism, and torture. *American Psychologist, 72*(3), 266–277.

　Alison, E., Humann, M., Alison, L., Tejeiro, R., Ratcliff, J., & Christiansen, P. (2022). Observing Rapport-Based Interpersonal Techniques (ORBIT) to generate useful information from child sexual abuse suspects. *Investigative Interviewing Research and Practice, 12*(1), 24–39.

53. Quick, R. (2003). Changing community behaviour: Experience from three African countries. *International Journal of Environmental Health Research, 13,* S115–S121.

54. Kouwenhoven-Pasmooij, T. A., Robroek, S. J. W., Nieboer, D., Helmhout, P. H., Wery, M. F., Hunink, M., et al. (2018). Quality of motivational interviewing matters: The effect on participation in health-promotion activities in a cluster randomized controlled trial. *Scandinavian Journal of Work and Environment and Health, 44*(4), 414–422.

55. Miller, W. R., Toscova, R. T., Miller, J. H., & Sanchez, V. (2000). A theory-based motivational approach for reducing alcohol/drug problems in college. *Health Education and Behavior, 27,* 744–759.

　Sobell, L. C., Sobell, M. B., Leo, G. I., Agrawal, S., Johnson-Young, L., & Cunningham, J. A. (2002). Promoting self-change with alcohol abusers: A community-level mail intervention based on natural recovery studies. *Alcoholism: Clinical and Experimental Research, 26,* 936–948.

56. Tagkaloglou, S., & Kasser, T. (2018). Increasing collaborative, pro-environmental activism: The roles of motivational interviewing, self-determined motivation, and self-efficacy. *Journal of Environmental Psychology, 58*(August), 86–92.

57. Miller, W. R. (2014). Interactive journaling as a clinical tool. *Journal of Mental Health Counseling, 36*(1), 31–42.

58. Duggan, G. B. (2016). Applying psychology to understand relationships with technology: From ELIZA to interactive healthcare. *Behaviour and Information Technology, 35*(7), 536–547.

계획하기
"거기 어떻게 가실래요?"

계획이 없는 목표는 소원일 뿐이다.

－앙투안 드 생텍쥐페리

사람은 모두 창조적 능력을 타고난다.

－나탈리 로저스

보 다 유능한 상담자가 갖는 특성 중 하나는 목표가 명백하고, 목표를 달성하기 위한 계획을 조직화한다는 점이다.[1] 유능한 교사, 코치, 건강 분야 전문가들도 마찬가지이다.[2] 저자들은 5장 초점 맞추기에서 변화 목표인 무엇(what)에 대해 설명했고, 6장 유발하기에서 변화의 이유(why)에 대해서 기술했다. 이제, 변화를 어떻게(how)로 이동하여, 동기면담에서의 계획하기 과제를 설명한다. 계획하기 과제에 흐르는 은유적 질문은 "거기 어떻게 가실래요? 스스로에 대해서 알고 있는 것을 토대로, 그런 변화를 하려면 무엇이 있어야 한다고 생각하나요?"이다.

계획하기 과제에 대해서 고려해야 할 몇 가지 질문이 있다. 유발하기에서 계획하기로 가야 할 때임을 어떻게 알 수 있나? 실무자 자신의 전문성이 어디에 맞추어 제공될 수 있나? 내담자가 자신감이 조금 부족해 보인다면? 등이다. 7장에서 이런 질문과 그

밖의 질문들을 다룬다.

어떻게 변화할 것인지에 집중할 때 이미 배운 동기면담 세 가지 과제들을 실제로 모두 통합해야 한다. 관계 맺기 기술이 여전히 필요하고, 초점 맞추기에서 확인된 목표들을 공유하는 데 눈높이를 맞추어야 한다. 왜 변화해야 하는지를 유발할 때 변화 동기가 강화되는데, 때로는 이것이 할 수 있는 모든 것일 수 있다. 동기가 충분히 자리를 잡으면 내담자는 "좋아요. 이제부터 제가 할 수 있겠어요. 감사해요."라고 답할 수 있다.

그러나 어떻게 변화할지를 유발하는 것이 종종 실무자의 업무가 될 수 있다. 내담자가 계획하기의 일원이 되어야 계획이 존재한다. 계획을 다듬는 데 내담자가 적극 참여할 때 가장 잘 달성되며, 이 계획은 실무자의 것이 아니라 내담자 자신의 것이다. 결국, 계획을 실천할지를 내담자가 결정한다. 계획하기에서 어떻게 변화할지 유발하는 것이 필수이다.

초점 맞추기에서처럼, 계획하기는 일반적인 것에서부터 구체적인 것으로 넘어가야 한다. 예로, "치료 동기가 있음"과 같은 구절은 너무 광범위한 개념이다.[3] 내담자가 치료를 수락할지, 수락할 준비가 되었는지는 무엇이 정확하게 제안되었느냐에 달려있다. 내담자는 치료 중 한 가지 유형(또는 운동, 교육, 식사)에 매우 동기화되어 있으나 다른 것에는 아닐 수 있다. 이 내담자는 특별히 어떻게 할 준비, 의지, 능력이 있는가? 처음에 계획하기에서, 원하는 변화를 향한 하나의 구체적인 방법을 떠올릴 수 있다.

실무자 자신의 전문성이 중요한 역할을 하는데, 어떻게 변화가 발생할지 분별하기 때문이다. 조력 전문가들은 전문적 지식 덕분에 자문을 제공할 수 있고, 내담자도 종종 전문적 지식이나 자문을 구한다. 11장에서, 저자들은 정보나 조언을 쉽게 받아들일 수 있는 방법들을 제안한다. 그러나 이전에 강조했던 바와 같이, 대화 주제가 행동이나 일상생활 양식의 변화라면, 내담자 자신의 전문성 역시 필요하다. 내담자만큼 내담자를 아는 사람은 없다. 어떤 변화든, 겉으로 보기에 간단한 것 같아도(예로, 처방약 복용하기), 그 사람의 일상 패턴과 일과에 맞아야 한다. 처방약이 중요한 이유를 이해하는 것을 넘어서서, 언제, 어디서, 어떻게 약을 복용할지, 그리고 그것을 어떻게 기억할지 등에 대한 고려가 있어야 한다.

왜(why)로부터 어떻게(how)로 이동하기

유발하기와 계획하기가 섞여있기도 하지만, 왜 변화하려는지를 유발하는 것이 어떻게라고 하는 계획하기를 종종 선행한다. 6장에서 논의했듯이, 사람들은 변화를 해야 할 이유를 알기 전에는 어떻게 할 수 있는지를 찾지 않는다. 설득력 있는 왜를 지각하기 전에 어떻게 변화할지를 논하려는 것은 노력의 낭비이다. 한편, 내담자가 행동할 준비가 되어있고 결심이 섰을 때는 유발하기를 할 필요가 없다. 오히려 진행을 방해할 수 있다.[4] 이 경우, 실무자는 **단기행동계획**(Brief Action Planning : BAP) 양식을 가지고 내담자의 준비도를 질문하고, 계획하기를 시작할 수 있다. BAP는 최근에 의료 장면에서 가르치고 있는 방법이다.[5] 몇 분 내로 완성하도록 고안된, 5단계 동기면담 일치(MI-consistent) 절차이다. BAP에서는 다음 질문으로 시작한다. "다음 주나 2주 내에 건강을 위해서 하고 싶은 것이 있으세요?" 내담자가 이 질문에 긍정적으로 답하면, 다음 네 가지 단계 BAP 로드맵(https://bit.ly/BAP_FlowChart)을 동기면담 정신을 가지고 실시한다.

1. "구체적인 계획을 세우기 원하세요?" 그렇다고 하면, 내담자는 SMART[specific(구체적), measurable(측정 가능한), achievable(달성 가능한), realistic(현실적), time-specific(시간 제한)]한 형태로 계획하도록 돕는다.
2. 내담자의 말로 그 계획을 재진술해 달라고 요청한다.
3. 내담자가 세운 계획에 대해서 자신감 수준을 평가하는데, 6장에서 기술한 방식으로 자신감 척도에 해당하는 숫자를 묻는다. 7점보다 낮을 경우, 자신감을 올리는 데 무엇이 도움이 될지 질문한다.
4. "○○ 님이 세운 계획에 친구나 가족, 스케줄 적기, 저희 팀과 추후 면담 등을 포함하고 싶으세요?"

변화에 준비가 덜 된 것처럼 보이는 사람에게 BAP와 함께 동기면담을 사용할 수 있다.[6] 일반적으로 무엇을, 왜, 그리고 어떻게 할 것인지에 대한 자신감에서부터 행동 실천이 발생한다.[7]

변화 준비의 신호들

어떻게에 대해서 대화할 정도로 왜에 대한 면담이 언제가 되면 충분하다고 볼까? 무엇을 보고 알 수 있을까? 어떻게 변화해야 할지 고민을 시작할 때임을 알 수 있는 최상의 방법은 경청이다. 어떤 사람들은 즉시 행동할 준비가 되어있는 것처럼 보이기도 한다. "무엇을 해야 할지 말만 하세요. 제가 하렵니다." 우리가 진행했던 가족 프로그램에서 이와 같은 경험을 했다.[8] 사랑하는 가족이 중독에 빠져있어서 가족 모두가 절박했다. 우리가 만났던 내담자들 중 가장 동기화되어 있었다. 가족이 도와줄 수 있는 효과적인 방법을 배우자마자 그들은 주저하지 않았고 설득도 필요하지 않았다. 가족은 우리가 제안한 것을 모두 시도했고 결과는 훌륭했다.[9]

우리의 경험에서 보면, 이런 즉각적인 준비 수준은 일반적이 아닌 예외의 경우이다. 변화를 고려할 때 사람들은 주저하고 양가감정을 가지는 경우가 더 자주 있다. 변화대화를 찾아 경청함으로써 실무자는 움직임에 조율된, 들을 수 있는 귀를 갖게 된다. 다음 전화상 대화는 영양사와 환자의 면담이다.

환자 : 식이요법에 대해서 들은 적이 있는데 궁금해서요. 당뇨를 개선한다고 해서요.	"궁금해서요."는 매우 모호한 변화대화이다.
영양사 : 식이요법이 다양해서 혈당을 낮추고 당뇨 합병증을 예방할 수 있어요. 인슐린 드시나요?	
환자 : 아니요. 그러지 않기를 바라요. 저는 제2형 당뇨예요. 제가 읽고 있는 식이요법은 상당한 변화를 요구하네요.	변화를 고려하려는 이유와 동시에 주저함이 있다.
영양사 : 그러니까 이 식이요법이 ○○ 님에게 가치가 있나 궁금하신 거군요.	복합반영
환자 : 예. 효과가 없으면 괜한 일을 하는 거지요.	유지대화
영양사 : 효과가 있다면요?	
환자 : 당뇨 전 단계가 된다면 대단한 일이고요.	가능한 혜택을 상상해본다.
영양사 : 그것이 가능하다면, 식사 습관에 큰 변화를 기꺼이 하시겠다는 거네요.	변화대화로 더해준다.
환자 : 예. 그럴 생각이에요. 그럴 가치가 있겠지요. 가능하다고 생각하시나요?	변화대화, 약간 주저한다.

영양사 : 예. 어떤 분들은 정상적, 비당뇨 범위로 떨어져서 유지
하기도 합니다.

환자 : 그런 다음에 그 식이요법을 중단해도 되나요?

영양사 : 그렇지는 않아요. 이전으로 돌아가면 혈당도 그렇게 되
지요.

환자 : 아, 그러니까 임시적인 식이요법이 아니군요.

영양사 : 맞아요. 치료는 아니고요. 생활 방식인 거지요. 덜 열정   정보 제공 및 반영을 한다.
적으로 들리시네요.

환자 : 그렇진 않아요. 임시적이길 바랐지만, 당뇨 전 단계가 된   변화대화
다면 가치가 있겠죠.

영양사 : 그러기 위해서, 큰 변화인데 해볼 의향이 있으시네요.   변화대화를 빌려온다.

환자 : 예, 그런 것 같아요.   변화대화, 여전히 주저한다.

환자가 새로운 식이요법을 "시도하려고 해요."라고 큰 소리로 말하는 것을 들을 수 있
다. 변화가 어떨지, 찬반을 상상하며 그림을 그리면서(envision) 듣는 것은 흔한 일이다.
이 환자는 아직 결정하지 않았으나, 변화를 향해 조금 움직이는 소리를 들을 수 있다.

내담자가 변화할 준비가 되었을 때를 어떻게 알 수 있을까? 어떤 말을 찾아 경청할지
아는 것이 중요하다. 왜에서 **어떻게**로 움직일 준비가 되어있음을 알려주는 몇 가지 단서
는 다음과 같다.

1. 더 많은 **변화대화**를 듣기 시작한다 — 욕구, 능력, 이유, 필요.
2. 유지대화가 감소한다.
3. 해소된 느낌, 평온함, 조용함이 느껴진다.
4. **미래에 대해 마음속에 그림을 그리는 것**을 듣는다. 변화하면 어떨지 큰 소리로 상상
하는 것이다(비록 도전이기는 해도).
5. 변화에 대해서 질문을 한다.
6. 실천 방법에 대해 이야기한다. 변화 방향으로 움직여가는 작은 행동들을 말한다.

이러한 단서들이 준비도에 대한 힌트가 된다. 이 신호들 중에서 가장 흔한 것은, 내

담자가 어떻게라고 하는 화두를 언급하는 것이다. 직접 물을 수도 있다. "제가 무엇을 해야 한다고 생각하세요?" "사람들은 어떻게 하나요?" 때로, 그림을 그려보는 것이 유지대화로 들릴 수 있다. 왜냐하면 잠재적인 도전들이 그려지기 때문이다. "채식을 하게 되면, 단백질은 어디서 충분히 얻을 수 있는 거죠?" 그러나 이 또한 변화하면 어떻게 될지에 대해 상상하고 있음을 말해주는 것이다. 변화할 준비는 시간이 흐르면서 그

> 변화할 준비가 되기까지 시간이 걸릴 수 있다.

리고 다양한 방법으로 발생하는 과정이다. 6장에서의 변화 이유를 유발하는 방법들이 또한 촉매제가 된다.

물 온도 느껴보기

왜로부터 어떻게로 갈 때인지 확실치 않을 경우, 실무자가 할 수 있는 것은 확인하는 것이다. 고전적인 동기면담 기법 한 가지는, 이제까지 들었던 변화대화 주제들을 하나의 꽃 부케로 요약하는 것이다. 예시를 보자.

> "우리가 이야기 나눈 것은 ○○ 님이 교육이나 훈련을 좀 더 받을 건가 하는 것이었어요. 지루하고, 직장에서 막다른 길에 있는 것 같다고 하셨고, 정체된 느낌이라고 했어요. 승진하더라도 지금 하는 일을 평생 하고 싶지는 않고요. 다시 학교로 돌아가면 잘할 거라는 확신이 꽤 있으시고, 구체적인 프로그램을 찾기까지 하셨어요. ○○ 님이 더 배우고 새로운 것을 시도하는 이야기를 하면서 얼굴이 빛나는 걸 보았어요. 학위나 자격증을 따면 본인이나 가족 부양에 더 도움이 될 거라고 하셨고요. 스스로에 대해서도 더 좋은 느낌이 들 거라고 하셨어요."

내담자가 표현했던 변화 동기를 모아서 보여주고 난 후에, **핵심 질문**(key question)이라고 불리는 열린 질문을 한다. 이 질문의 본질은 "그다음에 어떻게 하실 건가요?"이다. 몇 가지 예시를 보자.

- "그러면, 무엇을 하실 생각이신가요?"

- "이 시점에서 어떤 것을 고려하고 계시나요?"
- "그다음 단계는 무엇일까요?"
- "어떻게 하고 싶으세요?"

내담자의 변화대화를 모두 모으고 난 후, 이와 같은 열린 질문을 할 때의 힘을 느끼는가? 변화 준비도를 확인하는 또 다른 방법들이 있다.

- 직접 질문하기. "어떻게 이것을 할지 조금 더 이야기 나누는 것이 도움이 될까요?"
- 내담자의 대안을 초대하기. "○○ 님 자신에 대해 알고 있는 모든 것을 토대로, 어떻게 하면 성공할 수 있을까요?"

저자들은 준비도를 직접 물어보지 않는다. 6장에서 기술한 바와 같이, 0~10 척도에서 변화가 얼마나 **중요한지**, 또는 변화할 수 있는 **자신감**이 얼마나 되는지를 묻는다. 얼마나 준비가 되어있느냐고 묻지 않는다. "변화할 준비가 되었나요?"라는 질문은 너무 밀어붙여 결단을 강요하는 것 같다. 저자들은 내담자가 중요성과 자신감에 대해 생각하게 하고, 그러고 나서 스스로 결론에 도달하도록 진행하기를 선호한다.

교정반사 누르기

변화의 이유(why)를 유발할 때 마치 오르막길처럼 느껴질 수 있다. 앞으로 올라갈 수도 있고, 뒤로 내려갈 수도 있다. 변화의 어떻게를 탐색하면 종종 더 자유롭게 느껴지는데, 마치 내리막길을 함께 가는 것 같다. 그러나 여전히 위태로운 면이 도사리고 있다. 가장 쉽게 하는 실수로, 너무 지시적이 되는 것이다. 어떻게 변화하는지에 대해 이야기를 시작하면서, 교정반사가 영향력을 행사한다. ("내가 답을 알지요!") 내담자가 시작할 준비가 되어있는 것 같으니까 그냥 방법을 설명만 하면 되지 않을까? 이러한 위험이야말로, 그동안 공들였던 자기 동기화 하는 추동력을 순식간에 모두 잃게 할 수 있다.[10] 교정반사는 대체로 좋은 의도로 하지만, 열정적 에너지를 종종 잘못 쓰게 한다.

이전에 설명했듯이, 계획하기 과제에서는 본질적으로 어떻게 변화할지를 유발한다. 무엇이 성공하게 하는지에 대한 지혜는 내담자에게 있으며, 실무자는 좋은 관계의 힘을 의지하여 무엇이 최상으로 효과가 있는지 발견하는 것이다. 실무자의 대안이나 전문성이 매우 유용하지만, 변화 방법을 지시하거나 주장한다면 내담자는 뒤로 물러나는 것을 보게 될 것이다. 변화 이유를 유발할 때뿐 아니라 변화 방법을 계획할 때도 양가감정이 되풀이될 수 있다. 새해에 하는 결단과 같이, 의도는 최상이었으나 흐트러지거나 다시 겨루어야 하는 목표로 사라질 수 있다.[11] 내담자가 계획을 소유하기 전에는 계획이 아니다.

변화 계획 합의하기

변화의 방법에 관해서 내담자와 나누다 보면 자연스럽게 그걸 하기 위한 계획으로 향해 간다. 구체적인 변화 계획을 설정하면 대체로 변화 발생 가능성을 높이는데,[12] 접근하는 방식에는 항상 개인차가 있다. 어떤 사람은 구체적으로 한 단계 한 단계 계획하는 것을 잘한다. 어떤 사람은 지나치게 구조화하는 것을 힘들어한다. 내담자가 기꺼이 계획하고 싶을 때까지는 변화 계획을 가지고 압박하는 것은 지혜롭지 않다.

일반적인 것에서부터 구체적인 것으로 좁혀 내려갈 때 종종 한 가지 또는 그 이상의 목표들을 명료화하는 것부터 시작하고, 이후 원하는 변화를 위해 가능한 대안이나 단계들을 알아내고 그중에서 선택하게 한다. 원하는 변화(들)를 향해 가도록 하는 대안 목록을 내담자와 함께 작성하라. 저자들은 종종 내담자가 어떤 것을 생각했는지 또는 이제까지 시도했는지를 묻는 것으로 시작한다. 이렇게 접근함으로써 변화 계획을 만드는데 내담자가 중요한 역할을 하고 있음을 강조하게 되며, 또한 이미 시도했던 것을 반복해서 제안하는 것을 피하게 해준다. 가능한 것들에 대해 브레인스토밍을 할 때, 대안이 나올 때마다 평가할 필요는 없다. 우선 가능한 대안들을 목록으로 잘 만든다. 실무자의 전문성으로부터, (허락을 구하고) 더 많은 대안들을 목록에 추가할 수 있다. 그리고 나서 내담자의 선호도와 경험을 토대로 하여 목록을 좁히기 시작할 수 있다. "이 중에서 어느 것을 시작하는 것이 좋을까요? 감이 어떠세요?"

변화의 크기가 벅차 보일 때, 변화 계획을 간단하게 한다. 일단 첫 번째 단계만 하는 것이다. 기억할 점은, 이 과정은 협의이지 처방이 아니라는 점이다. 내담자가 기꺼이 해보고자 하는 것이 무엇인가? 내담자가 잘 따라온다면 구체적인 것으로 옮겨간다. 무엇을 언제 할 것인지? 어떤 준비물(필요 시)이 있어야 하는지? 내담자의 노력을 지지하는 것이 바람직하다면 어떻게 할 수 있을지? 실무자로부터 지지받는 느낌이 열쇠가 될 수 있다.

변화 계획을 실험으로 간주하는 것 또한 도움이 될 수 있다. 즉, 대안 중에서 하나를 선택하여 **시도해보는**(try) 것으로 보는 관점이다. 이렇게 하면, 나중에 시도했던 것을 실패와 포기로 생각하지 않도록 미리 예방하는 것이 된다. 시도할 만한 대안 한 가지만 일단 하는 것이다. 따라서 바라던 결과를 내지 않을 때 다른 대안들을 고려할 수 있다. 때로 저자들은 다음과 같은 메시지를 전달한다. "○○ 님에게 무엇이 효과가 있는지 알 때까지 함께 노력할 거예요."

> 변화 계획을 일종의 실험, 즉 시도할 만한 것으로 간주하는 것이 유용하다.

결단대화

변화 계획을 향해 움직일 때, 6장에서 배운 활동적 변화대화를 듣기 시작할 수도 있다. 내담자는 시험적인 활성화 단어들을 사용하기도 하는데, 예로 **기꺼이 해보다, 고려하다, 가능한 한, 그럴 수도, 시도하다** 등이다. 실제로 실천하기를 결정하기에 앞서서 내담자가 변화에 대한 잠재적 단계들을 언어로 표현하는 것이다. 확실하게 결정하기도 전에 내담자가 준비하는 단계를 시작할 수도 있다. 결단대화, 즉 "할 거예요."라는 말은 행동에 더 가까이 가도록 움직여준다.[13] 행동에 대한 구체적인 의도를 언급하는 것은 실천 가능성을 높인다.[14]

한편, 결단대화를 하도록 압박할 필요는 없다. 변화대화를 유지대화보다 더 많이 말한다면 행동 실천을 예측할 수 있고, 내담자가 구체적으로 의도를 말하지 않더라도 종종 변화가 일어난다.[15] "할 거예요."라는 말을 하게 압박하는 경우 역효과를 가져올 수 있고, 이제까지의 동기화를 무효화할 수 있다. ("그러니까 한다는 건가요? 아니면 안 한다는 건가요?") 동기면담과 일치하는 현존이 중요하며, 이것이 변화 계획을 설정하고 수행하도록 지지해준다.[16]

변화 계획의 초기 설정은 시작일 뿐이다. 변화를 향해서 실천하는 동안, 내담자는 수정 보완할 수 있다. 조력자로서, 할 수 있다면 정기적으로 연락하거나 확인하라. 양가감정이 다시 떠오르면 의도했던 바가 종종 약화되곤 한다. 결정하고 결단했어도 불완전함은 여전히 흔한 일이다. 차질이 생겼더라도, 변화를 의도했던 마음과 변화 계획을 저버리지 않도록 내담자를 도와야 한다. 계획하기 과제에 포함할 사항은, 변화 과정에서 실무자가 내담자와 동행한다는 것이다(12장 참조).

희망과 자신감 고취하기

동기면담은 때로 6장에서 다룬 변화의 이유(why)처럼, 변화의 중요성을 유발하는 방법으로만 오해되곤 한다. 변화의 중요성을 확실하게 인지하지만 그것이 가능한지에 대해서 자신감이 부족한 상황들이 종종 있다. 중요성은 높고 자신감은 낮은 조합으로, 한 문장에 "그런데, 하지만, 그러나" 등을 넣어 말하는 것을 들을 수 있다.

- "학사 학위가 있으면 더 좋은 직장을 구할 수 있겠지요. 그런데 학교에 다닌 지 오래되어서 따라갈 수 있을 것 같지 않아요."
- "흡연이 나쁘다는 거 알아요. 하지만 이전에 서너 차례 금연한 적이 있었는데 잘할 수 있을 것 같지 않아서요."
- "우리 가족은 정말 소통이 더 필요해요. 그러나 우리 가족이 진심으로 노력한다는 생각이 안 들어요."
- "더 건강해지고 싶어요. 하지만 너무 아파서 운동하기가 어렵네요."

이러한 문장들은 변화의 욕구, 이유, 필요를 말하는 것으로 시작하지만, 마침내 문제에 봉착한다. "하지만 제가 할 수 있다고는 믿을 수가 없네요." 이때 희망과 자신감을 고취하는 것이 계획하기 과제에서 중요한 부분이다.

희망이란, 변화가 가능하다고 믿는 것이다. 자신감이란, 한 단계 더 나아간다. "변화가 가능할 뿐 아니라, 제가 변화에 기여할 수 있어요."[17] 변화의 이유를 이끌어냈던 유발하기 방법들이 여전히 자신감을 견고히 하는 데 사용된다. 성공적인 동기면담은 중요성과 자신감 ― 왜와 어떻게 ― 을 모두 지지한다. 이 점은 문제 해결뿐 아니라 (시험 공부하기, 체중 감량하기, 약 복용하기 등), 심사숙고한 변화가 삶의 질을 더 개선

무언가 할 수 있다고 하는 자신감은 그것을 하게 하는 훌륭한 예측 요인이 된다.

하는 긍정적인 기회가 될 상황에도 적용된다(고등학교 졸업하기, 새 기술 배우기, 다른 도시로 이사하기 등). 무언가 할 수 있다고 하는 자신감은 그것을 하게 하는 훌륭한 예측 요인이다.[18]

자신감 대화

• 치료자에게 •   **자기효능감**

내담자의 자신감을 올리는 데 동기면담을 사용하고자 한다면, 앨버트 밴듀라(Albert Bandura)가 처음 소개한 자기효능감이라고 하는 임상 개념이 익숙할 수 있다.[19] 본질상, 자기효능감은 변화가 가능하다고 믿는 것을 말한다. 일반적 효능감은, 특정 과제나 변화가 달성될 수 있고 적어도 어떤 사람들은 그것을 성취할 수 있다고 지각하는 것을 말한다. 자기효능감은 도움을 받든 아니든 간에 그것을 내가 할 수 있는지의 여부이다. 저기에 있는 무거운 가구는 이동 가능하다(일반적 효능감). 내가 혼자, 아니면 도움을 받아 저 가구를 옮길 수 있을까(자기효능감)?

합리적인 행동이론으로 널리 존중되는 자기효능감은 사람들이 행동 실천을 할지를 어떻게 결정하는가에 있어서 중요한 동기 요인이 된다.[20] 지각된 통제 이슈들(지각된 이득, 이유, 표준 등)은 변화의 *이유* (why)들을 넘어선다. 이것을 할 수 있는 능력, 자원, 시간, 기회를 내가 가지고 있는가? 이러한 고려 사항들이 실제 노력만큼이나 변화 *의도*(intention)에 영향을 준다. 내담자의 자기효능감은 심리적 개입을 통해 높일 수 있으며,[21] 치료 효과 연구 결과에 의하면 내담자의 자기효능감은 누가 이득을 얻을지에 관한 중요한 예측 요인이 되곤 한다.[22]

6장에서 배운 예비적 변화대화(DARN) 중 하나인 변화의 능력을 기억하라. 능력이나 자신감 대화 등을 유발하는 것은 희망감을 강화하는 것이다. 보다 일반적으로, 유발하기에서처럼 희망을 심어주는 것이 아니라, 이미 존재하는 자원들을 불러내는 것이다. 내담자가 먼저 대안들을 출원하여 어떻게 변화 성취가 가능한지 말해야 한다. 자신감 대화로 답할 수 있는 열린 질문을 하고 이어서 반영하라.

"이러한 변화를 어떻게 시작하실지요?"

"첫 번째 단계로 무엇이 좋을까요?"

"경험을 토대로, 이런 변화를 어떻게 성공적으로 하실 수 있을까요?"

"어떤 장애물이 예견되는지요? 그리고 어떻게 장애물을 처리할 수 있을까요?"

"이런 변화를 할 수 있다는 자신감은 어디에서 올까요?"

다음은 흡연자와의 임상대화 예시이다. 이 예시에서 계획하기를 하고 있다. 면담자가 주로 관계 맺기와 유발하기 기술을 가지고 진행하는 것에 주목하라.

흡연자 : 어떻게 하면 제가 금연할 수 있을까요? 전에 시도를 했었는데 오래 못 갔어요.	흡연자가 조언을 허락하고 있다.
면담자 : 다른 분들에게 효과가 있었던 것들을 알고 있습니다만, ○○ 님에게 효과가 있는 것이 정말 중요합니다. ○○ 님만큼 **자신**을 아는 사람은 없겠지요. 그래서 제가 궁금한 점은, ○○ 님이 스스로에 대해서 아는 바를 토대로 할 때, 어떤 것이 성공을 이끌어낼까요? 어떻게 하실 수 있나요?	면담자는 제안을 바로 하지 않고, 흡연자의 생각이 무엇인지를 이끌어내고 있다. 능력을 이끌어내는 열린 질문
흡연자 : 모르겠어요. 전에 해본 적은 있지만 정말 짜증을 내곤 해서 옆에 있는 사람이 힘들었지요. 제 옆에 있는 게 쉽지 않아요.	
면담자 : 금단이 있으면 많이 과민해지시나 봐요.	반영
흡연자 : 예. 니코틴 패치며 온갖 것들이 그런 고통을 가볍게 해준다고들 하지만, 제가 생각할 때 제게 필요한 건 한 번에 딱 끊고, 그냥 끝내는 거라고 봅니다.	대안 한 가지 변화대화 또 다른 대안 한 가지
면담자 : 그런 것이 ○○ 님에게 가장 잘 맞는 거군요. 어떻게 하면 그렇게 할 수 있을까요?	반영, 능력을 이끌어내는 열린 질문
흡연자 : 2주 정도 사람들을 피해있어야 한다고 봐요. (웃는다.) 어디 산에 혼자 들어가든지.	또 다른 대안 한 가지
면담자 : 다른 사람들 보호 차원이네요.	문단 이어가기 반영
흡연자 : **저**를 보호하는 차원이지요. 금단이 끝났을 때 제가 여전히 기혼이고 싶고, 친구들도 남아있길 원하면요.	
면담자 : 금연하는 동안 그 정도로 주변 사람들을 힘들게 했군요.	반영
흡연자 : 이틀이나 사흘 금연했는데, 맞아요. 정말 나빴어요.	
면담자 : 어려운 금단 증상을 헤쳐나가는 시간이 얼마나 걸릴지 정말 확신이 안 서시는 거네요. 그리고 그동안 시간을 어떻게 보내야 하는지에 대해서도요.	반영

흡연자 : 바빠야 하고 손으로 무엇인가 해야 하는 건 알고 있어　　또 다른 대안
　　　　요. 서랍이나 가구 만드는 걸 좋아하거든요. 담배를 끊기도 전
　　　　에 집 안 전체를 새로 바꿀 수도 있겠는데요!

면담자 : ○○ 님 스스로에 대해서 알고 계시네요. 가장 어려울　　반영
　　　　때는 바쁘게 지내는 것이 정말 도움이 된다는 거요. 그래서 서
　　　　서히 줄여가는 니코틴 패치나 껌은 원하지 않으시고요.

흡연자 : 맞아요. 그냥 끊어버리고 싶어요. 어수선하게 하고 싶지
　　　　않아요.

면담자 : 무언가 하겠다고 일단 결정하면, 그냥 해버리는 걸 원　　반영
　　　　하시네요.

흡연자 : 예. 이렇게 불쾌한 거라면요. 가구 만드는 거라면 시간
　　　　을 내서라도 하겠어요. 그런 일을 좋아하거든요.

면담자 : 그렇게 하면 몰입하게 되니까 시간이 지나가겠네요.

흡연자 : 사실, 휴가 내서 가구 만드는 것도 좋을 수 있어요.　　미래 그림을 그려본다.

면담자 : 그렇게 하면 담배를 끊으면서도 동시에 즐길 수 있는　　반영
　　　　거네요.

흡연자 : 예. 2주간 아내는 친정에 가라고 하고, 전화도 받지 않　　미래 그림을 그려본다.
　　　　는 거지요. 그렇게 하면 효과가 있을 거라고 생각해요.　　문단 이어가기 반영

면담자 : 최소, 심하게 짜증이 나는 날들이 지나갈 때까지네요.　　여기서 자신감 척도를 사
　　　　이것이 효과가 있을 거라는 자신감이 어느 정도일까요?　　용할 수도 있다.

흡연자 : 효과가 있을 거라고 생각해요. 한 주나 두 주 정도 참고　　변화대화 – 능력
　　　　견디면서 다른 사람들 특히 다른 흡연가들 옆에는 가지 않으
　　　　면 돼요.

면담자 : 이렇게 하시는 동안 제가 할 게 있을까요? 확인하거나　　지원을 제공한다.
　　　　또는 응급 전화 위기 상담은요?

흡연자 : (웃는다.) 아니요. 날짜를 정해서 끝내야 해요.　　변화대화 – 필요

　실무자가 경청하며 찾아서 강화해야 하는 것은, 내담자가 그것을 하는 데 있어서 무
엇이 최상인지 대안을 내는 것뿐 아니라 내담자의 능력대화, 자신감 대화 ― 할 수 있겠
어요, 할 수 있어요, 할 능력이 있어요, 가능해요 ― 등이다. 이러한 변화대화를 활용해서

열린 질문을 하는 것이 내담자의 대안을 탐색하는 데 훌륭한 방법이 된다. "성공하기 위해서 어떻게 시작하실 수 있나요?" 위 사례에서 면담자가 대부분 반영하기를 하고 있음을 주목하라. 그리고 흡연자가 잘하는지 확인해줄 사람이 필요한지를 추측하지 않고 질문하고 있다.

자신감 척도

저자들이 6장에서 소개한 척도는 중요성(why)을 유발할 때 사용할 수 있고, 또 자신감(how)을 이끌어내는 데도 사용 가능하다. "이런 변화를 하기로 결정하신다면, 변화를 할 수 있다는 자신감이 어느 정도일까요? 0부터 10점 척도에서, 0은 '전혀 자신감이 없다', 10은 '대단히 자신감이 있다'라면, 몇 점이라고 할 수 있나요?" 이후 추가 질문을 하여서 내담자의 자신감 측면을 이끌어낸다.

- "_____(점)이신데 0점[또는 내담자가 답한 점수보다 더 낮은 점수]이 아닌 이유는 무엇인가요?"
- "_____(점)에서 [이 점수보다 더 높은 점수]로 간다면 무엇이 있으면 될까요?"
- "_____(점)에서 [이 점수보다 더 높은 점수]로 가는 데 제가 어떻게 도와드릴까요?"

이 질문의 답은 자신감 대화일 가능성이 높다. 전처럼 추가 질문을 할 때 반대로, 즉 "10점이 아니라 왜 _____(점)일까요?"라고 묻지 않아야 한다. 이 질문의 답으로 유지대화가 나온다.

강점을 발견해서 인정하기

자신감을 올려주는 데 도움이 되는 또 다른 방법은 변화 과정에 유용할 수 있는 내담자의 보다 일반적인 강점과 자원을 알아내는 것이다. 강점을 인정하는 것 자체가 자존감과 자신감을 끌어올린다. 내담자가 희망과 자신감이 부족할 때, 희망과 자신감을 북돋는 방법 중 하나이다. 내담자에게 직접 자신의 긍정적 성격 특성이 무엇인지 묻

> 강점을 인정하는 것은 내담자의 자신감을 끌어올린다.

| 글상자 7.1 | **성공적으로 변화하는 사람들의 성격 특성**

수용적인	결단하는	융통성 있는	끈기 있는	고집 있는
적극적인	유능한	초점을 맞춘	버티는	감사하는
적응적인	염려해주는	너그러운	긍정적인	철두철미한
모험심이 많은	자신 있는	앞을 바라보는	영향력 있는	사려 깊은
애정 있는	배려하는	자유로운	신앙심 있는	강인한
칭찬하는	용기 있는	행복한	신속한	신뢰할 만한
기민한	창의적인	건강한	합리적인	믿을 수 있는
활력 있는	확고한	희망찬	감수성 있는	진실된
야심 찬	헌신적인	상상력이 풍부한	이완된	이해심 있는
안정된	단호한	독창적인	믿을 만한	개성 있는
주장적인	버티는	지적인	자원이 풍부한	막을 수 없는
확신 있는	근면한	지식이 풍부한	책임감 있는	원기 왕성한
주의 깊은	실행하는	사랑스러운	분별력 있는	비전을 가진
대담한	열의가 있는	성숙한	숙련된	온전한
용감한	성실한	개방적인	견고한	자진해서 하는
명석한	효율적인	낙관적인	영적인	승리하는
능력 있는	에너지 넘치는	정돈된	안정된	지혜로운
신중한	경험 있는	조직적인	흔들리지 않는	가치 있는
활발한	신의 있는	인내심 있는	태도가 분명한	열성적인
영리한	두려움 없는	통찰력 있는	강한	열심인

발췌 : *Combined Behavioral Intervention Manual*(Vol. 1). W. R. Miller (2004).

고, 반영하면서 탐색한다.

많은 사람들이 자신을 인정해주는 것을 어색해하기 때문에 저자들은 보다 구조화된 절차를 사용하는데, 일명 "성공적으로 변화하는 사람들의 성격 특성"이라고 하는 목록을 사용한다. 글상자 7.1에서 보듯이, 100가지 긍정 형용사가 있다. 누구나 이 목록의 형용사 중에서 자신을 잘 표현하는 것들을 찾을 수 있다. 그래서 우리는 일반적으로 다음과 같이 말한다. "사람들이 가지는 강점들을 목록으로 만들었어요. 읽으시면서 ○○ 님 자신을 잘 묘사하는 몇 가지에 원으로 표시하세요." 최소 다섯 가지를 찾도록 한다. 그리고 나서, 그 강점들에 대해서 열린 질문과 반영으로 면담한다. 예시를 보자.

면담자 : ○ ○ 님이 표시한 강점들이 어떻게 심혈관 재활 프로그램에 도움이 될지 이야기하고 싶어요. 재발하지 않도록요. 한 가지 보이는데, "앞을 바라보는"이 있네요. 조금 더 말씀해주세요.

내담자 : 저는 상황의 긍정적인 면을 보기를 좋아해요. 지금 상황이 어떤가보다는 늘 가능성들을 잘 보았어요.

면담자 : 알겠어요. 어떤 면에서 긍정적이시네요.

내담자 : 어떤 면에서는요. 과거에 연연하면서 "했더라면, 했었어야, 할 수 있었는데"라고 하기보다는 그냥 앞을 바라봅니다. 과거에 대해서 내가 할 수 있는 건 없어요. 하지만 미래는 아직 일어나지 않았고, 미래에 대해서는 제가 무언가를 할 수 있지요.

면담자 : 정말 강점이네요. 상황이 얼마나 나쁜지 생각에 잠기지 않고, 대신 상황을 나아지게 하기 위해서 무엇을 할 수 있는지 고민하시네요.

내담자 : 예. 맞아요.

면담자 : 그래서 다시 강하고 건강하기 위해서 무엇을 위해 살고 싶은지, 미래의 삶에 무엇이 기다리는지에 초점을 맞추는 것이 중요하겠네요. 맞나요?

내담자 : 맞아요. 아직 삶이 끝난 건 아니지요. 하고 싶은 것이 많이 있어요.

면담자 : 예를 들면…?

주목할 점은, 내담자가 한 말에 장점뿐 아니라 변화대화("제가 무언가를 할 수 있지요." "하고 싶은 것이 많이 있어요.")가 담겨있다는 점이다. 내담자가 스스로 강점을 찾아내면, 조금 더 설명하도록 요청한다. "어떤 면에서 이 점이 강점이 될까요?" 예들을 물어보고 반영한다.

변화를 추구하는 동안 내담자에게 어떤 사회적 지원이 있는지 탐색하는 것 역시 유용하다. 지지를 위해서 전화할 사람이 있는지? 어떤 면에서 도움이 될지? 그 밖에 도움이 될 사람은?

과거 성공한 바를 검토하기

희망을 갖도록 돕는 또 다른 방법은, 과거에 성공적으로 달성했던 변화들을 탐색하는 것이다. "사는 동안, 어려웠지만 변화를 하셨던 일은 어떤 것이 있나요? 또는 처음에는 할 수 있다고 확신이 안 섰으나 잘 처리했던 일은 어떤 것이 있나요?" 한두 가지 변화를 이야기하는 경우, 다음과 같이 탐색한다. "어떻게 그렇게 하셨나요?" 그리고 다시 공감적으로 경청하면서, 이야기 속에 담겨있는 기술과 강점을 특별히 반영한다. 과거의 긍정적 변화 경험들을 깊이 있게 탐색한다. 성공하게끔 내담자가 했던 것은 무엇인가? 변화를 위한 특별한 준비가 있었는지? 실무자는 내담자의 개인적 기술이나 강점을 찾아야 하며, 이러한 것들은 현재 상황에 일반화하고 적용할 수 있다. "어떻게 하셨는지 말씀해주세요."라고만 요청하는 대신, 자세하게 어떤 변화가 일어났고 어떻게 그렇게 되었는지 훑어보게 하는 것이 유용하다. 이런 변화를 하고자 어떻게 결심하게 되었는지? 변화를 시작하고 유지하기 위해서 무엇을 했는지? 어떤 걸림돌이 있었고, 어떻게 넘어섰는지? 무엇이 성공에 기여했는지? 자원, 기술, 강점 면에서 어떤 의미인지? 기억할 점은, 자신감을 가질 만한 이유들을 말하는 사람은 실무자가 아니라 내담자라는 점이다. 호기심을 가지고 질문하라. 내담자가 어떻게 답하는지에 집중하여야 내담자를 성가시게 할 때까지 지속하지 않는다.

재구조화하기

때로 사람들은 실패 경험이라는 수렁에 빠지는데, 이럴 때 **재구조화하기**(reframing) 과정이 색다른 관점을 보게 해준다. 자신감 부족에 대해 흔히 반복해서 말하는 주제로, "서너 번 노력했지만, 매번 실패했어요." 등이 있다. 이에 대한 반응으로 재구조화하기 전략은 '실패'를 재해석하는 것인데, 변화 시도를 막는 대신 격려하는 방법이 된다. 예로, 실패를 인내, 강한 의도, 결단으로 재구조화할 수 있다.

'노력'이라는 개념이 여기에 도움이 된다. '실패'를 '노력'으로 재구조화하는 것이 지름길이다. 진부하게 표현하지 않는다("처음에 성공하지 못한다 해도, 노력하고, 또 노력해봐요"). 과거에 내담자가 했던 것은 목표를 향해서 여러 차례 노력한 것이라고 말한다. 예로, 만성 흡연자의 경우 담배로부터 완전히 벗어나기까지 서너 번의 진지한 금연 시도를 하는 것이 정상인데, 이 숫자는 평균치여서 어떤 내담자의 경우 여섯 번, 일곱 번 되돌아갈 수도 있다. 매번 노력할 때마다 성공에 한 발자국 가까이 가는 것이다. '실패'는 수치스러움으로 들리지만, '노력'은 칭찬할 만한 것이다. 내담자가 '실패'를 자신의 개인 능력("저는 할 수 없어요.")으로 돌리는 경우, 노력 또는 불운처럼 외적이고 불안정한 원인으로 반영하는 것이 유용하다.

"때가 좋지 않았군요."

"아직 해보진 않으셨네요."

"완전 준비가 되지 않으셨던 거네요."

"그때 운이 없으셨네요."[23]

자신감 대화에 반응하기

이러한 접근들이 가지는 공동 목적은, 내담자로 하여금 변화가 일어날 수 있는 방법들을 말하게 하는 것이다. 왜 그리고 어떻게 **성공**할 수 있는지에 대해서 말하게 하는 것이다. 전반적으로 동기면담 관점과 일관되게, 내담자가 긍정적인 논지를 이야기하는 것이 유용하다. 자신감 대화가 나오면, 그것을 지지하고 강화하는 방식으로 반응하라. 저자들이 6장에서 언급한 네 가지 상호 보완적인 반응(OARS)이 여기서도 똑같이 적용된다. 왜냐하면 이것은 변화대화에 반응하는 특별한 경우이기 때문이다.

열린 질문(O) : 상세히 설명하게 하거나 예들을 보여달라고 요청하기

인정하기(A) : 내담자의 강점과 능력을 인정하기

반영하기(R) : 내담자가 말한 자신감을 반영하기

요약하기(S) : 내담자가 말한 변화에 대한 낙관적 이유들을 요약하기

반영은 여기에서도 중추적인 기술이다. 자신감이 내포된, 그리고 내담자가 스스로 바라는 변화를 할 수 있다는 능력을 나타내는 주제, 경험, 생각, 지각된 바를 찾아 경청하라. 선별적으로 반영하되, 이 대화가 나오자마자 즉시, 그리고 나중에 반영적 요약하기에 담아낸다.

자신감 대화가 나오면 예측되는 문제나 도전 과제를 떠올리는 것 또한 유용한데, 해결책을 물어볼 수 있다.

"만약 …이라면, 어떻게 하실래요?"

"만약 …이라면, 어떻게 대처하실래요?"

"만약 …이라면, 어떤 일이 있을 거라고 생각하세요?"

왜 이런 질문을 해야 할까? 이런 질문은 변화대화를 더 이끌어내는 결과를 가져올 수 있다. 실제로, 내담자에게 해결책을 주거나 문제로 인한 내담자의 한계를 지적하게 하는 것과는 정반대 결과이다. 여기서 실무자의 역할은 내담자가 앞을 향한 생각과 구체성을 가지도록 자극하는 것이다.

희망 발견하기

인간은 놀랄 정도로 풍부한 자원을 가지고 있다. 동기면담 배후의 마음가짐은, 내담자 자신의 해결책을 심오하게 신뢰하고 존경하는 마음가짐이다. 교정반사는 실무자로 하여금 내담자에게 해결책을 제공하고 희망과 자신감을 **심어주도록**(install) 노력하게 만든다. 의도는 훌륭하고 실무자의 전문성을 제공하는 역할이 있기는 하나, 내담자 안에 있는 강점과 해결책의 자원을 우선적으로 보는 것이 언제나 현명하다. 실무자가 모든 답을 혼자서 해야 할 필요가 없고 도전 과제가 개인적인 변화일 경우에는 그렇게 하는 것은 효과가 잘 나지 않는다. 희망을 발견하는 것이란 바닥에서 긁어모아 만드는 일이 아니라, 이미 거기 있는 것을 불러일으키는 것이다. 희망하는 것은 진정 협동적인 대인 관계 절차이며, 동참한다는 심오한 혜택이 담겨있는 과정이기도 하다.

> 희망을 발견하는 것이란 이미 거기 있는 것을 불러일으키는 것이다.

자신감 견고히 하기 : 예시

다음 예시는 긴 대화로서, 내담자는 약물에 의존하며 성매매를 하는 어머니로서 위험한 결과를 가져올 상황에 처해있고, 실무자는 동기면담으로 내담자의 자신감을 유발하고 있다. 이 부분은 변화의 중요성에 대해서 한동안 대화한 후 시작하는 면담이다. 내담자가 중요성에 대해서 간결하게 요약하였기에 면담자는 요약하기를 할 필요가 없다. 지금의 도전 과제는 변화 계획을 언급하기에 앞서, 면담자가 내담자의 매우 저조한 자신감을 증진하는 것이다.

내담자 : 이제 이 일은 더는 못 하겠어요. 너무 위험해요. 제가 죽게 될 것 같아서요. 딸아이도 생각해야 하고요. 저와 똑같은   중요성 척도에서 9점이라고 하였다.

삶을 살게 하고 싶진 않아요. 저는 엄마로서 실패했어요. 아이가 볼까 봐 화장실에 가서 주사를 하고, 밤에는 거의 밖에 나가 있고요. 사회복지사가 아이를 데려가겠다고 또 위협하고 있어요. 그렇다고 그 사회복지사를 비난할 순 없지요. 이렇게 더는 살 수 없어요.

면담자 : 절망적인 상황이네요. 정말 빠져나가고 싶은 거네요.

내담자 : 어젯밤에는 겨우 빠져나왔어요. 제가 원하는 건 아닌데 교도소에 있었어요.

면담자 : 거의 살해될 뻔했다고 하셨어요.

내담자 : 전에도 그런 적이 있긴 했지만, 이번에는 정말 무서웠어요. 제가 지난번에 말씀드린 그 남자 말이에요.

면담자 : 그렇다면 다음 단계는 무엇이죠? 어떻게 빠져나올 수 있나요?

내담자 : 바로 그거예요. 제가 무엇을 할 수 있을까…?

면담자 : 꼼짝 못 하는 느낌이고, 탈출구가 없는…

내담자 : 제기랄! 저는 돈이 없어요. 보호관찰 대상이고요. CC가 마치 매같이 저를 지키면서 때리고 제가 말을 안 듣는다고 생각하면 약을 줄이고요. 딸아이랑 저는 싸구려 모텔방에서 살아요. 어떻게 하면 좋지요?

면담자 : 그 질문이 당면 문제네요. 빠져나오고 싶은데 세상에 이렇게 많은 장애물들을 어떻게 극복할 수 있을지가 문제네요.

내담자 : 방법이 안 보여요. 있었다면 여기서 나갔겠죠.

면담자 : 제게 답이 있는 건 아니지만 ○○ 님이 답을 가지고 있고 함께 해본다면 우리가 방법을 찾을 수 있다고 자신합니다.

내담자 : 무슨 말인가요?

면담자 : 한 가지는, ○○ 님은 자원들이 놀랄 만큼 많다는 겁니다. 얼마나 강한 분인지 믿을 수 없을 정도예요. 이제까지 겪어 온 모든 것들에도 불구하고 살아남았고, 여기 앉아서 미래에 어떻게 살아가길 원하는지 저에게 말씀하고 계세요. 이런 일을 겪으시고 살아남을 수 있으리라고 생각하지 못하지요.

(오른쪽 여백 주석)

변화대화-이유

변화대화-필요

반영

변화대화 이후에 핵심 질문을 한다.

해결책을 달라고 간청한다.

면담자는 단순반영을 한다.

여기서 제안이나 해결책 처방의 가능성을 상상할 수 있겠다("…하면 어떨까요?").

면담자는 답을 바로 주는 대신, 다시 반영한다.

자신감 척도에서 아마도 1 또는 2점

희망을 실어준다.

재구조화한다.

진정성을 가지고 인정하기와 재구조화하기

내담자 : 해야 하는 건 해야지요.

면담자 : 이렇게 먼 길을 오셨고, 여전히 사랑과 열정을 가지고   인정하기와 열린 질문
　　　　계시네요. 따님에게뿐 아니라 함께 일하는 여성분들과 또 다
　　　　른 분들에게도요. 어떻게 그렇게 하시나요?

내담자 : 그냥 하루하루 지내요. 사람들이 말하는 것처럼요. 모르
　　　　겠어요. 그냥 화장실 가고 싶으면 가는 것처럼요. 제가 상처받
　　　　지 않게 해요. 저를 돌보는 거죠.

면담자 : 따님을 돌보는 것처럼 말이군요.   문단 이어주기 반영

내담자 : 저보다는 딸아이를 더 잘 돌보고 싶어요. 그런데, 예, 저
　　　　를 돌보죠. 아무도 저를 돌봐주지 않지요.

면담자 : 그래서 이 점이 ○○ 님 내면의 놀라운 강점이에요. 상   반영과 인정하기
　　　　처받을 수 없는 내면의 단단한 핵심이죠.

내담자 : 그리고 저를 해치게 내버려두진 않아요.

면담자 : 맞아요! 아무것도 느낄 수 없는 건 아니지요. 느끼고 있
　　　　으니까요. 내면에 안전하게 지켜줄 사랑스러운 여성을 간직하   재구조화하기
　　　　는 방법을 가지고 있으시네요. 그래서 ○○ 님은 강한 분이라   인정하기
　　　　고 할 수 있어요. 그 밖에 어떻게 스스로를 설명하실 수 있을까   유발적 질문하기
　　　　요? 생존자가 되게 하는 또 다른 특성들이 어떤 것들인가요?   개인적 강점 질문하기

내담자 : 저는 제 자신이 상당히 영리하다고 생각해요. 저를 겉   자신감 대화가 시작된다.
　　　　으로만 보면 그걸 알 수 없으시겠지요. 하지만 저는 제 주변
　　　　상황을 보고 거의 놓치지 않아요.

면담자 : 강하고 사랑스러운 분이고, 매우 똑똑하고요, 그 밖에는요?   수집하기 요약하기

내담자 : 모르겠어요.

면담자 : 다른 사람이 뭐라고 말할까요? ○○ 님을 잘 아는 누군
　　　　가요. 어떤 훌륭한 특성들이 내면에 있는지 그래서 원하는 변
　　　　화를 하도록 도울지요?

내담자 : 고집스러움. 제가 원하는 게 있으면 황소가 되거든요.   자신감 대화

면담자 : 일단 마음먹으면, 멈추지 않는군요. 황소처럼요.   반영과 인정하기

내담자 : 원하는 게 있으면 쉬지 않고 가요.

면담자 : 강하고, 사랑스럽고, 똑똑하고, 고집이 있고요. 어려운
　　　　변화라도 잘 다룰 수 있는 많은 것들이 있네요. 이건 어떠세   수집하기 요약하기

요? 어떤 걸 정말 원했던 때를 떠올리시고 어떻게 그걸 성취   과거 성공 검토하기
했는지 예를 들어주세요.

내담자 : 별로 좋아하지 않을 텐데요.

면담자 : 한번 말해보세요.

내담자 : 지난주에 정말 먹을 게 하나도 없었어요. 정말 배가 고
팠어요. CC는 제가 자기한테 사기 치고 돈을 가로채고 말하
지 않았다며 돈을 안 주는 거예요. 주위 사람들에게 구했지만
제게 줄 돈은 없었어요. 오후였는데 길거리에는 아무것도 없
었어요. 그래서 딸아이를 데리고 고속도로로 걸어 들어갔어
요. CC가 저녁 먹으러 갈 때까지 기다렸다가, 팻말을 만들어
서 "배고파요. 먹을 것 좀 주세요."라고 써서 들고 있었죠. 한
시간 정도 되니까 필요한 걸 살 정도로 돈이 모였어요. 음식도
요. CC는 절대 몰라요.

면담자 : 그런 거군요. 모든 걸 조심스럽게 시간을 보면서, 주변   강점들을 수집하기 요약
상황을 보고 할 수 있는지 알아차리시네요. 신속하게 생각하   하기
고, 해결책을 떠올리셨어요. 계획에 충실해서 성공하셨네요.
그 팻말은 어떻게 만드셨어요?

내담자 : 쓰레기통에서 꺼낸 판지랑, 모텔 접수대에서 펜을 빌
렸어요.

면담자 : 작은 것들이지만 신속하게 그런 해결을 했다는 것이 감   인정하기
동이에요. 물론 슬픈 것은, 이 모든 창의력이 약물 사용에 소
비되었다는 거고요. 하지만 마음먹으면 할 수 있다는 것을 보
여준 예이지요.

내담자 : 그래서 말인데요. 제가 중독된 걸 어떻게 해야 하나요?
증상이 심해요.

면담자 : 전부터 그러셨던 거네요.   반영

내담자 : 그렇죠. 교도소, 길거리, 해독 센터, 하지만 다시 그러고
싶진 않아요.

면담자 : 해독에 대해서 말씀해주세요. 언제였나요?

내담자 : 작년에요. 정말 아파서 사람들이 저를 응급실로 데려갔
어요. 거기서 해독했어요. 닷새 동안 있었는데, 그 후에 다시

약을 했어요.

면담자 : 해독은 어땠나요?

내담자 : 괜찮았어요. 사람들이 친절하고, 제가 불편하지 않게 약을 주었어요. 퇴원하자마자 바로 약을 했지요.

면담자 : 최소한, 금단 증상을 편안하게 통과할 수 있는 거였네요. 퇴원하고 문제가 생겼고요. 이제 이런 질문을 할게요. 거리에 나왔다고 상상하는데, 마치 마술같이 금단을 견뎌내고 밖에 나온 거예요. CC가 붙잡지 못하는 완전히 다른 곳에요. 어떻게 거기 갔는지는 잠시 걱정하지 마시고요. 나중에 다시 돌아올 거니까요. 지금은 자유롭게, ○○ 님과 딸만 있어요. 무엇을 하시겠어요? 어떤 삶을 선택하시겠어요? 미래 그림을 그리도록 초대한다.

앞을 바라보게 한다.

내담자 : 직업다운 직업이 필요해요. 복학해서 그다음에 좋은 직장을 갖고 싶어요. 도시를 떠나 시골 어딘가에 작은 마을에서 사는 거요. 변화대화 - 그림을 그려본다.

면담자 : 경치가 완전히 변하네요.

내담자 : 그게 필요해요.

면담자 : 그걸 상상해볼 수 있어요. 딸과 어디선가 새로운 삶.

내담자 : 상상은 할 수 있어요. 예. 하지만 어떻게 거기에 갈 수 있나요? 해결책을 달라는 초대이다.

면담자 : 커다란 변화이고 많은 장애물이 있어서, 할 수 있다고 생각하지 않는 거네요. 확대반영

내담자 : 모르겠어요. 할 수 있을지도 모르죠. 오랫동안 그런 생각을 안 해본 것뿐이에요. 변화대화 - 능력

면담자 : 아마도, 그냥 아마도, ○○ 님의 강점, 똑똑함, 창의성, 고집스러운 지구력 모두를 가지고, 그걸 해낼 방법을 찾을 수 있을 거예요. 그것이 원하는 것이지요? 변화대화 초대하기

내담자 : 예. 거리를 떠난다면 대단한 일이겠지요.

면담자 : 이것이 그저 몽상일까요? 아니면 실제로 해낼 수 있을 거라고 생각하나요?

내담자 : 약간 비현실적이에요. 적어도 제겐.

면담자 : ○○ 님에게는. 그러나 가능할지도 모를…

내담자 : 딸아이를 생각하고 있었던 것 같아요. 아니면, 다른 어떤 여성들. 하지만 저도 그런 기회를 가질 수 있다고 생각해요.

변화대화-능력

면담자 : 다른 사람들처럼 ○○ 님도 그렇게 하는 걸 상상할 수 있어요. 하나만 더 부탁할게요. 그리고 나서 더 구체적인 것을 이야기하지요. ○○ 님이 거리에서 상상의 그곳으로 가는 데 무엇이 필요할지 같이 생각해요. 그리고 함께 창의성을 발휘해요. 그런 일이 일어나게 하는 가능한 한 많은 방법들을 모두 함께 생각해요. 완전 비현실적이든, 불가능하든 관계없이 말이에요. 우리가 원하는 것은 많은 대안들이에요. 괜찮으실까요?

브레인스토밍이라고 하는 것을 소개한다.

내담자 : 좋아요. 하지요.

면담자 : 어떻게 그런 일이 일어날까요?

내담자 : 돈 많은 남자를 만날 수 있어요. 영화 **프리티 우먼**에서 여배우처럼요.

면담자 : 좋아요. 한 가지 방법이고요. 그 밖에?

내담자 : 기적이 있을 수 있어요. (웃는다.)

면담자 : 맞아요. 기적이 나타납니다. 그 밖에?

내담자 : 어머니한테 보석금을 한 번 더 내달라고 할 수 있겠지요. 이번에 제가 정말 진지하다고 생각하면, 그렇게 해줄지도 몰라요.

면담자 : 어머니가 돈으로 여기서 나가게 도와줄 수 있고요.

내담자 : 어머니가 손녀를 걱정하는 걸 제가 알아요. 어머니랑 한동안 같이 살았던 적이 있었어요. 하지만 저를 다시 믿어줄지는 모르겠네요.

자신감 대화가 위의 10분 대화에서 차츰 떠오르고 있고, 변화 계획이 시작될 수 있음을 본다. 높은 중요성/낮은 자신감을 가진 내담자에게는 어떻게 해야 하는지, 면담자는 바로 들어가기보다 시간을 들여서 내담자가 가지고 있는 보다 폭넓은 적응 능력에 대한 자신감을 이끌어내고 있다. 또한, 교정반사를 억제하여 해결책을 주려고 개입하지 않는다. 이렇게 대화하면서 점차 구체적인 변화 계획을 설정하고 결단하는 길을 만들어 간다.

한편, 실무자가 내담자에게 강점, 생각, 해결책을 처음 물어보았을 때 "모르겠어요." 라는 답이 자주 나왔다. 액면 그대로 받아들이지 말라. 내담자가 생각하기 시작하면서 잠시 쉬어가는 신호일 수 있다. 내담자는 경험이 있고 자원이 풍부하며, 어느 수준에서 는 사실상 잘 알고 있다고 생각하라. 그렇다고 해서 수줍어하며, 조언이나 제안하기를 계속 피하라는 뜻은 아니다. 저자들의 경험에서 볼 때, 내담자는 종종 실무자가 떠올린 대안보다 더 좋은 대안들을 꺼냈다. 결국, 내담자가 자기 자신을 가장 잘 알고 있다!

• 개인적 관점 •   제트기 영업

대륙 횡단 비행기를 타고 가는데, 옆자리에 사교적인 남자 한 사람이 앉았고 알고 보니 영업하는 사람이 었다. 더 구체적으로 말하면, 사설 제트기를 회사 간부직에게 판매할 영업 직원들을 선별해서 훈련하는 일을 하는 사람이었다. 중서부 지역을 지나면서, 나는 호기심을 가지고 그와 면담을 했다. 비행기가 필 요하다고 생각하지 않는 사람에게 어떻게 비행기를 판매하는지? 성공적인 판매원과 그렇지 않은 판매 원을 어떻게 성공적으로 구별하는지? 영업 대표를 고용할 때 무엇을 보는지?

그 남자가 내게 한 말이 무언가 익숙하게 들려왔다. "간부들이 무엇을 좋아하는지, 그들이 일상생활 에서 어떤 문제나 좌절을 직면하는지 알아야 합니다." 점차, 사설 제트기가 그들의 목표를 어떻게 더 잘 성취하도록 돕는지와 연결시켜야 한다. 고수위의 압박은 하지 않는다. "그럴 경우 즉시 소비자를 잃게 되니까요." 더불어, 성공적인 영업 직원이 필요로 하는 것은, "적시감입니다. 소비자가 언제 은밀히 비행 기를 구매하기로 결정하는지 볼 수 있어야 합니다. 그 지점 이후에 판매하는 경우, 실패할 가능성이 높 지요. 또한 그 지점에 다다르기 전에 협상을 끝내려고 밀고 가면, 역시 영업에 실패합니다." 나는 동기면 담을 배우는 사람들에게 내가 하는 말을 계속 생각하게 되었다. 실무자의 변화 열의를 내담자의 열의 앞 에 두지 말아야 한다. 언제 '매매를 결정'하는지 아는 방법에 대해서 그 남자가 내게 준 팁 중 몇 가지는 나 자신의 임상적 직감을 깨닫게 했고, 이를 7장에 반영하였다. 여하튼, 대인 관계에 영향을 주는 과정 은 치료자 영역에만 국한되지 않는다는 것을 상기시켰다.

영업과 마케팅이 조력 전문가와 거리가 먼 것같이 보이기는 하나 반드시 그런 것은 아니다. 평행선이 있다. 종종, 성공적인 영업 직원의 목적은 구체적인 판매가 아니라, 만족하며 다시 돌아올 소비자를 만 드는 것이다. 그렇게 하기 위해서, 실무자가 실제로 제공하는 것이 내담자의 요구와 욕구를 채우는지 더 잘 확인할 필요가 있다.

—빌

4장부터 7장까지 동기면담의 네 가지 과제의 본질을 소개했고, 저자들은 3부에서 동

기면담 실천 시 보다 깊은 수준의 숙련도를 제공하고자 한다. 8장에서 깊이 있는 경청 기술을 몇 가지 소개한다.

☑ 주요 개념

- 미래에 대한 그림 그리기
- 재구조화하기
- 핵심 질문

☑ 요점 정리

- 계획하기 과제에서 사용하는 기술들은 다음 세 가지 과제에서 배운 기술들이다. 관계 맺기, 초점 맞추기, 유발하기 과제.
- 동기면담에서 실무자는 변화 계획을 유발하고 협의한다.
- 계획하기를 할 준비도를 알려주는 구체적인 지표들이 있다. 예로, 변화가 어떤 것일지 그림을 그리는 것이다.
- 변화대화 부케로 요약한 후에 핵심 질문을 함으로써 '물 온도 느껴보기(test the water)'를 할 수 있다.
- 동기면담 기술을 사용함으로써, 변화 계획에 대한 희망과 자신감을 유발할 수 있다.

참고문헌

1. Miller, W. R., & Moyers, T. B. (2021). *Effective psychotherapists: Clinical skills that improve client outcomes.* Guilford Press.
2. Rollnick, S., Fader, J., Breckon, J., & Moyers, T. B. (2020). *Coaching athletes to be their best: Motivational interviewing in sports.* Guilford Press.
   Rollnick, S., Kaplan, S. G., & Rutschman, R. (2016). *Motivational interviewing in schools: Conversations to improve behavior and learning.* Guilford Press.
   Rollnick, S., Miller, W. R., & Butler, C. C. (2023). *Motivational interviewing in health care: Helping patients change behavior* (2nd ed.). Guilford Press.
3. Miller, W. R. (1985). Motivation for treatment: A review with special emphasis on alcoholism. *Psychological Bulletin, 98,* 84–107.
4. Kuerbis, A. N., Neighbors, C. J., & Morgenstern, J. (2011). Depression's moderation of the effectiveness of intensive case management with substance-dependent women

on temporary assistance for needy families: Outpatient substance use treatment utilization and outcomes. *Journal of Studies on Alcohol and Drugs, 72*(2), 297–307.

Peters, L., Romano, M., Byrow, Y., Gregory, B., McLellan, L. F., Brockveld, K., et al. (2019). Motivational interviewing prior to cognitive behavioural treatment for social anxiety disorder: A randomised controlled trial. *Journal of Affective Disorders, 256*, 70–78.

Rohsenow, D. J., Monti, P. M., Martin, R. A., Colby, S. M., Myers, M. G., Gulliver, S. B., et al. (2004). Motivational enhancement and coping skills training for cocaine abusers: Effects on substance use outcomes. *Addiction, 99*(7), 862–874.

5. Gutnick, D., Reims, K., Davis, C., Gainforth, H., Jay, M., & Cole, S. (2014). Brief action planning to facilitate behavior change and support patient self-management. *Journal of Clinical Outcomes Management, 21*(1), 17–29.

6. Cole, S., Sannidhi, D., Y., J., & Rozanski, A. (in press). Using motivational interviewing and brief action planning for adopting and maintaining positive health behaviors. *Progress in Cardiovascular Diseases.*

Döbler, A., Herbeck Belnap, B., Pollmann, H., Farin, E., Raspe, H., & Mittag, O. (2018). Telephone-delivered lifestyle support with action planning and motivational interviewing techniques to improve rehabilitation outcomes. *Rehabilitation Psychology, 63*(2), 170–181.

7. Prentice-Dunn, S., & Rogers, R. W. (1986). Protection motivation theory and preventive health: Beyond the health belief model. *Health Education Research, 1*(3), 153–161.

8. Meyers, R. J., Miller, W. R., Hill, D. E., & Tonigan, J. S. (1999). Community reinforcement and family training (CRAFT): Engaging unmotivated drug users in treatment. *Journal of Substance Abuse, 10*(3), 1–18.

Miller, W. R., Meyers, R. J., & Tonigan, J. S. (1999). Engaging the unmotivated in treatment for alcohol problems: A comparison of three strategies for intervention through family members. *Journal of Consulting and Clinical Psychology, 67*, 688–697.

9. The treatment that we developed and tested with concerned family members is described in Smith, J. E., & Meyers, R. J. (2004). *Motivating substance abusers to enter treatment: Working with family members.* Guilford Press. The same approach is described in this method for family members themselves:

Smith, J. E., & Meyers, R. J. (2023). *The CRAFT treatment manual for substance use problems: Working with family members.* Guilford Press.

Meyers, R. J., & Wolfe, B. L. (2004). *Get your loved one sober: Alternatives to nagging, pleading and threatening.* Hazelden Publishing and Educational Services.

10. We had a painful experience of losing this momentum in a study where we gave counselors a manual to follow in single-session MI with people suffering from substance use disorders. We overprescribed what to do and required a change plan to be developed by the end of the session. Listening to recordings of the sessions later, we found two groups of people. Those in Group 1, the largest group, showed increasing change talk through the session and were happy to discuss a change plan. Those in Group 2 showed similar growth of motivational self-talk *until* it was time for a change plan and weren't ready to proceed. Our obedient counselors nevertheless pushed ahead with a change plan, and motivation for change crashed to the ground. At follow-up, Group 1 showed large change in drug use, whereas those in Group 2 did not. The mistake was ours in requiring counselors to push ahead regardless of client reluctance—a definite no-no in MI. The study was Miller, W. R., Yahne, C. E., & Tonigan, J. S. (2003). Motivational interviewing in drug abuse services: A randomized trial. *Journal of Consulting and Clinical Psychology, 71*, 754–763.

11. Corno, L. Y. N. (1993). The best-laid plans: Modern conceptions of volition and educational research. *Educational Researcher, 22*(2), 14–22.

12. Lila, M., Gracia, E., & Catalá-Miñana, A. (2018). Individualized motivational plans in batterer intervention programs: A randomized clinical trial. *Journal of Consulting and Clinical Psychology, 86*(4), 309–320.

   Lee, C. S., Baird, J., Longabaugh, R., Nirenberg, T. D., Mello, M. J., & Woolard, R. (2010). Change plan as an active ingredient of brief motivational interventions for reducing negative consequences of drinking in hazardous drinking emergency-department patients. *Journal of Studies on Alcohol and Drugs, 71,* 726–733.

   Döbler, A., Herbeck Belnap, B., Pollmann, H., Farin, E., Raspe, H., & Mittag, O. (2018). Telephone-delivered lifestyle support with action planning and motivational interviewing techniques to improve rehabilitation outcomes. *Rehabilitation Psychology, 63*(2), 170–181.

13. Amrhein, P. C., Miller, W. R., Yahne, C. E., Palmer, M., & Fulcher, L. (2003). Client commitment language during motivational interviewing predicts drug use outcomes. *Journal of Consulting and Clinical Psychology, 71,* 862–878.

14. Gollwitzer, P. M. (1999). Implementation intentions: Simple effects of simple plans. *American Psychologist, 54*(7), 493–503.

15. Bertholet, N., Faouzi, M., Gmel, G., Gaume, J., & Daeppen, J. B. (2010). Change talk sequence during brief motivational intervention, towards or away from drinking. *Addiction, 105,* 2106–2112.

   Campbell, S. D., Adamson, S. J., & Carter, J. D. (2010). Client language during motivational enhancement therapy and alcohol use outcome. *Behavioural and Cognitive Psychotherapy, 38*(4), 399–415.

   Vader, A. M., Walters, S. T., Prabhu, G. C., Houck, J. M., & Field, C. A. (2010). The language of motivational interviewing and feedback: Counselor language, client language, and client drinking outcomes. *Psychology of Addictive Behaviors, 24*(2), 190–197.

16. Magill, M., Apodaca, T. R., Barnett, N. P., & Monti, P. M. (2010). The route to change: Within-session predictors of change plan completion in a motivational interview. *Journal of Substance Abuse Treatment, 38*(3), 299–305.

17. Albert Bandura described these as "general efficacy" (the belief that it is possible) and "self-efficacy" (the belief that it is possible for me). Bandura, A. (1997). *Self-efficacy: The exercise of control.* Freeman.

18. Chariyeva, Z., Golin, C. E., Earp, J. A., Maman, S., Suchindran, C., & Zimmer, C. (2013). The role of self-efficacy and motivation to explain the effect of motivational interviewing time on changes in risky sexual behavior among people living with HIV: A mediation analysis. *AIDS and Behavior, 17*(2), 813–823.

   Hevey, D., Smith, M. L., & McGee, H. M. (1998). Self-efficacy and health behaviour: A review. *The Irish Journal of Psychology, 19*(2–3), 248–273.

   Schunk, D. H. (199). Self-efficacy, motivation, and performance. *Journal of Applied Sport Psychology, 7*(2), 112–137.

19. Bandura, A. (1982). Self-efficacy mechanism in human agency. *American Psychologist, 37,* 122–147.

   Bandura, A. (1997). *Self-efficacy: The exercise of control.* Freeman.

20. Ajzen, I., & Madden, T. J. (1986). Prediction of goal-directed behavior: Attitudes, intentions, and perceived behavioral control. *Journal of Experimental Social Psychology, 22*(5), 453–474.

   Madden, T. J., Ellen, P. S., & Ajzen, I. (1992). A comparison of the theory of planned behavior and the theory of reasoned action. *Personality and Social Psy-*

chology Bulletin, 18(1), 3–9.

21. Ashford, S., Edmunds, J., & French, D. P. (2010). What is the best way to change self-efficacy to promote lifestyle and recreational physical activity? A systematic review with meta-analysis. *British Journal of Health Psychology, 15*(2), 265–288.

    Hyde, J., Hankins, M., Deale, A., & Marteau, T. M. (2008). Interventions to increase self-efficacy in the context of addiction behaviours: A systematic literature review. *Journal of Health Psychology, 13*(5), 607–623.

22. Burleson, J. A., & Kaminer, Y. (2005). Self-efficacy as a predictor of treatment outcome in adolescent substance use disorders. *Addictive Behaviors, 30*(9), 1751–1764.

    O'Leary, A. (1985). Self-efficacy and health. *Behaviour Research and Therapy, 23*(4), 437–451.

    Robinson, A. L., Strahan, E., Girz, L., Wilson, A., & Boachie, A. (2013). 'I know I can help you': Parental self-efficacy predicts adolescent outcomes in family-based therapy for eating disorders. *European Eating Disorders Review, 21*(2), 108–114.

23. Weiner, B. (2018). The legacy of an attribution approach to motivation and emotion: A no-crisis zone. *Motivation Science, 4*(1), 4–14.

제3부

동기면담으로 더 깊게 다이빙하기

누군가를 변화하도록 만들 수는 없다. 한편 변화에 대해서 이야기할 때 그 사람이 어떻게 반응하는지가 중요하다. 무엇을 말하고 어떻게 말하는지가 차이를 가져온다.

제3부에서, 저자들은 제2부에서 설명한 기본 과제들을 조금 더 면밀히 살펴볼 것이다. 제8장에서는 공감적 이해라고 하는 예술에 기술들을 추가한다. 공감적 이해는 관계 맺기 과제뿐 아니라 동기면담 전반에 걸쳐 근본이 된다. 제9장에서는 초점 맞추기의 몇 가지 복잡한 이슈들을 생각해본다. 서로 다른 목표들 다루기, 기저에 흐르는 가치관 탐색하기, 실무자가 중립적이기를 선택할 때 중립을 유지하기 등이다. 제10장에서는 유발하기와 계획하기에서 변화대화를 어떻게 일구는지에 대해 설명한다.

그리고 나서 저자들은 동기면담을 적용할 때 부상할 수 있는 네 가지 이슈들을 다룬다. 우선 제11장에서 정보 제공과 조언하기를 동기면담과 일치하는 방법으로 하는 것을 설명한다. 계획을 이끌어냈다고 해서 동기면담의 유용성이 끝나는 것은 아니어서, 제12장에서는 변화 계획을 수행하고 지속적으로 해내도록 돕는 데 동기면담을 사용하는 방법을 따라간다. 제13장에서는 변화대화를 찾을 수 없을 때와, 내담자의 양가감정이 부족해 보일 때 어떻게 할지 생각해본다. 그리고 나서, 제14장에서는 소위 '저항'이라고 부르는 것에 어떻게 반응할지를 생각한다. 사람들은 변화에 반하는 논쟁을 하거나(유지대화) 또는 조력자와의 관계에서 불편감을 표현하는(불화) 경우가 있다. 끝으로, 제15장에서 저자들은 동기면담을 잘 적용하는 방법에 대해 생각해본다. 조력자로서의 관점, 만나는 내담자의 관점, 조력 관계 관점에서 이전의 장에서 다룬 실제적인 자료들을 통합한다.

더 깊은 경청

진실을 이야기할 때 두 사람이 필요하다. 한 사람은 말하고, 또 다른 사람은 듣는다.

— 헨리 데이비드 소로, 콩코드 · 매리맥강에서 보낸 한 주

내면에 말하지 못한 이야기를 갖고 가는 것보다 더 큰 고통은 없다.

— 마이아 앤절로, 새장에 갇힌 새가 왜 노래하는지 나는 아네

높은 수준의 경청이야말로 동기면담의 중추가 된다. 저자들은 4장에서 관계 맺기 과제를 설명하면서 경청의 기본 몇 가지를 기술하였다. 이제 저자들은 공감적 이해에 대해서 더 큰 그림을, 그리고 숙련된 반영에 대해서 몇 가지 잘 조율된 세밀한 부분들을 설명한다.

깊은 경청이란 하나의 기법을 훨씬 넘어선다. 실제로, 기법만으로의 반영은 거의 영향력이 없다.[1] 중요한 것은 깊이 있는 공감적 경청이며, 이것은 내담자의 경험을 이해하려는 진정성 있는 욕구로 시작한다. 깊은 경청을 하면서 내담자의 독특한 관점을 찾는다. 이것이 초심자의 호기심 있는 마음이며, 무엇을 발견하게 될지 알지 못함을 이해하는 것이기도 하다.[2] 내담자가 경험하는 것을 실제로 느끼는 것이 필수는 아니다(그럴 때도 있기는 하지만). 공감적 이해를 할 때 주의력 전체가 한곳에 모인다. 그런

> 공감에서 내담자가 경험하는 것을 실제로 느끼는 것이 필수는 아니다.

방식이기 때문에, 깊은 경청은 일상의 대화에서 하는 것과 다르다. 일상대화에서는 실무자 자신의 관점과 경험을 주고받는다. 동기면담 대화에서의 경청은 상대방의 세계에 대한 더 깊은 이해를 우선순위로 할 것을 요구한다. 더 나아가, 4장에서 논의했듯이 개인적인 이해를 혼자 간직하기 위해서 이해하지는 않는다. 적극적으로 거울 되기를 하며, 상대방의 내면 세계에 대해서 알게 된 것을 표현한다. 이것 자체가 가치 있는 기술이다. 많은 연구 결과가 보여주듯이, 긍정적 변화는 조력 전문가가 공감적 이해를 숙련되게 표현하는 것과 일관성 있게 연관되어 나타났다. 이것이 바로 깊은 경청이다.[3]

문단 이어가기

반영적 경청에 대한 단순한 오해로, 내담자가 방금 한 말이 무엇이든지 단지 반복하거나 약간 다른 말로 재진술하는 것이라는 생각이 있다. 숙련된 경청에는 상대방이 말한 것뿐 아니라 아직 표현하지 않았으나 진실일 내용을 듣는 것이 포함된다. 이것은 들은 말의 숨은 뜻을 읽는 것과 같다. 물론, 여전히 짐작하는 것이다. 4장에서 기술한 바와 같이, 직관으로 알아차린 내용을 반영으로 전하는 것이다. 내담자의 말을 재진술하기보다는 내담자의 말을 이어서 다음(next) 문장이 될 만한 것으로 문단을 이어갈 수 있다. 즉, 내담자가 아직 말하지는 않았으나 다음에 말할 만한 것을 반영한다. 이와 같은 거울되기 기법을 **문단 이어가기**(continuing the paragraph)라고 부른다.

이 기술을 보여주는 면담 시작 부분을 보자.[4] 빌은 내담자인 존을 만난 적이 없고, 누군가와 이야기하고 싶다는 것만 알고 있다. 면담이 시작되고, 존은 매우 비언어적인 채 바닥을 바라보고 있었으며, 침묵이 길었다. 하지만 7분간 공감적 경청을 한 후에 이곳에 온 이유가 드러났다.

> 빌 : 전화를 해주셨고, 누군가와 이야기하기를 원한다고 하셨어요. 제가 어떻게 도움이 될지 알고 싶습니다.
>
> 존 : 어, 문제가 있어서 와야 했어요.
>
> 빌 : 문제가 있다는 거군요. 누군가 여기로 가라고 했고요.   내담자가 한 말을 재진술하는 단순반영이다.
>
> 존 : 예.

빌 : 그래서 그리 좋지는 않군요.

내담자가 아직 말하지 않은 것을 문단으로 이어서, 내가 본 것으로 반영한다.

존 : 저는 문제를 스스로 다루고 싶거든요.

빌 : 누군가에게 말하는 것이 어렵군요. 익숙한 것이 아니네요.

반영—내담자가 직접 말하지 않은 것을 조금 추가하여 문단 이어가기

존 : 예.

빌 : 그러나 누군가 여기 올 필요가 있다고 말해주었고요. 그것에 대해 조금 말해주세요.

열린 질문

존 : 아내가 원하는데, 음, 아내는 일을 하고, 저도 일을 하고, 아이들을 돌보고 있지요. 아내는 복학해서 간호사나 뭐 그런 게 되려고 공부하고 싶어 하는데, 저는 아내가 그럴 필요가 없다고 생각해요.

빌 : 어리석은 것 같겠군요.

문단 이어가기

존 : 우리는 그냥 잘해 오고 있거든요.

빌 : 지금 그대로가 좋은 거네요. 그게 정말 큰 변화로 느껴지는군요.

문단 이어가기

존 : 예.

빌 : 특별히 좋아하지 않는 것이 있는가 봐요.

이것을 질문으로 했을 수 있으나, 반영으로 함으로써 덜 취조하듯 느낄 수 있다.

존 : 모든 게 다 괜찮거든요.

빌 : 그러니 왜 변화를?

문단 이어가기

존 : 예.

빌 : 왜 엉망이 되게 하지? 상황은 괜찮은데, 이제 아내가 학교에 가서 교육을 더 받겠다고 하니, 마음이 산란해지네요. 상황이 바뀌니까요.

문단 이어가기; 대화의 속도는 천천히, 많은 침묵과 함께.

존 : 아이들도 있는데. 직장도 있고요.

빌 : 이미 충분히 바쁜데 말이군요.

문단 이어가기; 동의하듯이 들릴 수도 있다.

존 : 그렇게 생각해요. 그런데 아내는 안 그래요. 그래서 싸우거든요.

그러나 내담자는 그렇게 받아들이지 않고 있다.

빌 : 지금이 행복하시군요. 아내는 지금이 그리 만족스럽지 않고 다른 걸 원하고요. 교육을 원하는데, 존 당신에게는 그렇지가 않네요.

내담자가 이제까지 한 말을 요약반영한다.

존 : 아내는 상황이 더 좋아질 거라고 하고, 저도 그거 알지만, 아내는 할 일이 많거든요. 모두 괜찮은데, 아내는 자꾸 그 얘길 꺼내네요. 저는 그냥…

내담자는 아내의 관점을 받아들이고 있다.

빌 : 그것이 아내에겐 정말 중요한 거네요.

존 : 그런가 봐요. 때로 저는 아내가 입을 닫았으면 하고 바라요.

빌 : 아내가 학교에 가면 상황이 나빠질 거라고 걱정이 되나 봐요. 지금처럼 좋을 것 같지도 않고요.

여전히 문단 이어가기

존 : 예. 학교에 갔다가 낙제하거나, 아니면 학교에 갔다가 다른 건 원하지 않게 될 수도 있고요. 가족을 원하지 않을 수 있죠.

빌 : 그러니까 큰 상처가 될 만한 일로, 만약 아내가 학교로 돌아간 후에 남편을 더 이상 원하지 않을 수 있다는 거네요. 그게 걱정이군요.

면담에서 내담자가 나의 시선을 맞춘 유일한 순간이다.

존 : (말없이 고개를 끄떡인다.)

빌 : 아내가 정말 중요하군요.

문단 이어가기

존 : 예.

빌 : 그러니까 어떤 면에서, 고민이 되는 건 아내가 교육을 받는 것이 아니라 그랬을 때 두 분 관계에 어떻게 영향을 줄지가 고민이시네요.

재구조화하기

존 : 예. 그러니까, 아내는 똑똑하거든요.

빌 : 아내가 더 이상 교육이 필요하지 않다는 거네요.

단순반영

존 : 때론 아내가 너무 똑똑해서요.

빌 : 이미.

문단 이어가기

존 : 아내는 계속 그 얘기를 해요. 저는 밥을 먹으려는데 아내는 그 얘기를 하고요. 저는 잠을 자려는데 또 그 얘기를 하고요. 퇴근해서 오면 또 그 얘기고요. 전 그냥.

빌 : 그게 정말 화가 나는군요.

문단 이어가기; 이제 어디로 가고 있는지 보인다.

존 : 예. (**침묵**) 끝날 줄 모르는 거예요. 충분하다고 말해도요.

빌 : 하지만 아내는 계속해서 그 얘기를 하는 거네요. (존이 한동
  안 말이 없다. 나는 그냥 기다린다.)

존 : 아내한테 그만하라고 말했어요. 그렇게 말했어요. 그래도
  그만하질 않는 거예요. 저는 지쳤어요. 퇴근해서 집에 오면 저
  는 지쳐있었어요.

빌 : 한계에 다다른 거네요.

존 : 예. 그래서 아내의 뺨을 때렸어요.

문단 이어가기라는 거울 되기 기법은, 내담자가 한 말을 반복하는 대신에 사용되었
고 침묵하는 동안에도 움직임의 속도를 더해주었다. 짧은 침묵은 음악에서 쉼표와 같
이 앞으로 나가도록 돕는다. 거울 되기는 인내심을 가지고 성급하지 않은 느낌을 주는
데, 저변에서는 상황이 더 빨리 움직이고 있다. 위 예시에서 빌이 하는 반응 대부분은
반영이다. 단순반영이 몇 개 있으나, 대부분 존이 그다음에 말할 만한 것을 향해 반영하
고 있다. 잘못 추측했더라도, 내담자는 그러함을 간단히 알려주고 계속 말을 해간다.
"아니요, 그건 아니고요."라거나 "꼭 그런 건 아니고요."라고 서두를 말한 후에 더 많은
정보를 말해준다. 뭔가 빠졌다고 해도 벌칙은 없다. 반영이 정확했든 아니든, 어떤 경
우든 실무자는 더 많은 걸 알게 된다.

일반적으로 반영에서, 그리고 특별히 문단 이어가기
에서 중요한 점은 내담자가 멈추어있는 곳에서 너무 멀
리 앞서지 않는 것이다. 이미 말한 것에서 작은 보폭으로

> 내담자의 문장 이어가기는 움직
> 임에 속도를 더한다.

한 걸음 앞으로 가는 것이다. 너무 멀리 뛰어넘는 경우, 내담자는 어떤 면에서 뒷걸음질
하거나 뒤로 물러서게 된다. 작고 완만한 걸음으로 앞으로 나아가라. 때로 한두 단어로
도 가능한데, 위의 대화에서 빌은 "이미."라고 반영하기도 했다.

과장하기와 최소화하기

공감적 이해가 가지는 정교함은 실무자가 반영할 때 선택하는 언어로 전달된다. 사람
들은 매우 다양한 강도의 낱말들을 사용한다. 정서를 표현하는 낱말은 특히 그러하다.

예로, 다음 낱말들은 화가 난 것을 전달한다.

- 낮은 강도 : 성가신, 귀찮은, 불쾌한, 짜증 나는
- 중간 강도 : 화가 난, 성마른, 성난, 속이 뒤집힌
- 높은 강도 : 분격한, 격노한, 격앙된, 분노한

마찬가지로, 두려움을 묘사하는 단어들도 많다.

- 낮은 강도 : 염려하는, 긴장된, 걱정하는
- 중간 강도 : 불안한, 무서운, 겁먹은
- 높은 강도 : 공포스러운, 망연자실한, 혼비백산한

믿음의 강도 역시 다양한 수준에서 전달 가능하다. '생각하다'는 '자신이 있다' '확신하다'보다 설득력이 덜 있어 보인다. 부사 '다소' '확실히' '틀림없이' 등은 강도를 감소시키거나 증가시킨다. 내담자가 선택하는 특정 단어에 추가하여, 얼굴 표정과 목소리 크기나 음색 등이 믿음이나 느낌의 강도를 알리는 단서들이다.

반영하기를 통해 표현하려는 강도를 어느 정도까지 정확하게 비추어주는 거울 되기를 할 수 있을까? 일부 소통 전문가들은 내담자의 강도와 가능한 한 가깝게 근접하도록 제안한 바 있다.[5] 그러나 반영할 때 내담자의 강도를 **과장하거나**(overstate) **최소화하는**(understate) 이유가 있다. 강도를 약간 최소화하는 경우, 내담자는 더 많은 이야기를 한다.

- 내담자 : "어제 아내가 한 말로 화가 나요."
- 반영 : "아내에게 조금 불쾌하시네요." [최소화하기]
- 답 : "불쾌요? 아니에요. 정말 분노해요! 그런 말을 하다니 믿을 수가 없어요."

한편, 강도를 과장하면 내담자는 약간 뒤로 물러선다.

- 내담자 : "어제 아내가 한 말로 화가 나요."

- 반영 : "격노하셨네요." [과장하기]
- 답 : "그 정도는 아니지만, 언짢네요."

여기에 절대적인 규칙은 없다. 반영할 때 어느 정도의 강도로 전달하는지가 중요하다는 것을 알아야 하고, 내담자가 어떻게 반응하는지에 주의를 기울여야 한다. 그렇게 함으로써 다음 말을 할 때 그 수준을 증감할 수 있다. 전략적 과장하기 또는 최소화하기는 변화대화 일구기(10장)와 저항 완화하기(13장)에서 설명한다.

> 반영을 할 때 어느 정도의 강도로 전달할지가 중요하다.

양면반영

사람들은 종종 양가감정을 경험하고 표현한다. 동시에 두 가지 상반된 방식으로 생각하거나 느낀다.[6] 모순의 양측이 같은 문장 안에 있을 수 있다.

"가고 싶어요. 그런데…"
"그 사람을 사랑하면서 미워해요."
"한편으로 그걸 해야 한다고 생각해요. 그리고 동시에…"

양가감정에 대한 유용한 반응은 **양면반영**(double-sided reflection)으로서 모순의 양측을 반영하는 것이다. 한쪽만 반영하는 경우, 내담자는 다른 쪽으로 반응할 가능성이 있다. 아래 예시를 보자. 노인 내담자의 말이다.

"지금은 운전할 때 훨씬 많이 조심하고 있어요. 어두우면 잘 보이지 않아서 밤에는 운전을 하지 않고, 복잡한 도로는 피해요. 사고를 내지 않으려고요. 제가 천천히 가니까 어떤 때는 다른 운전자들이 경적을 울리지요. 저는 운전면허증을 포기하고 싶지 않아요. 운전을 해야 어느 정도 자립적이 되거든요. 하지만 누굴 치거나 다치게 한다면 끔찍할 거예요. 저는 사람들이 데려다주는 것에 의지하기보다는, 차를 직접 운전하는 걸 좋아합니다."

양가감정이 뚜렷하다. "…을 원하고 …을 원하지 않는다."

어떻게 거울 되기를 할 수 있을까? 몇 가지 예시를 보자.

- "운전하니까 어느 정도 자립적이 되는군요."
- "다른 사람들에게 도움을 받아야 하는 걸 좋아하지 않는군요."
- "운전하다가 누군가를 다치게 하거나 죽일까 봐 걱정되는군요."
- "특별히 조심하시는군요."
- "가끔 다른 운전자들이 당신에게 짜증을 내는군요."
- "직접 운전하고 다닐 수 있어서 편리하네요."

위의 예시들은 타당한 반영들이다. 각 예시는 들은 내용 중에서 한 부분을 골라서, 특별히 그 관점에 대해 더 많이 말하도록 초대한다. 어떤 경우는 "예, 하지만…"이라는 답을 유발하기도 하는데, 양가감정을 가진 내담자에게 한쪽을 반영할 때 흔히 나타난다.

양면반영은 모순되는 양쪽 면을 담아서 반영하는 것이다. 이럴 때 내담자는 양가감정 자체를 경험하게 된다. 중간에 '하지만' 또는 '그렇지만'을 넣어서 상호 갈등적인 주제로 분리시킨다.

- "직접 운전하고 다니는 걸 즐기시네요. 하지만 누가 다치는 건 원하지 않으시고요."
- "누가 다치는 건 원하지 않으시네요. 하지만 직접 운전하고 다니는 걸 즐기시네요."

주목할 점은, 위의 두 반영에 찬반의 순서가 중요하다는 것이다. '하지만'이라는 낱말은 마치 지우개와 같이 앞 내용을 반감하면서 이후에 나올 내용에 더 강조점을 둔다. 한 가지 대안으로 중간에 '그리고'를 넣을 수 있는데, 이때는 양측 모두를 존중하는 것이 된다.

- "직접 운전하고 다니는 걸 즐기시네요. 그리고 누가 다치는 건 원하지 않으시고요."
- "누가 다치는 건 원하지 않으시네요. 그리고 직접 운전하고 다니는 걸 즐기시네요."

기억할 점은, 반영할 때 내담자가 한 말에서 어떤 측면을 강조하게 된다는 것이다. 중간에 '그리고'를 넣은 양면반영에서는 양가감정 자체를 두드러지게 한다. 또한 주목할 점은, 찬반을 어떤 순서로 제시하는지가 중요할 수 있다는 것이다. 양면반영을 들으면서 사람들은 마지막에 들은 말에 대해 반응할 가능성이 더 높아서 양가감정의 그쪽 편이 확장된다.

> 양면반영은 양가감정 자체를 강조한다.

비유하기

반영의 또 다른 방법은 **비유하기**이다. 내담자가 말하는 것과 유사한 것으로 반영하는 것이다. 내담자의 문화 및 생활양식 안에서 익숙한 것을 예로 사용하는 것이 도움이 된다. 농촌에서 가족과 살고 있는 청소년이 아래와 같이 말한다.

> "때로 혼란스러워요. 집에 있으면 부모님이 원하는 바를 아니까 제가 그런 사람이 되고요. 그런데 친구들이랑 있으면 다른 사람처럼 느껴져요. 가족이 좋게 보지 않는 것을 말하고 행동하는 거예요."

위의 말에 대해서 할 수 있는 반영은 다양하다.

- "누구랑 있느냐에 따라서 자신이 달라지는 것 같네요."
- "자신이 정말 누군지 이상하게 여겨지는 거네요."

또 다른 접근은 스스로 다음과 같이 질문하는 것이다. "이건 어떤 경험일까? 이 내담자의 세계 안에 어떤 것이 지금 표현하는 느낌을 잘 포착할 만한 은유 내지 비유가 될 수 있을까?" 여기서 생각해볼 수 있는 은유는 바람이 부는 대로 돌아가는 헛간 꼭대기의 바람개비이다. 이런 비유에 모든 사람이 반응하지는 않으나, 때로는 매우 효과적이어서 내담자의 얼굴이 밝아지며 "예! 바로 그거예요!"라고 할 수 있다.

저자 빌은 지역 내 심포니 오케스트라 단원인 첼로 연주자와 만났다. 이 연주자는 주변 사람들로부터 고립되어 자신의 깊은 외로움과 공허감에 관해 이야기를 했다. 빌은 다음과 같이 반영을 하였다. "텅 빈 연주회장에 흐르는 슬픈 플루트 악기 소리와 같군요." 그러자 내담자는 눈물을 왈칵 쏟았다. 저자 스티브는 알코올 관련 장애로 입원한 여성 내담자와 유사한 경험을 했다. 이 내담자는 외판원으로 일해 왔었다. "그동안 고속도로를 잘 달리셨어요. 이제 정말 원하는 것은 고속도로를 벗어나서 국도로 속도를 줄이고 싶은 거군요." 음주가 유일하게 마음을 편하게 하는 통로였음을 말하면서 내담자는 눈물을 흘렸다. 잘 선정된 비유나 은유가 정확할 때 특히 이해를 깊게 해준다.

공감적 이해를 더 잘하기

경청의 다양한 유형에 관한 책을 읽더라도, 그것을 실천하지 않는 한 지금까지 해 오던 습관은 바뀌지 않는다. 질문하는 대신 여러 가지 반영을 시도하라. 구슬을 꿰어서 목걸이를 만드는 것처럼 반영을 줄줄이 엮으면서 열린 질문과 인정하기를 군데군데 끼워라. 어느 정도까지 주로 반영할지, 특별히 문단 이어가기를 할지? 그럴 때 어떤 경험을 하는지?

훌륭한 경청은 거의 어디서나 실천 가능하다. 경청 기술을 다듬어줄 책들이 있고,[7] 또 의도적으로 적용할 때 배운다. 공감적 경청과 동기면담 기술을 보다 일상에서 배울 때 갖는 장점은, 적용할 때마다 즉시 피드백을 받는다는 점이다. 가장 훌륭한 선생은 대화하고 있는 상대방이다. 그들이 반응하는 바에 유의하라. 반영할 때마다, 그런 추측이 정확한지에 관한 정보를 얻는다. 시간이 흐르면서 사람들이 무엇을 의미하는지 추측하는 것을 더 잘하게 된다. 은유와 비유가 효과가 있었나? 아닌가? 양가감정의 한쪽만 반영할 때와, 양면반영을 할 때 어떤 경험으로 다가왔나? 동기면담에 대해서 저자들

> 공감적 경청은 즉시적 피드백을 가져다준다.

이 많이 알게 된 것은, 사람들이 다양한 소통 유형에 어떻게 반응하는지 면밀하게 집중했기 때문이다.

> **• 개인적 관점 •   삶을 변화시키는 경청**

나의 인생에서 배운 모든 것 중에, 정확하게 공감적으로 경청하는 것이야말로 가장 가치 있고 삶을 변화시킨 기술이다. 내가 경청에 처음 노출된 것은 토머스 고든(Thomas Gordon)의 1970년 책을 통해서였는데, 그는 칼 로저스의 박사 과정 학생 중 한 사람이었다.[8] 고든은 그의 멘토로부터 배운 바를 일상 언어로 설명할 수 있는 천재였다. 즉, '복잡한 것을 넘어서 단순하게' 했다. 나의 박사 과정 훈련은 오리건 대학교 대학원의 행동주의 중심 임상심리 프로그램에서 있었다. 한편, 행동치료를 시작하기 전에, 우리는 1년간 내담자와 대화하는 방법이라는 과목을 필수로 수강해야 했다. 행동주의 심리치료자들은 누구도 이 과목을 가르치려고 하지 않아서, 우리는 칼 로저스의 학문적 후손으로부터 배울 수 있는 행운을 갖게 되었다. 그는 내담자 중심의 상담 접근을 가르쳤고, 정확한 공감을 특별히 강조하였다.[9] 그때 나는 인지행동치료를 배우고 적용하기 시작했는데, 이 내담자 중심의 태도로 심리치료를 하는 것이 완벽하고 자연스러워 보였다.

나는 먼저 경청 기술을 일반 조력자들에게 가르치기 시작했고,[10] 그다음에 박사 과정을 앞둔 대학원생들에게, 그리고 끝으로 일반 청중과 전문가 청중에게 가르쳤다. 초기 연구의 놀라운 결과는, 행동치료에서 내담자의 단기 그리고 장기적 효과가 상담자의 정확한 공감 숙련도에 의해 유력하게 예측되었다는 점이다.[11] 이런 태도로 내담자의 말을 경청했던 치료사들은, 이전과 동일한 매뉴얼 가이드 치료로 훈련받고 그대로 사용하는 동료들과 비교해서 효과가 훨씬 높게 나타났다. 이런 결과는 동기면담이 처음 개발되는 데 기여했다.[12]

나의 경력에 영향을 준 것을 넘어서서, 공감적 경청은 나의 개인적 삶과 대인 관계를 깊이 있고 풍부하게 만들어주었다. 나는 처음부터 훌륭한 경청자는 아니었으나, 결국 그것은 나의 제2의 천성이자 지금 나의 한 부분이다.

―빌

저자들은 9장에서 초점 맞추기 기술을 좀 더 다듬고자 한다. 초점 맞추기는 동기면담의 두 번째 구성 과제이다. 깊은 경청은 계속해서 중요한데, 실무자와 내담자가 함께 초점 맞추기 질문 "어디로 갈까요?"에 대해서 생각하게 해준다.

☑ 주요 개념

- 과장하기 (반영)
- 비유하기 (반영)
- 최소화하기 (반영)
- 문단 이어가기
- 양면반영

☑️ 요점 정리

- 내담자가 한 말을 단지 재진술하기보다 문단 이어가기, 즉 말하지는 않은 것이지만 뒤따라 나올 수 있는 말을 예상하여 말하는 반영을 한다.
- 표현된 느낌이나 믿음에 관해 반영할 때, 그 강도를 전략적으로 과장 또는 최소화할 수 있다.
- 양가감정의 양편을 양면반영에 담을 수 있다.
- 비유나 은유 형태의 반영이 정확하면 특별히 영향력을 줄 수 있다.

참고문헌

1. Simply counting reflective listening responses does not predict treatment outcome. What matters is the quality of empathic understanding. See Elliott, R., Bohart, A., Larson, D. B., Smoliak, O., & Mintigl, P. (in press). Empathic reflection. In C. E. Hill & J. C. Norcross (Eds.), *Psychotherapy skills and methods that work*. Oxford University Press.
2. Adam Grant clearly explains the value of not knowing or assuming in his book *Think Again: The Power of Knowing What You Don't Know*. (2021, Viking)
3. Elliott, R., Bohart, A. C., Watson, J. C., & Murphy, D. (2018). Therapist empathy and client outcome: An updated meta-analysis. *Psychotherapy, 55*(4), 399–410.
   Larson, D. G. (2020). *The helper's journey: Empathy, compassion and the challenge of caring* (2nd ed.). Research Press.
   Miller, W. R., & Moyers, T. B. (2021). *Effective psychotherapists: Clinical skills that improve client outcomes*. Guilford Press.
4. Although clients in treatment will sometimes consent to be videotaped for demonstration purposes, we as psychotherapists have been reluctant to impose on their vulnerability in the midst of stress and suffering. An alternative that we have used successfully for demonstration purposes is to interview an actor who presents with a prepared role. There is no script; the actor is told only to react naturally within the role, and both know little about what the other will say. This creates a spontaneity that looks and feels very much like a first clinical interview. "John" was a professional actor whom I (Bill) had never met until we sat down together in front of the cameras. My assignment was just to demonstrate empathic listening, and 30 seconds into the interview I was dismayed because I had a very nonverbal client who did not even look at me. It nevertheless turned out to be a clear demonstration of engaging skills. This is a transcription of the interview. Originally recorded in 1998, the video interview is included in Miller, W. R., Rollnick, S., & Moyers, T. B. (2013). *Motivational interviewing: Helping people change (DVD series)*. The Change Companies. *www.changecompanies.net/products/motivational-interviewing-videos*. Copyright © 2013 William R. Miller, Theresa B. Moyers, and Stephen Rollnick. Used by permission.

5. Truax, C. B., & Carkhuff, R. R. (1967). *Toward effective counseling and psychotherapy.* Aldine.

6. The common human experience of ambivalence is explored in Miller, W. R. (2022). *On second thought: How ambivalence shapes your life.* Guilford Press.

7. Nichols, M. P., & Straus, M. B. (2021). *The lost art of listening: How learning to listen can improve relationships* (3rd ed.). Guilford Press.

   Rakel, D. (2018). *The compassionate connection: The healing power of empathy and mindful listening.* Norton.

   Miller, W. R. (2018). *Listening well: The art of empathic understanding.* Wipf & Stock.

8. Gordon, T. (1970). *Parent effectiveness training.* Wyden.

9. Gilmore, S. K. (1973). *The counselor-in-training.* Prentice-Hall.

10. Miller, W. R., Hedrick, K. E., & Orlofsky, D. (1991). The Helpful Responses Questionnaire: A procedure for measuring therapeutic empathy. *Journal of Clinical Psychology, 47,* 444–448.

11. Miller, W. R., Taylor, C. A., & West, J. (1980). Focused versus broad-spectrum behavior therapy for problem drinkers. *Journal of Consulting and Clinical Psychology, 48*(5), 590–601.

    Miller, W. R., & Baca, L. M. (1983). Two-year follow-up of bibliotherapy and therapist-directed controlled drinking training for problem drinkers. *Behavior Therapy, 14,* 441–448.

12. Miller, W. R. (1983). Motivational interviewing with problem drinkers. *Behavioural Psychotherapy, 11,* 147–172.

초점 맞추기
더 깊은 다이빙

나는 이미 한 것보다는 하려고 하는 것에 늘 더 관심이 많았다.

—레이철 카슨

목적이 없는 계획은 무산된다. 어떤 항구로 향하는지 모르는 사람에게는 어떤 바람도 좋은 바람이 아니다.

—세네카

저자들은 5장에서, 공유된 변화 목표를 협의하는 초점 맞추기 과제를 소개한 바 있다. 목표에 대해서 동의하는 일이 종종 매우 간단한 과정일 수 있다. 체중 감량 프로그램을 시작하는 경우, 대면이든 온라인이든 사람들은 체중을 줄일 수 있다고 희망하며 이런 목표는 프로그램 스태프의 의도와도 일치한다. 만약 내담자의 목표가 조력자의 유능성과 전문 분야와 맞는다면, 함께 작업하기 위한 초점 맞추기로 상당히 빠르게 집중할 수 있다. 조력 전문 분야에서 일반적으로 변화 목표를 결정하는 사람은 내담자 자신이다. 특히 건강 분야에서는 **합의된 의사 결정하기**(shared decision making)라고 하는 과정이 환자로 하여금 자신의 건강에 대해서 선택하도록 적극적으로 개입하게 한다.[1]

목표는 또한 변할 수 있다. 새로운 위기 상황, 진단, 삶의 변화, 그리고 대화 과정에서조차 우선순위가 바뀔 수 있다. 초점 맞추기는 한 번으로 끝나는 행사가 아닐 수 있고, 시간이 흐르면서 초점 다시 맞추기가 요구되는 진화 과정일 수도 있다. 안내자의 역할에는 목적지에 예리한 시선을 두는 것이 포함된다.

5장에서 예시로 보여준 초점 맞추기 대화는 학교 교사와 지역 내 피트니스 센터 코치의 대화였다. 그 대화에서는 어떤(what) 변화, 그리고 왜(why) 변화해야 하는지에 중점을 두었고, 두 가지 초기 목표는 심혈관 피트니스와 근육 강화였다. 이어서 어떻게(how) 변화할지를 계획하고자 초점을 좁히는 과정이 계속된다. 코치로서는 내담자가 특정 운동을 하도록 피트니스 처방을 하는 것에 마음이 끌릴 수 있으나, 그러기보다는 두 사람이 합의된 의사 결정 절차를 따라가고 있다.

코치 : 선생님의 두 가지 목표인, 심혈관 피트니스와 근육 강화를 달성하는 데 실제로 몇 가지 방법들이 있어요. 제가 하고자 하는 것은, 선생님이 하고 싶은 것을 선택하도록 돕는 것이지요. 우선, 어떤 아이디어를 이미 생각해 오셨는지 궁금해요.	선택권을 강조한다. 내담자 자신의 아이디어를 먼저 묻는다.
교사 : 글쎄요. 말씀드린 것처럼, 저는 매우 활동적이었어요. 미혼이었을 때는 달리기, 골프, 댄스도 하고요. 그런데 그런 것들을 하나도 안 하고 있지요.	
코치 : 그러면, 이전에 즐겼던 것 중에서 고를 수 있어요. 언급한 것 중에서 다시 잘할 수 있는 건 어느 것이지요?	반영 질문
교사 : 주말에 골프 한 라운드를 할 수 있는데 얼마나 운동이 될지 모르겠어요. 이전 체형으로 돌아가려면 여기저기 달리기를 할 수 있겠어요.	
코치 : 달리기를 하거나 집에서 운동하는 경우 혼자 하는 것을 얼마나 잘하시나요?	질문
교사 : 잘하지 못해요. 미루는 경향이 있어요. 이전에 친구랑 달렸는데 그때 아침에 일어나서 밖으로 나갔어요.	
코치 : 그럼, 어떤 구조화나 또는 함께 할 사람이 도움이 되겠군요.	반영
교사 : 예. 그렇게 생각해요.	
코치 : 이곳에서 제공해드릴 수 있는 것으로 선생님에게 효과가 있는 것이 무언지 생각 중이에요. 몇 가지 대안을 말씀드려도 될	허락 구하기

까요?

교사 : 물론이죠. 그러려고 왔는데요.

코치 : 네. 좋아요. 선생님에게 가장 잘 맞는 것을 말해주시면 되   선택 대안 제공하기
어요. 이곳에는 다양한 정규반들이 있어서, 다른 사람들과 함
께 운동하실 수 있어요. 예로, 선생님이 댄스를 즐기셨다고 하
는데, 댄스 에어로빅 교실이 두 개 있고, 심혈관 피트니스를
만드는 데 탁월해요. 그리고 개별 피트니스 코치랑 운동할 수
있어요. 이곳에는 세 명의 코치가 있어요. 운동 기구들을 보여
드릴게요. 모두 심혈관과 근육 강화에 효과가 있지요. 그리고
수영장이 있습니다. 어느 것이 선생님의 요구에 잘 맞을 것 같   질문
은가요?

교사 : 저는 수영은 많이 해보지 않아서요. 훌륭한 운동이라고
듣긴 했지요. 정규반 목록을 보면서 제 일정과 맞는 것을 찾을
수 있겠어요.

코치 : 일정을 가져다 드릴게요. 또 다른 것은요?   질문

교사 : 이런 체육관을 사용해본 적이 있는데, 무엇이 있는지 둘
러보고 싶어요.

코치 : 물론이죠. 지금 하지요. 걸으며 두루두루 살펴볼게요. 기구   선택 대안 제공하기
마다 어떻게 하는 건지 보여드릴게요. 각자 수준에 맞게 조정할
수 있어요. 차츰 힘이 생기면 더 올릴 수 있고요. 돌아볼까요?

교사 : 좋아요. 기구 사용을 좋아할지는 모르겠지만, 구경할게요.

코치 : 심혈관이나 근육을 위해서 사용하기 원하는 기구들을 골라   선택권 강조하기
서 선택할 수 있고, 좋아하지 않는 기구는 빼면 되어요. 규칙적
으로 즐길 수 있는 것으로 하기 바랍니다. 계속하실 수 있게요.

교사 : 그게 좋겠어요.

내담자의 광범위하고 일반적인 희망으로 시작하면서,   무엇을, 왜, 어떻게의 내용이 모두
코치는 (5장에서) 우선 보다 구체적인 목표들 — 심혈관   초점 맞추기 중에 흘러나온다.
피트니스와 근육 강화 — 로 좁혀가도록 교사를 도왔다.
이제 이 대화에서는 더욱 구체적인 운동으로 좁혀가면서 교사가 지속할 가능성을 높였

다. 위에서 보면 질문하기, 반영하기, 정보 제공하기 등을 훌륭하게 혼합적용하고 있다. 또한 무엇을, 왜, 어떻게의 내용을 모두 초점 맞추기 중에 흘러나오게 하는 것을 보여준다. 초점 맞추기는 면담자의 전문성을 내담자의 전문성과 어우러지도록 하는 협동적 과제이다.

다른 목표들을 찾아보기

만약 내담자의 목표들이 조력자의 목표나 프로그램 취지나 센터의 목표와 하나로 모이지 않는다면? 다양한 이유로 이런 일이 발생할 수 있다. 한 가지는 내담자가 잘못 찾아와서 문을 두드린 경우인데, 이때는 더 적절한 도움을 받을 자원으로 방향을 알려줄 필요가 있다. 내담자의 요구가 조력자의 편안함이나 유능성 영역 밖에 있을 수 있다. 때로 조력자나 전문 센터에서 제공하는 조력이 제한적인 목표 범위에 국한되어 있어서, 특정 개인이나 가족이 겨냥하는 바를 망라하지 못하는 경우이다. 이런 상황에서의 적절한 전문적 대응은 다른 곳으로의 의뢰가 되겠다.

　그런데 어떤 경우엔 내담자가 적절하게 잘 찾아 들어왔음에도 그곳에 있기를 주저한다. 저자들이 중독치료 장면에서 근무하였을 때 이 현상은 사실 보편적이었다. 대부분의 사람들은 올바로 찾아왔음에도 불구하고 음주나 흡연, 마약 사용을 바꿀 준비가 잘 되어있지 않았다. 많은 사람들은 그런 변화를 할 필요가 있다(need)는 것에 대해 분명하지 않았다. 대체로 양가감정을 가지고 있었다. 마음 한편에서는 상황이 좋지 않다는 걸 알았고, 또 다른 한편에서는 변화를 예상하면서 미온적이거나 짜증스러워했다. 종종 그들을 염려하는 가족이나 전문가, 법원의 압박으로 찾아왔던 것이다.

　이러다 보니, 변화에 대해 망설이거나 싫어하기까지 하는 사람들을 대상으로 저자들은 변화를 옹호하는 역할을 자주 하게 되었다. 많은 조력 관계에서 이러한 현상은 사실 흔히 있다. 당신은 이것을 원하고, 나는 저것을 바란다. 예로, 수입을 초과하여 빚을 지면서 소비를 해 온 내담자에게 조언하는 경우, 혹은 새로 진단받은 후 생활양식에 큰 변화가 필요한 환자의 경우에 이런 현상이 발생한다. 음주운전으로 구급된 사람들은 음주(그리고 운전) 습관의 변화에 거의 관심이 없지만, 보호관찰관과 가족은 그것을 바란다. 교사는 학생들이 공부하고 배우기를 열망하고, 건강 분야 전문가들은 협조가 많든 적든 환자의 질병과 통증 감소를 겨냥한다. 노숙 경험을 한 사람들이 모두 거주시설로 바로 이사하기를 원하지는 않는다. 전문적 치료 프로그램은 특정 문제들을 다루고자 하는데, 대상자들은 가족이나 법원에 의해서 치료에 억지로 참여하기 때문에 자신의 옛 습관을 바꾸려는 욕구가 거의 없다. 자신의 행동이나 생활양식에 중대한 변화를 고민하는 경우에도 양가감정이 흔하고, 이것이 보편적인 현상이 되기까지 한다.[2]

내담자가 (아직) 합의하지 않은 변화 소망이나 변화 목표를 실무자가 가지고 있다면, 어떻게 조력자로서 초점 맞추기 과제를 협의할까? 효과적인 시작점은, 내담자의 최상의 이득에 중심을 두는 것이다.[3] 동기면담은 실무자가 원하는 대로 하도록 내담자를 설득하는 것이 아니며, 실무자가 근무하는 현장의 최상의 이득이 되는 것을 하도록 하는 것도 아니다.[4] 설득이란 —논리나 논쟁을 통해서 무언가를 하도록 노력하기 — 사실상 동기면담과는 정반대이다. 작업동맹 내에서, 목표는 합의되기 전까지 목표가 아닌 것이다. 만나는 내담자가 어떤 특정 방향으로 변하기를 원하는 것은 실무자(또는 실무자가 일하는 환경)의 소망일 수 있다. 실무자는 자신의 바람을 확실히 드러낼 수 있으나, 부과할 수는 없다. 때로 합의에 도달하는 것이 쉬울 때가 있는데, 실무자가 도울 수 있는 목표를 성취하고자 자발적으로 내담자가 도움을 구할 때이다. 또 다른 경우는 서로 다른 바람을 가지고 실무자와 만나는 경우인데, 사실상 여기에서 동기면담이 태어났다.

동기면담은 내담자가 변화 목표를 품고 있는지 여부를 탐색하는 특별한 방법이다. 변화가 내담자의 이득이 되지 않는다면, 즉 내담자가 진정으로 원하는 것이 아니

> 목표는 합의되기 전까지 목표가 아닌 것이다.

라면, 현재 유발할 동기가 없다. 그러나 저자가 알게 된 것은, 치료 프로그램의 문을 열고 들어온 사람 중 압박에 등 떠밀려 왔다 하더라도 변화할 이유를 전혀 지각하지 못하는 사람은 드물다는 것이다. 실무자가 내담자를 만날 즈음, 어렴풋이나마 변화의 필요성을 알고 있다. 누군가 설득하려고 할 때 동기가 없는 것처럼 들리는(sound) 경우에도 그러하다. 만약 계속해서 변화를 확인시키려고 하면, 있던 동기조차도 사라질 수 있다.

내담자의 목표가 실무자와 다를 때 탐색 질문으로, 무엇을 지금 기꺼이(willing) 하려는지 묻는 것이다. 이전에 기술한 바와 같이 어느 누구도 완전히 무동기인 사람은 없다. 누구나 원하는 것과 필요한 것이 있다. 내담자의 잠정적인 변화 동기 탐색을 계속하는데, 이런 탐색을 할 수 있는 대안들이 많다. 일상생활 대화를 하듯이 동기를 발굴해서

이끌어내고 견고히 하도록 시도하는 것이다. 또는 그들이 가치 있게 여기고 좋아하는 것이 무엇인지 탐색할 수도 있다(13장). 또는 특정 주제에 대해 중립적 태도를 유지하면서 계속 경청하며 탐색할 수도 있다(9장 후반부 참고).

초점 맞추기 과제는 합의된 목표들을 세워서 그것을 향해 함께 움직여 가는 것이다. 교정반사식으로 반응하면—주저하는 내담자를 설득하려는 것—종종 역효과를 낸다. 숙련된 코치나 영업 직원들은 이 점을 잘 알고 있다. 때로 변화 계획이 광범위한 주제와 연관되어 설정될 수 있다.

- 당분, 소금, 알코올 섭취량을 줄여서 건강을 유지하기
- 연습 문제를 풀어서 과제를 학습하거나 시험에 통과하기
- 보호관찰 조건으로 불법 행동 삼가기
- 운동으로 피트니스를 향상시켜서 신체적 도전에 준비하기

기억할 점은, 목표가 공유되기까지, 그리고 내담자가 그 목표를 받아들일 때까지는 그것이 목표가 아니라는 점이다. 동기면담은 사람들이 스스로 왜 그리고 어떻게 변화해야 할지에 대한 동기를 유발하는 하나의 방법이다.

위의 코치 예제에서 본 것처럼, 왜 그리고 어떻게 변화하는지에 대한 대화가 부분적으로 겹칠 수 있다. 내담자가 무엇을 기꺼이 하려는지? 원하는 방향으로 가는 단계는 무엇일지? 광범위했던 목표들, 예로 건강하기, 교도소 가지 않기, 견고하고 사랑하는 관계 가지기 등으로 시작하여 좁혀가는 과정이 될 수 있다. 광범위한 목표를 달성하기 위해 어떠한 단계들이 가능할지, 그리고 그 단계 중에서 내담자가 기꺼이 시도하려는 첫 번째 단계는 무엇이 될지?

가치와 목표 탐색하기

누구나 동기화된다. 때로 동기는 다음 끼니를 찾거나 잠을 자는 것처럼 즉각적이기도 하다. 기본적인 신체적 욕구가 충족되면, 사람들은 이보다 더 높은 목표와 가치를 추구하게 된다.[5]

내담자의 내적 준거 틀을 알아보는 열쇠로서, 핵심 목표와 가치를 이해하는 것이 있다. 무엇을 가치 있게 보는지 이해하면, 무엇이 동기화하는지에 대한 열쇠를 가지게 된다. 장기적인 목표는 어떤 것인지? 지금부터 5년, 또는 10년 후의 삶이 어떻게 달라지기를 소망하는지? 잠재적인 인생 목표를 탐색함으로써, 실무자의 관점과 내담자의 관점을 폭넓게 하며, 더 멀리 있는 지평선에 함께 시선을 맞출 수 있다.

매일 흔히 경험하는 행동은 장기적인 인생 가치에 도달하기에 부족하거나 또는 정반대인 행동일 수 있다. 이처럼 **가치-행동 불일치**(value-behavior discrepancies)는 보다 폭넓은 인생 가치들을 반영하면서 드러나게 되며, 이러한 불일치를 지각함으로써 그것이 행동에 강한 영향력을 발휘할 수 있다.[6] 가치를 이해하는 것이 초점 맞추기 과제에서 유용하며(무엇이 가장 중요한지?) 변화 이유를 유발하는 과제에서 유용하고(변화를 향한 어떤 동기를 가지고 있는지?) 그리고 어떻게 변화할 건지에 유용하다(이 내담자의 가치에 가장 적합한 변화 통로는 무엇인지?).

가치를 탐색하는 경우 언제든지 수용과 존중을 전달하는 것이 중요하다. 그렇다고 해서 내담자가 말한 가치에 동의하거나 찬성해야 하는 건 아니다. 수용한다는 것은, 내담자에게 중요한 것을 이해하고자 노력하는 가운데 이러한 가치들이 드러났음을 받아들이는 것일 뿐이다.

가치에 대한 열린 대화

내담자의 가치와 우선순위에 대해 아는 방법은 단순히 질문하는 것이다. 다음과 같이 몇 가지 열린 질문이 있는데 질문의 복잡성 정도가 각기 다르다.

- "인생에서 가장 좋아하는 것이 무언지 말해주세요. 무엇이 가장 중요하세요?"
- "지금으로부터 수년이 지나서 인생이 어떻게 달라지기를 소망하세요?"
- "어떤 규칙을 가지고 살고 있다고 보시나요? 어떤 기대에 부응하며 살고자 노력하나요?"
- "제가 ○○ 님의 삶을 인도하는 목표, 즉 가치들을 말해달라고 한다면, 가장 중요한 다섯 가지 가치는 무엇일까요? 한 단어씩만 말해주시면 됩니다. 어떤 것일까요?"
- "○○ 님의 인생 목표나 목적을 넣어서 인생의 '선언문'을 만든다면, 어떻게 쓰시

겠어요?"

- "○○ 님의 가장 가까운 친구들에게 ○○ 님이 어떤 걸 위해 살고 가장 중요한 것이 무엇이냐고 질문한다면, 뭐라고 말할 것 같은가요?"

열린 질문에서 사용한 언어 표현은 내담자의 정신적 복잡성 수준에 맞아야 하는 것이 명백한 사실이다. 이 질문의 목적은 인생을 안내하는 원칙으로서 어떤 광범위한 목표나 가치를 내면화했는지에 대해 알아보는 것이다.

열린 질문을 한 후에 특성에 대해 반영한다. 가치에 대한 답이 형용사('신의 있는'), 명사('제공자'), 또는 동사('돌보다')라고 한다면 그것이 의미하는 것이 무언지 물어보기만 하기보다 추측해서 반영해본다.

내담자 : 글쎄요. 제가 되고 싶은 건 친절한 사람이에요.

면담자 : 사람들을 돌보기. [반영, 문단 이어가기]

내담자 : 따뜻한 감정을 가지는 것만을 말하는 건 아니고요. 사랑할 줄 아는 사람이 되는 걸 말해요.

면담자 : 사랑으로 무언가 달라지게 하는 것이네요. [반영]

내담자 : 예. 달라지게 만들고 싶어요.

면담자 : 내가 좋아하고, 내게 가까이 있는 사람들을. [문단 이어가기]

내담자 : 그 사람들만은 아니에요. 물론 가족과 친구들을 계속 사랑하고 싶어요.

면담자 : 친구 범위를 넘어서는 걸 말하는군요. [반영]

내담자 : 예. 제가 알지 못하는 사람들에게도 친절하기. 마트에 있는 점원, 어린이들, 거리에 구걸하는 사람.

면담자 : 모르는 사람들한테도 친절하고 싶은 거네요. [반영]

내담자 : 예.

가치에 대해 탐색하면서 열린 질문을 중간중간에 넣음으로써 내담자가 상세히 설명하도록 돕는다.

- "인생에서 [가치]를 어떻게 표현하고 있나요?"

- "어떤 점에서 [가치]가 ○○ 님에게 중요한가요?"
- "몇 가지 예를 들어서 [가치]가 어떤 건지 말해주세요."
- "왜 [가치]가 ○○ 님에게 중요한가요? 어떻게 그것이 ○○ 님에게 가치로 자리 잡았나요?"

질문만 계속 하지 말고, 반영으로 이어가려고 공을 들여야 한다.

> 면담자 : 알지 못하는 사람들에게도 친절히 대하는 것이 왜 중요한가요? 어떻게 해서 그것이 가치로 자리 잡았나요? [열린 질문]
>
> 내담자 : 저 자신이 매우 복 받은 사람이에요. 사람들이 제게 다가와서 진심으로 사랑을 주고, 내 삶이 힘들었던 때 달라지게 해주었어요. 그렇게 하는 것이 정말 중요해요. 때로 사람들은 자기가 한 일이 얼마나 중요한 것이었는지 모르지요.
>
> 면담자 : 사람들이 ○○ 님에게 베풀었던 것을 전수하는 것 같네요. [반영]
>
> 내담자 : 대가를 치르는 것이라기보다 다른 사람들에게 '먼저 대가를 지불하기'이죠. 예탁금이랄까. 아무것도 기대하지 않고 세상에 조금의 친절을 더하는 것.
>
> 면담자 : 그것이 정말 중요한 거군요. 살면서 하고 싶은 거네요. [반영]
>
> 내담자 : 예. 세상에는 불친절이 너무 많아요. 뉴스에서 늘 보는 거죠.
>
> 면담자 : 비인간적인 면. [반영]
>
> 내담자 : 맞아요. 한편, 세상에는 친절함도 많이 있어요. 그게 제가 더하고 싶은 거예요.
>
> 면담자 : 그렇게 하셨던 때를 예로 들어주세요. [열린 질문]

사람들이 좋아하는 것을 탐색할 때 — 가치를 발견하고, 가치에 대해 더 물어보고, 그러고 나서 가치에 대해 반영하고 탐색하는 것 — 관계 맺기 과제가 역시 도움이 된다. 관계가 견고할 때 사람과 동기를 더 깊이 있게 이해하게 된다. 더 나아가, 사람들이 자기의 가치를 소리 내어 표현하도록 도울 때 일종의 **자기 인정하기**(self-affirmation)가 되어서 방어를 감소하고 변화를 촉진하는 또 다른 혜택을 가져온다.[7] 가장 중요한 것이 무엇인지 깊이 있게 들어주는 것은 특별히 영향력 있는 경험이 된다.

> 내담자가 자신의 가치를 소리 내어 표현하도록 한다.

가치에 대한 구조화된 탐색

가치를 탐색하는 데 보다 구조화된 접근들이 있다.[8] 흔히 하는 방법은 가치 목록이나 가치 카드 세트를 사용하는 것인데, 사람의 인생과 행동을 인도하는 가치들이 적혀있다. 글상자 9.1을 보면, 가치 탐색에 사용할 수 있는 100가지 가치 목록이 있다. 또는 실무자가 자신의 현장에 적합한 목록을 작성해도 된다. 명함 크기로 인쇄 가능한 파일을 다운로드할 수 있다(www.guilford.com/miller2-materials). 목록을 보고, 가장 중요하다고 여기는 가치를 찾도록 한다. 그리고 나서, 이 핵심 가치들이 무엇을 의미하는지 이해하는 대화를 한다. 열린 질문과 반영을 섞어서 대화한다.

면담자 : 선택하신 가치 중에 '보호하기'라고 있군요. 그것이 어떻게 중요한가요? [열린 질문]

내담자 : 가족을 보호하고 부양하는 것이 저의 업이에요.

면담자 : 그러니까, 보호와 부양의 조화이군요. [반영]

내담자 : 예. 부모는 그렇게 해야 한다고 생각해요.

면담자 : ○○ 님의 삶에서 가장 중요한 일 중 하나군요. 어떤 방식으로 가족을 보호하나요? [반영과 열린 질문]

내담자 : 글쎄요. 식탁에 먹을 게 있도록 월급을 가져오지요.

면담자 : ○○ 님이 좋게 느끼는 것이 되겠군요. [반영]

내담자 : 예. 저는 늘 신뢰할 만하지는 않았어요. 이제 인생을 제대로 살면서 가족이 저에게 의지할 수 있길 바라요.

면담자 : 그러니까 월급을 가지고 옴으로써 가족을 부양하고요. 또 어떤 다른 걸로 보호하나요? [반영과 열린 질문]

내담자 : 가정이 안전하도록 확실히 하지요. 화재 탐지기, 문단속, 그런 것들요.

면담자 : 그러니까 ○○ 님이 없을 때도 안전할 수 있겠네요. [반영]

내담자 : 맞아요. 제가 집에 늘 있지는 않아서요. 가족이 안전하게 느끼고 제가 거기에 가족과 함께함을 알기 원해요.

면담자 : 가족애가 정말 강하네요. 그게 왜 중요할까요? [인정하기와 열린 질문]

내담자 : 제가 성장할 때 저는 아주 안전하다고 느끼지 못했어요. 그리고 매우 외로웠지요. 외동이었는데, 제가 엄마를 보호해야 했어요.

면담자 : 이제 부모로서, 아이들이 보호받는다는 걸 알기 원하네요. 가족으로 함께 뭉치고요.

[반영]

내담자 : 가족이 강하면, 모든 걸 가진 거죠.

이 대화에서 복합반영은, 내담자가 한 말을 그냥 반복하거나 재진술하지 않고 문단 이어가기로 한 반영들이다(8장 참조). 사람들의 가장 중요한 가치들을 탐색하는 것은 그들에게 무엇이 중요하고 동기를 유발하는지, 그리고 그들의 행동을 안내하는 기준에 대한 이해의 폭을 넓히는 효과적인 방법이다.

┃글상자 9.1┃ **가치 카드 분류**

William R. Miller, Janet C'de Baca, Daniel B. Matthews, Paula L. Wilbourne

하나씩 인쇄해서 가치 카드로 만들면, 사람들이 이 카드들을 세 가지 내지 다섯 가지로 분류할 수 있다. 다섯 장의 머리말에는 "가장 중요하다", "매우 중요하다", "중요하다", "조금 중요하다", "중요하지 않다"라고 적혀있다. 백지 카드를 준비했다가 사람들이 자기만의 가치를 적게 할 수 있다. 이 가치 카드 분류는 누구나 사용할 수 있으며 특별한 허락 없이 복사, 변형, 사용 가능하다. 명함 크기로 인쇄 가능한 파일을 다운로드할 수 있다(www.guilford.com/miller2-materials).

　다음은 카드를 분류할 때의 지시 사항 예시이다.

> "이 카드에는 사람들이 중요하다고 보는 가치가 적혀있습니다. 얼마나 중요한지에 따라서 이 카드를 다섯 가지로 분류하세요. 전혀 중요하지 않은 가치 카드는 "중요하지 않다"에 분류하면 됩니다. "조금 중요하다"는 두 번째 분류에 놓으시고, "중요하다"는 가운데에 놓으시고, "매우 중요하다"는 네 번째 놓으십시오. 끝으로, "가장 중요하다"로 분류할 가치 카드들을 놓으세요. 이제 중요성에 따라서 분류하십시오. 마치면, 이 카드에는 없지만 중요하다고 생각되는 가치를 백지 카드에 적습니다. 질문 있나요?"

시작 순서는 중요하지 않다. 시작 전에 잘 섞으면 된다(백지 카드는 제외). 또는, 다섯 가지보다 적게 분류하도록 해도 된다. "중요하지 않다", "중요하다", "가장 중요하다" 등.

　다음 단계로 가능한 것은, 개인당 가장 중요한 카드에서 5장 내지 10장의 카드를 고르도록 하고, 중요성 점수대로 1에서 5, 10을 차례로 놓게 한다. "가장 중요하다" 카드로 충분하지 않으면, "매우 중요하다" 카드 중에서 고를 수 있다. 또 다른 대안으로는, 첫 번째 (분류하기) 단계를 건너뛰고, 10장의 가치 카드를 중요한 순서대로 고르게 한다. 아래 목록을 보면서 할 수 있으나 가치 카드들을 인쇄해서 사용하면 이리저리 움직여보면서 시각적으로 분류하고 순서를 매길 수 있다.

1.	수용	있는 그대로의 나로 수용받기
2.	정확성	자신의 의견과 신념에 정확하기
3.	성취	중요한 것들을 성취하기
4.	모험	새롭고 신나는 경험 하기
5.	예술성	예술을 감상하거나 자신을 예술적으로 표현하기
6.	매력	신체적으로 매력적이기
7.	권위	다른 사람을 담당하고 책임지기
8.	자율성	자기가 결정하고 독립적으로 되기
9.	아름다움	자기 주변의 아름다움을 감사하기
10.	소속감	소속감 가지기, 부분이 되기
11.	보살핌	다른 사람을 돌보기
12.	도전	어려운 과제와 문제 감당하기
13.	안락	쾌적하고 편안하게 살기
14.	헌신	오래 지속되고 의미 있는 헌신 하기
15.	연민	다른 사람을 염려하고, 염려에 따라 행동하기
16.	복잡성	삶 속에서 얽힌 것들을 포용하기
17.	타협	타협점을 찾아 기꺼이 주고받기
18.	기여	세상에 오랫동안 기여하기
19.	협동	다른 사람과 함께 협력적으로 작업하기
20.	용기	역경에도 용감하고 강하기
21.	공손	다른 사람을 배려하고 공손하기
22.	창의성	새로운 일이나 아이디어를 만들어내기
23.	호기심	새로운 것을 추구하고 경험하고 배우기
24.	믿을 만함	믿을 수 있고 신뢰할 만하기
25.	근면	무엇을 하든지 철저하고 양심적이기
26.	의무	의무와 책무를 이행하기
27.	생태 환경	환경과 조화롭게 살기
28.	흥분감	스릴과 자극이 가득한 생활 하기
29.	충실함	대인 관계에서 충실하고 진실하기
30.	명예	사람들에게 알려지고 인정받기
31.	가족	행복하고 애정이 깊은 가족 갖기

(계속)

32.	신체 단련	군살 없고 강인한 몸매 갖기
33.	융통성	새로운 환경에 쉽게 적응하기
34.	용서	다른 사람을 용서하기
35.	자유	부당한 제약과 제한으로부터 자유롭기
36.	우정	친밀하고 지지적인 친구 가지기
37.	즐거움	재미있게 놀고 즐기기
38.	관대함	내가 가진 것을 다른 사람과 나누기
39.	진정성	있는 그대로의 나에게 진실한 방식으로 행동하기
40.	신의 뜻	신의 뜻을 구하고 그 뜻에 순종하기
41.	감사	감사하고 고마워하기
42.	성장	끊임없이 변화하고 성장하기
43.	건강	신체 건강하기
44.	정직	정직하고 신실하기
45.	희망	긍정적이고 낙관적인 모습 유지하기
46.	겸손	겸손하고, 허세 부리지 않기
47.	유머	자기 자신과 세상의 재미있는 면을 보기
48.	상상력	꿈을 가지고 가능성을 보기
49.	독립성	타인에 대한 의존으로부터 자유롭기
50.	근면	인생 과제를 잘 이루기 위해 열심히 하기
51.	내적 평화	개인적 평화 경험하기
52.	존엄성	나의 가치와 일관된 방식으로 일상생활 하기
53.	인지 능력	마음을 민감하고 적극적으로 유지하기
54.	친밀감	자신의 가장 깊은 내면의 경험을 타인과 나누기
55.	정의	모두에게 공정하고 동등한 대우를 지향하기
56.	지식	가치 있는 지식을 배우고 기여하기
57.	리더십	사람의 기운을 북돋고 안내하기
58.	여가	이완하고 즐기는 시간 갖기
59.	사랑받기	가까운 사람으로부터 사랑받기
60.	사랑하기	다른 사람을 사랑하기
61.	숙달	매일의 활동에서 유능해지기
62.	마음챙김	현재의 순간을 깨닫고 의식하며 살기
63.	중용	중간 지점을 찾고, 지나치지 않기
64.	일부일처	한 사람과 친밀하고 사랑하는 관계 맺기
65.	음악	음악을 즐기거나 자신을 음악적으로 표현하기
66.	비순응	권위와 규범에 의문을 갖고 도전하기

67.	신선함	변화와 다양함으로 가득 찬 삶을 살기
68.	양육	다른 사람을 격려하고 지지하기
69.	개방성	새로운 경험, 아이디어, 대안에 열려있기
70.	질서	잘 정리되고 짜여진 생활 하기
71.	열정	아이디어, 활동, 사람에 대해 깊은 감정 갖기
72.	애국	조국을 사랑하고 섬기고 보호하기
73.	쾌감	기분이 좋아지기
74.	인기	많은 사람에게 호감을 얻기
75.	힘	다른 사람을 통제하기
76.	실용성	실용적이고, 신중하고, 합리적인 것에 초점 두기
77.	보호하기	내가 사랑하는 사람을 보호하고 안전하게 지키기
78.	공급하기	가족에게 공급하고 돌보기
79.	목적	인생의 의미와 방향성 가지기
80.	합리성	합당한 이유, 논리, 증거를 안내자로 하기
81.	현실성	현실적이고 실제적으로 보고 행동하기
82.	책임	책임 있는 결정을 내리고 이행하기
83.	위험성	위험성이 있는 기회 잡기
84.	낭만	자신의 삶에서 강렬하고 흥미진진한 사랑 하기
85.	안전	안전하고 안정되기
86.	자기수용	자기를 있는 그대로 받아들이기
87.	자기통제	자기 행동으로 단련하기
88.	자존감	자신을 좋게 느끼기
89.	자기 지식	자신에 대해 깊고 정직하게 이해하기
90.	봉사	다른 사람에게 봉사하기
91.	성생활	적극적이고 만족스러운 성생활 하기
92.	소박함	최소한의 필요로 소박한 생활 하기
93.	고독	다른 사람과 떨어질 수 있는 나만의 시간과 공간 갖기
94.	영성	영적으로 성장하고 성숙하기
95.	안정성	매우 일관된 생활 하기
96.	관용	자신과 다른 사람을 수용하고 존중하기
97.	전통	과거의 본받을 만한 양식을 따르기
98.	미덕	도덕적으로 순수하고 탁월한 삶을 살기
99.	부유함	돈을 많이 가지기
100.	세계 평화	세계 평화를 도모하기 위해 노력하기

중립적 태도 유지하기

조력 전문가는 왜 중립적이기를 원하는가? 9장을 검토하는 동안, 저자들에게 어느 편집자가 던진 훌륭한 질문이다. 이 주제에 대한 저자들의 인식은, 사실 동기면담을 개발하면서 양가감정을 가진 내담자가 특정 선택을 하도록 실무자가 무심코라도 슬쩍 밀어보는 것을 알면서부터 생겨났다. 그것이 가능하다는 걸 알게 되면 또 다른 질문이 떠오른다. "그렇게 해야(should) 하나요?"

많은 경우 조력자는 결정저울에서 이쪽저쪽 방향으로 기우는 것을 적당히 피할 수 있다. 내담자가 떠밀리지 않고 스스로 자율적인 선택을 하도록 내버려두는 것이 적합하다. 위에 나온 단어들—"해야 한다", "적당히", "적합하다"—이 가리키는 것은, 이것이 윤리적 판단과 관련한 문제라는 점이다.[9]

다음 몇 가지 예들을 보자. 동기면담을 처음 소개했던 논문에서, 자녀를 가질지 여부를 결정하려는 사례를 제시했다.[10] 이런 선택은 인생 전반에 걸쳐 명확하게 중요한 의미를 가진다. 부모인 저자들에게는, 부모 됨에 대한 찬반을 결정하는 데 있어서 어느 쪽을 설득할 일은 아님이 분명했다. 또 한번은, 연구 참여에 관해 고지된 동의서에 참가자들이 서명하도록 동기면담을 사용하는 것이 적절한지 질문을 받았다. 저자들의 답은 이구동성으로 "아니요."였다. 그러면 어떤 의료적 치료를 선택할지 고민하는 사람을 돕거나, 이식이 필요한 환자에게 장기를 기증할지 고민하는 사람을 돕는 것을 동기면담으로 하는 것은 어떠한가? 이런 경우 선택될 방향에 관해서 실무자가 확실한 관심을 가지든 아니든 간에, 윤리적인 행동 절차는 실무자가 대안들을 충분히 공평하게 설명하고, 이후 내담자의 자율적인 선택 결과를 존중하는 것이다.

동기면담의 초점 맞추기에서 실무자는 어느 한편을 편애하지 않고, 해결해야 할 주제들을 밝힐 수 있다. 조력자들은 항상 특정 변화를 옹호하는 건 아니다. 때로 중립적 태도를 유지하는 것이 적절하다.[11] 실무자는 자신의 윤리적 감각을 가지고 이러한 상황들을 기민하게 보아야만 중립적이 될 수 있고 내담자의 선택이나 변화의 방향에 영향을 주지 않을 수 있다.

> 때로 중립적 태도를 유지하는 것이 최상이다.

무엇을 질문하고, 반영하고, 인정하고, 요약하는지에 따라서 무의식적으로 내담자를 특정 방향으로 유도하기도 한다. 따라서 중요한 것은 실무자의 의도가 명백해야 한다는 것이다. 내담자를 어떤 특정 방향으로 유도하려는 건가? 아니면 중립을 유지하고 싶은 건가? 실무자는 자신의 의도에 따라서 **여러 가지**(different)를 한다. 전자의 경우라면 변화대화를 사용하여 방향성을 가지고 유발하고 강화하는 것이 적당하고, 후자의 경우라면 결정저울이 적당하다. 두 경우 모두 동기면담의 관계 맺기, 초점 맞추기, 계획하기 기술들이 적용 가능하다.

중립(neutrality) 유지하기는 중요하고, 때로 조력 관계에서 간과되는 주제이기도 하다. 언제 특정 방향으로 선택이나 변화를 지지해야 하는지? 그리고 언제 중립을 유지할 건지? 초점 맞추기 과제를 하는 동안, 이러한 선택에 대해서 의식적으로 인지해야 한다. 나는 방향 지향적 변화를 선호하는가? 아니면 지지적이고 중립적으로 있을까? 특정 방향으로 움직이도록 돕는 가장 흔한 이유는 내담자들이 도와달라고 요청했던 경우이다. 그런 일이 생길 때 실무자가 자기가 도와주는 것을 편안해하고 스스로 적임자라고 느낀다면 함께 향할 공유된 목표가 있는 것이고, 그 목표는 긍정적 변화를 예측하는 작업동맹에서 중요한 구성 요소가 된다.[12] 몇몇 조력자, 예로 보호관찰관, 당뇨 교육자, 피트니스 트레이너의 경우, 특정 변화를 추구하므로 그 변화에 대해 고지하고 한계를 정하는 특별한 역할을 한다. 실무자가 명확한 초점과 변화 방향을 가지고 있다면, 동기면담의 유발적 전략들이 앞으로 나아가도록 안내해준다(6, 7, 10장 참조).

한편, 중립이 적당한 경우는 어떻게 하나? 40년간의 동기면담 연구 결과, 저자들은 사람들이 특정 방향으로 변화하게 돕는 방법에 대해서 많이 알게 되었다. 동일한 연구 결과에서 또한, 중립을 유지하기로 선택하는 경우 특정 방향으로 밀고 가지 않는 방법에 대해서도 안내를 해준다. 그런데 무심코 어떤 방향으로 슬쩍 밀어보는 일이 발생할 수 있는데 이때 아무도 의식하지 못할 수 있다. 기억할 점은, 변화대화와 변화의 가능성은 질문하고, 인정하고, 반영하고, 요약하기에 어떤 내용을 담는지에 따라 영향을 받는다는 것이다. 동기면담의 유발하기 과제는 이러한 영향력을 의식적으로 인지하고 변화 목표를 향해 계속 가도록 하는 기술들을 전략적으로 사용하는 것이다. 그렇다면 중립이란 실무자가 무엇에 집중하는지, 어떤 (그리고 어떻게) 반응을 하는지에 대해 의식적으로 인지하면서 동시에 의도적이 아니더라도 어느 한편에 저울을 기울이지 않고자 균형을 유지하는 것이다.

1. 변화할 때의 이득	2. 변화하지 않을 때의 이득
3. 변화할 때의 불이익	4. 변화하지 않을 때의 불이익

그림 9.1 결정저울

6장에서 다룬 결정저울이 여기서도 유용한 모델이 된다. 찬반 결정을 모두 알아보는 개념은 벤저민 프랭클린(Benjamin Franklin) 당시로 거슬러 올라간다. 어려운 선택을 앞두고 그의 조언을 구했던 한 친구에게 프랭클린은 1772년에 답장을 썼다.[13] 친구에게 어떻게 하라고 말하는 대신, 그는 각각의 선택 대안에서 선호하는 이유를 며칠 동안 모두 적어보도록 조언했다. 이러한 방법은 그 후 어빙 제니스(Irving Janis)와 레온 만(Leon Mann)에 의해서 더 심도 있게 발전되었는데, 이 두 사람은 선택에 영향을 주지 않으면서 어려운 결정을 하도록 돕는 방법을 기술하였다.[14] 단축형으로, 그림 9.1에 제시한 네 개의 상자로 된 결정저울이 있다. 상자 1에는 변화를 할 때 오는 이득을 적는다. 상자 2에는 변화 없이 현 상태를 유지할 때의 이득을 적는다. 상자 3에는 변화할 경우 발생하는 불이익을 적는다. 상자 4에는 변화하지 않을 때 오는 안 좋은 점들을 적는다. 동일한 방식으로 어떤 선택이라도 대안 A와 B를 측정할 수 있고, 또는 A, B, C 등의 더 많은 대안들에 대해서도 저울로 잴 수 있다.

위의 결정저울은 내담자의 현재 변화 준비도 수준을 알려준다. 상자 1과 4(변화할 때의 이득과 변화하지 않을 때의 불이익)에 동기가 많을수록, 변화 가능성이 높아진다. 한편, 상자 2와 3의 동기가 상자 1과 4를 넘어서면, 변화 가능성은 줄어든다. 상자마다 동일하면 완전한 양가감정이다.

변화를 격려하고자 방향 지향적(directional) 유발하기(6, 7장 참조)를 하는 경우, 상자 1과 4(변화대화와 상응한다)에 적힌 항목들에 특별히 집중한다. 변화할 때의 이득과 현상태를 유지할 때의 불이익이다. 조력자가 이 두 상자에 있는 동기들에 대해 선별적으로 질문하고, 인정하고, 반영하며, 요약하기를 할 때는 대부분 변화대화가 나온다. 그렇다고 해서 상자 2와 3을 무시하라는 것은 아니다. 양가감정을 가진 사람들은 네 상자 모두에 대해 자연스럽게 무언가를 말한다. 그러나 동기면담의 유발하기 과제에서 실무자는 특별히 상자 1과 4에 대해 묻고, 반영하고, 인정하고, 요약한다. 그렇게 함으로써 내담자에게 그 항목들을 더 두드러지게 해주고 마침내 변화 쪽으로 저울이 기울어진다.[15]

내담자의 선택 결정에 영향을 주지 않으려는 경우, 네 가지 상자 모두에 동일하게 집중한다. 결정저울을 작성하는 원래의 목적이 그것이며, 모든 가능성에 대해 동등하게 고려하도록 한다. 그리고 나서 내담자가 선택하면, 내담자는 당시 알고 있던 것을 토대로 모든 가능성에 대해 충분히 고려했다는 사실로 인해 최소한 평화를 찾는다. 이 방법은, 벤저민 프랭클린이 추천한 대로 모든 이득과 불이익을 글자 그대로 모두 적는 것이다. 네 개의 상자를 사용할 수도 있고, 각 대안의 찬반 이유를 목록으로 만들어도 된다. 인쇄한 결정저울을 사용하지 못하는 경우, 네 개의 상자를 기억해서 각각의 경우에 대해 질문하고, 내담자가 말하는 것을 균형 있게 반영하면서 결정 절차를 인정하고 지지해준다. 요약하기를 할 때는 네 개의 상자에 있는 내용을 균형 있게 포함한다. 이런 방식으로 하면 실무자는 자신의 균형을 유지하면서 한쪽 선택을 의도치 않게 밀지 않을 수 있다.

요약하면, 초점 맞추기란 실무자가 내담자와 함께 목표를 합의하기 위해서 고안된 협의 과정이라고 본다. 내담자의 삶의 가치를 명료화함으로써 초점 맞추기가 확실해진다. 어떤 경우, 실무자는 중립을 유지하기로 선택할 수 있는데, 그러기 위해서는

> 삶의 가치를 명료화할 때 초점 맞추기가 확실해진다.

방향 지향적 유발하기 기술과는 다른 기술(예 : 결정저울)을 사용한다. 초점 맞추기는 동기면담의 유발하기 과제로 흘러가고 함께 어우러진다. 10장에서 이 부분에 보다 깊이 있게 다이빙을 하고자 한다.

> ・개인적 관점・ **변화로 가는 궤도 그리기**

1990년대 초, 나는 학구열이 높은 가정의학과 의사들과 커피를 마시고 있었다. 폭넓은 주제로 대화를 나누었는데, 열심히 진료에 오는데도 불구하고 행동 변화가 전혀 없고 건강이 악화되는 만성 질환자에 관한 이야기였다. "환자들에게 뭐라고 하는 대신에, 우리가 달라져야 하지 않나요?"라고 한 동료가 말했다. 그래서 동기면담을 배경으로 한 우리들은 이런 상황에 대해서 간호사와 의사가 환자에게 어떻게 솔직하게 말하고 현실적인 목표에 대해 동의를 구할지에 대해 연구하기 시작했다. 우리는 변화 안건(agenda) 도해나 물방울 용지(bubble sheet)를 만들어 환자들과 건강 행동 변화를 위한 선택 대안들을 제시하는 데 효과를 보았다. 이후에 우리는 변화의 초점이 무엇이 되어야 하는지에 관한 주제를 다루었다. 물방울 용지가 환자와의 열기 있는 대화를 하도록 해주었고, 환자들은 자신의 호전 상태에 대해 더 솔직해졌으며, 어떤 행동 변화가 가능할지에 대해 이야기했다.[16]

임상 실천에서 보면, 초점 맞추기가 난해한 도전이었다. 대화 중에 매 순간마다 전환하며 초점화하는 것이 그러했다. 녹음테이프 개발은 일정표 만들기라는 용어를 **변화 안건 도해**(agenda mapping)로 전환시켰다. 대화 중 어느 시점에서든지, 뒤로 돌아가서 합의된 여정의 방향이 무엇이었는지를 명료화하거나 재합의하는 것이 도움이 될 수 있다.[17]

―스티브

☑ 주요 개념

- 가치-행동 불일치
- 변화 안건 도해
- 자기 인정하기
- 중립
- 합의된 의사 결정하기

☑ 요점 정리

- 목표(어떤 변화를 할지)를 명료화하는 초점 맞추기 과제는 왜 변화하려는지(유발하기), 그리고 어떻게 변화할지(계획하기)를 자연스럽게 탐색하도록 한다.

- 내담자와 조력자가 희망하는 바가 서로 다를 수 있으며, 초점 맞추기 과제는 합의
된 목표로 가게 해준다.
- 때로 조력자는 중립을 유지하는 것이 적당할 수 있고 특정 방향으로의 선택이나
변화를 선호하지 않을 수 있다.
- 결정저울 상자는 실무자가 균형을 잡도록 도울 수 있다. 중립을 유지하기 원하는
경우 찬반에 동일하게 집중하면 된다.

참고문헌

1. Barry, M. J., & Edgman-Levitan, S. (2012). Shared decision making: Pinnacle of patient-centered care. *New England Journal of Medicine, 366*(9), 780–781.
    Elwyn, G., & Frosch, D. L. (2016). Shared decision making and motivational interviewing: Achieving patient-centered care across the spectrum of health care problems. *Annals of Family Medicine, 12*(3), 270–275.
2. Miller, W. R. (2022). *On second thought: How ambivalence shapes your life.* Guilford Press.
3. Kang, E., Kim, M. Y., Lipsey, K. L., & Foster, E. R. (2022). Person-centered goal setting: A systematic review of intervention components and level of active engagement in rehabilitation goal setting interventions. *Archives of Physical Medicine and Rehabilitation, 103*(1), 121–130.
4. Danish police, for example, tried to use MI to persuade refugees who had been denied asylum to leave the country. It was not only ineffective but also distasteful to both the interviewers and the refugees. Kohl, K. S. (2022). The stalemate: Motivational interviewing at a carceral junction. *Incarceration: An international Journal of Imprisonment, Detention and Coercive Confinement, 3*(1), 1–18.
5. Maslow, A. H. (1970). *Motivation and personality* (2nd ed.). Harper & Row.
6. Rokeach, M. (1973). *The nature of human values.* Free Press.
7. Epton, T., Harris, P. R., Kane, R., van Konigsbruggen, G. M., & Sheeran, P. (2015). The impact of self-affirmation on health-behavior change: A meta-analysis. *Health Psychology, 34*(3), 187–196.
    Steele, C. M. (1988). The psychology of self-affirmation: Sustaining the integrity of the self. *Advances in Experimental Social Psychology, 21*, 261–302.
8. Kirschenbaum, H. (2013). *Values clarification: Practical strategies for individual and group settings.* Oxford University Press.
    Rokeach, M. (1973). *The nature of human values.* Free Press.
9. Miller, W. R. (1994). Motivational interviewing: III. On the ethics of motivational intervention. *Behavioural and Cognitive Psychotherapy, 22*, 111–123.
10. Miller, W. R. (1983). Motivational interviewing with problem drinkers. *Behavioural Psychotherapy, 11*, 147–172.
11. Miller, W. R. (1994). Motivational interviewing: III. On the ethics of motivational intervention. *Behavioural and Cognitive Psychotherapy, 22*, 111–123. We also discussed this issue in more detail in our third edition of this book.
    U.S. National Commission for the Protection of Human Subjects of Biomedical and Behavioral Research. (2017). *The Belmont report: Ethical principles and*

guidelines for the protection of human subjects of research. Forgotten Books.

12. Horvath, A. O., & Greenberg, L. S. (1994). *The working alliance: Theory, research, and practice.* Wiley.

   Martin, D. J., Garske, J. P., & Davis, M. K. (2000). Relation of the therapeutic alliance with outcome and other variables: A meta-analytic review. *Journal of Consulting and Clinical Psychology, 68*(3), 438–450.

13. Franklin, B. (1904). Moral or prudential algebra: Letter to Joseph Priestly (September 19, 1772). In J. Bigelow (Ed.), *The works of Benjamin Franklin (Vol. V): Letters and misc. writings 1768–1772.* Putnam.

14. Janis, I. L., & Mann, L. (1977). *Decision making: A psychological analysis of conflict, choice and commitment.* Free Press.

15. Glynn, L. H., & Moyers, T. B. (2010). Chasing change talk: The clinician's role in evoking client language about change. *Journal of Substance Abuse Treatment, 39*(1), 65–70.

16. Stott, N. C. H., Rees, M., Rollnick, S., Pill, R. M., & Hackett, P. (1996). Professional responses to innovation in clinical method: Diabetes care and negotiating skills. *Patient Education and Counseling, 29*(1), 67–73.

17. Gobat, N., Kinnersley, P., Gregory, J., Pickles, T., Hood, K., & Robling, M. (2015). Measuring clinical skills in agenda-mapping (EAGL-I). *Patient Education and Counseling, 98*(10), 1214–1221.

유발하기
변화대화 일구기

당신이 무엇을 믿는지 사람들이 알게 되는 방식으로 당신도 자신이 무엇을 믿는지 안다. 자기가 하는 말을 듣기 때문이다.

―대릴 벰

내가 혼잣말을 하는 이유는 나 자신이 내가 한 답을 받아들이는 유일한 사람이기 때문이다.

―조지 칼린

동기면담에 대해 흔히 가지고 있는 오해는 동기면담이 훌륭한 경청이자 관계 맺기에서의 친절한 기술일 뿐이라는 생각이다. 실제로 몇몇 전문가들은 경청이 조력자로서 해야 하는 모든 것이라고 믿는다.[1] 상대방을 존중하며 잘 보고 잘 들은 덕분에, 숙련된 경청은 사람을 변화하도록 하는 데 충분하다. 공감적 경청 없이는 동기면담을 실천하는 것이 아닌 것도 사실이다.

동기면담은 관계 맺기의 토대가 되는 공감적 경청에 근거 기반 기술을 추가하는데, 그것은 내담자의 언어 표현에 선별적으로 주의를 기울이는 기술이다. 6장에서 내담자의 이러한 언어 표현을 '변화대화'로 설명하였다. 동기면담에 대해서 종종 놓치는 부분이 있는데, 동기면담이 목적을 향한, 방향 지향적이라는 측면이다. 특별히 유발적 기술들을 사용하여 명료한 초점이나 목표를 향하도록 하는데, 이 기술을 가리켜 **변화대화 일구기**(cultivating change talk)라고 부른다. 동기면담 훈련 시 때로 이 전략적 방향 지향적인 구성 요인에 충분한 주의를 두지 않아서 동기면담의 효과성이 감소한다.[2] 내담자가 자신의 변화 동기를 소리 내어 말하게 함으로써 그들의 목표를 깨달아 알도록 도울 수 있다. 그래서 내담자가 자신의 변화 이유를 표현할 때까지 수동적으로 기다릴 필요가 없다. 10장에서는 변화대화 일구기 방법에 대해 보다 깊이 있게 설명한다.

> 동기면담에서 실무자는 특별히 유발적 기술을 사용하여 목표를 향해 간다.

'일군다'라는 말이 은유로서 적절하다. 씨앗이 싹을 틔우고 자라도록 토양을 준비하고 사용하는 것을 말한다. 동기면담의 정신과 방법은 동기가 자라도록 해주는 토양이다. 일반적으로, 씨앗을 준비할 필요는 없다. 단지 물을 주고 자라게 하면 된다. 때로 새싹이 이미 보여서 단지 격려만이 필요하기도 하다. 새싹이 자라는 것에 방해가 되는 어떤 것도 키우지 말아야 한다. 저자들은 14장에서 유지대화와 불화 완화하기를 다루면서 일구기 측면을 더 설명한다.

변화대화를 알아차리고, 초대하고, 견고히 하기

저자들은 6장에서 유발하기 과제의 세 가지 주요한 측면을 설명했다. 첫 번째, 변화대화를 들으면 알아차릴(recognize) 수 있어야 한다. 변화대화를 알아차리도록 귀를 조율해야 하고, 방금 중요한 것을 들었음을 인지해야 한다. 동기면담을 학습할 때, 학생들은 듣고 있는 내용에 포함된 중요한 변화대화를 종종 놓치곤 한다. 다양한 이유로 그런 일이 발생하는데, 주의를 집중하지 않거나, 접수 정보를 수집하느라 주의가 다른 곳에 가 있거나, 내담자가 혼잣말하도록 수동적으로 두거나, 또는 내담자로부터 더 많은 것을 이끌어내기 위해 어떻게 반응할지 알지 못하기 때문이다. 변화대화를 들으면, 주목하고 기억하라. 변화대화는 종종 유지대화와 섞여서 나온다. 다음 예시는 백신 접종에 대해 주저하는 내담자 대화인데, 그 안에 변화대화가 들어있다(**볼드체**로 표기).

"저는 주삿바늘을 좋아하지 않아서, 이번 독감 백신은 맞지 않을 생각이에요. 그 안에 뭐가 들어있는지 어떻게 알겠어요? 바이러스에 관한 추측일 뿐이지 않나요? 저는 **어쨌든 주사 때문에 아프고 싶지 않거든요.** 그리고 꽤 건강한 편이에요. 바이러스를 가지면 **그렇게까지 아프지 않다고 하지만**, 저는 작년에 한 번도 아픈 적이 없어요. 사람들이 백신에 어떻게 반응하는지 지켜보고 있어요. **대부분의 경우 괜찮은 것 같아요.** 하지만 저는 더 장기적인 영향에 대해 걱정이 되거든요."

대화 안에 **내재된 변화대화**(embedded change talk)를 알아차리는 것이 동기면담에서 핵심 기술이다.

두 번째 기술은 6장에서 언급한 대로, 변화대화를 기다리고만 있는 것이 아니라 변화대화를 초대하는(inviting) 것이다. 가장 간단한 방법은 변화대화가 자연스럽게 답으로 나올 만한 열린 질문을 하는 것이다. 또한, 중요성 척도를 사용하거나, 과거 돌아보기, 앞을 내다보기, 극단적인 경우 상상하기, 가치 탐색하기(6장 참조) 등의 장치들이 있다. 이 모든 방법들은 변화대화가 시작되도록 해준다.

물론, 변화대화를 들었을 때 어떻게 반응하는지(respond)가 또한 중요하다. 이것은 세 번째 기술로서 6장에 설명한 바 있다. 간략하게 말하면, 변화대화를 반영하

> 대화 안에 섞여있는 변화대화를 주목하라.

고, 더 물어보고, 인정하는 것이 된다. 호기심의 마음가짐을 가져야 한다. 변화대화를 들으면, 더 듣고자 하고, 더 잘 이해하고자 해야 한다. 변화대화를 마치 꽃처럼 기억하고, 모아서 작은 꽃다발이나 부케를 만들었다가 요약할 때 다시 돌려준다. 변화대화를 들으면, 간단히 "그 밖에는요?"라고 질문함으로써 새로운 주제들을 열어갈 수 있다.

유발하기 과제에서, 실무자는 한 단계 앞을 생각해볼 수 있다. "내가 이 말을 하면, 내담자는 뭐라고 말할까?" 동기면담의 유발하기 과제에서, 유지대화가 아니라 변화대화를 유발할 가능성이 있는 말을 골라서 해야 한다. 그리고 나면 자기의 추측이 맞았는지 여부를 즉시 알게 된다. 여러 수를 먼저 생각해야 하는 체스 게임이 아니다. 그냥 한 단계씩 하고 나서 변경할 수 있다.

다음은 의료 현장에서 당뇨병 진단을 받은 내담자와 상담사의 대화이다. 환자의 변화대화는 **볼드체**로 표기했다.

상담사 : ○○ 님이 제2형 당뇨병으로 진단되어서 의사선생님이　　열린 질문

상담을 의뢰하셨어요. 진단 결과에 대해 어떻게 느끼셨는지 궁
금합니다.

환자 : 제가 당뇨가 있을 거라고는 생각하지 못했어요. 충격이었
죠. 지금은 괜찮아요.

상담사 : 당뇨병 진단이 종종 충격이 되지요. 정말 아무 증상이 　　　　　반영
없으셨던 거군요.

환자 : 밤에 서너 번 소변 보느라 깨곤 했는데, 그렇게 크게 생각
하진 않았어요.

상담사 : 밤에 자주 일어나는 걸 알아차리셨네요. 　　　　　　　　반영

환자 : 오랫동안 그래 와서, 요도 염증인가 싶어서 의사한테 갔
던 거예요.

상담사 : 그래서 진단을 받은 거군요. 3주 전인 것 같네요. 충격 　　변화대화(실천)를 유발하기
이셨고요. 이제까지 어떤 걸 하셨나요? 　　　　　　　　　　위한 열린 질문

환자 : 간호사가 혈당 재는 방법을 보여주었어요.

상담사 : 좋아요! 그건 어떻게 하고 계시나요? 　　　　　　　　열린 질문

환자 : **괜찮은 것 같아요. (침묵) 아침 식사 전에 재는 걸 기억하려** 　변화대화. "노력하고"에 실
고 노력하고 있어요. 한 번으로 충분한 건가요? 　　　　　천의 어려움이 함축되어
　　　　　　　　　　　　　　　　　　　　　　　　　　　　있다.

상담사 : 아침 식사 전에 혈당 재는 건 공복 혈당 수치를 알려주
지요. 식사 후 두 시간 있다가 재는 것도 좋아요. 의사는 몇 번
하라고 했나요?

환자 : 모르겠어요. 아마도 하루에 여러 번.

상담사 : 그렇군요. 검사하는 것이 얼마나 도움이 되는지에 대해 　변화대화를 유발하기 위한
서 이미 알고 있는 것이 있다면 무엇인지요? 　　　　　　　열린 질문

환자 : **혈당이 얼마나 높은지 아는 것이 중요한 거죠?** 　　　질문이지만 변화에 개방적
　　　　　　　　　　　　　　　　　　　　　　　　　　　임을 암시한다.

상담사 : 예. 현재 혈당 수준을 알 수 있어서 도움이 돼요. 그 밖 　"그 밖에?" 질문
에 어떤 것이 도움이 될까요?

환자 : 모르겠어요. **너무 높으면 뭔가 다른 걸 할 수 있겠지요.**

상담사는 변화대화를 유발하기 위해서 전략적으로 열린 질문을 하고 있다. 처음에

나오는 변화대화가 모호하게 들릴 수 있는데, 그것도 괜찮다. '아마도' '추측건대' 등의
부사에 대해 걱정할 필요가 없다. 그것도 여전히 변화대화이다.

변화대화를 잘 유발하는 데는 단순히 질의응답을 하
는 것보다 더 많은 방법들이 있다. 변화대화를 들을 때
어떻게 반응하는지에 따라 보다 풍부한 자기 동기화 표
현으로 나오기도 한다. 다음은 흡연자와의 대화이다.[3]

> 변화대화에 어떻게 반응하는지에
> 따라 보다 풍부한 자기 동기화
> 표현들이 나온다.

내담자는 흡연을 해야 하는 필요를 말했고, 흡연이 자신의 삶 전체에 깊이 박혀있다고
방금 말했다. 대화가 이어진다(변화대화는 **볼드체**로 표기함).

흡연자 : 지금 담배가 있으면 피울 거예요.

면담자 : 흡연이 ○○ 님의 삶의 큰 부분이군요. 지금이라도 피
우고 싶으시네요.

> 유지대화
>
> 유지대화를 반영한다.

흡연자 : 절대적이죠. 밤에 10시, 11시에도 가게에 가서 담배 사
는 사람이 흡연자이죠. 담배가 필요한 거니까요. 신체적으로
필요하고 또 담배를 즐기니까 좋은 거죠.

면담자 : 한편으로 흡연을 정말 즐기시네요.

> 예측한 바와 같이, 유지대
> 화를 반영하면 유지대화가
> 더 많이 나온다.
>
> 짧고 훌륭한 반영이다! 내
> 담자의 즐거움을 메아리쳐
> 주면서 또한 다른 한편이
> 있음을 암시한다. 그것이
> 무엇인지 묻지 않아도, 내
> 담자는 다음에 그 다른 한
> 편에 대해 답한다.

흡연자 : 맞아요. **다른 한편에는 "너는 정말 하고 싶은 건 아니야,
아니면 너는 하지 말아야 해."라고 하죠.** 사람들이 하면 안 된다
고 말해서가 아니고요. 사실 담배를 피우다 보면 시작되는─향
이랄까 맛이랄까, **문제들이 생기죠.**

면담자 : 음. 한편으로, 담배가 정말 좋으시고, 도움이 되는데, 또
다른 한편으로 몇 가지 좋지 않은 점이 눈에 띄는 거네요. 밤
에 담배 사러 밖에 나가거나, 휴식 시간을 기다리거나, 그리고
향과 맛에 대해서 말하셨어요.

> 양면 반영
> 내담자가 이미 언급한 변
> 화대화를 맨 끝에 둔다.

흡연자 : 예. **더 이상 즐길 수 없는 때가 오거든요. 그냥 습관 때문
에 하는 거죠. 니코틴이 필요해서죠. 담배를 원해서라기보다도**

요, 그냥 피워야 해서 피우는 시점이 오지요. 저는 담배 끊으려고 해본 적은 없어요. 오랫동안 담배를 피워 와서, 한 번도 제가 "담배 끊을 거야."라고 말하지 않았어요.

면담자 : 왜 그런 거라고 생각하나요?

열린 질문, 기대되는 답은 유지대화이다.

흡연자 : 삶의 많은 부분이 된 거라고 생각해요. 늘 하는 것이고, 그게 모든 것이고… 낚시를 가거나 사냥을 가거나, 운동 경기를 보러 가거나, 무엇을 하든 간에─담배가 한 부분이 되고, 담배를 들지 않고 거울을 본다는 건 상상하기 어려운 지점까지 온 거죠. 담배는 저의 한 부분이고, 성격의 한 부분이기도 하고요.

유지대화가 나온다─니코틴 중독 경험을 훌륭하게 주관적으로 설명하고 있다.

면담자 : 그러니까 담배가 지금 ○○ 님의 성격의 한 부분이라는 거네요.

유지대화를 반영한다.

흡연자 : 절대적이죠. 성격의 한 부분이죠. 담배 없는 저를 상상조차 하지 못한다고 사람들이 제게 말해요. 담배 없이 제가 어떻게 보일지 상상을 못 하겠다고 해요.

면담자 : 그리고 ○○ 님 스스로 담배 없는 자신을 상상하기 어려운 거네요.

반영

흡연자 : 맞아요. 그러니까 담배가 자기 자신이 되는 거죠. **하지만 동시에 무언가 일어나고 있는 걸 알게 돼요. 그 맛이 더 이상 없는 걸 알게 되고요. 담뱃값이 정말 올라서, 이제 싼 걸로 바꾸든지, 원주민 구역에 가서 사 오든지… 담배 피우고 그 욕구를 유지하려니 너무 많은 걸 해야 해서, 솔직히 말하면, 정말 미칠 노릇이에요.**

내담자는 유지대화를 조금 말하다가, 자연스럽게 변화대화를 말한다. 양가감정의 훌륭한 예이다. 면담을 시작한 지 3분 만에 변화대화가 유지대화의 수를 넘어서기 시작한다.

면담자 : 흡연이 ○○ 님에게 걱정거리가 아니었는데 지금은 사실상 문제를 많이 초래하네요.

양면반영

흡연자 : 지금은 도전이 되네요. "가서 담배 한 갑 사자."가 아니라, 이제는 "담뱃값이 얼마지? 어느 게 더 싼 거지? 면세 지역에 들러서 담배 한 갑을 살까? 옷에 담뱃불 태워서 구멍이 생겼나? 어쩌지, 제길─구멍 났네." 이제는 점점 문제가 많아지기 시작해요. 그리고 생각하게 되네요. "이렇게 해서 돌아오는 게 뭐지? 어떤 가치가 있는 거지?"

변화대화가 더 나오고 있다.

내담자가 객관적으로 말하더라도, 자신에 대해 말하고 있음이 분명하다.

면담자 : 예. 저도 물어보려고 했던 거예요. 처음에 ○○ 님이 흡연을 더 하게 되고 즐거움은 덜 하다고 하셨고, 그뿐 아니라, 이런 부담과 비용 등이 모두 발생하고 있는 거네요.

> 변화대화를 반영한다. 면담자의 표현은 담배 광고 (덜 피우면서 더 즐겁게) 내용을 바꾸어서 역으로 비춰준다.

흡연자 : 제가 가공할 만한 흡연 광고가 되겠는데요. 어마어마한 광고.

> 면담자가 빗대어 말한 것을 내담자가 알아차린다.

면담자는 대화 시작 시 유지대화에 대해 질문하고 반영하였다. 기억할 점은, 관계 맺기가 첫 번째 도전이 될 수 있고, 실무자가 이해하고 있음을 내담자에게 알려줌으로써 관계 맺기가 견고하게 될 수 있다는 점이다. 그러나 바로, 면담자는 내담자의 반흡연 동기를 유발하는 것으로 방향을 돌렸다. 직접적으로 질문하지 않고도 면담자는 반영만으로 변화대화를 많이 이끌어냈다.

이 면담은 또한 변화대화가 들릴 때 어떻게 반응하는지에 따른 영향력을 보여준다. 이 사례에서, 면담자의 유일한 반응은 변화대화에 중심을 둔 반영이었다. 인정하기를 하고 상세히 설명하도록 요청하거나 예제를 말해달라고 할 수도 있다. 다음은, 앞선 사례의 제2형 당뇨병으로 진단된 내담자로부터 어떻게 변화대화를 더 요청하도록 할 수 있는지 보여준다. (14장에서 유지대화와 불화에 반응하는 예시를 보여준다.) 다음 예시에서 열린 질문(O), 인정하기(A), 반영(R)이 표시되며, 변화대화는 **볼드체**로 표기하고 있다.

당뇨에 대한 변화대화	동기면담 일치 반응
"저는 채소를 사실 좋아하지 않아요. **더 먹을 수는 있는데**, 즐기지는 않아요."	"채소를 좋아하진 않아도 식이요법을 위해서 채소를 더 드실 의향이 있으시네요." (R) "건강이 ○○ 님에게 그 정도로 중요하네요." (A)
"전에는 규칙적으로 운동을 했는데, 지금은 안 하고 있어요. **할 수 있겠지요.**"	"운동을 다시 시작 안 하면, 어떤 걸 할 수 있다고 보나요?" (O)
"혈당 수치를 규칙적으로 재면, **습관이 될 수 있다고 봐요.**"	"무언가 하기로 결정하고 방법을 찾으시면 꾸준하게 하는 분이네요." (A)
"**물론 시력을 잃고 싶지는 않아요. 이 보조제가 혈당 수치에 도움이 된다고 들었는데 이것을 복용할 생각이에요.**"	"시력이 ○○ 님에게 얼마나 중요한가요?" (O) "건강을 지키는 데 도움이 되는 새로운 것들을 시도할 의향이 있으시네요." (R) "그 보조제에 대해서 알고 계신 것이 무엇인가요?" (O)

> **• 치료자에게 • 치료적 유발**

동기면담의 방향 지향적인 유발하기는 상담과 심리치료에서 보다 일반적인 유발 기술로 사용된다.[4] 각자의 이론적 배경에서, 치료 중에 내담자로부터 듣고 싶은 특별한 반응이 있는가? 이 질문에 대해서 직관적인 감이 있을 것이다–내담자가 특정한 말을 하는 걸 듣는다면 실무자는 기쁠 텐데, 그 이유는 무엇인가? 임상적 연구 측면에서 보면, 상담 회기 중에 내담자가 이러한 말을 하거나 행동을 하는 것이 치료 효과를 예측하고 촉진한다. 치료적 유발은 상담 회기 중에 내담자가 특정 방식으로 반응하도록 전략적으로 격려하여 앞으로 나아가게 하는 단계이다.

내담자 중심적 관점에서 보면 **경험하기**(experiencing)가 하나의 예인데,[5] 치료에서 내담자의 자기 관찰적인 몰입의 깊이를 말하며, 이것은 상담 회기에서 내담자가 무엇을 말하는지를 보고 측정 가능하다.[6] 경험하기의 수준이 낮을 경우, 내담자는 추상적이고, 피상적이고, 비개인적 방식으로 자신에 대해 말하면서 정서적 내용이 거의 없이, 과거 시제로 설명하는 방식으로 말한다. 경험하기 수준이 높을 경우, 더 즉시적이고 일인칭으로, 현재 시제로, 정서적으로 몰입되어 있다.[7] 회기 내에서 경험하기는 다양한 치료적 배경 내에서 치료 효과를 예측함을 나타내는 강력한 증거가 있다.[8] 치료자가 보다 공감적이고 수용적이고 인정하기를 하는 경우, 내담자의 경험하기 수준이 보다 높은 수준으로 유지된다.[9]

이와 마찬가지로, 기능 분석 심리치료(Functional Analytic Psychotherapy : FAP) 전문가들은 상담 회기 내에서 일어날 수 있는, 내담자의 긍정적 변화를 촉진하거나 또는 방해할 수 있는 임상적으로 관련성 있는 행동들에 대해 방심하지 않는다. 대인 관계적 그리고 맥락적인 접근 안에서, FAP 치료자들은 회기 내 문제 행동을 감소하고, 호전 관련 반응을 강화하고자 노력한다.[10]

동기면담에서는 내담자의 변화대화와 유지대화에 각별히 주의를 기울이는데, 이 둘의 균형이 변화 발생 여부를 예측하기 때문이다.[11] 치료자 반응이 이 균형에 확실히 영향을 주는데, 실험 연구와 연계 분석에서 모두 동일한 결과를 보인다.[12,13] 이와 같이 방향 지향적 유발하기는 동기면담이 가지는 효과성일 뿐이며, 이 효과성은 보다 폭넓은 대인 관계 상황 내에서도 발생한다.

왜(why)와 어떻게(how) 모두를 유발하기

요약하면, 실무자가 내담자에게 어떤 말을 하도록 요청하고 강화하느냐가 중요하다. 결정저울(9장 참조)에서 상자 1과 4를 전략적으로 유발할 때, 그것이 실무자가 의도하는 것이라면, 내담자가 변화 쪽으로 움직이게 돕는다. 만약 선택 방향에 영향을 주지 않고 실무자가 중립을 유지하기 원한다면, 변화의 이득과 불이익에 대해 의도적으로 공평하게 주의를 기울일 것이다.

다음은 자신감이 낮은 내담자로부터 변화대화를 유발

> 실무자가 내담자에게 어떤 말을 하도록 요청하고 강화하느냐가 중요하다.

하는 예시이다. 상담사가 대화하는 사람은 중년 여성으로 전문대학교에 취업 훈련 프로그램을 시작할지를 고민하고 있다.[14] 내담자는 이전에 한 번 등록을 시도했으나 지원하지 않았다. 기술을 배워서 안정된 직업을 가지고 싶다고는 말하는데 곧바로 그렇게 할 수 있는지에 대해 스스로 의구심을 가지고 있다. 변화대화는 **볼드체**로 표기하였다.

상담사 : 그러니까 전에 한 번 등록하려고 해보았는데, 지원을 하지는 않았네요. 하지만 이제 변화를 하고 싶은 거네요.	이전 변화대화를 반영한다.
학생 : **제가 원한다고 생각은 해요.** 그런데 서류 작성이니, 어린 학생들이랑 같이 있는 거며, 시험 보는 거며 할 수 있을지 모르겠어요.	내담자는 양가감정 양쪽 모두를 드러낸다.
상담사 : 할 수 있을지 의심이 있네요.	유지대화를 반영한다.
학생 : 예. 학교에 다닐 만큼 제가 정말 충분히 똑똑하다고 생각 안 해요.	유지대화가 더 나온다.
상담사 : 흠. 한편으로 생각하시기를, 학업 프로그램을 마치는 데 필요한 것을 갖고 있지 않다는 거군요.	"한편" 의심이 있음을 반영한다.
학생 : **무언가 하긴 해야 해요.**	내담자가 변화대화(필요)로 답한다.
상담사 : 그 말이 맞을 수도 있겠지요 — 필요한 것을 갖고 있지 않을 수도요. 한편, 서류 작성하신 것과 적성을 제가 보았을 때 — ○○ 님은 매우 확실한 적성이 있고 또 검정고시에 합격했어요. 이런 것은 많은 사람들이 잘하지 못하지요. 제가 느끼기로는, ○○ 님의 서류 정보가 보여주는 것은 상당히 강한 무엇이 ○○ 님에게 장점으로 있다는 거지요.	
학생 : 하지만 검정고시는 상당히 쉬웠어요.	
상담사 : 그랬나요?	
학생 : 맞아요. 그런데 다른 것들, 시험 같은 건 잘 모르겠어요. 학교 다닌 지 오래되어서 제가 준비가 정말 되어있다고는 생각하지 않아요.	
상담사 : 그러니까 검정고시는 매우 쉬웠네요. 그래서 약간 무시하게 되는 거군요. 쉬웠기 때문에 그리 중요한 걸로 치지 않네요.	확대반영

학생 : 글쎄요. 그런 것 같기도 요. 사실 그런 식으로 생각해본 적이 없어서요. 하지만 대학교 수업은 훨씬 어렵겠지요.

상담사 : 그러니까, ○○ 님이 느끼기에 어려울 것 같아서 잘할 수 없을 거라는 거네요.

반대하는 대신에 '나란히 가기'를 한다.

학생 : 게다가 모두 어린 사람들이라서 [캠퍼스에] 제가 가장 나이 많은 사람이 될 거예요. 그런 것이 정말 불안해요. 훨씬 나이 어린 사람들이 주위에 많이 있으면요.

상담사 : 맞아요. 나이 어린 사람들이 나이 든 사람보다 훨씬 더 에너지가 있지요.

솔직하면서도 부드럽게 빗대어 말한다.

학생 : (웃는다.) 아마도 그럴 거예요. 그렇게 생각해보지는 않았어요. (미소를 짓는다.)

그 사실을 받아들인다.

상담사 : (같이 웃으며) 지금 어떤 것에 웃음이 나오나요?

학생 : **저도 에너지가 많은 거 같아서요.** 하지만 어린 학생들이랑 학교 다니며 공부하는 건 모르겠어요. 공부한 지 오래되어서요.

변화대화와 유지대화가 함께 나온다.

상담사 : 흠. 여기 목록을 보니까 ○○ 님이 할 수 없을 거라고 생각하는 이유들이 다 있어요. (손가락으로 하나, 둘, 셋을 세면서) 너무 나이 들어서 할 수 없고요. 서류 작성을 못 하시고요. 충분히 똑똑한지 알 수 없고요. 안 될 것이라는 이유가 이렇게 목록으로 나오네요. 하지만 또 다른 목록이 있을 것 같아요. 또 다른 목록에 무엇이 있는지는 저도 모르겠어요.

학생의 유지대화를 요약하고 나서, 또 다른 면이 무엇인지 질문한다.

학생 : 음. **정말 이걸 하고 싶어요.**

변화대화

상담사 : 그러시네요! 이유를 말해주세요.

더 많은 변화대화를 요청한다.

학생 : **제 인생에 취업을 제대로 한 적이 한 번도 없어요. 이렇게는 더 살 수 없어서 제 스스로 살 수 있는 무언가를 찾아야 해요.**

상담사 : 취업을 해본 적이 없군요. 그래서 이것이 큰 도약처럼 느껴지는 거네요.

학생 : 오, 몇 가지 이런저런 일을 하기는 했네요. 잠시 동안 웨이트리스로 일했어요. 그게 다예요.

상담사 : 좋아요. 그러니까 아니야(No)라는 목록이 있는 한편, 예(Yes)라는 목록이 있네요. "예, 나는 직업을 원해요. 예, 나는

변화대화 부케를 만들기 시작한다.

안정이 필요하고 내 스스로 살고 싶어요." 그 밖에 어떤 것이 '예' 목록이지요?	그 밖에?

학생 : 제 친구가 하는 말이, 자기도 했다고 해요. 그러면서 자기가 했으니까 저도 할 수 있다고 하더군요. 언니도 저한테 그걸 해야 한다고 말해 왔어요.

상담사 : 그러니까, 친구랑 언니가 모두 ○○ 님이 이것을 달성할 만한 능력이 있다고 믿네요.	반영

학생 : 예.

상담사 : 그렇게 믿게 하는 건 무엇일까요?	강점 유발하기

학생 : 모르겠어요. 제가 보지 못하는, 제 안의 무언가를 보나 봐요.

상담사 : 무엇을 본다고 생각하나요?

학생 : **아마도 제가 상당히 강한 사람이라는 거요.**

상담사 : 허! 지금 "강한"이라는 건 역기를 드는 걸 말하나요?	다시 한번, 부드럽게 빗대어 말한다.

학생 : (씩 웃는다.) 아니지요. **제가 결단력이 있다는 거죠.** 이 말이 맞는 거죠?	변화대화

상담사 : 결단력이 있다는 의미에서 강한 거네요. 마치 무언가 마음을 먹으면 하게 만드는 결단력 말이죠.

학생 : **하는 것**, 비록 많은 경우 제가 매우 성공적이진 않았지만요.

상담사 : 친구와 언니가 보기에 ○○ 님이 무엇을 하기로 결단하면 기저에 정말 많은 에너지가 있음을 보는 거네요.

학생 : **제가 할 수 있는 능력이 된다**고 보는 것 같아요.

이 사례는 전문 조력을 하는 상담사의 사례이지만 이런 대화는 대부분 학생과 친구 사이에서 자주 일어날 수 있다. 기술은 정말 간단―대부분 반영과 열린 질문―하다. 그러나 면담자는 항상 의도적으로 학생의 변화대화를 희망의 원천으로 유발하려는 목적을 확실히 하고 있다. 친구나 전문 조력자에게 유혹이 있다면, 내담자가 등록해야 한다고 강조하며 설득하는 것이다. 이 사례에서 학생은 의구심에도 불구하고, 점진적으로 자신이 그것을 필요로 할 뿐 아니라 할 수 있다는 마음을 굳혀간다.

집단 동기면담

대인 업무는 개인뿐 아니라 종종 집단으로도 하게 된다. 환자 집단, 상호 지지 집단, 교육, 상담, 기술 훈련 집단 등이 있다. 한 번에 한 사람과 대화할 때와 비교하여 볼 때, 집단 업무의 확실한 이득은 잠재적으로 비용 효과적이라는 것이다. 그 밖에 다른 이득도 있다. 함께 배우고 적용하는 참가자들 간에 시너지 효과가 있어서 서로 변화와 성장을 하도록 지지해준다.

　동기면담을 집단으로 하는 것이 가능한가? 답은 확실하게 "예."이다.[15] 동기면담의 정신과 기법은 개인뿐 아니라 집단에서 적용할 수 있고, 온라인 집단 대상으로 비대면으로도 할 수 있다.[16] 동기면담의 관계 맺기(engaging) 기술은 실무자가 집단 참가자들에게 어떻게 반응할지 안내하고, 더 나아가 집단 참가자들이 서로에게 어떻게 반응할지 안내한다. 예로, 동기면담과 일치하는 몇 가지 집단 규범을 설정하도록 격려한다. 집단에서 말하기 전에 우선 각자 이해하고자 경청하기, 조언하기 전에 허락 구하기, 다른 사람에게 꼬리표를 붙이거나 판단적이지 않기 등이다. 집단에서는 실무자가 한 사람 한 사람 그들의 개인 이야기를 듣고 반응하며 관계를 맺을 시간이 많지는 않으나, 집단원들은 실무자가 자기뿐 아니라 다른 집단원들에게 어떻게 반응하는지를 관찰한다. 또한 실무자는 유지대화와 불화가 집단에서 떠오를 때 동기면담으로 반응하면서 모델이 되어줄 수 있다.

　집단 동기면담에서는 종종 중요한 주제(focus)를 사전에 선택한다. 예로, 집단 동기면담은 직업 찾기,[17] 체중 감소,[18] 당뇨 관리,[19] 절주[20] 문제를 가진 사람들을 돕는 데 효과적으로 사용되고 있다. 집단 동기면담 틀은 참가자들로 하여금 스스로 변화 목표를 세우는 것을 돕는 데에도 사용 가능하다.[21]

　집단 동기면담의 특성은 내담자로부터 변화대화를 초대하고 견고히 하는 유발하기 과제에 있다.[22] 여기서 도전이 되는 것은 집단 내 개인이 각자 말할 시간이 적다는 점인데, 진행자로서 변화대화를 초대하는 열린 질문을 한 후에, 집단원들이 돌아가며 답하게 하고, 실무자는 반영과 인정하기를 한다. 동기화해줄 반영 시간을 각 개인에게 더 주려면 회기 내 또는 회기와 회기 사이에 쓰기 과제를 줌으로써 변화대화를 유발하고, 그러고 나서 작성한 것을 집단에서 나눈다. 경청하고 있다가 변화대화 주제들이 귀에 들리면 적도록 하고, 이것들을 수집하고 요약하여 목록을 만들 수 있다. 이와 마찬가지로 계획하기(planning) 과정에서도 어떻게 변화할지에 대해 대안을 초대하고, 반영하고, 기록하고, 요약할 수 있다. 집단에서 표현된 보다 광범위한 도전 주제들, 변화대화, 느낌, 가치들을 함께 모은다. 집단원들이 왜 그리고 어떻게에 대해서 변화대화를 소리 내어 말하면, 고무적인 시너지 효과를 낼 수 있다. 침묵하고 있는 사람들을 초대함으로써 집단원들이 참여하고 몰입하도록 한다. 비록 소리 내어 말하지 않는다고 해도, 집단에서 다른 사람들이 말하는 것을 경청하는 동안 변화가 스며들 수 있음을 알아야 한다.

집단 동기면담 접근은 정보 전달 및 기술 증진에도 적합하므로, 참가자들이 자신의 상황과 가치에 관련한 정보를 말하도록 돕는다. 집단에서 정보를 제공하는 것은 많은 현장에서 자주 사용하는 진부한 업무이다. 한편 질문하기-제공하기-질문하기(ask-offer-ask)(11장 참조)를 사용하면 논의가 활발하고 정보가 풍부해진다. 다음 질문들을 하여 안내한다. "이 정보가 여러분이 앞을 내다보는 데 어떤 의미가 있나요?" 또는 "이 정보를 들으면서 개인적으로 가장 다가오는 것은 무엇인가요?" 미래에 대한 변화대화와 희망을 표현하는 것이 흔히 있는 치료적 효과이다.

일방적이고 교육적인 접근과 비교할 때, 집단 동기면담은 내담자의 치료 효과를 증진할 수 있다.[23] 개인뿐 아니라 집단으로도 변화 일구기를 할 수 있다. 개인 동기면담에서처럼 상담자의 질문, 반영, 인정하기는 집단의 변화대화를 증가시킬 수 있어서, 결국 추후 개인의 행동 변화를 예측하게 한다.[24]

> ・개인적 관점・ **양가감정의 한쪽 깃대**

내담자의 양가감정에서 한쪽의 깃대가 의식적으로는 때로 지각되지 않는 경우가 있다. 한쪽 깃대는 확실하게 보이는데, 다른 깃대―똑같이 강하거나 더 강할 수 있는―가 내담자의 의식적인 인지에서 배제되는 경우이다. **양가감정의 한쪽 깃대**(vertical ambivalence)란,[25] 내담자가 한쪽 동기는 알고 있는데 또 하나의 강력하고 갈등적인 동기에 대해서는 의식하지 못하는 경우이다. 이런 경우, 내담자는 자신의 고집스러운 행동에 궁금해하거나, 의식적인 동기에 대해서 과잉 열광적으로 될 수 있다. 나는 임상 실천 현장에서 이러한 양가감정 상태를 만났다. 예로, 한 내담자는 따뜻한 사랑 받기를 열망하면서도, 정서적 친밀감에 불편해하는 남자들에게 계속해서 매력을 느꼈다. 무의식적인 동기가 이러한 비일치성에서 발견되었다. 이 사례에서 내담자는 정서적으로 냉담한 아버지와 가졌던 아동기 관계를 다시 복기하려고 시도했고 이번에는 아버지가 자기를 사랑해주기를 소망했다.

내담자가 중요한 수수께끼 조각을 인지하지 못하는 것으로 보일 때, 어떻게 이들이 양가감정을 해소하도록 도울 수 있을까? 내가 자녀 갖는 것에 관심이 없다고 단언했을 때 한 친구는 내 삶에 이러한 비일치성이 있음을 지적했다. "자네가 어른과 아이들이 있는 방에 있을 때를 보면, 아이들에게 말을 걸고 놀아주는 사람은 자네더군. 그건 뭐지?"[26] 역설적임을 짚어준다고 해서 즉시적으로 바뀌는 것은 아니지만 바퀴가 움직이기 시작한다. 나의 내담자는 아버지에 대해 이야기를 하면서 "아하" 하는 통찰을 경험했으나, 자기가 원하는 것을 주지 못하는 남자들에게 낭만적으로 매력을 느끼는 것은 계속되었다. 내 경우에, 수개월이 지난 후에 중요한 수수께끼 조각이 맞추어졌는데 그때 내가 기억한 것은 나의 아버지가 내 여동생의 죽음으로 인해서 너무나 정서적으로 황폐화되었다는 것이며, 나는 그날 본질적으로 두 사람을 모두 상실했음을 깨달았다. 그 후 아버지는 20년을 더 사셨다. 사실상, 나는 아버지가 그랬던 것처럼 아이들을 사랑한다. 한편 한 인간에게 일어날 수 있는 어떤 위험성을 감수하는 데 대해선 확신이 없었다. 이제 우리에겐 세 명의 입양 자녀가 있고 이들은 우리 삶에서 불가분의 부분이다.

양가감정의 한쪽 깃대를 다루는 데 있어서 다음과 같은 제안보다 더 좋은 제안이 없는데, 그것은 내담자가 지금까지 생각할 준비가 잘되지 않았던 것을 통합하는 동안 참을성 있게 공감적으로 지지하면서 양면반영을 몇 가지 하는 것이다. 정신역동 관점에서 보면 이것은 적시성 있는 해석이 된다. 사람들은 때로 동기면담처럼 안전하고 공감적인 조력 관계 안에서 이처럼 산만하게 만드는 갈등을 헤쳐나갈 수 있다.

—빌

저자들은 11장에서 조력자의 또 한 가지 중요한 기능을 끌어낸다. 정보와 조언 제공하기인데, 특별히 숙련된 방식으로 하는 것이다. 실무자의 전문성—정보와 조언—제공하기는 동기면담을 하는 중간 어디에서든 할 수 있다. 어떻게 하는지가 무엇을 말하는지만큼이나 중요하다.

☑ 주요 개념

- 경험하기(칼럼 "치료자에게" 참조)
- 내재된 변화대화
- 양가감정의 한쪽 깃대
- 변화대화 일구기

☑ 요점 정리

- 내담자 중심 관계 맺기 기술에 추가하여, 동기면담에서는 목적이 분명한, 방향 지향적인 요소를 제공하며, 이렇게 함으로써 특별히 유발적 기술을 사용하여 명료한

이슈나 목표를 향해 움직인다.

- 유발하기 과제에는 변화대화 알아차리기, 변화대화 초대하기, 그리고 나서 변화대화를 견고히 하는 방식으로 반응하는 기술이 적용된다.

- "유발하기를 할 때, 한 발짝 앞에서 생각하라." 내가 이 말을 하면, 내담자는 이어서 뭐라고 말할까?

참고문헌

1. The most famous is Carl Rogers, pioneer of client-centered counseling, which he originally called "nondirective," a term he subsequently abandoned in favor of a "person-centered" way of being. Kirschenbaum, H. (2009). *The life and work of Carl Rogers*. American Counseling Association.
    Rogers, C. R. (1980). *A way of being*. Houghton Mifflin.
2. Forman, D. P., & Moyers, T. B. (2021). Should substance use counselors choose a direction for their clients? Motivational interviewing trainers may be ambivalent. *Alcoholism Treatment Quarterly, 39*(4), 446–454.
3. The interviewer here is Dr. Theresa Moyers. This is one of 14 demonstration interviews in Miller, W. R., Rollnick, S., & Moyers, T. B. (2013). *Motivational Interviewing: Helping People Change (DVD series)*. The Change Companies. *www.changecompanies.net/products/motivational-interviewing-videos*. Used by permission.
4. Miller, W. R., & Moyers, T. B. (2021). *Effective psychotherapists: Clinical skills that improve client outcomes*. Guilford Press.
5. Gendlin, E. T. (1961). Experiencing: A variable in the process of therapeutic change. *American Journal of Psychotherapy, 15*(2), 233–245.
6. Klein, M. H., Mathieu-Coughlan, P., & Kiesler, D. J. (1986). The experiencing scales. In L. S. Greenberg & W. M. Pinsof (Eds.), *The psychotherapeutic process: A research handbook* (pp. 21–71). Guilford Press.
7. Stiles, W. B., McDaniel, S. H., & Gaughey, K. (1979). Verbal response mode correlates of experiencing. *Journal of Consulting and Clinical Psychology, 47*(4), 795–797.
8. Goldman, R. N., Greenberg, L. S., & Pos, A. E. (2005). Depth of emotional experience and outcome. *Psychotherapy Research, 15*(3), 248–260.
    Harrington, S., Pascual-Leone, A., Paivio, S., Edmondstone, C., & Baher, T. (2021). Depth of experiencing and therapeutic alliance: What predicts outcome for whom in emotion-focused therapy for trauma? *Psychology and Psychotherapy: Theory, Research and Practice, 94*(4), 895–914.
    Hill, C. E. (1990). Exploratory in-session process research in individual psychotherapy: A review. *Journal of Consulting and Clinical Psychology, 58*(3), 288–294.
    Pascuel-Leone, A., & Yervomenko, N. (2017). The client "experiencing" scale as a predictor of treatment outcomes: A meta-analysis on psychotherapy process. *Psychotherapy Research, 27*(6), 653–665.
9. Wiser, S. G., & Goldfried, M. R. (1998). Therapist interventions and client emotional experiencing in expert psychodynamic–interpersonal and cognitive–behavioral therapies. *Journal of Consulting and Clinical Psychology, 66*(4), 634–640.

10. Tsai, M., Yard, S., & Kohlenberg, R. J. (2014). Functional analytic psychotherapy: A behavioral relational approach to treatment. *Psychotherapy, 51*(3), 364.

　　Villas-Bôas, A., Meyer, S. B., & Kanter, J. W. (2016). The effects of analyses of contingencies on clinically relevant behaviors and out-of-session changes in functional analytic psychotherapy. *The Psychological Record, 66*(4), 599–609.

11. Houck, J. M., Manuel, J. K., & Moyers, T. B. (2018). Short- and long-term effects of within-session client speech on drinking outcomes in the COMBINE study. *Journal of Studies on Alcohol and Drugs, 79*(2), 217–222.

　　Magill, M., Apodaca, T. R., Borsari, B., Gaume, J., Hoadley, A., Gordon, R. E. F., et al. (2018). A meta-analysis of motivational interviewing process: Technical, relational, and conditional process models of change. *Journal of Consulting and Clinical Psychology, 86*(2), 140–157.

12. Miller, W. R., Benefield, R. G., & Tonigan, J. S. (1993). Enhancing motivation for change in problem drinking: A controlled comparison of two therapist styles. *Journal of Consulting and Clinical Psychology, 61*, 455–461.

　　Glynn, L. H., & Moyers, T. B. (2010). Chasing change talk: The clinician's role in evoking client language about change. *Journal of Substance Abuse Treatment, 39*(1), 65–70.

13. Moyers, T. B., & Martin, T. (2006). Therapist influence on client language during motivational interviewing sessions. *Journal of Substance Abuse Treatment, 30*(3), 245–252.

　　Moyers, T. B., Martin, T., Houck, J. M., Christopher, P. J., & Tonigan, J. S. (2009). From in-session behaviors to drinking outcomes: A causal chain for motivational interviewing. *Journal of Consulting and Clinical Psychology, 77*(6), 1113–1124.

　　Walthers, J., Janssen, T., Mastroleo, N. R., Hoadley, A., Barnett, N. P., Colby, S. M., et al. (2019). A sequential analysis of clinician skills and client change statements in a brief motivational intervention for young adult heavy drinking. *Behavior Therapy, 50*(4), 732–742.

14. The interviewer is Dr. Carolina Yahne. This transcribed interview is from Miller, W. R., Rollnick, S., & Moyers, T. B. (1998). *Motivational Interviewing (DVD series).* University of New Mexico. Used by permission.

15. Wagner, C. C., & Ingersoll, K. S. (with contributors). (2013). *Motivational interviewing in groups.* Guilford Press.

　　Ingersoll, K. S., Wagner, C. C., & Gharib, S. (2006). *Motivational groups for community substance abuse programs* (3rd ed.). Substance Abuse and Mental Health Services Administration.

　　Velasquez, M., Stephens, N. S., & Ingersoll, K. (2006). Motivational interviewing in groups. *Journal of Groups in Addiction and Recovery, 1*, 27–50.

16. Webber, K. H., Tate, D. F., & Quintiliani, L. M. (2008). Motivational interviewing in Internet groups: A pilot study for weight loss. *Journal of the American Dietetic Association, 108*(6), 1029–1032.

17. Britt, E., Sawatzky, R., & Swibaker, K. (2018). Motivational interviewing to promote employment. *Journal of Employment Counseling, 55*(4), 176–189.

18. Resnicow, K., Taylor, R., Baskin, M., & McCarty, F. (2005). Results of Go Girls: A weight control program for overweight African-American adolescent females. *Obesity Research, 13*, 1739–1748.

19. Knight, K. M., Bundy, C., Morris, R., Higgs, J. F., Jameson, R. A., Unsworth, P., et al. (2003). The effects of group motivational interviewing and externalizing conversations for adolescents with Type-1 diabetes. *Psychology, Health and Medicine, 8*(2), 149–157.

20. Labrie, J. W., Lamb, T. F., Pedersen, E. R., & Quinlan, T. (2006). A group motivational interviewing intervention reduces drinking and alcohol-related consequences in adjudicated college students. *Journal of College Student Development, 47,* 267–280.
21. Lincourt, P., Kuettel, T. J., & Bombardier, C. H. (2002). Motivational interviewing in a group setting with mandated clients: A pilot study. *Addictive Behaviors, 27,* 381–391.
22. Shorey, R. C., Martino, S., Lamb, K. E., LaRowe, S. D., & Santa Ana, E. J. (2015). Change talk and relatedness in group motivational interviewing: A pilot study. *Journal of Substance Abuse Treatment, 51,* 75–81.
23. Santa Ana, E. J., LaRowe, S. D., Gebregziabher, M., Morgan-Lopez, A. A., Lamb, K., Beavis, K. A., et al. (2021). Randomized controlled trial of group motivational interviewing for veterans with substance use disorders. *Drug and Alcohol Dependence, 223,* 108716.
24. D'Amico, E. J., Houck, J. M., Hunter, S. B., Miles, J. N. V., Osilla, K. C., & Ewing, B. A. (2015). Group motivational interviewing for adolescents: Change talk and alcohol and marijuana outcomes.ÿ*Journal of Consulting and Clinical Psychology, 83*(1), 68–80.
25. Baek, Y. M. (2010). An integrative model of ambivalence. *Social Science Journal, 47*(3), 609–629.
26. Miller, W. R. (2022). Out of the depths. In *On second thought: How ambivalence shapes your life* (pp. 63–72). Guilford Press.

정보와 조언 제공하기

가르친다는 것은 없다. 오직 배우는 것이 있을 뿐이다. 두뇌로 지식을 밀어넣을
수 없다. 수혜자가 기꺼이 두뇌 속으로 빨아들여야 한다.

－몬티 로버츠, 인간을 위한 말의 감각

당신이 누군가로부터 조언을 구하려 할 때 확실한 것은, 그 사람이 어떤 조언을
해주기를 원하는 게 아니다. 당신 스스로 말을 할 때 거기에 그 사람이 있어주
기를 원할 뿐이다.

－테리 프래쳇

능숙하게 조언을 하는 것은 동기면담과 더할 나위 없이 일치한다. 물론, 동기면
담을 적용할 때 조언을 먼저 해야 하는 것은 아니다. 기억할 점은, 동기면담은
협동적이며(collaborative), 실무자의 전문성뿐 아니라 내담자의 전문성을 존중하고 유발
한다는 점이다.

그러면, 정보와 조언을 제공하는 데 있어서 내담자가 그것을 듣고 숙고하도록 하는
능숙한 방법은 무엇인가? 열쇠는, 반대 의견이나 방어를 불러일으키지 않는 방식으로
제공하는 것이다.[1] 어떻게 그렇게 잘할 수 있을지는, 한편으로는 내담자와의 관계 성격
에 달려있고, 또 문화적으로 언어의 섬세함에 달렸다. 잘될 수 있는 소통이 위협, 강요,
선심 쓰기 등의 낌새로 손상될 수 있다. 내담자의 행동과 견해를 바꾸기 위해서 확인시
키려고 하거나 설득하려는 직접적인 시도는 방어를 유발할 가능성이 높다.

정보는 중립적인 방식으로 제공한다. 그러나 정보가 변화를 제안하는 경우, 조언이 되고 만다. 그것이 반드시 문제가 되는 것은 아니다. 내담자는 조언을 구하고 있거나 또는 최소한 개방적일 수 있다. 정보와 조언에는 차이가 있는데, 경계가 애매할 수 있다. 중요한 것은, 실무자가 제공하는 정보를 내담자가 어떻게 듣고 받아들이는지이다. 다음에 영양사가 하는 세 가지 대화를 보자. 첫 번째 대화는 상당히 중립적인 사실 정보 제공하기이다.

> "우리 몸은 탄수화물을 설탕(혈당)으로 바꾸어서 에너지로 사용하거나 또는 나중에 사용하기 위해서 저장합니다."

두 번째 대화에는 경고 요소가 담겨있다.

> "탄수화물 음식을 너무 많이 먹으면, 소화 기능이 소모되어서 당뇨를 유발할 수 있습니다."

세 번째 대화에는 경고뿐 아니라 암묵적인 요구가 담겨있다.

> "식사할 때 탄수화물을 줄이지 않으면 체중을 줄일 방법이 없습니다."

위의 세 가지 대화 모두 사실상 정확한 정보이나, 변화 압박 수준에서 각기 다르다. 변화를 권하는 것이 문제가 되는 것은 아니다. 내담자가 조언을 요청할 수 있다. "진실을 말해주세요. 제가 무엇을 해야 하나요?" 그러나 실무자가 대화에 압박을 넣을 때 내담자를 뒤로 물러나게 만든다. 정보와 조언을 제공할 때 사람들이 듣고 숙고할 가능성을 높여주는 방법들이 있다.

> 정보가 변화를 제안할 때 조언으로 바뀐다.

허락 구하기

정보나 조언을 제공할 때 허락과 함께(with permission) 하는 것이 첫 번째이다. 대부분의 경우, 사람들은 자기가 요청하지 않은 조언에 대해서는 잘 반응하지 않는다. 이것을 일컬어 '인생의 스팸 메일(junk mail of life)'이라고 부른다.[2] 내담자가 실무자의 지식과 가이드를 환영할지에 대해 확실히 하라. 조언에 대한 이런 개방을 가장 명확하게 알려주는 것은 '내담자가 직접 요청했는가'로서, 정보나 제안을 실무자에게 부탁한다.

- "이 검사 결과가 무엇을 말하는 건가요?"
- "그렇게 할 수 있는 방법은 어떤 게 있나요?"
- "어떤 것을 추천하세요?"

이러한 요청은 실무자로부터 정보를 구하는 것이고 실무자가 하는 말에 숙고할 의지가 있음을 내포하지만, 기억할 점은, 여전히 자신만의 생각, 지식, 지혜를 가진 누군가와 대화하고 있다는 사실이다. 조언을 구한다고 해서 반드시 그것을 원하거나 취한다는 것은 아니다.

직접 요청하기를 기다리기 전에, 정보나 조언을 주어도 될지 허락을 구할 수 있다. 그렇게 하는 것이 정중한 것이고 상대방을 존중하는 것이며, 그 사항에 대해서 내담자가 선택할 수 있음을 알려주는 것이 된다.

- "어떻게 도와드릴까요?"
- "…에 대해 듣고 싶으신가요?"
- "…에 대해 알고 싶으신가요?"

권위적인 위치에 있다 하더라도(예 : 학교 교장이 학생과 이야기하는 경우), 허락 구하기는 상대방이 당신의 말을 경청하도록 돕는다.

- "그것에 대해서 제가 가지고 있는 생각을 나누어도 될까요?"

- "두 가지 제안을 드려도 될까요?"
- "관심이 있으시다면, 다른 사람들에게 효과가 있었던 것을 서너 가지 말씀드릴 수 있습니다."

저자의 경험으로는, 사람들은 일반적으로 허락을 요 청받는 것을 고맙게 여기면서 수락할 가능성이 매우 높 아진다. 물론, 허락을 구하는 것에는 내담자가 '싫다'라

> 요청하지 않은 조언은 인생의 스팸 메일이다.

고 답할 수 있음을 포함한다. 내담자가 뭐라고 말하든 간에, 정보나 조언을 제공하는 것이 반드시 해야 할 의무라고 느낀다면 허락을 구하지 말라. 이 경우, 허락을 구한다면 진정성이 없는 것이다. 대신, 해야 할 말을 하기에 앞서 자율성을 지지하는 말을 할 수 있다. 그것이 다음 주제이다.

자율성 지지하기

사람들이 실무자가 제공한 정보나 조언을 반드시 받아들여야 할 필요는 없다. 자녀를 둔 실무자라면 이것이 사실임을 기억할 것이다. 이 사실을 염두에 두고 실무자의 지혜를 정중하게 제공해야 한다. 정보를 주거나 조언을 하라는 허락을 받아도, 내담자의 선택의 자유를 인정하는 것이 현명하다. 해야 할 말을 하기 전에 다음과 같이 자율성을 존중하는 대화를 먼저 할 수 있다.

"이것이 ○○ 님에게 일리가 있을지 모르겠는데…"
"무엇을 하기로 결정할지는 물론 ○○ 님에게 달려있지요."
"이것을 이미 알고 계실 수 있는데…"
"이것에 대해 뭐라고 생각하실지 궁금한데…"

허락 구하기처럼, 내담자의 결정 자유권을 인정함으로써 실무자가 해야 할 말에 대해서 숙고하도록 허용해주며, 방어를 초래하는 것을 피한다.[3] 허락 구하기와 자율성 존중하기를 결합해서 말할 수도 있다.

"다른 사람들에게 효과가 있었던 것을 말씀드릴 수 있는데, 궁극적으로는 ○○ 님에
게 가장 잘 맞는 것이 무엇인지 결정하는 사람은 본인입니다. 숙고할 만한 대안들을
들어보실래요?"

결국, 내담자의 자율성을 인정하는 것은 진실을 말해주는 것뿐이다.

만약 허락을 구하지 않기로 선택하더라도, 여전히 정보나 조언을 하기에 앞서 개인적
인 선택권을 존중할 수 있다.

"이것이 ○○ 님에게 중요할지 저는 모릅니다. 그리고 그것도 괜찮습니다. 하지만 ○
○ 님이 …를 이해하는지 확실하게 하고 싶습니다."

"그 계획에 대해서 제가 좀 염려하는 부분이 있어요. ○○ 님은 걱정하지 않을 수 있
는데, 어떤 것이 고민이 되는지 설명하고 싶어요."

"동의하실 필요는 없어요. 그것도 괜찮습니다. 하지만 제가 아무 말도 안 한다면 제
가 옳은 건 아니라고 느껴지네요."

선택 대안 제공하기

자유는 선택에 있다. 사람들은 무엇을 하라고 말해줄 때보다는 여러 대안 중에서 자유
롭게 선택할 수 있을 때 일반적으로 더 잘 반응한다. 또한, 자유롭게 선택한 행동 대안
실천을 결단하고 꾸준히 할 가능성이 높다. 한 번에 하나의 대안만을 제안한다면, 내담
자 대부분은 자동적으로 왜 그것이 효과가 없을지를 말하곤 한다. 다른 말로 하면, 유지
대화를 소리 내어 말한다. 다음 대화를 보자.

음주자 : 제가 무엇을 해야 한다고 생각하세요?
조력자 : 글쎄요. 단주를 도울 수 있는 약이 몇 가지 있습니다.
음주자 : 저는 약 먹기를 원하지 않아요. 의존하게 되니까요.
조력자 : 오, 그러면, 사람들이 모여서 서로 돕는 지지 모임이 가까이 있습니다.
음주자 : 그거 해봤어요. 거기 사람들이 저랑은 다르더군요. 둘러앉아서 이야기하고. 시간 낭비

예요.

조력자 : 그렇군요. 여기 도움이 되는 치료 프로그램이 있는데 바로 예약하실 수 있어요. 매일 운영됩니다.

음주자 : 제가 종일 근무라서 시간 내기가 어려워서요.

조력자 : 낮에 근무하는 분들을 위해서 야간 집단 상담도 있습니다.

음주자 : 저는 사람들 있는 데서 말하는 걸 좋아하지 않아서요. 게다가 퇴근해서 집에 오면 너무 피곤해요.

이 사례의 음주자가 단주가 어렵다고 변명을 늘어놓고 부인하는 상태라고 생각하기가 쉽다. 사실, 이러한 반응은 양가감정의 자연스러운 부분이다. 가능한 대안을 생각하고 나면 무엇이 잘못되었는지를 생각하는 것이다. 문제는 조력자가 대안을 하나씩 제시하고 있어서, 이에 대한 자연스러운 답은 유지대화였다.

또 다른 접근은, 서너 가지 가능한 대안을 제공하고 내담자로 하여금 그중에서 숙고하여 선택하도록 요청하는 것이다. "이 대안은 어떻게 생각하나요?"라고 질문하

> 자유롭게 선택한 대안 실천을 결단하고 꾸준히 실천한다.

는 대신에, 서너 가지 대안 중에서 자유롭게 선택하도록 한다. 다음에서 살펴보자.

> "○○ 님이 원하면, 해볼 만한 것들이 많이 있어요. 몇 가지만 말씀드릴게요. 단주나 절주를 돕는 약들이 있고, ○○ 님의 일정에 맞는 훌륭한 상담이 있어요. 집단 자조 모임이 있는데, 회복하는 사람들이 모여서 서로 지지하는 곳입니다. 책 읽는 걸 좋아하면, 도움이 될 만한 도서나 웹사이트를 제안드릴 수 있어요. 어떤 것이 가장 와 닿나요?"

대안이 이런 방식으로 제시되면, 사람들은 대안에 대해서 진심으로 숙고할 가능성이 높아진다. 왜냐하면, 한 가지 대안을 비판하는 사고 과정은 가능한 대안 메뉴에서 자유롭게 생각하고 고르는 것과 다르기 때문이다. 고혈압을 낮추는 방법에 대해서 고민하는 내담자에게 건강 전문가가 다음과 같이 말한다.

> "○○ 님이 선택할 수 있는 것들이 많이 있고 각각의 차이가 있어요. 제가 몇 가지

대안을 설명드리는 동안, 어느 것이 가장 수용할 만한지 생각해보세요. 한 가지 효과적인 대안은 금연입니다. (쉬지 않고) 규칙적인 운동을 더 하는 것, 체중을 조금 줄이는 것, 식습관에 변화를 주는 것, 소금, 카페인, 알코올 소비량을 줄이는 것 등이 있지요. 도움이 될 만한 약도 있고요. 가장 효과가 있는 것은 종종 건강한 변화들을 조합하는 거라고 해요. 제가 말씀드린 것 중에서, 어느 것이 가능하다고 보나요?"

질문하기 – 제공하기 – 질문하기

정보와 조언을 훌륭한 경청으로 앞뒤로 둘러싸면 소화하기가 더 용이하다. 그러한 생각이 동기면담에서의 **질문하기 – 제공하기 – 질문하기**(ask-offer-ask : AOA) 배후에 있다. 이는 질문하기(ask)의 하나로, 허락을 구하는 것이다.

"제가 몇 가지 가능한 대안을 말해도 괜찮을까요?"
"…에 대해서 조금 더 들어볼 마음이 있으실지 궁금하네요."
"제가 어떻게 하면 ○○ 님에게 가장 도움이 될까요?"

또 다른 훌륭한 시작 질문은, 내담자가 이미 알고 있거나 알고 싶은 것이 무엇인지 알아내는 것이다.

"이미 무엇을 알고 계실까요?"
"…에 대해서 무엇을 알고 싶으세요?"
"지금까지 이미 해본 것은 어떤 것인가요?"
"…에 대해서 어떤 질문이 있나요?"

이런 접근은 내담자가 이미 알고 있는 사실을 말하거나 이미 해본 것을 제안하는 것을 피하도록 해준다.

열린 **질문하기** 이후에, 정보나 조언을 조금 **제공한다**(offer) – 긴 강의식이 아니라, 시작점이면 된다. 그러고 나서 다시 **질문하는데**(ask) 내담자의 이해나 반응을 확인하는 질문이다. 또 다른 방법은 정보를 **문단으로**(chunk) 제공하고 나서 **확인한다**(check). 그리고 이
것을 반복하면, 머지않아 이것이 자연스러운 대화 리듬을 탄다. 해야 할 것은 조금씩 제
공한 후에 잠시 쉬면서 내담자가 반응하게 하는 것이다. 그리고 나서 다음 문장으로 돌
아가기 전에 잘 경청한다. 다음은, 이혼을 계획 중인 한 배우자와 중재자의 대화이다.

중재자 : 아시다시피, ○○ 님 부부께서 자녀 지원과 양육에 관해서 중재에 동의하셨어요. 시작하기 전에, 제가 어떻게 할 계획인지 말씀드려도 될까요?	허락 구하기
배우자 : 좋아요.	
중재자 : 첫째, 두 분을 개별적으로 만나서 각각 상황에 대해서 이해하고자 합니다. 지금 하려는 것이 그것이고요. 그렇게 함으로써 ○○ 님이 개인적으로 저에게 어떤 바람과 염려를 가지고 있는지 말해주실 수 있어요. 일리가 있나요?	정보 제공하기(문단으로) 질문하기(확인하기)
배우자 : 예. 혼자 이야기를 할 수 있어서 좋아요. 우리 둘이 합의하려고 하면, 감정적이 되거든요.	
중재자 : 아주 정상적인 거죠. 두 분이 자녀를 깊이 사랑하니까, 감정이 격해지는 게 자연적이지요.	정보 제공하기
배우자 : 저는 정말 화가 나요. 우리 둘 다 아이들에게 최상이 되는 것을 원하는데, 그것이 무언지에 대해서는 동의하기가 힘들어요. 그래서 싸움으로 끝나지요.	질문하기를 하지 않아도 AOA 리듬이 시작된다.
중재자 : 그것이 우리의 목적이에요. 아이에게 최상이고, 또 두 분에게도 최상인 계획을 함께 도출하는 거지요. 그래서 각자 자녀를 만나는 시간에 대해 희망하는 바는 무엇인가요?	정보 제공하기 질문하기
배우자 : 규칙적으로, 매주, 아이들과 각자 양질의 시간을 가지기를 정말 원해요. 저는 아이들이 저와 함께 살기를 원해요.	
중재자 : 양육권 합의는 함께 작업해야 하는 것 중의 하나입니다. 저는 우리가 상호 동의할 만한 합의점을 찾아서 법원에 제출하기를 바랍니다.	정보 제공하기
배우자 : 저도 그러길 바라요.	
중재자 : 금년 봄에 자녀의 학교에 대해서 원하시는 건 무엇일까요?	질문하기

AOA는 자연스럽게 앞으로 뒤로 리듬을 타게 하고, 중재자는 내담자의 반응을 규칙적으로 듣고 있다.

여기에 AOA의 또 다른 예시가 있다. 내담자(캐시)는 내과 의사가 의뢰한 여성으로, 열의가 없고, 에너지가 낮고, 수면 곤란 등을 경험하고 있다.[4] 면담자(빌)가 확실히 보는 것은 주요 우울증에 해당하는 경험을 하고 있다는 점이며, 이것은 많은 원인으로 인할 수 있다.[5] 말하거나 생각하는 것조차 이 여성에게는 노동으로 보였다. 내담자는 언어적으로 거의 반응을 하지 않았다. 빌은 AOA 접근으로 대안을 설명하였다―이 사례에서는 우울증의 다양한 원인들에 대한 대안적 설명이 해당된다.

> 질문하기와 경청하기로 시작하라.

빌 : (면담 시작 몇 분 후) 우울에 대해 무엇을 알고 있나요?

> 정보를 제공하기에 앞서 내담자가 이미 알고 있는 것을 이끌어낸다.

캐시 : 모르겠어요. 요즈음 많은 사람들이 우울로 약을 먹고 있다고 생각해요.

빌 : 그것도 하나의 가능성이지요. 사람들이 우울해지고 도움을 받기 위해 약을 먹는다고 들었군요.

캐시 : (고개를 끄덕인다.)

빌 : 그 밖에 어떤 걸 알고 있나요?

캐시 : 모르겠어요. 사람들의 일상생활에 영향을 준다고 생각해요. 정상적으로 행동 안 하면 주위 사람들에게 영향을 주겠지요. 우울한 사람이요.

빌 : (몇 분간 대화가 진행된 후) 로드리게즈 박사가 왜 캐시와 제가 대화하길 원했는지 알겠어요. 우울의 몇 가지 신호가 있는 것 같아요. 그게 어떻게 들릴지, 어떻게 이해하실지 모르겠는데, 사람들이 우울해지면 경험하는 몇 가지 흔한 변화들을 캐시도 보고하고 있네요. 이 말을 듣고 어떠신지 궁금해지네요.

> 의견 제공하기

> 내담자의 반응 요청하기

캐시 : 제가 뭔가 잘못된 것같이 느끼게 해요.

빌 : 예. 듣기에 유쾌하진 않지요. 뭔가 잘못된 것이라고 느낄 수 있어요. 하지만 질문은, "어떻게 되는 거지?" 하는 것이죠.

캐시 : (각 반영에 동의하는 듯 말없이 고개를 끄덕인다.)

빌 : 이런 걸 경험한 것은 이번이 처음이고요. 그래서 용기를 잃을 수도 있어요. 에너지를 되찾길 원하고 있고요. 잠을 더 잘 자고, 직장에서 더 잘 집중하고, 새로 온 반려견을 잘 돌보고 싶은 거죠.

> 내담자가 면담 초기에 말했던 내용을 반영한다.

캐시 : (여전히 말없이 고개를 끄덕인다.)

빌 : 신체적으로가 아니라 정서적으로 어떻게 느껴졌나요? 어떤 걸 알아차리셨나요?

> 열린 질문

캐시 : 지금 저는 하는 일이 많이 즐겁지 않아요. 정말 기대하는 것도 없어요.

빌 : 그러니까, 정상적으로 즐기던 일들이 더는 끌리지 않는 것 같군요.

캐시 : 예.

빌 : 그 또한 매우 흔한 일이지요. 제가 우울의 원인이 되는 몇 가지에 대해 조금 말씀드려도 될지 궁금해요. 이 시점에서 제가 잘 몰라서 그러는데 캐시에게 어떤 것이 해당되는지 알고 싶거든요. 우울은 다양한 것에서부터 시작할 수 있는 거라서요. 이것에 대해 조금 말씀드리게 해주세요.

> 질문하기-제공하기-질문하기 순서를 소개하고 있다. 처음에 허락을 구하고 상호 전문성을 협동하기를 제안한다.

캐시 : (말없이 알겠다는 듯 고개를 끄덕인다.)

> 내담자가 허락한다.

빌 : 한 가지는 생각과 관련되어 있어요. 때로 사람들은 자신에게 상당히 엄격하지요. 매우 상처가 되는 말을 혼자 스스로에게 하면서 자신을 그 방향으로 몰아가는 겁니다. 그런 생각들이 거기 많이 있어요. 어떤 의미에서, 스스로에게 최악의 비난자가 되는 겁니다.

> **첫 번째 제공하기**(대안 1)- 우울에 원인이 될 수 있는 것

캐시 : (침묵)

빌 : 때로 소위 '낮은 긍정'이라고 부르는 때가 있어요. 삶에 있어서 그리 좋은 일들이 있는 건 아니지요. 주변 사람들로부터 '따뜻한 포근함'을 받지 못할 수 있거든요. 상황은 썩 좋지 않고요. 매일 비타민이 될 만한 것이 없거나 빠져나갈 곳이 없을 때가 있지요.

> 빌은 목록을 계속하기로 결정했다. 한편 각각의 설명에 대해 **질문하기**(ask)를 하는 것이 나을 수 있다.
> 대안 2

캐시 : (경청하면서, 말없이 그대로 있는다.)

빌 : 때로 인간관계와 관련될 수 있고, 소외되는 것과도 관련될 수 있는데, 이것이 낮은 긍정과 연관되기도 하지요. 많은 시간을 혼자 지내다 보면, 캐시를 지지하고 도와줄 사람이 없는 거지요. 사람들은 어떤 일에 대해 때로 화가 날 수 있어요. 하지만 억누르면서 많이 표현하지 않지요.

대안 3

대안 4

캐시 : 으흠.

빌 : 그리고 때로, 우울이 난데없이 찾아올 수도 있어요. 특별히 이해가 될 만한 삶의 어려움이 있는 건 아닌데, 신체생물학적인 어떤 것 때문일 수 있어요. 그럼, 어떤 감이 드세요? 이 중에서 중요한 걸로 생각되는 건요? 물론 한 가지 이상일 수도 있고요.

질문하기
내담자에게 그 밖에 어떤 원인이 있었는지 물어도 좋을 것이다.

캐시 : 모르겠어요. 아마도 인간관계.

스스로 또 다른 원인을 추가한다.

빌 : 음. 인간관계일 수 있겠네요.

캐시 : 그리고 이 나이에 성공해야 하는데 그렇게 느껴지지 않아서요. 낮은 긍정이겠네요.

빌 : 기분이 침체해지기 전부터 그랬을 수 있겠어요. 맞나요?

열린 질문으로 내담자가 보다 적극적으로 참여하도록 초대한다.

캐시 : 예.

빌 : 좋아요. 그 점이 도움이 되겠어요. 인간관계에 대해서 조금 더 말해주세요. 인생에서 중요한 사람은 누구인지, 그 사람들과 어떻게 하고 있는지요.

여기서부터 빌은 계속 경청했다. 내담자에게는 변화 동기를 높일 만한 필요성이 많은 것 같지 않았다. 내담자가 말한 것 중 왜(why) 변화해야 하는지가 뚜렷했다. 내담자는 고통당하고 있고 구조를 원했다. 따라서 몇 가지 가능한 단계들[어떻게(how) 변화할지]을 탐색하기 시작했고, 각각의 단계에 대해서 다시 내담자의 생각을 물었으며, 우울은 잘 치료될 수 있다고 격려해주었다.

요약하면, 정보와 조언을 어떻게 하는지가 중요하다. 내담자가 그것에 관심이 있는지 알아야 한다. 개인의 자율성을 기억하고 존중하면서 선택 대안들을 제공한다.

정보나 조언을 제공하기 전후에 경청을 잘해야 한다.

제공한 내용에 내담자가 어떻게 반응하는지 면밀히 집중하라. 정보나 조언을 제공하기 전후 모두 잘 경청할 때, 동기면담으로 틈 없이 잘 짜여 들어갈 수 있다.

· 개인적 관점 · **숙련된 조언 – 나를 변화시킨 경험**

고백하자면 우리가 처음으로 동기면담을 개발했을 때 나는 개인적으로 동기면담을 조언하기의 반대와 비슷하다고 보았다. 회고해보면 우리는 누군가를 변화하게 설득하고, 정보를 제공하고, 조언하고, 직면하고, 전문가가 할 수 있는 것이면 무엇이든지 하는 것 등 숙련되지 못한 지시하기에 대해서 이야기를 많이 나누었다. 내가 환자가 되었을 때, 몇 가지 숙련된 조언을 제공받았고, 이것이 어떻게 동기면담과 연결될지 궁금해지기 시작했다. 그러고 나서, 나의 이런 경험이 모든 걸 통합해주었다.

당시 나는 동기면담 사용 경험이 있는 서너 명의 간호사들에게 슈퍼비전을 해주고 있었다. 간호사들은 매우 결핍된 환경에서 살고 있는 임신한 10대 소녀들과 면담을 했다. 나는 질문을 받았다. "어린 미혼모를 오늘 만났는데 이 경우 어떻게 해야 하지요? 아기는 2주밖에 안 되었는데 요구르트랑 그런 걸 숟갈로 떠먹이면서 배를 채우게 해서 잠을 자게 하려는 거예요. 제가 조언을 해야 하는데, 조언하기는 동기면담과 일치되는 건 아닌 거죠? 맞나요?"

나는 간호사가 조언을 할 수 있고 해야 한다고 답했다. 그러자 어김없이 요청이 들어왔다. "보여주세요!" 그래서 우리는 시연 장면을 만들었는데, 엄마 역할을 하는 간호사가 밖에서 기다리고, 나머지 간호사들이 그 엄마는 어떤 사람인지 설명했다. 그러고 나서 나는 내담자와 관계 맺기를 하고, 조언을 해도 되는지 허락을 구하면서 질문하기 – 제공하기 – 질문하기의 공식을 따랐다. 11장에서 강조했던 바들을 우리는 모두 목격했다. 내담자는 자신이 염려하는 바와 함께 대안을 시도해보려는 욕구를 표현하였다.

– 스티브

이제까지 3부에서 저자들은 변화대화를 알아차리고, 유발하고, 견고히 하는 방법을 강조해 왔다. 11장에서는 정보와 조언 제공하기를 동기면담 일치 방식으로 제공하는 숙련된 방법을 제시했다. 그런데 유발할 만한 변화대화가 전혀 없어 보이고, 내담자에게 양가감정이 없어 보이는 경우엔 어떻게 할지? 13장에서 이 부분에 대해 설명하고, 14장에서 저항에 반응하는 동기면담 일치 방법들을 다룬다. 이에 앞서, 12장에서는 변화 계획을 이행하고 꾸준하게 하도록 돕는 동기면담에 대해 설명한다.

☑ 주요 개념

- 질문하기-제공하기-질문하기(AOA)

☑ 요점 정리

- 정보와 조언 제공하기에서 열쇠가 되는 것은, 방어나 반대 의견을 초래하지 않는 방식으로 하는 것이다.
- 기억할 점은, 동기면담은 **협동적이며**(collaborative), 실무자의 전문성뿐 아니라 내담자의 전문성을 존중하고 유발한다는 점이다.
- 허락을 구하고 자율성을 지지하는 방식으로 정보나 조언을 제공하라. 할 수 있다면 한 번에 대안을 하나씩 주기보다 몇 가지 대안들을 제공한다.
- 질문하기-제공하기-질문하기 방법은 내담자의 관점을 묻고 경청하는 맥락 내에서 정보를 제공하는 것이다.

참고문헌

1. de Almeida Neto, A. C. (2017). Understanding motivational interviewing: An evolutionary perspective. *Evolutionary Psychological Science, 3*(4), 379–389.
2. Attributed to Bernard Williams.
3. Brehm, S. S., & Brehm, J. W. (1981). *Psychological reactance: A theory of freedom and control*. Academic Press.
   de Almeida Neto, A. C. (2017). Understanding motivational interviewing: An evolutionary perspective. *Evolutionary Psychological Science, 3*(4), 379–389.
   Rains, S. A. (2013). The nature of psychological reactance revisited: A meta-analytic review. *Human Communication Research, 39*(1), 47–73.
4. "The confused artist" interview in Miller, W. R., Rollnick, S., & Moyers, T. B. (2013). *Motivational interviewing: Helping people change (DVD series)*. The Change Companies. Available from *www.changecompanies.net/products/motivational-interviewing-videos*. Reprinted with permission.
5. Kendler, K. S., Gardner, C. O., & Prescott, C. A. (2002). Toward a comprehensive developmental model for major depression in women. *American Journal of Psychiatry, 159*(7), 1133–1145.
   Muñoz, R. F., Cuijpers, P., Smit, F., Barrera, A. Z., & Leykin, Y. (2010). Prevention of major depression. *Annual Review of Clinical Psychology, 6*(1), 181–212.

꾸준히 하도록 지지하기

방향을 바꾸지 않는다면, 지금 이대로 가게 되어있다.

－노자

나의 영웅들은 잘못했던 것에서 살아남은 사람들로서, 실수를 했지만 거기서
회복했다.

－보노(Bono)

어떤 관점에서 보면, 동기면담이 끝나는 지점은 내담자가 실천하기로 결단한 변화
계획이 제대로 잡힐 때이다. 이런 시각으로 보면, 동기면담은 변화가 시작되도록
준비함으로써 마친다. 저자들은 때로 이런 관점을, 변화가 실천되면 동기면담을 놓아
도 된다고 말한다.[1]

그러나 동기면담을 배운 많은 조력자들이 종종 그렇지 않음을 경험하는데, 즉 그들이
추후에 해야 할 나머지 일과 동기면담이 끊어지지 않는다는 것이다. 동기면담의 정신과
기법들은 조력 관계에서 더 폭넓게 도움이 될 수 있다. 실제로, 칼 로저스는 내담자와
함께하는 내담자 중심 방식은 변화를 도모하는 데 필요충분하다고 했다.[2] 따라서, 최소
한 동기면담의 어떤 측면들은 조력 전문가들의 일에 확산된다. 더군다나 변화는 종종
직선형의 과정이 아니다. 내담자의 관점에서 보면, 결정은 변화의 시작일 뿐이다.

12장에서 내담자가 초기 변화 계획에 도달하고 실천하기로 결정했을 때 동기면담의

네 가지 과제를 어떻게 지속적으로 적용할지에 관해 중점적으로 설명한다. 결국, "어떤 전쟁 계획도 적군과 처음으로 붙을 때는 살아남지 못한다."[3] 그리고 변화 계획에는 잠재적인 적군들이 무수하다. 사람들은 예측하거나 예측하지 못했던 걸림돌과 마주친다. 변화 동기는 시간이 흐르면서 오르내린다. 삶의 경우의 수들이 발생하고, 훌륭한 계획으로 여겼던 것들이 효과가 없다. 따라서, 변화를 이행하는 과정 내내 사람들을 계속 지지하는 것이 계획하기 과제의 중요한 부분이 된다.

> 결정은 변화의 시작일 뿐이다.

설명에 앞서, 어떤 사람들은 일단 변화하기로 결정하면 거의 또는 전혀 추가적 도움을 원하거나 필요로 하지 않음을 강조하고자 한다. 저자들의 초기 연구 결과에서 기대하지 않았던 것 중에 하나였다. 즉, 동기면담 자체가 추가적 치료 없이 변화를 촉발했다. 회상해보면, 이 결과가 놀랄 만하지는 않다. 왜냐하면 결국 내담자 스스로가 변화를 수행하기 때문이다. 그러나 어떤 사람들은 변화 과정을 거쳐 지속적으로 지지와 조력을 원한다. 동기면담의 스타일과 정신은 여전히 도움이 되는데, 변화 수행 과정을 거쳐서 내담자가 호전을 하도록 촉진하기 위한 기법들을 사용할 수 있다. 동기면담의 대인 관계적 조력 기술들은 여전히 중요하며, 변화와 성장을 위해서 다른 도움이 제공될 때도 역시 그러하다.[4]

• 개인적 관점 • **행동치료 하는 방법 배우기**

오리건대학교 임상 훈련 프로그램 과정에서는 심리적 치료에 행동주의적 접근을 강조했다. 그러나 동시에 우리들은 칼 로저스의 내담자 중심 스타일을 학습하도록 안내되었다. 각 임상 교수들은 특정 문제 영역에서 행동치료와 연구를 수행하였고 적극적인 연구실 그룹이 있었다. 이 연구실은 치료에 대한 강의나 독서보다 훨씬 많은 것을 우리에게 제공해주었다. 우리는 슈퍼비전을 받으며 지역사회 클리닉에서 새로운 기술들을 시도할 기회가 있었고, 서로의 작업을 관찰하고, 매주 동료와 멘토들과 함께 임상 경험과 도전 과제에 대해 논의했다.

내가 참여했던 첫 연구실 중에 하나는 행동주의적 가족치료를 중점적으로 하고 있었다. 내가 이해했던 것은, 부모가 어떻게 자녀의 행동을 추적하고 올바른 행동을 강화할 수 있는지에 대한 기본적인 것이었다.[5] 그러나 이런 방식으로 가족들을 도우려고 했을 때 나는 많은 걸림돌을 마주했다. 숙제는 아이들뿐 아니라 부모에게도 역시 문젯거리였다. 그들은 숙제를 안 하거나 기록하지 않은 채 상담 회기에 들어왔다. 독서 과제 역시 수행되지 않았다. 자녀의 행동이 호전되고 있어도 부모는 자녀들을 여전히 비관적으로 보았다. 나는 교과서에서 하라는 대로 했는데, 그것으로는 효과가 없었다.

그러던 중, 우리는 오리건 주립 연구소에 있는 제럴드 패터슨(Gerald Patterson)을 만나는 특혜를 가졌는데, 그는 행동주의 가족치료의 할아버지로 알려진 분으로서, 가족상담 회기를 운영하고 있었다. 그는 자신의 저서에서 설명했던 절차들을 사용했지만,[6] 그 이상의 무언가를 하고 있었다. 그는 온정적이고, 관계 맺기에 몰두하고, 열정 있는 분으로서, 내담자의 염려와 문제에 대해서 공감적으로 경청했다. 그는 내담자들이 이해할 수 있게 쉬운 언어로 말했고, 내담자의 가족들은 그를 사랑했다. 가족들은 그가 제안하는 것을 실천했는데, 그를 사람으로서 만났기 때문이기도 했다. 치료자 매뉴얼은 종종 이처럼 중요한 대인 관계적 실천 측면을 다루지 않는다. 한편 그를 보면서 '오, 그래서 그렇게 하는 것이구나!'라고 생각했다. 그는 우리로 하여금 가사 밑에 흐르는 음악을 듣도록 했다. 나는 클리닉으로 돌아가서 그 방식을 적용하려고 했으며, 내담자 중심 접근에 대해 이미 배운 것을 통합하면서 훨씬 더 효과를 낼 수 있었다. 나는 행동치료를 실천하는 또 다른 방법을 찾은 것이다. 이는 이후 공감이 내담자 치료 효과에 어떻게 영향을 주는지에 관한 연구를 하도록 나를 이끌었다.[7]

-빌

변화 계획을 꾸준히 실천하기

어떤 변화는 빨리 달성된다. 하지만 많은 변화들은 오랫동안 꾸준하게 관심을 가지고 노력을 기울여야 한다. 과체중 내담자들의 경우, 체중이 빨리 감소하기를 열망하지만 체중은 매주 1킬로그램씩 수개월간 서서히 감소하면서 유지를 위한 생활양식의 변화를 꾸준히 동반해야 한다. 우울이나 대인 관계 문제를 회복하는 것 역시 시간이 걸린다. 어떤 상태가 효과적으로 변화하려면 어렵고 불편하고 고통스러운 절차를 꾸준히 해야 한다.[8] 처방약 복용 준수는 일정 기간 불쾌한 부작용을 견디어야 한다. 내담자가 해야 하는 것이 명백할지라도, 꾸준함이 요구될 때 어떻게 하면 잘 지지해줄 수 있을지 때로 명백하지 않다.[9]

그리고 변화에 차질이 있을 수 있다. 호전하던 내담자에게 갑자기 어떤 일이 생기곤 한다. 가족 위기 상황, 기대하지 않았던 방문객, 사고, 또는 상실 등이 있을 수 있다. 때로 옛 행동 습관이 그냥 재발할 수 있다. 새해 결심과 같다. 사람들이 자신에게 완전무결하고 흑백의 완벽한 목표를 세우는 경우(예 : 단것을 안 먹겠다), 처음 그 규칙을 위반하면 자기통제력의 몰락이 초래된다.[10] 규칙이 한번 무너지면, 더 잃을 게 없어 보인다. 재발(relapse)이라는 바로 그 용어가 경멸적인 꼬리표가 되어, 오직 두 가지의 결과가 있음을 암시한다. 완전하든지 아니면 재발하든지.[11] 이러한 차질을 일찌감치 잡아내어 정상화하고, 내담자의 계획 전체가 일탈되는 것을 막는 것이 도움이 된다. 초기 지원이 변화 유지에 도움이 된다.[12]

또 어떤 변화는 생활양식이나 자아감에 보다 큰 전환을 수반한다. 금연자가 되는 것은 일시적 흡연자로 생각하는 것과 다르다. 부모가 자녀의 변화를 지지하기 위해

> 차질이 생기면 조기 지원으로 변화 유지를 돕는다.

서는 뭔가 다르게 해야 할 뿐 아니라, 자녀에 대해서 가지고 있는 생각과 기대 수준을 재고해야 한다. 생활양식의 현저한 변화는 예기치 않은 결과를 가져올 수 있고, 새로운 문제를 야기할 수 있다. 또한 변화를 계속 추구해야 할지 아니면 있는 그대로를 받아들여야 할지를 결정하는 시점이 온다. 익명의 알코올 중독자 모임(Alcoholics Anonymous : AA)의 회원들이 추구하는 것은, "내가 바꿀 수 없는 것은 받아들이는 평온함, 내가 할 수 있는 것을 바꿀 수 있는 용기, 그 차이를 아는 지혜"이다. 지속적인 지지는 변화를 실천할 때 그리고 종종 예측하지 못했던 이런 것들을 만날 때 도움이 된다.

동기면담 정신과 스타일

가장 폭넓은 수준에서 보면, 동기면담 저변에 깔려있는 대인 관계적 정신이, 변화의 어려운 과정에서 꾸준히 하도록 한결같이 지지해준다. 공감,[13] 긍정적 존중,[14] 진정성[15] 등의 내담자 중심 기술은 내담자의 긍정적 변화와 연관된다. 어려움이 생길 때 지시하기 스타일로 빠져들기보다는, 내담자의 지혜와 해결책을 계속해서 유발할 수 있다. 인정하기와 자기 인정은 자신감과 내구력을 북돋아준다.[16] 불완전함을 부분적인 호전으로 재구조화할 수 있다. 절반이 이루어졌음을 인정하면 된다.

동기면담 스타일은 또한 변화 과정이 내담자의 것임을 지지해준다. 실천하고 있는 계획은 누구의 계획인지? 계획을 수행하는 데 무엇이 필요할지? 자신의 전문성을

> 내담자 중심 기술은 변화를 지지해준다.

토대로, 합리적인 다음 단계는 무엇이라고 보는지? 어떤 면에서 모든 변화는 내담자의 자기 변화인데 이것을 조력자가 증인이자 촉진자가 되어 누리는 것이다.

융통성 있게 동기면담의 네 가지 과제 다시 하기

저자들은 2장에서 동기면담의 네 가지 과제가 일방적인 직선형 순서를 가지지 않았음을 강조한 바 있다. 변화를 실천하는 과정에서 이전 과제들을 다시 하는 것은 흔한 일이다. 변화에서의 내구력을 지지하기 위해서 네 가지 과제 각각으로 어떻게 돌아가야 하는지 생각해본다.

계획하기를 다시 하기

아마도 변화 과정에서 가장 흔히 다시 하게 되는 것이 계획하기 과제일 것이다. 계획이 무언가 잘못되었을 수도 있고, 또는 조금 조정이 필요할 수 있다.

"다음은 무엇을 하실래요?"가 종종 좋은 질문이다. 변화란 일반적으로 순차적인 접근으로 구성되는데, 즉 원하는 방향으로 가는 일련의 작은 단계들이라고 본다. 사람들은 너무 큰 변화 목표에 쉽사리 압도당하는 한편, 작은 단계에 대해서는 즉시 받아들인다. 올바른 다음 단계를 찾아내는 것은 공동 계획하기 과제이다. 내담자의 전문성과 실무자의 전문성을 결합하는 것이다. 물론, 각 단계를 실천하느냐 여부는 결국 내담자에게 달려있다. 즉, 내담자의 특권이자 자율성이다. 중요한 부정적 결과가 발생하더라도, 실천을 '해야만 하는' 것은 아니다. 늘 선택인 것이다. 다음 단계는 무엇일까?

또 한 가지 흔한 질문은 "지금 무엇을 하실래요?"이다. 이 질문은 차질이 생긴 후에, 즉 예측하지 않았던 방해나 장애물이 변화 과정에 생긴 후에 흔히 따라온다. 미래의 이런 차질을 방지하기 위해서 계획에 어떤 조정이 필요한지? 내담자가 궤도에 다시 어떻게 오를지?[17] 이런 도전들이 계획하기를 다시 할 것을 요구한다.

그러고 나서 "그 밖에 무엇을 하실래요?"라고 질문한다. 한 가지 접근이 효과가 없다면, 대신 무엇을 시도할 수 있을지? 그 밖에 무엇이 효과가 있을지? 여기서 이전 계획을 조정하기보다 폐기할 수도 있고, 같은 목표(들)를 달성하고자 새로운 계획을 만들 수도 있다.

계획하기에 사용하는 기법들을 7장에서 설명하였는데 이는 계획하기를 다시 하기에도 역시 적용된다. 교정반사에 굴복하지 말라. 지시하기 스타일에 과의존하지 말라. 변화 계획을 세우는 것은 협동적인 과정이며, 내담자 자신의 생각과 자원이 열쇠이다. 새로운 계획이 떠오르면 그 계획에 대해서 반영적으로 요약하기를 하고, 그것에 동의하는지 내담자에게 질문한다. 내담자가 언어적 또는 비언어적으로 표현하는 주저함이 있는지 탐색하고, 예상되는 장애물에 어떻게 대처할지 묻는다. 다음은 무엇을 할까요? 지금 무엇을 해야 할까요? 그 밖에 무엇을 해야 할까요?

유발하기를 다시 하기

때로 변화의 장애물은 목표에의 결단이 흔들리는 것이다. 누구의 목표인가? 확실한 계획이라 할지라도, 가끔 내담자는 그 목표를 달성하기 위해 계획이 제대로 설계된 것인지 확신이 안 서는 경우가 흔하다. 유발하기 과제를 다시 하는 것은 일종의 기억 회상이라고 할 수 있는데, 동기를 새롭게 하기 위해서 계획의 저변에 있는 선택의 힘과 이유들을 다시 생각하게 해준다. 간단하게 확인하는 절차로서 "이 계획이 여전히 ○○ 님이 하고 싶은(필요한, 선택한) 것인지요?"라고 하여 유발하기를 다시 할 수 있다. 내담자는 자신의 변화대화를 다시 들을 필요가 있다. 내담자가 이전에 말했던 변화대화를 요약할 수 있다. 불일치감을 가진 내담자에게 노골적으로 직면하는 목소리 톤, 즉 "○○ 님의 기억을 상기시키자면…"은 피하라. 다음과 같이 시작할 수 있다. "이런 변화를 해야 하는 이유에 대해 말해주신 것들을 제가 기억하는지 볼게요. 그리고 이 계획들이 여전히 ○○ 님에게 중요한지 말해주세요." 중요성 척도를 다시 사용하여 평가하게 함으로써 자가 평가에 변화가 있는지 보도록 한다. 0점이 아닌 그 점수인 이유에 대해서 다시 이끌어낸다.

때로, 자신감의 저하가 중요성을 손상시킨다. 시도한 것이 실패했을 때 변화에 대한 자기효능감이 감소한다. 내담자가 이 계획에 대해서 무엇이든 해보는 것이 가능한지에 대해서 확신이 없을 경우, 이런 불일치감을 가진 채 계속 하는 것이 그냥 불편할 수 있다. 자기효능감에 대해서 의구심을 가질 때 내담자는 목표마저 그리 중요하거나 현실적이지 않다고 합리화하게 된다. 자신감 척도가 이와 관련해서 단서를 줄 수 있으며, 자신감의 위기를 다룰 수 있는 도구들을 쉽게 사용할 수 있다(6장).

유발 다시 하기의 목적은 내담자가 설정한 목표를 성취하려는 의도를 검토하고 새롭게 하는 데 있다. 그것이 여전히 내담자가 가려고 선택한 방향인지? 그렇다면, 계획 다시 하기 과제로 돌아가서 어떻게 잘 실천할지 생각한다. 그렇게 함으로써 계획 실천의 의도를 적절하게 이끌어낸다. 만약 아니라면, 초점 맞추기를 다시 할 필요가 있다.

초점 맞추기를 다시 하기

시간이 지나면서 초점이 바뀌는 것은 흔한 일이다. 한 가지 목표를 성취하면 다음 목표가 생긴다. 변화하려는 노력이 억압적이 되거나 기저에 있던 염려를 드러낼 수 있어서 주의가 요구된다. 사람들은 이전에 중요하게 보였던 목표를 달성하지 않기로 결정하기도 한다. 변화된 상황이 우선순위를 바꿀 수도 있다. 목표 자체의 조정이 필요하다면 (결단을 새로이 하는 것이 아닌) 초점 다시 맞추기를 해야 한다.

내담자가 뚜렷하게 초점 대안을 제시하지 않는다면, 실무자가 우선순위를 명료하게 할 필요가 있다. 9장에서 설명했던 가치 탐색 접근이 도움이 된다. 초점 맞추기는 선택하기 과제이다. 함께 무엇에 대해서 이야기를 할지? 특정 목표를 향해서 함께 가는 것이 가능할지? 초점이 명확해지면, 유발하기와 계획하기로 이동한다.

내담자가 변화를 피하면서 다른 것에 초점을 맞추려 한다면? 물론 이것은 내담자의 특권이다−어떤 특정한 변화를 당분간 하지 않기로 선택할 수 있다. 실제로, 내담자가 이전에 나누었던 변화보다도 다른 것을 우선순위로 정한 것인지? 여기서 이것에 대해 개방적이고 직접적으로 내담자와 이야기를 나눈다. 어떤 변화(만약 하고자 한다면)를 성취하고자 결정하는 것은 내담자의 영역이다. 만약 내담자가 변화를 피하고자 하는 자신의 욕구를 알지 못하는 것이 실무자로서 염려된다면, 이러한 염려를 (허락을 구하고) 표현하라. 단, 비난하는 식으로("어려우니까 ○○ 님이 정말 해야 하는 것을 그냥 피하고 있는 겁니다.") 해서는 안 된다. 이런 표현은 내담자보다 실무자가 더 잘 안다고 하는 전문가 모델로 돌아가게 할 뿐이다. 요지는, 내담자의 자율적 선택을 의식하게 하고 분명히 할 때 비난이나 수치를 주는 방식이 아니라 내담자의 선택의 힘을 인정하고 존중해야 한다는 것이다.

내담자가 실무자와 계속해서 작업해야 할지를 고민할 가능성도 있다. 이런 경우, 적합한 과정은 관계 맺기 다시 하기가 된다. 관계 맺기는 모니터링을 할 때에도 역시 중요한데, 보호관찰이나 아동보호센터와 같이 적어도 자문의 초점이 협상 불가능할 때 그러하다.[18]

관계 맺기를 다시 하기

내담자가 관계 맺기로부터 이탈해있거나 이탈하는 것으로 보일 때, 4장과 8장에서 기술한 관계 맺기 방법들을 다시 하는 것이 유용하다. 매 회기가 끝날 때 내담자로부터 규칙적으로 피드백을 받음으로써 관계 이탈의 초기 경고 신호를 알 수 있다.[19] 관계 맺기 없이는 동기면담의 나머지 과제들을 할 때 많이 진척하기가 어렵다.

관계 이탈 신호가 있을 때 선제적 노력을 해야 한다. OARS 기술이 여기서 중요하다. 내담자가 회기 약속을 지키지 않을 때, 연락하여 연결을 새롭게 해야 한다. 실무자는 전화나 문자로 조력 관계에서의 지속적인 의무감을 표현할 수 있다. 변화 과정에서 실무자가 어떻게 더 도움이 되고 지지적일 수 있는지에 대해서 내담자에게 조언을 구하라. 합리적으로 관계 맺기가 재형성되면, 초점 다시 맞추기로 돌아간다.

또 다른 적절한 서비스는 자문 종결 후에 추후 연락을 하는 것이다. 많은 변화들은 시간이 흐르면서 내구력이 요구되며, 사람들은 종종 문제가 발생하면 관계 맺기 다

> 관계 이탈 신호가 있을 때 선제적 노력을 해야 한다.

시 하기를 하는 데 시간이 걸린다. 예로, 중독 행동의 경우, 첫 자문 이후 3개월 내지 6개월 내에 좌절을 하는 것이 매우 흔한 일이다. 그즈음 되면, 정기적인 추후 연락을 해서 효과가 반전되는 것을 막아야 한다. 이와 마찬가지로, 당뇨, 체중 감소, 심장 질환, 기타 장기적인 자기 관리 도전 과제를 다루는 일상생활 양식의 변화에는 지속적으로 지지적인 연락을 하는 것이 매우 중요하다. 중요한 위기나 결정 또는 의료 처치 이후 간단하게 확인하는 것만으로도 사람들은 고마워한다.

동기면담을 기타 치료적 개입과 통합하기

동기면담은 변화에 대해서 나누는 특별한 대화 방법이므로, 폭넓게 다양한 치료 방법들과 통합할 수 있다. 동기면담과 결합을 이룬 치료 방법의 예로는, 인지행동,[20] 수용과 전념,[21] 게슈탈트,[22] 정신역동,[23] 자기결정,[24] 영적,[25] 그리고 초이론적[26] 접근들이 있다. 동기면담은 또한 변화 유지와 준수를 증진시키는 데 사용되어 왔는데, 예로 치의학,[27] 의학,[28] 약학,[29] 심리치료 분야에서이다.[30]

동기면담은 기타 치료적 개입에 서두로 사용되는 것 이상이다. 동기면담은 모든 변화 단계에서 적용 가능하며, 관계 맺기, 초점, 동기를 촉진하고, 도전 과제가 발생할 때 계획을 조정한다. 동기면담은 또한 치료 효과를 개선하는 것으로 밝혀진 전문가

> 동기면담은 모든 변화 단계에서 적용 가능하다.

기술들과 본질적으로 중첩된다.[31] 저자들이 볼 때, 동기면담을 다른 접근들과 경쟁하는, 독립적 대안치료로 간주하기보다는 동기면담을 기타 치료 접근들과 통합하는 것이 더 의미가 있다.

• 개인적 관점 • **자기감에 대하여**

오랫동안 해 온 행동 습관을 바꾸고 싶던 때가 생각난다. 조용하게 반영하고 전문가와 시간을 나누면서 궁극적으로 도움이 된 것은, 내가 그 행동으로 "내 영혼에 구멍을 채우고 있는" 자신을 발견한 것이었다. 내가 그러했음을 받아들이자, 그 행동에 덜 몰입하는 것이 쉬워진 것 같다. 나 자신을 더 많이 수용하기 시작했고, 그것은 마치 내 안의 투쟁이 줄어든 것같이 느끼게 해주었다. 이것이 아마도 자연스러운 성숙 과정이었을까? 전문가와 작은 공간에서 시간을 가진 것이 믿을 수 없을 정도로 도움이 되었다. 그는 나로 하여금 어떤 변화가 있을 수 있는지 내 목소리로 말하도록 했고, 내가 호전을 보였을 때 나의 편안함을 함께 즐거워했다. 나의 행동에 대한 것만이 아니고, 내가 누구인지에 대한 나의 자아감에 대한 경험이었다.

－스티브

☑ 요점 정리

- 동기면담의 핵심 스타일은 변화 실천 과정에서 모두 유용하다. 내구력을 지지해 준다.
- 통합된 동기면담이란, 계획하기와 유발하기와 초점 맞추기와 필요 시 관계 맺기 과제들을 융통성 있게 다시 하는 것이다.
- 동기면담은 기타 다양한 치료적 접근들과 잘 결합되며, 변화 유지와 준수를 증진한다.

참고문헌

1. Miller, W. R., & Moyers, T. B. (2006). Eight stages in learning motivational interviewing. *Journal of Teaching in the Addictions, 5,* 3–17.

2. Rogers, C. R. (1959). A theory of therapy, personality, and interpersonal relation-ships as developed in the client-centered framework. In S. Koch (Ed.), *Psychology: The study of a science. Vol. 3. Formulations of the person and the social contexts* (pp. 184–256). McGraw-Hill.
   Rogers, C. R. (1980). *A way of being.* Houghton Mifflin.
3. Attributed to Helmuth von Moltke the Elder, a 19th-century Prussian general.
4. Miller, W. R., & Moyers, T. B. (2021). *Effective psychotherapists: Clinical skills that improve client outcomes.* Guilford Press.
5. Miller, W. R., & Danaher, B. G. (1976). Maintenance in parent training. In J. D. Krumboltz & C. E. Thoresen (Eds.), *Counseling methods* (pp. 434–444). Holt, Rinehart & Winston.
6. Patterson, G. R. (1975). *Families: Applications of social learning to family life* (rev. ed.). Research Press.
   Patterson, G. R. (1977). *Living with children: New methods for parents and teachers* (rev. ed.). Research Press.
7. Miller, W. R., Taylor, C. A., & West, J. (1980). Focused versus broad-spectrum behavior therapy for problem drinkers. *Journal of Consulting and Clinical Psychology, 48*(5), 590–601.
   Miller, W. R., & Baca, L. M. (1983). Two-year follow-up of bibliotherapy and therapist-directed controlled drinking training for problem drinkers. *Behavior Therapy, 14,* 441–448.
8. Slagle, D. M., & Gray, M. J. (2007). The utility of motivational interviewing as an adjunct to exposure therapy in the treatment of anxiety disorders. *Professional Psychology: Research and Practice, 38*(4), 329–337.
9. Arkowitz, H., Miller, W. R., & Rollnick, S. (Eds.). (2015). *Motivational interview-ing in the treatment of psychological problems* (2nd ed.). Guilford Press.
   Clifford, D., & Curtis, L. (2016). *Motivational interviewing in nutrition and fitness.* Guilford Press
10. Baumeister, R. F., Heatherton, T. F., & Tice, D. M. (1994). *Losing control: How and why people fail at self-regulation.* Academic Press.
    Brownell, K. D., Marlatt, G. A., Lichtenstein, E., & Wilson, G. T. M. (1986). Understanding and preventing relapse. *American Psychologist, 41,* 765–782.
11. Miller, W. R. (2015). Retire the concept of "relapse." *Substance Use and Misuse, 50*(8–9), 976–977.
    Miller, W. R., Forcehimes, A. A., & Zweben, A. (2019). *Treating addiction: A guide for professionals* (2nd ed.). Guilford Press.
12. DiClemente, C. C., & Crisafulli, M. A. (2022). Relapse on the road to recovery: Learning the lessons of failure on the way to successful behavior change. *Journal of Health Service Psychology, 48,* 59–68.
    Marlatt, G. A., & Donovan, D. M. (Eds.). (2005). *Relapse prevention: Mainte-nance strategies in the treatment of addictive behaviors* (2nd ed.). Guilford Press.
13. Elliott, R., Bohart, A. C., Watson, J. C., & Murphy, D. (2018). Therapist empathy and client outcome: An updated meta-analysis. *Psychotherapy, 55*(4), 399–410.
14. Farber, B. A., Suzuki, J. Y., & Lynch, D. A. (2018). Positive regard and psycho-therapy outcome: A meta-analytic review. *Psychotherapy, 55*(4), 411–423.
15. Kolden, G. G., Wang, C.-C., Austin, S. B., Chang, Y., & Klein, M. H. (2018). Con-gruence/genuineness: A meta-analysis. *Psychotherapy, 55*(4), 424–433.
16. Epton, T., Harris, P. R., Kane, R., van Konigsbruggen, G. M., & Sheeran, P. (2015). The impact of self-affirmation on health-behavior change: A meta-analysis. *Health Psychology, 34*(3), 187–196.
17. Miller, W. R., & Forcehimes, A. (2021). *Getting back on track: An interactive journal.* The Change Companies.

18. Hohman, M. (2021). *Motivational interviewing in social work practice* (2nd ed.). Guilford Press.

    Forrester, D., Westlake, D., Killian, M., Antonopolou, V., McCann, M., Thurnham, A., et al. (2019). What is the relationship between worker skills and outcomes for families in child and family social work. *British Journal of Social Work, 49*, 2148–2167.

    Stinson, J. D., & Clark, M. D. (2017). *Motivational interviewing with offenders: Engagement, rehabilitation, and reentry*. Guilford Press.

19. Lambert, M. J., Harmon, C., Slade, K., Whipple, J. L., & Hawkins, E. J. (2005). Providing feedback to psychotherapists on their patients' progress: Clinical results and practice suggestions. *Journal of Clinical Psychology, 61*(2), 165–174.

    Miller, S. D., Bargmann, S., Chow, D., Seidel, J., & Maeschalck, C. (2016). Feedback Informed Treatment (FIT): Improving the outcome of psychotherapy one person at a time. In W. O'Donohue & A. Maragakis (Eds.), *Quality improvement in behavioral health* (pp. 247–262). Springer.

    Miller, S. D., Duncan, B. L., Brown, J., Sorrell, R., & Chalk, M. B. (2006). Using formal client feedback to improve retention and outcome: Making ongoing, real-time assessment feasible. *Journal of Brief Therapy, 5*(1), 5–22.

20. Naar, S., & Safren, S. A. (2017). *Motivational interviewing and CBT: Combining strategies for maximum effectiveness*. Guilford Press.

    Malins, S., Biswas, S., Rathbone, J., Vogt, W., Pye, N., Levene, J., et al. (2020). Reducing dropout in acceptance and commitment therapy, mindfulness-based cognitive therapy, and problem-solving therapy for chronic pain and cancer patients using motivational interviewing. *British Journal of Clinical Psychology, 59*(3), 424–438.

    Westra, H. A., Constantino, M. J., & Antony, M. M. (2016). Integrating motivational interviewing with cognitive-behavioral therapy for severe generalized anxiety disorder: An allegiance-controlled randomized clinical trial. *Journal of Consulting and Clinical Psychology, 84*(9), 768–782.

21. Thurstone, C., Hull, M., Timmerman, J., & Emrick, C. (2017). Development of a motivational interviewing/acceptance and commitment therapy model for adolescent substance use treatment. *Journal of Contextual Behavioral Science, 6*(4), 375–379.

    Yıldız, E., & Aylaz, R. (2021). How counseling based on acceptance and commitment therapy and supported with motivational interviewing affects levels of functional recovery in patients diagnosed with schizophrenia: A quasi-experimental study. *Clinical Nursing Research, 30*(5), 599–615.

22. Engle, D. E., & Arkowitz, H. (2006). *Ambivalence in psychotherapy: Facilitating readiness to change*. Guilford Press.

23. Cross, L. W. (2013). Psychodynamic therapy and motivational interviewing: Approaches to medical issues in low motivation anorexics. *Journal of Psychotherapy Integration, 23*(1), 28–38.

    Ramezani, A., Rockers, D. M., Wanlass, R. L., & McCarron, R. M. (2016). Teaching behavioral medicine professionals and trainees an elaborated version of the Y-Model: Implications for the integration of cognitive–behavioral therapy (CBT), psychodynamic therapy, and motivational interviewing. *Journal of Psychotherapy Integration, 26*(4), 407–424

    Weegmann, M. (2002). Motivational interviewing and addiction—A psychodynamic appreciation. *Psychodynamic Practice, 8*(2), 179–195.

24. Markland, D., Ryan, R. M., Tobin, V. J., & Rollnick, S. (2005). Motivational interviewing and self-determination theory. *Journal of Social and Clinical Psychology, 24*(6), 811–831.

Patrick, H., & Williams, G. C. (2012). Self-determination theory: its application to health behavior and complementarity with motivational interviewing. *International Journal of Behavioral Nutrition and Physical Activity, 9*(1), 1–12.

25. Clarke, P. B., Giordano, A. L., Cashwell, C. S., & Lewis, T. F. (2013). The straight path to healing: Using motivational interviewing to address spiritual bypass. *Journal of Counseling and Development, 91*(1), 87–94.

Giordano, A. L., & Cashwell, C. S. (2014). Entering the sacred: Using motivational interviewing to address spirituality in counseling. *Counseling and Values, 59*(1), 65–79.

Miller, W. R., Forcehimes, A., O'Leary, M., & LaNoue, M. (2008). Spiritual direction in addiction treatment: Two clinical trials. *Journal of Substance Abuse Treatment, 35*, 434–442.

26. Moe, E. L., Elliot, D. L., Goldberg, L., Kuehl, K. S., Stevens, V. J., Breger, R. K., et al. (2002). Promoting healthy lifestyles: Alternative models' effects (PHLAME). *Health Education Research, 17*(5), 586–596.

Velasquez, M. M., Crouch, C., Stephens, N. S., & DiClemente, C. C. (2016). *Group treatment for substance abuse: A stages-of-change therapy manual* (2nd ed.). Guilford Press.

27. Borelli, B., Tooley, E. M., & Scott-Sheldon, L. A. J. (2015). Motivational interviewing for parent-child health interventions: A systematic review and meta-analysis. *Pediatric Dentistry, 37*(3), 254–265.

28. Dillard, P. K., Zuniga, J. A., & Holstad, M. M. (2016). An integrative review of the efficacy of motivational interviewing in HIV management. *Patient Education and Counseling, 100*(4), 636–646.

Gunnes, M., Langhammer, B., Aamot, I.-L., Lydersen, S., Ihle-Hansen, H., Indredavik, B., et al. (2019). Adherence to a long-term physical activity and exercise program after stroke applied in a randomized controlled trial. *Physical Therapy, 99*(1), 74–85.

Olsen, S., Smith, S. S., Oei, T. P. S., & Douglas, J. (2012). Motivational interviewing (MINT) improves continuous positive airway pressure (CPAP) acceptance and adherence: A randomized controlled trial. *Journal of Consulting and Clinical Psychology, 80*(1), 151–163.

Wagoner, S. T., & Kavookjian, J. (2017). The influence of motivational interviewing on patients with inflammatory bowel disease: A systematic review of the literature. *Journal of Clinical Medicine Research, 9*(8), 659–666.

29. Abughosh, S. M., Vadhariya, A., Johnson, M. L., Essien, E. J., Esse, T. W., Serna, O., et al. (2019). Enhancing statin adherence using a motivational interviewing intervention and past adherence trajectories in patients with suboptimal adherence. *Journal of Managed Care and Specialty Pharmacy, 25*(10), 1053–1062.

Banta-Green, C. J., Williams, J., Sears, J. M., Floyd, A. S., Tsui, J., & Hoeft, T. (2020). Impact of a jail-based treatment decision-making intervention on post-release initiation of medications for opioid use disorder. *Drug and Alcohol Dependence, 207*(107799).

Holstad, M. M., Dilorio, C., Kelley, M. E., Resnicow, K., & Sharma, S. (2011). Group motivational interviewing to promote adherence to antiretroviral medications and risk reduction behaviors in HIV infected women. *AIDS and Behavior, 15*(5), 885–896.

Papus, M., Dima, A. L., Viprey, M., Schott, A.-M., Schneider, M. P., & Novais, T. (2022). Motivational interviewing to support medication adherence in adults with chronic conditions: Systematic review of randomized controlled trials. *Patient Education and Counseling, 105*(11), 3186–3203.

30. Baker, A., & Hambridge, J. (2002). Motivational interviewing: Enhancing engagement in treatment for mental health problems. *Behaviour Change, 19*(3), 138–145.
      Swanson, A. J., Pantalon, M. V., & Cohen, K. R. (1999). Motivational interviewing and treatment adherence among psychiatric and dually diagnosed patients. *Journal of Nervous and Mental Disease, 187*(10), 630–635.
31. Miller, W. R., & Moyers, T. B. (2021). *Effective psychotherapists: Clinical skills that improve client outcomes.* Guilford Press.

13

씨앗 심기

보통의 농부는 작물을 재배한다. 훌륭한 농부는 토양을 풍요롭게 한다.

−일본 속담[1]

실무자가 최선의 노력을 하는데도 불구하고 어떤 변화대화도 유발되지 않는다면 어떻게 할까? 토양에서 가꾸고자 하는 동기 씨앗을 전혀 찾을 수 없다면? 어떤 내담자들은 현재 상황에 대해서 실제로 양가감정이 없을 수 있다. 주변 사람들이 염려하는 것을 알고 있어도, 변화에 대해 생각해본 적이 없거나 또는 변화를 포기한 상태라서 노력할 의미가 없어 보인다. 이런 상태를 초이론적 변화 모델에서 인식 전 (precontemplation) 단계라고 부른다.

저자들의 경험으로는 처음에 동기가 없어 보이던(인식 전 단계) 사람들이 종종 동기가 있다. 기저에는 양가감정이 있다. 그들은 한편으로 변화가 좋은 생각이라는 것을 알고는 있지만, 이런 생각과 사람들, 즉 왜 변해야 하고 어떻게 해야 하는지를 이야기하며 염려하는 사람들에 대해서 반대하고 방어하고 있다. 만약 양가감정이 보인다면, 훌륭한 경청, 관계 맺기, 유발하기 전략을 사용하여, 이전에 설득하지 못했던 변화를 잘 도모할 수 있다.[2]

그러나 진정으로 발굴해낼 양가감정이 전혀 없다고 가정하자. 이런 경우, 실무자가 교정반사로 내담자에게 확신시키거나 내담자에게 직면시키려는 자극을 주려고 할 수 있다.

"하지만 …을 볼 수 없나요?"

"…을 염려하진 않으세요?"

실무자는 설복하려거나 경고하거나 설득하고 싶은 마음으로 기울 수 있다. 이런 직면하기는 행동 변화에 비효과적인 것으로 잘 알려져있다. 가족이나 기타 가까운 관계에서는 이런 직면이 간청하기, 잔소리하기, 위협하기로 바뀔 수 있다.[3]

또 다른 유혹은 포기하는 것일 수 있다. 중독치료 분야에서, 동기가 없다거나 부인하고 있는 것으로 판단하여 내담자에게 때로 그냥 가라고 하거나, 계속 음주 및 약물을 사용하라고 하거나, "고통을 충분히 받으면" 그때 오라고 말했다. 가족들에게도 역시 그들이 사랑하는 사람이 변화할 준비가 될 때까지 할 수 있는 건 아무것도 없다고 잘못 조언을 해주었다.[4] 이제 우리들은 이보다 더 많은 것을 더 잘 알고 있다. 변화 동기는 연료 계량기가 측정할 수 있는 것처럼 사람의 내면에 들어차있는 것이 아니다. 동기는 관계에서 양육될 수 있어서, 그렇게 양육하는 것이 조력자로서의 실무자 업무이다.

> 직면하기는 행동 변화에 비효과적인 것으로 잘 알려져있다.

만약 어떤 내담자가 실무자가 염려하는 바에 대해서 양가감정이 전혀 없는 것처럼 보이는 경우, 실무자는 씨앗을 심으려고 노력할 수 있고 씨앗은 추후에 싹을 틔우게 된다. 이런 씨앗은 신뢰 관계라고 하는 토양에서 자라날 가능성이 높다. 동기면담의 관계 맺기 기술들이 여기서 중요하다−호기심을 가지고 열린 질문을 하고, 내담자의 관점에 공감적으로 수용하면서 경청하고, 내담자의 자율성과 강점을 알아주고 인정하는 것이다. 현 상태를 유지하는 것에 의구심을 일으킬 만한 정보를 제공할 수도 있는데, 이때는 문을 닫아버리는 방식이 아니라 고려할 수 있게 개방하는 방식으로 해야 한다.[5] 본질적으로, 실무자는 약간의 양가감정을 만들어내기를 바라고 있는 것이다.

내담자가 이미 무엇을 알고 있는지 탐색하기

새로운 정보를 소개하기에 앞서, 내담자가 이미 알고 있지만 선택 대안으로 이제껏 통합한 적이 없는 것이 무엇인지 탐색하라. 이러한 도전적 상황이 태아 건강 클리닉에서 있었다. 임신한 여성들이 여전히 알코올 음료를 마시고 있었다.[6] 당연한 교정반사적 유혹으로는, 태내(in utero)에서 알코올에 노출된 태아에게 미칠 수 있는 매우 사실적인 피해들에 대해 강의를 하는 것이 있을 수 있다. 그러나 그 대신, 실무자는 임신 중 음주에 대해서 이미 알고 있는 것이 무엇인지 질문하면서 시작했다. 실제로 드러난 사실은, 임신한 여성들은 거의 스스로 강의를 해도 될 만큼의 정보를 이미 알고 있었으며, 이번에 그것을 소리 내어 말하는 기회를 가졌다는 것이다. 다음 사례에서 질문하기−제공하기−질문하기(11장 참조)를 사용하여 '씨앗 심기'를 하고 있다.

간호사 : 그러면, 임신 기간 동안 알코올이 어떤 영향을 주는지 알고 있나요?	질문하기
예비모 : 긴장을 풀어주는 것?	
간호사 : 예. 이완되는 느낌을 가지죠. 한편 알코올이 임산부나 태아에게 어떤 해로운 영향을 주는지 알고 있나요?	제공하기 질문하기
예비모 : 오, 모르겠어요. 마치 흡연할 때처럼, 아이가 작게 태어나거나 조산할 수 있다고 들었어요.	
간호사 : 맞아요! 자궁 안에서 알코올에 노출된 아기들은 종종 작게 태어나고 때로는 제대로 크지 못하지요.	제공하기
예비모 : 그렇군요. 계속 작은 편이 되는 거네요.	
간호사 : 예. 그런 일이 발생합니다. 그게 염려가 되나요?	제공하기, 질문하기
예비모 : 예, 그렇게 생각해요. 작게 태어난다고는 들었는데 계속 작은 편이 된다는 건 못 들었어요.	
간호사 : 그 밖에 알고 있는 것이 무엇인가요?	질문하기
예비모 : 아이의 두뇌에 영향을 줄 수 있다고 들은 것 같아요. 지능 같은 거요.	
간호사 : 그것도 실제로 가능한 일이에요. 전반적인 영역에서 영속적으로 피해가 발생할 수 있는데, 그것을 태아 알코올 증후군이라고 부릅니다. 원하시면 이것에 대해 더 말씀드릴 수 있어요. 염려하시는 표정이시네요.	제공하기 질문하기
예비모 : 내 아기가 건강하면 좋겠어요.	변화대화
간호사 : 예, 물론이죠. 저도 그러길 원해요.	

여기서의 의도는 예비모를 두렵게 하거나 수치스럽게 하려는 것이 아니다. 정보를 교환하고 있는 것이다. 두려움과 수치는 불편한 정보에 열린 마음을 가지게 하기보다는 마음 문을 닫게 하는 경향이 있다. 바라는 바는, 연민을 가진 동반자가 있는 자리에서 큰 소리로 자기가 하는 말을 다시 들음으로써 자기가 이미 알고 있는 정보를 통합하도록 돕는 것이다. 동기면담의 관계 맺기 기술들이 여기서 여전히 중요하며, 내담자가 이러한 불편한 대화를 할 때 실무자가 어떻게 반응할지 돕는다.

> 두려움과 수치는 마음 문을 닫게 하는 경향이 있다.

다른 사람들이 알고 있는 것이 무엇인지 탐색하기

내담자는 아무 걱정도 하지 않지만 내담자의 삶 속 어떤 사람들이 걱정을 한다면 왜 그들이 염려하는지 호기심을 가지고 내담자에게 질문한 후 경청한다. 다음 대화는 음주로 인해서 배우자가 별거를 하겠다고 위협하는 내담자와의 첫 번째 면담에서 발췌하였다.[7] 내담자는 개인적으로 자신에게 음주 문제가 없다고 느꼈고, 저자(빌)는 그의 배우자가 어떤 염려를 하는지 탐색했다. 첫 번째 면담을 시작하고 몇 분 지난 후의 대화이다. 저자는 내담자(피터)로부터 아직 변화대화를 유발하지 못했다.

> 빌 : 때로 힘들다고 해서 그것을 '문제'로 보고 싶지는 않습니다. 사람들은 "문제가 없어." "문제가 있어."라고 말하지만요. 제가 피터에게 요청하는 것은 본인의 음주 습관에 대해서 말해 주시는 것인데, 뭐든지 알고 있거나 또는 아내가 뭐라고 말하는 것이나 그런 거죠. 아내가 혹시 무엇을 염려하는 걸까요?　　**열린 질문**
>
> 내담자 : 글쎄요. 아내가 늘 말하는 게, 그러니까 제가 손에 늘 마실 걸 갖고 있다고 잔소리합니다. 우리가 같이 있으면, 아내는 늘 그런 식으로 날 바라보는 거예요. 제가 손에 술을 가지고 있다고요. 한번은 말하기를 제 초상화를 그려준다면, 그러니까 왕들이 왕위를 계승할 때 초상화 그리는 것처럼, 제가 손에 맥주 캔을 들고 있을 거라는 거예요. 그렇게 말할 때 저는 정말 짜증이 났어요. 처음에는 웃었는데, 생각할수록 화가 나는 거

예요. 아내는 제가 항상 캔을 가지고 있어서 걱정하는 것 같아요. 저를 그런 식으로 보는 것에 이제 지쳤다고 말해요.

빌 : 아내의 걱정 중 하나는 남편이 얼마나 자주 많이 마시는지, 그러니까 술이 남편 곁에 자주 있는 것에 걱정을 하는 거네요.   반영

내담자 : 제가 과음한다고 늘상 아내가 말하는 거예요. 너무 많이 마신다고요. 늘 과음한다고 말했었는데 이제는 '알코올 중독'이라는 말을 꺼내면서 저에게 그렇게 말하기 시작했어요. 아내가 처음엔 그렇게 말하는 걸 두려워했었다고 생각해요. 처음 시작은 그냥 "과음, 과음, 과음."이라고 했지요.

빌 : 아니면, 아내가 충분히 전달하지 못한다고 느끼는 지점에 온 것 같네요. 아시다시피 이건 더 큰 무기지요. "아마도 당신 알코올 중독인가 봐요."라고 말하는 거 말이죠.

내담자 : 오, 예. 예.

빌 : 사실, 피터가 이제 경청하고 있는 거네요, 그래서…

내담자 : 예. 아내가 그런 말을 했을 때 저는 놀랐어요. 난데없이 그런 말을 하니까. 아내가 전에 그런 말을 한 적이 절대 없거든요.

빌 : 그러면 아내가 왜 그렇게 생각했을까요? 음주량 말고, 또 다   호기심을 가지고 열린 질문
른 어떤 것에 아내가 그렇게 반응하는 걸까요?

내담자 : 아마도 아내가 생각하기에, 가족력이 있다는 걸 거예요. 저의 아버지가 늘 말씀하시기를, 할아버지께서 음주 문제가 있으셨다고 했는데, 아내가 우리 친척들을 두루 만나며 알게 된 거죠. 그래서 그런 생각을 하게 된 거예요. 그래서 저에게 그런 말을 하는 걸 거예요. "당신은 가족력이 있는 걸 알고 있다. 당신 자신을 좀 보라. 과음을 하지 않느냐, 가족력이 있는 거다. 당신은 알코올 중독이다."라고요.

빌 : 그러니까, 아내가 걱정하는 건 남편의 음주량, 그리고 가족   꽃 부케 만들기 시작
력이 보이는 것, 그로 인한 위험성 증가 등이네요. 그런 점에   정보 제공
서 남편에 대해 걱정하고 있나 봅니다. 그 밖에 어떤 것을 아내가 알게 된 것 같나요?

내담자 : (잠시 후) 그것 말고, 아내가 어떤 걸 알고 있는지는 모

르겠어요. 저는 음주로 인해 실제로 어떤 문제를 일으킨 적이
없어요. 아시다시피, 어떤 큰 사건이 일어나거나 하지는 않거
든요. 제가 취해서 들어와 격노하며 집을 부수거나 그런 일은
하지 않았고 계단에서 넘어지거나 뭐 그런 일도 없고요. 그런
일은 제게 일어난 적이 전혀 없어요. 진짜 큰 문제가 계속 있
는 것도 아니고요.

빌 : 대중 앞에서 사건은 없었고요. 다른 사람들도 피터에게 어   반영
떤 문제가 있다고 보지는 않고요. 그러니까 "이런, 당신이 걱
정이 되네요."라고 말하는 사람은 없는 거네요.

내담자 : 아내가 그렇게 말했던 두 사람 중 한 사람이에요. 저에
게 문제가 있다고 아내가 생각하거든요. 오직 두 사람이 그렇
게 말했어요. 제 친구 중에는 한 명도 없고요. 직장 동료들에
게서도 음주에 대해 무슨 말을 들어본 적이 없어요. 아무도
"피터, 문제가 있는 것 같아." 등과 같은 말을 하진 않았어요.
아내가 늘 되풀이해서 말하는 사람이에요.

빌 : 다른 한 명이 신부님인가요?   닫힌 질문

[내담자는 이전에 말하기를, 아내가 구역 신부님과 대화를 나
누었는데 신부님이 염려했다고 함]

내담자 : 아 그렇게 되면, 신부님까지 세 명이네요. 신부님이 그
렇게 말하셨고, 할머니가 살아계실 때 저에게 그런 말을 하시
곤 했어요. 하지만 그땐 제가 대학에 다닐 때였지요. 대학 다
니면서 싸움도 하곤 했는데, 할머니가 그런 걸 받아들이지 못
하셨어요. 제가 대학 다닐 때 저의 음주에 대해서 어떤 말을
하셨어요. 가족 중에서 그런 말을 한 사람은 할머니와 아내뿐
입니다.

빌 : 할머니라면 음주 문제가 있으셨던 할아버지와 결혼하신 분   닫힌 질문
인가요?

내담자 : 맞아요.

빌 : 그렇군요. 그래서 할머니는 그런 면에서 예민함과 염려를   닫힌 질문
가지셨던 것이 자연스러운 거네요. 지금보다 대학 다닐 때 술
을 더 많이 마셨다고 생각하세요?

내담자 : 아니요. 그렇게 생각하지 않아요.

빌 : 비슷한 정도로요?   닫힌 질문

내담자 : 물론 아니죠. 지금 더 마셔요. 지금 더 많이 마시는 것이
    가능해진 거죠. 대학 때는 파티 같은 거 할 때나 마셨어요.

이 예시는 저자(빌)가 1989년에 이 책의 공저자(스티브)를 만나기 훨씬 전의 면담이다. 지금 보면 서툰 부분이 있다. 저자의 최근 동기면담 사례를 보면서도 개선의 여지를 계속 보게 된다. 하지만 시간이 흐르면서 호전되는 것을 보는 건 고무적이다.

내담자와 면담할 때 다른 사람들이 해주는 염려에 대해서 호기심과 관심을 가지고 해야 한다. 이런 상황에서 '그럴 줄 알았어.'라고 생각하지 않도록 유의하라. 닫힌 질문을 자주 하면 ─ 위 사례에서 저자가 많이 하고 있는데 ─ 취조받는 느낌을 줄 수 있다. 내담자를 붙잡고, '시인하게' 만들거나 기분 나쁘게 한 것은 아니다. 대화는 이미 잠재적으로 불편한 상태였다. 바라기는 위 간호사 사례에서처럼, 내담자 피터가 스스로 이미 알고 있지만 '문제 없어.'라고 하는 마음의 상자에 집어넣은 것들을 통합하도록 돕는 것이다.

동기면담은 내담자가 새로운 관점에 대해 다시 생각하고, 다시 고려하고, 개방적이 되도록 도울 수 있다. 어떤 조력자들은 내담자가 스스로에게 충분히 기분 **나쁘게(bad)** 느끼는 것만으로 변하리라 믿는 것 같다. 이전에 언급한 바와 같이, 수용되는 것을 경험할 때 잠재적으로 위협적인 정보를 받아들이는 것이 훨씬 쉬워진다. 동기면담에서, 실무자는 안전과 수용의 분위기 안에서 거울 안을 들여다보도록 내담자를 초대하며, 그들이 본 것을 가지고 자신을 변화시키도록 허용하게 돕는다.

> 동기면담은 내담자가 새로운 관점에 개방적이 되도록 돕는다.

· 치료자에게 ·   병리적으로 만들지 않도록 하라

정신건강 전문가로서 훈련받은 우리들은 심리적으로 잘못될 수 있는 모든 병리에 대해 학교에서 배운다. 진단명과 증상을 외우고, 회복을 돕는 방법들을 공부한다. 좋은 것이다.

그러나 유의할 것은, 내담자가 변화에 대해 주저하는 것을 확대 해석하지 말아야 한다는 것이다. 양가감정은, 익숙한 것으로부터 일탈할 때 갖는 정상적인 반응이다. 20세기에 수십 년간 중독치료 분야는

부정확하면서 견고한 믿음들로 궁지에 빠져있었다. 즉, 물질사용장애를 가진 사람들은 미성숙하고 병리적인 방어기제로 가득 차 있다는 믿음이었다. 양가감정의 한쪽에 해당하는, 내담자의 매우 정상적인 주저함이 저항, 합리화, 부인으로 해석되었다. 불행히도, 처방된 반응은 논쟁하고 공격적으로 직면시키는 것이었고, 이러한 반응은 예측한 대로 더 많은 '저항'으로 이끌고 갔으며, 결과적으로는 진단을 확정해버렸다. 저자들의 저서인 이 책의 초판과 제2판에서, 저자들이 '저항'이라고 이름을 붙였던 것이 지금은 유지대화와 불화로 나누어짐을 알게 되었다.

오랫동안 알려진 것으로, 관찰자는 행위자의 행동을 고정된 성격 성향 때문으로 귀인하는 경향이 있는 반면, 행위자는 스스로가 상황적 요인에 반응하는 것이라고 지각한다.[8] 결핍 탐지자로 훈련된 우리들은 내담자 행동을 병리적인 내적 원인 때문이라고 자연스럽게 귀인한다. 40년간의 동기면담 경험이 우리에게 가르쳐준 것은, 내담자의 회기 내 행동은 상호적인 것이며 치료자가 무엇을 하느냐에 따라 빠르게 바뀔 수 있다는 것이다. 명확해진 사실은, '저항'과 '부인'은 종종 치료자의 행동에 따라서 마치 라디오의 음량처럼 높게 또는 낮게 조절할 수 있다는 것이다. 변화 동기도 마찬가지이다. 내담자가 하는 행동의 고정적이고 내적인 귀인 요인들을 알게 된다면, 실무자는 뒤로 물러나 어떻게 그것에 기여할지 고민해야 한다.

실무자의 전문성 제공하기

이제까지, 저자들은 내담자가 이미 알고 있는 것 또는 중요한 타자들이 생각하고 있는 바를 탐색하는 것으로 **양가감정 확장하기**(developing ambivalence)를 설명했다.[9] 신뢰받는 조력자로서 실무자는 자신의 전문성을 제공할 수 있다—실무자가 보는 것, 실무자가 그것에 관해 알고 있는 것 등이다. 그리고 염려하는 바를 의견으로 말할 수 있다. 때로 확실한 출처로부터 얻은 조언을 공감적으로 말하면 변화를 유발하기에 충분하다.[10] 다음 사례를 보자.

친구 1 : 네 발이 정말 부어올랐네.

친구 2 : 응. 그래서 샌들을 신고 있어.

친구 1 : 무엇 때문에 그런 것 같니?   열린 질문

친구 2 : 밖이 정말 더웠거든. 그리고 햇볕에 있었어.

친구 1 : 열기나 볕에 타서 그런 거구나.   반영

친구 2 : 아프진 않아. 괜찮아.

친구 1 : 글쎄. 내가 걱정이 되네. 왜 그런지 내가 말해도 돼?

친구 2 : 그래. 하지만 난 정말 괜찮아.

친구 1 : 나는 의사는 아니지만, 이건 주시해야 한다고 생각
해서야. 네 발이 이렇게 부어오른 걸 본 건 이번이 처음은
아니야. 이번엔 더 심각해 보여. 심장 문제를 가진 사람들
이 이렇게 부은 것을 본 적이 있어. 물론, 너에게 달린 건
데[자율성 강조하기], 확인해보기를 바라. 네가 걱정돼.

> 허락 구하기
>
> 확실한 출처로부터 얻은 조언을
> 공감적으로 말할 때 변화를 유발
> 한다.

정보 수집하기와 피드백 주기

한편, 양가감정이 없어 보이는 사람들이 양가감정을 확장하도록 돕는 또 다른 방법은,
정보를 더 수집하는 것이다. 여기서 실무자의 목표는, 행동 변화를 약속할 필요 없이 더
많은 것을 찾아내는 것에 대해 내담자가 개방하도록 마음을 움직이는 것이다. 동기면
담을 사용하여 내담자가 더 많이 배우도록 격려할 수 있으며, 만약 내담자가 기꺼이 하
려 한다면 AOA 방법이 이러한 정보를 검토하는 데 훌륭한 방법이 된다. 다시 말하면,
이것은 신뢰하고 비판단적인 관계 맥락 안에서 되어야 하고, 관계 맺기에 시간을 들여
야 하며, 실무자와 이야기하는 것이 안전하다는 경험을 하도록 해야 한다.

예로, 저자들은 무료 "음주자 체크업"이라는 것을 개발하고 홍보하였는데, 대상은
음주가 자신에게 해를 주는지 여부에 대해 궁금해하는 사람들이었다.[11] 체크업은 설문
지, 혈액검사, 인지검사 등의 측정 기법을 포함하며, 이것은 모두 과음으로 인한 초기
폐해 영향을 점검하는 데 민감한 도구들이다. 저자들은 이것이 치료 프로그램이 아님
을 확실히 하였고, 그들이 받은 정보를 가지고 어떻게 하느냐는 그들 자신에게 달려있
음을 확실히 하였다. 이러한 피드백은 특별히 사람들과 관계를 맺도록 해줄 수 있는데,
왜냐하면 일반적인 정보가 아니라 건강에 대한 개별적인 정보를 제공하기 때문이다.
체크업을 실시한 후에 저자들은 표준치와 비교하여 결과에 대한 피드백을 AOA 방식으
로 제공하였다. 그리고 항상 음주자 자신의 관점에 대해 경청하였다. 사실상, 체크업을
하러 온 사람은 모두 잠재적으로 결과에 대한 피드백에 염려하고 있었다. 이 연구에서
예기치 않게 얻은 교훈은 이것이다. 만약 음주가 폐해를 주는지에 대해 궁금해하는 사
람이라면, 그럴 가능성이 높다는 점이다.

다음은 체크업 이후 피드백 회기 예시이다. 전달해야 할 정보량을 고려할 때, 면담자

는 일반적인 동기면담보다 말을 더 많이 할 수 있다. 열쇠는, 내담자가 정보에 대해서
반대하거나 또는 동의하지 않을 때 면담자가 어떻게 반응하는가이다.

면담자 : 음주 달력을 다시 만들었던 거 기억하실 거예요. 그 정보를 사용해서 일상에서 한 주의 표준 음주 횟수를 계산했어요. 그런데 '표준 음주'란, 순수 알코올 14그램이 들어간 음료를 말하지요. 맥주는 280그램, 와인은 112그램, 양주는 35그램으로 알코올 도수에 따라 다르지요. ○○ 님의 경우, 표준 음주 횟수로 일주일에 19회 마시는 것으로 보고하셨네요. 국내 설문 데이터를 토대로 하면, 미국 성인 여성들 중에 98퍼센타일에 해당합니다. 다른 말로 하면, 미국 여성 100명을 무작위로 고르는 경우 ○○ 님은 97명보다 더 많이 마시는 셈이지요. 놀라신 거 같아요. 놀라우신가요?	정보 제공 질문하기
내담자 : 예? 그럴 리가요. 저는 그렇게 많이 마시는 게 아닌데요.	
면담자 : 그럴 거라곤 기대하지 않은 거네요.	반영
내담자 : 달력을 기억하고 있는데, 제가 과대평가했던가 봐요.	
면담자 : 일상적으로 한 주간 마시는 횟수를 실제보다 더 많이 말했을 수 있어요.	반영
내담자 : 그런지는 모르겠고요. 19회가 대강 맞는 거 같은데, 대부분의 여성보다 더 많이 마시진 않는 거 같아요. 아니면 다른 여성들이 거짓말을 했거나요.	
면담자 : ○○ 님에게 이해가 안 되는 결과네요. 다른 여성들과 비교해서, 더 많이 마시지는 않는 거 같으시고요.	반영
내담자 : 제가 알고 지내는 여자들은 저처럼 많이 마셔요. 몇 명보다는 제가 더 많이 마시고요.	
면담자 : 생각나시는 여성분들과 비교하면 ○○ 님의 음주가 유별나지 않다는 거군요.	반영(문단 이어가기)
내담자 : 맞아요. 아무도 저를 "또 마시고 있어?"라는 식으로 보지 않거든요. 그 사람들은 이 설문을 어떻게 하는 건가요?	
면담자 : 비밀을 보장하면서 개인면담이나 전화면담을 합니다. ○○ 님이 하신 달력과 같은 방법을 자주 사용하지요.	정보 제공

내담자 : 저처럼 진실을 말하지 않을 수 있겠네요.

면담자 : 가능하지요. ㅇㅇ 님은 솔직하게 말을 하셨는데, 이해가   인정과 반영
　　　　 잘되지 않는 거죠. 계산이 안 되는 거지요.

내담자 : 아마 제 친구들도 대부분의 여성보다 더 마시는 거네요?

면담자 : 그럴 수 있지요. 국내 설문은 모든 여성들을 포함하는   정보 제공
　　　　 데, 많은 여성들은 전혀 마시질 않아요.

내담자 : 오. 그렇군요. 술 마시는 여성들이랑만 비교를 하신
　　　　 다면…

면담자 : 좋은 지적입니다! 미국 여성으로 음주자들 중에 94퍼센   정보 제공
　　　　 타일에 해당하시네요.

내담자 : 와. 정말요?

면담자 : 예. 대부분의 음주하는 여성들은 훨씬 덜 마시지요. 그
　　　　 럼, 다음 결과를 함께 볼게요.

　면담자는 내담자의 반응에 대해서 반대하지도, 논쟁하지도 않았다. 인내심을 가지고 반응하면서 잘 경청하여, 내담자가 이 새로운 정보를 이해하도록 도왔다.

　저자들은 음주자 체크업으로 내담자들의 마음이 움직여 치료를 요청할 것으로 기대했다. 그래서 지역 내에서 제공되는 프로그램 목록을 제공했다. 대부분은 도움을 받으러 가지 않았다. 대신, 대부분의 사람들은 체크업 이후에 자발적으로 음주량을 상당히 줄였다. 평균치의 절반 정도로 줄였다.[12] 컴퓨터 기반 체크업 버전에서도 유사한 결과가 나왔다.[13] 이러한 체크업 개입을 추후에 동기증진치료라고 불렀으며, 이것은 본질적으로 동기면담과 개별 피드백을 합한 것이다.[14] 이와 유사한 동기면담 기반 체크업을 대마초 사용,[15] 문제성 도박,[16] 건강 행동 변화,[17] HIV 위험 감소,[18] 결혼[19] 및 가족 기능, 그리고 자녀 행동 문제[20] 등에 적용하여 성공적인 결과를 낳았다. 초기에 변화 동기가 빈약해 보이는 경우, 체크업 피드백을 추가하면 동기면담 스타일로 이야기할 거리를 주기 때문에 변화의 필요성에 대한 지각과 변화를 향한 노력을 증진할 수 있다.

재구조화하기

재구조화하기(reframing)(7장 참조)는 내담자가 이미 알고 있는 정보에 대해서 잠재적인

다른 의미를 제안하는 것이다. 이것을 할 때는 지나가듯이, 많이 강조할 필요 없는 사실을 전하는 것처럼 한다. 반영으로 할 수 있다.

> 손님 : 제 아내는 제가 소파에 너무 오래 앉아있다며 늘 잔소리해요. 게으르다고 생각하는 거 같아요. 저는 긴장을 푸는 걸 그냥 좋아하는 건데, 잔소리 잔소리 잔소리를 하면서, 저보고 일어나 무언가를 하라는 거예요.
>
> 이발사 : 아내가 남편을 정말 걱정하시나 봐요.

어떤 해석을 주장하지 않고, 그냥 제공하기만 한다.

재구조화할 기회는 종종 음주자 체크업 이후에 피드백을 할 때 발생했다. 최근 음주 사용에 대해 함께 검토하는 과정에서, 많은 참여자들은 거의 아무도 다다를 수 없을 정도로 매우 높은 수준의 만취 상태에 있지만, 그 영향에 대해서는 거의 느끼지 못했다. 이 사실을 인식하면서 폐해로부터 자신이 면제된 것으로 간주하곤 했다(그러한 음주자들이 자주 있다).

> 상담사 : 좋아요. 그러니까 염려할 이유가 하나 있네요(**차분하게 사실을 전하는 목소리 톤으로**).
>
> 내담자 : 뭔데요? 무슨 말인가요?
>
> 상담사 : 오, 음주 내성에 대해 어떤 걸 알고 계시나요?
>
> 내담자 : 저는 대부분의 사람들보다 술을 더 잘 마십니다.
>
> 상담사 : 맞아요─그것을 내성이라고 합니다. 대부분의 사람들보다 위험성을 더 높게 만드는 것이지요.
>
> 내담자 : 위험성이 더 높다고요? 어떤?
>
> 상담사 : 질병과 알코올 중독입니다. 왜 그런지 제가 설명할까요?
>
> 내담자 : 예!
>
> 상담사 : 내성은 화재경보기가 없는 것과 같아요. 몸이 심하게 망가질 정도로 많이 마셔도 그걸 느끼지 못하죠. 대부분의 사람들은 장착된 경고 시스템이 있어서 '충분히 많이 마셨어요', '너무 많이 마셨어'라고 알려주지만, ○○ 님은 그런 시스템이 없어 보입니다.

과학 연구 결과에서 나온 내성에 대해 더 많이 말해줄 수 있으나, 내담자가 더 많이 알고자 하지 않는 한, 이것으로 씨앗을 심기에 충분하다.

그렇다. 때로는 탐색할 만한 양가감정이 없는 것같이 보일 수 있다. 그러나 절망하거나 비난하거나 포기하지 말라. 조력자로서 할 수 있는 것이 많지는 않아도 미래를 위해서 몇 개의 씨앗을 종종 부드럽게 심을 수 있다. 최소한, 손상을 주는 건 피하라. 노력 중에 내담자의 방어와 반론을 유발한다면, 내담자로 하여금 현 상태를 유지하도록(유지대화) 초래하는 것이며, 이렇게 계속 노력한다면 결국 변화에 대한 생각을 더 이상 하지 못하게 문을 닫아버리는 것이 된다. 어떤 불화의 목소리를 듣게 될 수도 있는데, 불화란 관계에 잠재적 손상이 있음을 암시한다. 우선, 손상을 주지 말라. 미래의 양가감정을 위해 문을 열어놓아라.

> • 개인적 관점 •   **피드백과 변화**

어떤 면에서, 동기면담이 하는 것은 **자기조절**(self-regulation)을 하도록 이끄는 것이다.[21] 온도조절장치를 생각해보라. 원하는 일정 온도에 맞추어 두면, 방의 온도가 너무 높거나 너무 낮아질 때 시스템이 가동되어 일정 수치로 간다. 사람들도 그런 방식으로 작동한다. 우리가 원하는 위치와 우리가 현재 있는 위치를 비교한다. 이때 개별 피드백이 유용하다. 우리는 무엇이 정상인지에 대한 개념을 가지고 있어서, 상황이 범위를 벗어나거나 괜찮지 않다는 정보를 얻게 되면, 변화 의도와 자기조절 노력을 활성화할 수 있다.

체중을 재려고 체중계에 올라서는 것을 생각해보라. 즉시 피드백을 받기 때문에 행동 변화를 유발할 수 있다. 당뇨 질환이 있는 사람들은 정기적으로 혈당 수치를 재는데, 이것으로 충분히 변화를 시작하게 한다. 예로, 새로운 진단명을 받는 것이 건강 행동 조정을 동기화하기도 한다.

때로, 자신이 정상이라는 생각들이 갑자기 들어올 때가 문제이다. 사람들은 자기와 가까이 있는 사람의 행동과 자신의 행동을 비교하는 경향이 있는데, 정상 범위를 벗어난 사람들과 친하게 지내는 사람에게 있어서는 극단이 정상으로 보인다. **표준치로 교정하기**(norm correction) — 실제 정상이 무엇인지에 대한 정확한 정보 — 역시 변화를 유발할 수 있다.[22]

그러나 부드럽게 걸어가야 한다. 표준치를 어떻게 제시하느냐에 따라서 피드백을 하거나 새로운 정보를 줄 때 방어를 올릴 수 있고 생각을 차단할 수도 있다. 실무자가 무엇을 어떻게 하느냐가 중요하다.

— 빌

☑ 주요 개념

- 양가감정 확장하기
- 자기조절
- 표준치로 교정하기

☑ 요점 정리

- 동기가 없어 보일 때, 조금이라도 양가감정을 확장하는 것이 변화로 향하는 첫 단계가 된다.
- 때로 내담자가 이미 알고 있는 것(또는 중요한 타자가 알고 있는 것)을 탐색하거나 재구조화함으로써 변화 씨앗을 심을 수 있다.
- 더 많은 정보를 수집할 때 말할 거리가 생기며, 실무자는 동기면담 일치 방식으로 자신의 전문성과 염려를 나눌 수 있다.

참고문헌

1. Johnson, W. (2008). *Gardening at the dragon's gate: At work in the wild and cultivated world*. Bantam, p. xiv.
2. Lundahl, B. W., Kunz, C., Brownell, C., Tollefson, D., & Burke, B. L. (2010). A meta-analysis of motivational interviewing: Twenty-five years of empirical studies. *Research on Social Work Practice, 20*(2), 137–160.
     Miller, W. R., Meyers, R. J., & Tonigan, J. S. (1999). Engaging the unmotivated in treatment for alcohol problems: A comparison of three strategies for intervention through family members. *Journal of Consulting and Clinical Psychology, 67,* 688–697.
3. Meyers, R. J., & Wolfe, B. L. (2004). *Get your loved one sober: Alternatives to nagging, pleading and threatening*. Hazelden Publishing and Educational Services.
4. There is now a large body of research on working through family members and concerned significant others when their loved one seems unwilling to seek help.
     Barber, J. G., & Gilbertson, R. (1997). Unilateral interventions for women living with heavy drinkers. *Social Work, 42,* 69–78.
     Kirby, K. C., Marlowe, D. B., Festinger, D. S., Garvey, K. A., & McMonaca, V. (1999). Community reinforcement training for family and significant others of drug abusers: A unilateral intervention to increase treatment entry of drug users. *Drug and Alcohol Dependence, 56*(1), 85–96.
     Smith, J. E., & Meyers, R. J. (2004). *Motivating substance abusers to enter treatment: Working with family members*. Guilford Press.
     Smith, J. E., & Meyers, R. J. (2023). *The CRAFT treatment manual for substance use problems: Working with family members*. Guilford Press.
     Thomas, E. J., Santa, C., Bronson, D., & Oyserman, D. (1987). Unilateral

family therapy with spouses of alcoholics. *Journal of Social Service Research, 10,* 145–163.

5. Miller, W. R. (2022). *On second thought: How ambivalence shapes your life.* Guilford Press.

6. Handmaker, N. S., Miller, W. R., & Manicke, M. (1999). Findings of a pilot study of motivational interviewing with pregnant drinkers. *Journal of Studies on Alcohol, 60,* 285–287.

   Handmaker, N. S., & Wilbourne, P. (2001). Motivational Interventions in prenatal clinics. *Alcohol Research and Health, 25*(3), 219–229.

7. Interview 11 from Miller, W. R., Rollnick, S., & Moyers, T. B. (2013). *Motivational interviewing: Helping people change (DVD series).* The Change Companies. *www.changecompanies.net/products/motivational-interviewing-videos.*

8. Nisbett, R. E., Caputo, C., Legant, P., & Marecek, J. (1973). Behavior as seen by the actor and as seen by the observer. *Journal of Personality and Social Psychology, 27*(2), 154–164.

   Watson, D. (1982). The actor and the observer: How are their perceptions of causality divergent? *Psychological Bulletin, 92*(3), 682–700.

9. In prior editions, we have called this "developing discrepancy" between the status quo and a client's important goals and values.

10. Miller, W. R., & Moyers, T. B. (2021). Offering information and advice. In *Effective psychotherapists: Clinical skills that improve client outcomes* (pp. 109–118). Guilford Press.

11. Miller, W. R., Sovereign, R. G., & Krege, B. (1988). Motivational interviewing with problem drinkers: II. The Drinker's Check-up as a preventive intervention. *Behavioural Psychotherapy, 16,* 251–268.

12. Miller, W. R., Benefield, R. G., & Tonigan, J. S. (1993). Enhancing motivation for change in problem drinking: A controlled comparison of two therapist styles. *Journal of Consulting and Clinical Psychology, 61,* 455–461.

13. Hester, R. K., Squires, D. D., & Delaney, H. D. (2005). The drinker's check-up: 12–month outcomes of a controlled clinical trial of a stand-alone software program for problem drinkers. *Journal of Substance Abuse, 28,* 159–169.

    See also Stormshak, E. A., Seeley, J. R., Caruthers, A. S., & Cardenas, L. (2019). Evaluating the efficacy of the Family Check-Up Online: A school-based, eHealth model for the prevention of problem behavior during the middle school years. *Development and Psychopathology, 31*(5), 1873–1886.

14. Miller, W. R., Zweben, A., DiClemente, C., & Rychtarik, R. (1992). *Motivational enhancement therapy manual: A clinical research guide for therapist treating individuals with alcohol abuse and dependence* (Vol. 2). National Institute on Alcohol Abuse and Alcoholism.

15. Stephens, R. S., Roffman, R. A., Fearer, S. A., Williams, C., & Burke, R. S. (2007). The Marijuana Check-up: Promoting change in ambivalent marijuana users. *Addiction, 102*(6), 947–957.

    Walker, D. D., Stephens, R. S., Towe, S., Banes, K., & Roffman, R. (2015). Maintenance check-ups following treatment for cannabis dependence. *Journal of Substance Abuse Treatment, 56,* 11–15.

    Walker, D. D., Roffman, R. A., Stephens, R. S., Wakana, K., Berghuis, J. P., & Kim, W. (2006). Motivational enhancement therapy for adolescent marijuana users: A preliminary randomized controlled trial. *Journal of Consulting and Clinical Psychology, 74,* 628–632.

    Blevins, C. E., Walker, D. D., Stephens, R. S., Banes, K. E., & Roffman, R. A. (2018). Changing social norms: The impact of normative feedback included in motivational enhancement therapy on cannabis outcomes among heavy-using adolescents. *Addictive Behaviors, 76*, 270–274.

Stephens, R. S., Roffman, R. A., Fearer, S. A., Williams, C., & Burke, R. S. (2007). The Marijuana Check-up: Promoting change in ambivalent marijuana users. *Addiction, 102*(6), 947–957.

16. Hodgins, D. C., Currie, S. R., & el-Guebaly, N. (2001). Motivational enhancement and self-help treatments for problem gambling. *Journal of Consulting and Clinical Psychology, 69*, 50–57.

17. DiClemente, C. C., Marinilli, A. S., Singh, M., & Bellino, L. E. (2001). The role of feedback in the process of health behavior change. *American Journal of Health Behavior, 25*, 217–227.

18. Carey, M. P., Braaten, L. S., Maisto, S. A., Gleason, J. R., Forsyth, A. D., Durant, L. E., et al. (2000). Using information, motivational enhancement, and skills training to reduce the risk of HIV infection for low-income urban women: A second randomized clinical trial. *Health Psychology, 19*, 3–11.

DiClemente, R. J., Rosenbaum, J. E., Rose, E. S., Sales, J. M., Brown, J. L., Renfro, T. L., et al. (2021). Horizons and group motivational enhancement therapy: HIV prevention for alcohol-using young Black women, a randomized experiment. *American Journal of Preventive Medicine, 60*(5), 629–638.

19. Morrill, M. I., Eubanks-Fleming, C. J., Harp, A. G., Sollenberger, J. W., Darling, E. V., & Cordova, J. V. (2011). The marriage check-up: Increasing access to marital health care. *Family Process, 50*, 471–485.

20. Dishion, T. J., Brennan, L. M., Shaw, D. S., McEachern, A. D., Wilson, M. N., & Jo, B. (2014). Prevention of problem behavior through annual family check-ups in early childhood: Intervention effects from home to early elementary school. *Journal of Abnormal Psychology, 42*(3), 343–354.

Uebelacker, L. A., Hecht, J., & Miller, I. W. (2006). The family check-up: A pilot study of a brief intervention to improve family functioning in adults. *Family Process, 45*, 223–236.

Van Ryzin, M. J., Stormshak, E. A., & Dishion, T. J. (2012). Engaging parents in the family check-up in middle school: Longitudinal effects on family conflict and problem behavior through the high school transition. *Journal of Adolescent Health, 50*(6), 627–633.

21. Kopp, C. B. (1982). The antecedents of self-regulation: A developmental perspective. *Developmental Psychology, 18*, 99–214.

Miller, W. R., & Brown, J. M. (1991). Self-regulation as a conceptual basis for the prevention and treatment of addictive behaviours. In N. Heather, W. R. Miller, & J. Greeley (Eds.), *Self-control and the addictive behaviours* (pp. 3–79). Maxwell Macmillan Publishing Australia.

Vohs, K. D., & Baumeister, R. F. (Eds.). (2016). *Handbook of self-regulation: Research, theory, and applications* (3rd ed.). Guilford Press.

22. Reid, A. E., Cialdini, R. B., & Aiken, L. S. (2010). Social norms and health behavior. In A. Steptoe (Ed.), *Handbook of behavioral medicine: Methods and applications* (pp. 263–274). Springer.

Agostinelli, G., Brown, J. M., & Miller, W. R. (1995). Effects of normative feedback on consumption among heavy drinking college students. *Journal of Drug Education, 25*, 31–40.

유지대화와 불화에 반응하기

저항을 없애려는 것이 큰 실수이다. 그러기보다는 저항을 가지고 작업하고, 만들고, 저항의 존재를 존중해야 한다 — 왜냐하면 저항으로 나오려는 것이 당신이 원하거나 기대하는 것이 아니기 때문이다. 사실 완전 새롭고 놀랄 만한 것이 나오려고 한다.

— 신시아 부조

악마에게 반대할 거리를 주지 말라. 그러면 악마는 저절로 사라질 것이다.

— 노자, 도덕경

유지대화와 불화에 잘 반응하는 것이 성공적인 동기면담의 열쇠이다. 그것이 무엇인지 알아차린다면 기회가 된다. 현상 유지를 위해 논쟁하거나 불화를 표현하는 내담자는 전에도 행동으로 많이 보여준 바 있는 대본을 연습하고 있을 가능성이 있다. 실무자로부터 기대하는 역할 연기가 있다 — 과거에 다른 사람들이 행위화했던 것으로 실무자가 읊는 대사들은 예측 가능하다. 만약 다른 사람들이 했던 것처럼 실무자가 똑같이 대사를 말한다면, 대본은 이전과 똑같은 결론에 다다른다.

하지만 실무자는 자기 역할을 다시 쓸 수 있다. 연극에서 실무자의 대사는 내담자가 기대하는 것처럼 건조하고 예측 가능한 대사일 필요가 없다. 어떤 면에서, 동기면담은 즉흥극과 같다. 두 회기가 항상 똑같은 방식으로 진행되지 않는다. 배우 한 사람이 역할을 바꾸면, 구성이 새로운 방향으로 바뀌어간다. 긴장감이 종종 연극의 생명이 된다.

구성에 드라마와 흥분을 추가하는 반전과 같다. 유지대화나 불화를 성격의 결함으로 보는 것은 슬픈 실수이다. 왜냐하면 그것 역시 사람의 변화 중심에 있기 때문이다. 유지 대화나 불화는 배우들의 동기와 고투에서 발생하며, 이 연극이 종결로 이어질지 아닐 지를 알리는 전조가 되어준다. 조력자의 진실된 예술 감각이 이러한 긴장들을 알아차 리고 다루는 데 있어서 어떤지 평가된다. 이 무대 위에서 변화의 드라마가 펼쳐진다.

동기면담은 항상 어려운 대화에 접근하는 하나의 방식이었다. 시작부터 동기면담이 가진 매력 중 하나는, 내담사의 저항과 방어에 잘 반응해 온 것이다. 저자들은 이런 대 화를 내담자의 병리로 이해하지 않으며 두 사람이 모두 기여하는 반응으로 본다. 동기 면담은 논쟁하거나 설득하는 접근이 아니라 경청하는 접근이어서 양가감정의 역동을 알게 한다.

양가감정

양가감정—어떤 것에 대해서 동시에 두 가지 서로 다른 생각과 느낌을 갖는 것—은 보 편적인 인간 경험이다.[1] 그 맥락에서 사람들은 선택을 하는데, 작은 선택일 수도 있고, 때로는 장기적인 결과를 낳는 매우 중요한 선택일 수도 있다. 양가감정은 변화의 가능 성을 생각할 때 정상적으로 경험하는 것이다. 원하면서 동시에 원하지 않는다. 이것에 대해서 이상할 것은 없다.

양가감정은 조력 관계에 중요한 영향을 준다. 변화에 대해 통상적으로 양가감정을 가진 사람들이 자기를 변화하게 도우려는(만들기도 함) 책임을 느끼는 실무자와 대화 하게 되면 어떤 일이 발생할까? 교정반사는 조력자로 하여금 내담자의 변화를 강조하 려는 유혹을 갖게 하면서, 왜 그런 변화가 중요하고 어떻게 변화해야 하는지 설명하게 한다. 실무자가 자신의 전문성을 사용하려는 건 아주 자연스러운 현상이며, 때로 그것 이 지금 조력 관계에서 내담자가 추구하는 것일 수 있다. 이전에 저자들이 언급한 바와 같이 이렇게 할 때의 위험성은, 실무자가 변화에 대해 (왜 그리고 어떻게) 예(yes)라고 소리를 내면 그가 돕고자 하는 내담자는 자연스럽게 아니요(no)라는 소리를 내면서 현 상태 유지를 옹호한다는 점이다. 이것은 병리적인 것이 아니다. 그러나 이런 경향이 계 속되면, 내담자는 실제로 변화에서 멀어진 채 계속 말하게 된다.

더군다나 내담자가 압박을 느끼기 시작하면, 자연스럽게 밀어내기를 한다. 브레네 브라운(Brené Brown)이 말한 것처럼, 누군가 나에게 힘을 행사하려고 하면 사람의 마음 안에서는 본능적으로 "일어나서, 저항하고, 반격하라."[2]라는 소리가 들린다고 한다. 압박, 강요, 통제 전술은 종종 일종의 방어를 불러일으키며, 이것을 가리켜 **심리적 반동**(psychological reactance)이라고 부른다.[3] 요청하지 않은 조언, 제안, 규칙 또는 규제 등이 개인의 자유를 위협하거나 제한하는 것처럼 보일 때, 이에 반대하는 동기적 반작용이다. "예, 그렇게 해야…"라는 말은 "아니요, 저는 그렇게 하지 않으려…"를 유발한다. 이것이 바로 집요한 전술이 가지는 약점이다.

많은 동물들이 잘 정착된 사회적 지배 행동 규칙을 가지고 누가 가장 강하고 특권을 가졌는지 결정하는 데 비해, 사람은 이것을 종종 언어로 나타낸다.[4] 의식적 또는 무의식적으로 조언을 받고 그대로 순응하면, 한 단계 아래의 복종적 위치를 수락하는 것이 된다. 그래서 흔한 (반작용) 반응은 조언에 동의는 하더라도 이를 무시하거나 반대로 반응한다.

조력자나 조언자가 내담자의 주저함에 기분이 상해서 이유와 방법을 더욱 단호하게 옹호한다면 이것이 더 악화된다. 조력자의 마음에 변화에 대한 내담자의 양가감정이 저항이나 부인으로 보여서 교정반사로 직면하고 더욱 강하게 밀어붙인다. 다시 말하면 종종 최상의 의도로, 그리고 절박감에서 나온 것이라 해도 이것의 결과는 조력 관계에 손상을 줄 수 있는데, 상당히 예측 가능하다.

13장에서 언급한 바와 같이, 본서 초판(1991)에서 저자들은 저항(resistance)이라는 용어를 사용했다. 초기에 조력자들이 동기면담에 끌리는 주제는 어떻게 가장 불가능하고, 고집스럽고, 저항적인 내담자들을 다루어야 하는가였다. 저자들은, 변화하지 않는 것에 대해서 내담자를 비난하는(또는 적어도 병리화하는) 것이 불편했다. 2판(2002)에서도 저자들은 "저항과 함께 구르기"보다 더 나은 방법을 찾지 못했다. 그러다 수년이 흐르고 저자들이 발견한 사실은, 조력자들이 동기면담의 정신과 방법을 적용할 때 그런 저항이 훨씬 덜 발생하고 또 지속되지 않는다는 것이었다.

저자들이 그 용어에 대해 확실히 불만을 느꼈던 때는 3판(2013)에서였다. 동기면담 회기들을 관찰하고 코딩하면서, 테레사 모이어스(Theresa Moyers)는 저자들이 말하는 '저항'이 대부분 그냥 유지대화이며, 양가감정의 정상적인 부분임을 지적해주었다. 테레사 모이어스의 말이 맞았다. 유지대화는 별난 것도 아니고, 병리적인 것도 아니다. 그것을 '저항'이라고 부르는 것은 전혀 도움이 안 된다. 왜냐하면 저항에는 병리나 비난이 담겨있기 때문이다. 그즈음 연구 결과로 확실해진 것은, 변화대화와 유지대화의 비율이 면담자가 무엇을 하는가에 따라 영향을 강하게 받는다는 사실이었다. 저항은 대인 관계적이다. 항상 최소 두 사람이 필요하다. 이 요지는 실험 연구 결과에서 명백해졌는데, 내담자의 저항은 상담자가 무엇을 하는가에 반응하여 음량 조절기처럼 높아지거나 낮아질 수 있다.[5]

> 저항은 대인 관계적이어서 항상 최소 두 사람이 필요하다.

유지대화와 불화

조력자들이 저항이라고 생각하는 것으로부터 유지대화를 뺀다고 가정하자. 무엇이 남을까? 사실, 남는 것이 있다. 유지대화란, "하고 싶지 않아요, 할 수 없어요, 할 이유가 없어요, 할 필요 없어요."(DARN)(6장 참조) 같은 말로서, 음주, 학업, 용서, 성장 등 무엇이든 모두 변화를 대화 주제로 한다. 그러나 조력 관계에서 내담자는 유지대화가 아닌 것을 말할 수 있다.

- "선생님은 제가 그렇게 하도록 만들 수는 없어요."
- "선생님과는 상관없는 일이에요."
- "선생님이 누구길래 저한테 무엇을 해야 한다고 말을 하시나요?"
- "선생님은 마약을 해본 적 있으세요?"
- "저한테 이게 얼마나 힘든 건지 선생님은 이해 못 하세요."

이와 같은 진술문과 질문에서 일어나고 있는 것은, 변화에 대한 양가감정과는 다른 것이다. 이 대화들은 조력 관계 자체의 불편감이나 부조화를 반영하고 있는데, 이것을 저자들은 **불화**(discord)라고 불렀다. 음악에서처럼, 불화는 최소 두 개의 목소리를 필요로 한다. 유지대화가 문제나 변화에 중점을 두는 것이라면, 불화는 조력자인 실무자에 대한 것이다. 위의 불화 예시에서 보면 모두 "선생님은"이라는 말이 담겨있음을 알 수 있다. 만약 실무자가 불화를 듣고 그것을 개인적인 것으로 받아들인다면 실무자의 자연스러운 반응은 방어여서, 잠재적으로는 냉담으로 이끈다.

조력 관계에서 불화를 나타내는 다양한 행동 신호들이 있다.[6] 실무자에게 도전을 하거나 실무자를 무시한다. 내담자는 인간으로서의 자신의 가치감을 옹호하는 듯하다. 이것은 내담자가 위협당하거나 공격당한 느낌이 있음을 말한다. 더 쉽게 놓치는 불화 신호는 실무자를 방해하는 것인데, 실무자가 말할 때 같이 말하는 것이다. 어떤 내담자는 이것을 습관적으로 한다. 그러나 예전과 달리 내담자가 갑자기 실무자가 말하는 것에 같이 말하기 시작한다면, 잠시 멈추고 경청할 때다. 그리고 나서 다음과 같이 말할 수도 있다. "제가 무언가 놓친 것이 있는 것 같아요. 그래서 제가 잘 이해하기 원해요. 말씀해주세요." 또 다른 행동 신호로 단절을 전달하는 것은 실무자를 무시하는 것이다 - 주제에 집중하지 않거나 주제를 바꾼다.

유지대화와 불화는 함께 발생할 수 있는데, 대화를 많이 하기도 전에 대화 초기에 나올 수 있다. 가족, 교사, 법원으로부터 실무자를 만나도록 압박을 받아서 온 내담자의 경우, 실무자가 첫 대화를 하기도 전에 발생한 사건으로 인해 저항이 생길 수 있다. 그이후 어떻게 달라지는가 하는 것은 실무자에게 달려있다. 실무자가 무엇을 하는가에 따라서, 사실 내담자의 저항을 마치 음량 조절기처럼 높일 수도 있고 낮출 수도 있다. 유지대화와 불화는 내담자의 문제가 아니라 상호 교류에 의한 것이다.

유지대화와 불화는 중요하므로 알아차려야 한다. 그것이 계속된다면, 둘 다 변화가 일어나지 않을 것을 예측해준다. 변화대화의 분량보다 유지대화의 분량이 앞으로 어떻게 진행될 것인지를 예측하는 데 사실 더 나은 변인이다. 유지대화(또는 불화)가 많을수록 변화는 덜 일어날 가능성이 있다.[7] 다행한 것은 실무자가 이것에 대해 무언가를 할 수 있다는 것이다.

14장에서, 유지대화와 불화에 동기면담 일치 방식으로 어떻게 반응하는지에 대해 설명한다. 저자들은 **유지대화**(그리고 불화) **완화하기**(softening sustain talk)라고 부르는 것을 제안한다. 이 접근 또한 갈등을 잘라내고 이러한 상호 교류를 축소시키는 방법이다. 직면과 직접적인 논쟁은 지배하려는 투쟁을 암시하며, 이것은 일반적으로 상황을 악화시킨다.[8] 내담자가 밀어내는 것을 실무자가 느낄 때 도움이 되는 일반적 지침 하나는 **똑같이 밀어내지 말라**이다. 완화하기는 이의를 제기하고, 변론하고, 논박하고, 설득하고, 쟁취하는 것이 아니다. 유지대화나 불화가 증가하는 것은, 실무자가 방금 한 것을 더 하지 말라는 즉시적인 신호이며, 대신 다르게 접근을 시도 하라는 뜻이다. 몇 가지 방법들을 제시한다.

> 불화가 증가하는 것은 다르게 해 보라는 신호이다.

반영적 경청 반응들

유지대화나 불화를 듣게 되면, 내담자가 방금 한 말을 그대로 받아들이는 것이 완화하는 방법 중 하나이다. 가장 간단명료한 방법은 반영하는 것이다.

"그건 너무 불공평해요!"
"○○ 님에게 정당하다고 느껴지지 않는 거네요." [반영]

"저는 정말 술을 끊을 필요가 없거든요."
"그렇게 하는 것이 중요한 것 같지 않은 거네요." [반영]

"그가 저한테 그렇게 했다는 게 믿기질 않아요."
"○○ 님이 그 사람한테 상당히 화가 나있군요." [반영]

"선생님은 제 얘기를 잘 듣고 있지 않아요!"
"제가 ○○ 님이 하는 말을 잘 듣기를 정말 원하는군요." [반영]

숙련된 반영적 경청은 또한 갈등과 격앙된 감정을 누그러뜨리는 데에 유용하다. 경청을 지속적으로 하면 종종 차분하게 해주는 효과가 있다. "누가 좀 내 얘기를 듣고 이해해달라고요!" 위에 제시한 반영에서처럼, 서두가 필요하지 않다. 즉, "제가 들은 말은…" 또는 "들리기로는…" 등은 불필요하다. 훌륭한 반영에 표준화된 공식이 있는 것은 아니다.

유지대화나 불화에 가능한 또 다른 반응은 **확대반영**(amplified reflection)인데, 내담자의 경험을 강도 높여서 재진술하는 것이다. 8장에서 저자들이 설명한 과장하기 반영과 최소화하기 반영을 기억하는가? 확대반영은 내담자가 말한 것을 과장하는 것으로서 그것을 다시 생각하거나 진정시키도록 초대한다. 여기서 회의적으로 들리지 않게 표현하는 것이 절대적으로 필요하다.

"그 여자분이 그렇게 했다는 것을 믿을 수 없어요."
"그 여자분에게 격노하고 계시네요." [확대반영]

"선생님은 아이들이 없으세요. 무엇을 알 수 있을까요?"
"제가 절대로 이해할 수 없지요." [확대반영]

"저는 음주 문제가 없습니다."
"음주가 ○○ 님에게 어떤 어려움도 초래한 적이 없군요." [확대반영]

"저는 분노 관리는 필요 없습니다. 다른 사람들이 저를 화나게 하지 말아야 합니다."
"완전히 그들 잘못이군요." [확대반영]

세 번째 반영은 8장과 10장에서 다룬 **양면반영**이며, 양면반영은 양가감정이 서로 다른 측면을 가진다는 맥락에서 유지대화를 배치하는 것이다. 기본 구조는 (꼭 해야 할 필요는 없으나) 다음과 같다. "그러니까, 한편으로… 그리고 다른 한편으로…"이다. 이 구조에서 유지대화나 불화를 먼저 말하고, 그다음에 내담자의 변화대화를 이어서 말하는 것이 일반적으로 최상이다. 문장 중간에 "그리고"를 넣어서 양가감정임을 강조한다. "그러나, 하지만"을 넣으면, 이전에 말한 내용의 중요성을 깎아내리는 경향이 있다.

학생 : 그건 완전 불공평합니다! 제가 했던 건 선생님한테 반대한 것뿐이에요. 제가 목소리를 조금 높였을 수 있지만, 선생님을 위협하려고 그런 건 아니었어요. 그런 것 때문에 제가 이 추가 과제를 다 해야 한다는 건가요? 그건 말이 안 되죠!
교장 : 우리가 과잉 반응을 하고 있는 것 같나 보네. 그리고 동시에 학생이 목소리를 높여서 위협적으로 들릴 수 있었다는 것을 알고 있구먼. [양면반영]

운동선수 : 예. 우리 팀이 결승전에 가기를 원합니다. 그런데 제가 이번 주말에 중요한 계획이 있어요. 추가 연습을 할 거란 걸 제가 몰랐어요. 사실, 지난주 경기에서 이길 거라고 기대 안 했거든요. 우리가 이겨서 기쁜데, 토요일에 친구랑 만나기로 약속했어요.

코치 : 한편으론 토요일 약속을 지키고 싶고, 또 한편으론 팀에 충성심을 느끼는구나. [양면반영]

환자 : 물론 다시 심장 발작을 하고 싶지는 않아요. 하지만 선생님께서 제안하고 있는 운동량이 제 삶에 맞지가 않을 뿐이에요. 저는 직장 일이 바쁘고 한부모이고, 저를 위한 시간이 거의 없어요. 약은 먹고 있어요. 저도 좀 더 활동적인 게 저에게 도움이 된다는 건 아는데, 그냥 시간이 안 되네요.

의사 : 지금 일정에 운동을 추가하는 것을 상상하기 어렵다는 거군요. 비록 운동이 건강을 향상시키고 심장 발작 재발을 예방하는 데 도움이 되는 걸 알고는 있지만요. [양면반영]

양면반영에서는 찬반 순서가 중요한데, 위 양면반영 예시에서 찬반의 앞뒤 순서를 바꾸어보자.

"학생이 목소리를 높여서 위협적으로 들릴 수 있었다는 것을 알고 있구먼. 그리고 동시에 우리가 과잉 반응을 하고 있는 것 같나 보네."

"한편으로 팀에 충성심을 느끼는구나. 그리고 또 한편으론 토요일 약속을 지키고 싶은 거고."

"비록 운동이 건강을 향상시키고 심장 발작 재발을 예방하는 데 도움이 되는 걸 알고는 있지만, 지금 일정에 운동을 추가하는 것을 상상하기 어렵다는 거군요."

미묘한 차이가 있다는 걸 느끼는가? 내담자가 이어서 무어라고 말할까?

• 치료자에게 • 언어 표현을 감지하기

숙련된 치료자들은 내담자가 말하는 것을 주의 깊게 경청한다. 내담자가 의미하는 바에 대해서 실무자가 받는 첫인상이 정확하다고 추정할 필요는 없다. 가설들을 세우고 즉시 반응하지 않을 수 있다. 듣고 기억하라.

동기면담은 언어적 표현의 온갖 미묘함에 관한 것이다. 노래 가사를 들으면서 또한 음악을 들으면서 더 많은 정보를 추가하자. 반영의 끝에서 목소리를 올리면 질문으로 변하면서 매우 다르게 착륙한다. 다음 문장의 정교한 차이를 알 것이다.

"…하고 싶어요."
"…할 수 있어요."
"…해야 해요."
"…할 의지가 있어요."

그리고

"…할 거예요."

사람들이 "제가 약속해요."라고 말할 때, 어깨를 으쓱할 때랑 가슴에 손을 얹을 때랑은 의미가 다르다는 걸 안다.

보다 깊은 의미를 찾아 경청하는 것은 치료자의 예술이자 과학이다. 동기면담에 적응하는 것은 역시 미묘한 차이를 가진 많은 것에 조율하게 된다. 치료자가 무엇을 말하는지, 어떻게 말하는지에 따라 미묘한 차이가 생긴다. 실무자는 내담자가 어떻게 반응할지 예상하면서 무엇을 말할지 선택하며, 추후 내담자로부터 즉시 예 또는 아니요를 알게 된다. 그 안에 장점(saving grace)이 있다. 반영할 때 잘못 추측할 수 있고, 인정한 바에 대해 내담자가 어떻게 반응할지 예측을 잘못할 수도 있으나, 이어서 내담자의 반응을 면밀히 관찰하면 어디서 옳았고 어디서 아니었는지를 알 수 있다. 실무자가 일단 무엇을 볼지 안다면, 내담자로부터 오는 즉시적 피드백이 동기면담 숙련 과정에서 최상의 교사가 되어주며, 책이나 워크숍에서 배울 수 있는 것을 훨씬 넘어선다.

기타 전략적 반응들

공감적 반영을 넘어서서, 유지대화와 불화를 완화하거나 적어도 높이지 않게 해주는 방법들이 있다. 몇 가지 방법들을 제시한다.

자율성 강조하기

동기면담에서 기본이 되는 관점은 사람들이 가진 선택의 자유를 인정하는 것이다. 어떤 문화권에서는 개인의 자유가 신성불가침의 개념인데, 또 다른 문화권에서는 개인의 선택을 공동의 행복과 관련지어 고려한다. 법률에서도 매우 보편적 토대는 개인이 선택하고 선택에 대한 책임을 지는 것이다.

선택을 구속함으로써, 적극적 또는 수동적 반응을 자아낸다. 개인의 자유에는 늘 한계가 있지만, 누군가의 행동에 한계를 부과하려고 하면 도전을 받는다. 보호관찰관이 "당신은 국내를 떠날 수 없습니다."라고 하는 것은 사실 진리는 아니다. 더 자세하게 말한다면, 만약 이 나라를 떠났다가 체포될 경우에는 결과가 따른다는 것이다. 우리가 만약 음주 문제를 가진 내담자에게 "당신은 술을 마실 수 없습니다."라고 한다면, 그들은 우리가 틀렸다는 것을 바로 증명할 것이다. "아니요, 당신은 할 수 없습니다."라는 말은 "예, 나는 할 수 있습니다."라는 말을 초대하는 것이 된다.

11장에서 언급한 바와 같이, 누군가의 선택의 자유를 인정할 때 그것은 진리를 말하는 것이며, 그것을 주장하려는 필요성을 감소시킨다. 동기면담에서 기본적인 메시지는 "그건 당신에게 달려있습니다."이다. 이 메시지는 선택이 현실의 삶에 가져다주는 결과를 무시하거나 변경하지 않는다. 실무자가 처벌을 부과하는 권위자 위치에 있더라도 사람들은 여전히 나름대로 선택한다.

이러한 태도는 단순히 노래 가사를 말로 하는 것 이상을 말한다. 내담자의 자율성을 인정할 때, 목소리에 회의적인 기미를 드러내거나 경멸적인 목소리 톤을 내서는 안 된다. "○○ 님의 선택입니다."라고 말할 때 억양이 많이 다르게 나올 수 있다. 다음 몇 가지 억양들로 소리 내어 말해보자.

- 친절하고 지지적인 억양으로
- 사실을 진술하는 억양으로
- 냉소적이고 조소하는 억양으로
- 경고적이고 위협적인 억양으로

각각의 억양에 따라서 어떻게 들리는지 주목하면서, 내담자가 어떻게 받아들일지 상상해보자. 내담자의 힘과 자율성을 인정하는 메시지("○○ 님의 선택입니다.")를 마지 못해하거나 경멸 조로 말한다면 또 다른 영향을 줄 수 있다. 즉 한 수 위의 판단적 위치 에서 전달된다. 목소리에는 단순히 가사만 있는 것이 아니라, 음악이 들어있다.

나름 다른 표현들도 생각해낼 수 있을 텐데, 선택을 존중하는 몇 가지 다른 표현들을 살펴보자.

- "아무도 ○○ 님 대신 결정할 수는 없겠지요."
- "○○ 님은 여기 몇 가지 대안들을 가지고 있습니다."
- "어떤 걸 하고자 정하실지 궁금합니다."

재구조화

7장에서 설명했듯이, **재구조화**는 정보가 가지는 다른 의미나 해석을 넌지시 말하는 것 이다. 한 가지 상황에 대해서 생각하는 방법은 일반적으로 다양하다. 재구조화는 사람 들로 하여금 다른 대안들을 생각해보도록 초대한다.

"아내는 내가 담배 피운다고 항상 잔소리해요. 담배 한 개비도 잔소리 없이 제대로 피울 수 가 없는 거예요."
"아내분이 ○○ 님에 대해 걱정을 하시는군요."

"선생님은 월급 받으려고 여기 계실 뿐이에요. 저에 대해서 진정으로 관심을 가지지 않고 있다고요."
"맞아요. 이것이 제 가족을 부양하기 위한 하나의 방법이지요. 하지만 그것이 제가 이 일을 하는 주된 이유는 아니고요."

주의를 다른 데로 돌리기

논쟁이 느껴질 때 가능한 전략은 **주의를 다른 데로 돌리기**(shifting attention)로서 논쟁이 되는 화제로부터 보다 도움이 되는 주제로 바꾸는 것이다. 또한 대안적 관점을 초대할 수 있다. 예로, 중독치료 분야에서 종종 진단명에 대해 흥분하여 "왜 저를 알코올 중독이라고 부르나요?"라고 내담자가 질문한다. 저자들은 답한다. "사실, 저는 이름을 붙이는 걸 좋아하지 않습니다. 제가 마음을 쓰는 건 ○○ 님이고, 음주가 ○○ 님의 삶에 어떤 영향을 주는지, 음주의 영향에 대해서 할 수 있는 것이 있다면 어떤 걸 선택하실지에 관심이 있습니다." 서로에게 지친 커플이 상담을 하러 올 때, 종종 누가 가장 잘못했는지에 대해 집중한다. 비난하는 주제가 부상하면, 주의를 긍정적인 것으로 돌리는 것이 도움이 될 수 있다. "비난하는 것은 여기서 정말 의미가 없습니다. 여기는 누가 죄가 있는지 판결하는 법원 같지는 않으니까요. 대신, 두 분의 관계와 행복을 견고히 하기 위해서 함께 무엇을 할 수 있는지에 중점을 두지요."

사과하기

유지대화에 대해서는 사과하지 않지만, 불화라면 **사과하기**(apology)가 도움이 될 수 있다. 조력 관계에서 불협화음을 갖는 데는 적어도 부분적으로 실무자에게도 책임이 있기 때문이다.

> "제 이야기를 듣지 않으시네요!"
> "죄송합니다. 다시 한번 말씀해주세요. 어떤 것을 제가 이해하기 원하는지 말씀해주세요."

> "선생님은 누구시기에 제게 이래라저래라 하는 겁니까?"
> "맞아요. ○○ 님이 무엇을 할 것인지를 정해야 하지요. 제 얘기가 그렇게 들렸다면 죄송합니다."

진자추 접근

때로 사람들은 양가감정의 한쪽에 대해 목소리를 충분히 낼 때까지는 다른 쪽에 대해 말하기를 꺼리는 것 같다. 예로, 변화가 주는 이득에 대해 질문하면 일관성 있게 "예, 그런데/하지만"으로 시작하는 유지대화를 한다. 이런 일이 발생하는 것 같으면, 먼저 내담자의 주저함을 경청하면서 반영한다. 한쪽에 대해 조금 듣고 나면, 다른 쪽을 더 잘 탐색할 수 있다.

내담자 : 어떻게 식습관을 바꿔야 하는지는 저도 알아요. 하지만 그게 불가능한 거죠.

코치 : 식습관을 바꾸어야 할 이유가 무엇이라고 생각하나요? [열린 질문으로 변화대화를 이끌 어내고자 함]

내담자 : 그러니까요. 제가 할 수 있다고 생각하지 않아서요. [변화대화가 아님]

코치 : 많이 어려운 거네요. [유지대화를 반영함]

내담자 : 패스트푸드가 시간이 많이 걸리지 않아서요. 맛도 있고요.

코치 : 그게 빠르고 그 맛을 좋아하시네요. [유지대화를 반영함] 그 밖에 또 무엇이 건강하게 식 사하는 것을 어렵게 할까요?

내담자 : 집에선 거의 요리를 하지 않아서, 대부분 외식해요. 그게 더 쉽지요.

코치 : 식당에서 먹을 수 있는 것에 의지해야 하는군요. 편리하고요. [유지대화를 반영함] 그런 것들이 식습관으로 지금까지 좋아하게 하는군요. 빠르고, 맛있고, 쉽고요. [유지대화를 짧게 요약함] 그러면, 지금 식사하는 방법이 가지는 단점이 어떤 걸까요?

내담자 : 건강이죠. 체중, 혈압, 콜레스테롤.

코치 : 그러니까 건강이 큰 단점이군요. ○○ 님의 몸에 경종을 울리는 걸 보고 계시는군요. 그 것이 왜 ○○ 님에게 중요할까요? [좀 더 상세히 설명하도록 요청함으로써 더 많은 변화대화 를 이끌어냄]

변화대화가 바로 나오지 않을 경우, **진자추 접근**(pendulum approach)으로 유지대화를 우선 반영하여 말을 시작하게 한 후에 다른 한쪽에 대해서 질문한다.[9] 진자추와 같이, 잠깐 흔들리는 탄력과 함께 움직이다가 자연스럽게 다른 방향으로 되돌아가는 전환을 만들어낸다. 주목할 것은, 모든 유지대화를 내놓게 할 필 요는 없다는 점이다(결정저울에서 중립적 태도를 원하 는 경우 그렇게 하였다). 또한, 이 방식을 상투적으로 하 는 것을 권하지 않는다. 처음에 변화대화를 이끌어내기가 어려운 것 같을 때 한 번 정도 그렇게 할 수 있다.

> 유지대화를 반영하여 내담자가 말을 시작하게 할 수 있다.

나란히 가기

다른 전략들이 성공적이지 않을 때, **나란히 가기**(coming alongside)를 시도할 수도 있다. 이것은 본질적으로 내담자의 주저함을 가지고 계속 이어가는 것인데 그렇다고 내담자가 한 말을 그대로 승인하는 것은 아니다. 이것이 때로 변화대화를 이끌어내는 반전이 된다.

- "글쎄요. 아마도 ○○ 님 말이 맞겠지요. 이것이 아무리 중요할지라도 ○○ 님에게 는 매우 어려울 뿐이지요."
- "아마도, 부정적 결과와는 관계없이 ○○ 님은 흡연을 계속할 필요가 있을 거예요."
- "그러니까 이 시점에서 관계 회복은 불가능한 거지요."

본질적으로 위의 예시들은 내담자가 이미 말했던 것을 반영하는 것이다. 교정반사적 으로, 내담자에게 반대하면서 다른 방향으로 가도록 설득하고자 노력하려는 유혹을 가 질 수 있다. 대신, 나란히 가기를 하면서 내담자가 취하고 있는 바로 그 태도를 냉소적 이지 않게 진술한다. 만약 실무자가 동의하는 것처럼 들릴까 걱정이 된다면, 문장 앞에 이렇게 서두를 달 수 있다. "○○ 님에게 이런 것 같습니다. 즉⋯" 그러나 이 말이 조력 관계 맥락에서 불필요할 수도 있고 오히려 효과를 감소시킬 수도 있다.

주목할 것은, 나란히 가기를 사용할 때 약간의 비틀기(twist)를 붙일 수 있다는 점이 다. 위의 예시들을 보면, "불가능하다", "아무리 중요하더라도⋯", "부정적 결과와는 관계없이"라고 실제로 내담자가 말한 것은 아니다. 이런 말들은 면담자가 붙인 것이다. 이런 식으로, 약간의 비틀기를 추가한 것은 확대반영과 유사하며 내담자의 심각도나 결말에 대해서 과장한 것이다. 위의 예시들에서 내담자로 하여금 어떻게 뒤 페달을 조 금씩 밟으며 "글쎄요, 불가능하지는 않은데요."라고 하는지 보여준다.

내담자가 실무자의 나란히 가기에 대해서 동의해버리는 경우가 있다. 실무자가 극단 이 될 수 있는 내용을 함께 인정했던 부분이다. 그때, 동기면담 스타일로 다음과 같이 부탁할 수도 있다. "○○ 님이 상황을 이렇게 보고 있는 게 이해가 됩니다. 저는 그것이 가능하다고 말하고 싶을 뿐이지요. 이유를 말해도 될까요?"

연장된 사례

다음은 저자(빌)에게 의뢰된 내담자와의 면담의 일부분이며 알코올 사용에 관한 내용 이다.[10] 유지대화와 불화가 가득하다.

내담자 : 사실 제 친구 부탁을 들어주러 여기 온 거예요. 선생님들이 무슨 연구를 한다고 하더라고요. 그래서 참가하는 것으로 알고 왔어요. 선생님께서 기본적으로 중독상담사라고 하더군요. 친구 생각에 제가 흥미로운 참가자가 될 거라고요. 맞나요?

빌 : 맞아요. ○○ 님이 경험한 중독에서 현재 어디쯤 와있는지 말해주세요.

내담자 : 특별히 알고 싶은 것이 무엇인데요?

빌 : 글쎄요. ○○ 님이 현재 회복하고 있거나, 또는…

내담자 : 아니요. 아닙니다.

빌 : 좋아요. 그럼, 어떤 약인지 또는 어떤 걸로 힘들어하는지요?

내담자 : 솔직히 말하면 담배입니다. 그게 가장 큰 거죠. 술은 어느 정도이긴 한데, 2, 3년 전에는 술 문제가 더 많았다고 생각해요. 그러니까 지금은 어느 정도 문제가 적어졌고, 환경 때문인 것 같아요.

빌 : 그러니까 지금은 안정된 거군요.

내담자 : 그렇게 많이는 아니고요. 나이가 들다 보니 더 이상 그런 것을 하기가 그래서 줄였어요. 이해가 되신다면요.

빌 : 이해가 됩니다. 그만큼 마시는 걸 더 이상 할 수 없는 거군요.

내담자 : 그렇게 할 수 없다고 생각해요. 정말 그렇게는 할 수 없지요.

빌 : 이제 담배가 여전히 정말 ○○ 님에게 중독인 거군요.

내담자 : 예, 정말 그래요. 담배가 더 나빠진 거 같아요. 과거엔 코카인을 했어요. 환각 코카인을 말이죠. 솔직히 말해서 그게 가장 중독성이 강한 마약이라고 들었어요. 제 경험으로는, 그건 전혀 중독적이지 않아요.

빌 : 예. 사람마다 모두 다른 걸 보면 흥미롭죠. 하지만 ○○ 님에게는 담배와 술이군요.

내담자 : 예. 그리고 커피요. 그렇게 구체적으로 한다면 그렇지요.

빌 : 그 정도까지 가고 싶은 거네요.

내담자는 힘의 관계를 암시한다. 나를 위해서 하고 있다는 의미이다. "중독상담사"라는 말은 내담자에게 부담이 되는 것으로서 곧 그것이 명백해진다.

열린 질문

가로막기

닫힌 질문

가로막기

열린 질문

음주에 대한 변화대화의 기미가 보임

음주에 대한 유지대화를 반영함

내담자는 변화대화를 더 많이 함

변화대화를 반영함

변화대화

불화-내담자는 '논쟁거리'를 들어서 중독상담사와 논쟁하고자 한다.

불화를 완화시키는 반영으로서 음주로 다시 초점을 옮김

반영

내담자 : 그 정도까지라고요? 제가 아는 지인은 립스틱에 중독되었다고 해요.	다시금 내담자는 중독에 대한 논쟁을 요청함
빌 : 그러니까, 요즘 시대에는 거의 모든 것에 중독이 되는군요.	반영
내담자 : 맞아요.	
빌 : 그럼, 어떻게 상황이 달라지면 좋을까요? 그것이 시작점으로 좋을 것 같네요.	변화대화를 초대함
내담자 : 글쎄요. 기본적으로는, 아시다시피 그건 제 문제라고 보지 않아요. 저는 상황을 모두 바꾸기로 완전히 결정했다고 생각하지 않고요. 왜냐하면 그것이 그렇게까지 피해가 많다고 보지 않아서요. 친구가 제게 절주는 어려울 거라고 하더군요. 점차 더 나빠진다고요. 조금씩 악화, 악화, 악화된다는 거죠. 그런데 그건 제 경우처럼 보이지 않아요. 금연을 방해하는 것들이 제 일상에 확실히 있거든요.	유지대화 여전히 중독에 대한 논쟁을 시도함 유지대화
빌 : 예.	
내담자 : 그게, 담배가 문제예요. 왜냐하면 축구를 시작했거든요.	흡연에 대한 변화대화이고, 음주에 대한 것은 아님
빌 : 그래서 숨 쉬기가 어려운 거네요.	반영
내담자 : 그래서 숨 쉬기가 어려워요. 축구 회원들은 점점 어려지고. 제 나이의 반인데, 체격은 두 배니까요. 그게 문제예요.	
빌 : 문제를 알아차린 거군요.	반영
내담자 : 예.	
빌 : 그러니까, "절대 담배 피우지 말라."라는 메시지를 주는 사람이 거기 있는 거네요. 하지만 그건 ○○ 님의 경험에는 맞지 않고요.	반영
내담자 : 모르겠어요. "절대 담배 피우지 말라." 그게 무슨 뜻이죠? 선생님이 그렇게 말하시는 의미가 무언가요?	논쟁적인 목소리 톤
빌 : 제가 ○○ 님을 잘못 이해한 것 같네요. 저는 사람들이 ○○ 님에게 담배 피우지 말라 또는 담배 피워선 안 된다고 말한다고 생각했어요.	사과 및 반영으로 불화를 완화함
내담자 : 오, 예, 예. 사람들이 전에 그렇게 말했어요. 제가 계속 그렇게 해 오니까요… 선생님은 저에 대해 전혀 모르신다고	

생각하는데, 그런가요?

빌 : 전혀 모르지요.

내담자 : 그렇군요. 그렇다면 미안합니다. 사람들이 선생님에게 적어도 저에 대해 뭔가 정보를 주었다고 생각했어요…

> 내담자가 사과한다.

빌 : 아니에요. 그런 걸 요구하지 않았어요.

내담자 : 그렇군요. 아니군요. 좋아요. 이런 일이 있었어요. 오래 전에 제가 음주 운전으로 걸렸어요. 제 기억에 1993년이었고, 그전에 1985년에 한 번 있었고요. 상담을 했었어요. 법원 명령이었고요. 기본적으로, 상담을 거치고 성공적으로 종료하면 '재활'된 거니까요. 사실상 재활한 거죠. 이때 동맹의 순간처럼 느껴졌죠.

> 이 시점에서, 3분간, 내담자는 눈에 보이게 이완하고, 앞으로 자세를 내밀며, 자기 이야기를 하기 시작했다.[11]

빌 : 맞아요.

내담자 : 그러고 나면 다시 운전면허를 복구요. 제가 말하려는 건, 제게 몇 번 나쁜 경험이 있었다는 거죠. 상담사들과의 나쁜 경험은 아니고요. 하지만 상담사들은 전문가로만 보이고 접근할 때는 정말 융통성이 없었어요.

> 여기서 내담자 언어 표현이 갑자기 변화한다. 2분 전에, 나는 중독상담사였다. 지금은 3인칭으로 부르고 있다.

빌 : 그렇군요. ○○ 님에게 효과가 없고, 잘 맞지 않았나 봐요.

> 반영

내담자 : 그때는 맞지 않았어요. 그때는 제가 끊으려는 마음이 완전히 있지 않았어요. 그때는 그랬어요. 하지만 그다음에는, 제가 시간당 5만원을 벌고 있었고 매일 열 시간씩 일주일에 5일 일하고 있었지요. 생각해보세요. 끊을 수 있을 거라고 기대할 수 없지요. 그렇죠? 그 상담사들이 제게 했던 말이었어요. 제가 끊는다면 이상했지요. 맞죠? 그러니까 제가 하려는 말은, 법원 프로그램과 관련해서 경험했던 바에 제가 다소 부정적인 태도를 가지고 있을 거예요. 어떻게 그걸 더 설명할 수 있을지 모르겠네요. 아니면 만약 선생님께서…

> 이전에 상담사들이 말했던 것에 대해서 부분적으로 자신이 책임이 있음을 냉소적으로 말한다.

빌 : 알 것 같아요. ○○ 님이 경험한 것과 상담사들이 말한 것이 맞지 않았던 것 같네요. 그들은 이것이 바로 "○○ 님이다."라고 말하고, ○○ 님은 스스로를 보면서 "아니야!"라는 거고요.

> 반영

내담자 : 예. 그게 사실일 수는 없지요. 그때 거기서는 "제가 알코올 중독이고, 제게 항상 문제가 있어 왔고, 저는 끊어야 하

> 누군가 자신을 통제하려고 하면 나올 수 있는 심리적 반동의 좋은 예.

고, 절대로 다시는 술을 마실 수 없어요."라고 말하기를 기대
하는 거지요. 이렇고, 저렇고, 그리고 다요. 그렇게 말해야 했
어요. 안 그러면, 그 상담사들이 원하는 역할에 맞게 행동하는   분노한 냉소주의
것이 아니었던 거죠. 그들이 원하는 대로 그 역할에 맞게 하지
않으면, 면허를 복구할 수 없었어요. 그래서, 아시다시피, 저
는 기본적으로 게임을 한 거죠. AA 모임에 갔고, 거기서도 안
맞는 걸 알았고… 그 모임이 제겐 효과가 없었어요. 범퍼 스티
커 치료예요. "될 때까지 꾸며서 해라." 와, 정말 심오해요. 그
사람들 정말 깊이가 있더군요. 아시다시피.

빌 : 그렇지요.

내담자 : 아시다시피, 예, 심각해요. 제가 거기 가봤잖아요. 그 사   내담자의 냉소주의는 계속됨
람들은 종일 하는 게 없어요. 그날만 그 사람들은 술을 마시지
않았어요. 저 같으면, 술 안 마시는 것 말고 아무것도 안 하느
니 운동을 하거나, 집을 수리하거나 할 거예요. 어떤 점은 제
가 좋아하기도 했지만, 효과가 있으려면 뿌리 깊은 종교적 신
념을 가지고 있어야 한다고 생각해요.

빌 : 그러니까, 활동적인 삶을 원하는 것 같네요. 술을 마시지 않   반영
는 건 무엇을 하는 것이 아니고, 아무것도 하지 않는 것이라는
거군요.

내담자 : 예. 그건 아무것도 하지 않는 거예요.

빌 : 그러면, 다음 질문은 "나는 무엇을 할 것인가? 어떻게 내 시   변화대화 일구기
간을 보낼까?"입니다. 축구하는 것, 그리고…

내담자 : 예. 그거 좋아요. 사실, 저도 생각했던 것인데 흡연하지
않고 매주 세 번씩 축구하는 것이 가장 좋은 금연 방법이라고
봅니다. 맞지요? 무언가를 **향해** 가는 거죠. 갑자기 숨 쉬는 게
문제가 있거든요. 그래서 생각해보세요. 담배를 끊을 거지만
끊는다는 말은 하지 않는 거죠. 그렇게 말하는 것이 제겐 효과
가 없거든요.

빌 : 말만 하는 것이 행동으로 하는 것보단 덜 하니까요. 말만 하
면 할 가능성이 적어진다는 거군요.

내담자 : 제가 생각하기에 그런 거예요. 이전에 넉 달 정도 담배

를 끊었어요. 그때 무릎이 나갔는데, 형을 보러 갔다가 바로 옛날로 돌아갔지요. 술도 마찬가지예요. 상담하지 않을 때보다 상담하면서 더 갈망이 커진 것 같아요. 더 많이 마신 것 같아요. 역효과인 거죠. 선생님과 같은 그분들이 정말 저를 많이들 도운 거죠.

빌 : 그러니까, "할 수 없다."라거나 또는 어떤 면에서 교도소에 있는 것처럼 하지 않았다면 어땠을까 궁금해지네요.

내담자 : 예. 제가 미성숙한 것일 수 있어요. 제가 할 수 있는 것이 없다고 말하면, 저는 뭔가를 했을 거예요. 만약 "매일 술 마시는 게 낫겠어요. 정오가 되기 전에 ○○ 님이 술 다섯 잔을 마셨으면 좋겠어요."라고 했다면요. 그러면 아마도 저는 "닥치세요."라고 했을 거고요. 모르겠어요. 아마도 그런 게 제 성격인 것 같아요. 뭐라고 말해야 할지. '모든 사람에게 맞는 사이즈는 없다'라고나 할까요.

내담자는 이전 상담사들을 비난하는 것을 넘어서서 자신의 관점에 대해 책임을 지고 있다. 심리적 반동을 이해하고 있다.

빌 : 바로 그래요. ○○ 님에게 중요한 건, 무엇으로부터 도망하는 것이 아니라 무엇을 **향해서** 갈 것이라는 거네요.

반영

내담자 : 맞아요, 맞아요.

빌 : 그리고 그중 하나는 축구이고요, 그 밖에 어떤 것이 있을까요?

변화대화를 초대함

내담자 : 테니스요. 등산은 어떨까요? 맑은 정신으로 잠을 깨는 것? 때로는 그런 게 기분 좋을 수 있다고 생각하지 않으세요?

내담자 나름의 위트를 가진 변화대화

빌 : 그냥 아침에 일어나고 맑게 생각할 수 있는 것 말이군요.

변화대화를 반영함

내담자 : 예. 하지만 한 가지 말씀드리고 싶은 것이 있는데요. 제가 5, 6일 동안 술을 마시지 않는 때도 있거든요. 만약 담배를 두 갑 피운다면 아침에 숙취처럼 깹니다. 술 때문이라고 생각했는데 그게 아니더라고요.

음주에 대한 유지대화

빌 : 술을 마시지 않아도 그런다는 거네요.

반영

내담자 : 오, 예. 탄소 때문인 거죠. 몸 안에 산소가 없는 거예요. 그러니까 저의 진짜 문제는 지금 담배라고 생각해요.

빌 : 술에 대해서는 정말 걱정하지 않으시는 것 같아요.

확대반영

내담자 : 걱정하지요. 나쁘긴 해도 담배만큼은 아니에요.

변화대화

빌 : 문제를 일으키지 않는 거군요.

확대반영

내담자 : 글쎄요. 문제가 있지요. 누구에게나 문제를 일으킬 거예요.	변화대화
빌 : 흠. 어떻게요?	상세히 말하도록 요청함
내담자 : 맥주 여섯 캔을 마시고 아침에 일어나 컴퓨터 프로그래밍을 하려고 하면요.	변화대화
빌 : 예.	
내담자 : 그러니까, 맥주 여섯 캔 마시고, 아침에 일어나서, 첫 두 시간 동안 정신이 깨어있어야 하는데요.	변화대화
빌 : 맞아요.	
내담자 : 그럴 땐 누구에게나 문제가 생길 거예요. 맥주 여섯 캔이나 열두 캔을 마시고 난 다음 날 축구하려고 하면요.	내담자가 상담사(또는 자기 자신)를 납득시키려는 듯하다.
빌 : 음주량과 후유증을 말하는 거군요.	변화대화를 반영함
내담자 : 맞아요. 맞아요. 저의 내성이 아주 높아서 같은 효과를 내려면 아주 많이 마셔야 하죠. 불행히도, 회복이… 그럴 가치가 없는 지점까지 가는 거예요. 예전에는 석 잔으로 취했다면 이제는 네 배를 마셔야 효과를 보니까요. 효과가 떨어져서 더 많이 마셔야 하는 지점에 온 거지요. 음주량을요.	내담자는 내성에 대해서 말하고 있다. 강의 시간에 경청했음이 분명하다. 변화대화
빌 : 슬롯머신처럼 더 이상 돈을 딸 수 없는 지점이 온 거네요.	변화대화를 반영함(비유)
내담자 : 중독이지요. 그래서 어리석은 거예요. 계속 해야 하니까요.	이제 내담자는 중독이라는 용어에 공감한다.
빌 : 놀랍네요. 그렇게 오랫동안 계속해 온 걸 보면요. 그런데 음주에 대해서 ○○ 님은 더 이상 가치가 없는 지점까지 가신 거네요.	변화대화를 반영함
내담자 : 예, 예. 하지만 외부로부터 누군가가 말해서가 아니고요. 제가 그렇게 해야 한다는 거죠. 아침에 일어나야 하고, 기분을 아니까요. 끝! 그리고 항상 음주하며 지내기 전에 어땠는지, 늘 음주하고 있을 때는 어땠는지를 생각해요. 잠시 멈추어서 그때 얼마나 기분이 좋았는지를 떠올렸어요. 예전에는 비교 대조한 적이 없는데, 지금은 그렇게 하고 있어요.	변화대화 변화대화
빌 : 지금은 안다는 거군요.	반영
내담자 : 지금은 알지요. "잠깐만. 술 마실 때보다 머리가 맑았을	변화대화

때가 훨씬 더 낫지 않았나?"라는 거예요. 그래서 제게도 문제가 돼요. 지금 적어도 말할 거리가 있으니까요. "이것이 그것 없이 지내는 내 모습이야. 이것이 내가 그것을 하며 지내는 내 모습이야. 이것이 그것 없을 때의 내 성과야. 이것이 내가 그것을 하면서 지낼 때의 내 성과야."라고요.

빌 : ○○ 님에게 그것이 문제가 될 때만 중요한 거네요. 만약 다른 사람이 ○○ 님에게 말한다면…

잠시 후에 내담자는 문장을 완성할 것이다.

내담자 : 예. 효과가 없지요.

빌 : 또는 악화하든지요. 멀리 피해버릴 가능성이 큰 거네요.

여기서, 내담자는 중독상담사와 AA 모임에 반대하는 폭언을 했다.

빌 : (내담자의 폭언 후) 어떤 사람들에게는 효과가 있지만, ○○ 님에게는 그것이 도움이 되지 않는 거네요.

내담자 : 분명한 건, 높으신 힘과 기적을 믿는 매우 종교적인 사람들에게는 도움이 돼요. 그리고 그들은 문제가 있을 때마다 신성한 힘이 내려와서 구원해주는 것을 믿는 사람들이죠. 저는 그런 유형의 사람이 아니에요.

빌 : 그건 ○○ 님이 아니군요. "지금이 때야."라고 설득할 수 있는 것은 눈에 보이는 어떤 이유가 있어야 하는 것이겠네요.

변화대화 일구기

내담자 : 예. 조금은요.

빌 : 조금은.

내담자 : 조금은 더 현실적인 거요. 비상식적이거나 과대광고가 아닌 거요.

빌 : 축구장에서 숨 쉬기 어려운 것은 비상식적이 아닌 거네요.

이어주는 반영

내담자 : 그런 거 같아요. 그게 인후 때문에 더 많이 그렇게 되는지는 알 수 없지만, 숨 쉬기 어려운 게 있어요.

빌 : 그러니까 추구할 어떤 것, 정말 그걸 위해서 살아야 할 것이군요.

반영

내담자 : 예, 예. 짧게 말하면 그거요. 제가 책을 읽었는데, **긍정적 중독**이라는 책을 정말 재밌게 읽었어요. 제가 예전에 달리기, 크로스컨트리를 해서 아는데, 그게 어떻게 효과가 있는지 바로 알 수 있어요. 기본적으로, 이 책 저자는 많은 사람들이

실제로 술 문제가 있었고, 그래서 달리는 것이었다고 의심했다고 해요. 이제 저는 실제로 그게 사실이라고 생각해요. 왜냐하면 달리고 나면 저는 술 마시고 싶은 충동이 이만큼 생기고, 담배도 그만큼 피우고 싶어지니까요. 엔도르핀이 나와서 기분이 좋아지고 정신을 차리게 되죠.

빌 : 예.	내담자가 주장하는 대로 둠
내담자 : 왜 스스로 오염을 시키고 싶겠어요. 그렇죠?	변화대화
빌 : 맞는 말이지요!	
내담자 : 그것이 나를 알게 된 거죠. 내가 누구인가를 깨달은 거죠. 그러나 제가 결단했나? 아닙니다. 완전 절제? 아니요. 전혀요.	유지대화-완전 절제에 대하여
빌 : 오, 완전 절제까지 말하시네요. 좋아요. ○○ 님 말 중에서 결단에 대한 말을 많이 들어서요. "내게 그럴 가치가 있다. 축구하면서 숨을 쉬려면 담배에 대해 무언가 해야 하는 것이다. 담배를 끊는 것까지도."라고요. 그래서 어떤 결단이 있음을 듣게 되었어요.	내가 생각하기에 수면 아래에서 우리는 여전히 음주에 대해 이야기하고 있다고 본다. 나는 흡연에 비유를 하고, 내담자는 금연이 자기에게 필요한 것임을 확실히 알고 있는 것 같다.
내담자 : 예. 그런 면이 있다고 저도 생각해요. 제가 금연하면, 금주도 할 거예요.	
빌 : 정말요?	
내담자 : 그래야죠. 최소한 그래야 한다고 봐요. 저는 음주를 좋아하지 않아서요. 음주하면, 담배를 피우게 될 거예요.	변화대화(필요)
빌 : 좋아요. 술과 담배가 묶여있는 거네요. 아주 많이 수천 번은 이 둘을 함께 한 거죠.	
내담자 : 예. 커피도요. 커피랑 담배가 연결되어 있는 거 아실 거예요. 술 마시면, 판단력을 잃고 의지가 약해져버리죠. 그걸 의지라고 부르시는지는 모르겠네요. 판단력인 것 같아요.	변화대화
빌 : (잠시 동안 대화 시간을 가진 후) 그러니까, 진심으로 담배랑 술을 끊는 것에 대해 이야기하시는 거네요. 숨을 쉬기 위해서요.	변화대화 일구기
내담자 : 하지만 그것에 대해 생각하고 싶지는 않네요.	유지대화인가?
빌 : 그냥 하기를 원하는 거고, 생각하고 싶지는 않은 걸 말하나	내담자가 의미하는 바를 확인함

요? 아니면 심각해지고 싶지 않다는 말씀인가요?

내담자 : 글쎄요. 그냥 하고, 생각하지는 않을래요.

빌 : 예. 생각할 것이 아니지요.

내담자 : 그렇지요? 매일 운동에 대해서 생각하나요? 양치하는 것에 대해 생각하나요? 만약 생각을 했다면 양치하고 싶지 않을 거예요. "내일 양치해야 해. 많이 나빠질 거야. 양치해야 해."라고 말한다면요. 제 말을 아시죠?

빌 : 물론이죠.

내담자 : 제가 생각하기로 사람들이 생각을 할 때 그런 일이 있는 것 같아요. 더 많이 미루는 거죠. 체육관에 가서 운동해야 한다는 걸 생각만 하니까 더 악화되는 거예요. "어쩌나, 통증이 생길 거야. 그렇게 몸을 비틀어야 하는데, 내 이두박근이 찢어질 수 있어. 그리고 아침에 일어나서 양치를 해야 해." 등이요. 제가 생각하기로, 그런 것을 생각하는 것이 그냥 "오, 우라질. 그냥 하자."라고 말하는 것보다 사실 더 역생산적이라고 봐요.

변화대화

이 내담자의 에너지와 재빠른 재치를 정말 좋아하게 된다.

내담자의 말에서 동기면담으로 일어날 수 있는 어떤 순간이 포착된다. 스위치를 바꾸는 것과 같다. 그냥 하자! 동기면담을 의과대학교에서 시연하고 있을 때, 한 인턴 학생에게 질문했다. 해야 하는데 하지 못하고 있는 것이 무엇인가? 대답은 치실 사용이었다. 동기면담을 통해, 치실 사용이 주는 이득과 사용하지 않을 때의 결과에 대해 이미 알고 있는 것이 무엇인지 이끌어냈다. 인턴의 바쁜 일상에서 치실 사용이 적당한지 물었고, 0~10 척도에서 얼마나 중요한지 물었다. 7분간의 동기면담 후, 그가 말했다. "오, 안 하는 건 어리석네요. 그냥 하고 말겠어요."

위 사례가 역시 보여주는 것은, 내담자로부터 변화대화를 충분히 듣기 전까지는 부정적 수렁의 물을 빼내는 동안 때로 참을성 있게 경청해야 한다는 것이다. 이 내담자는 이전에 상담사들과의 경험에 대해서 많은 원망감을 가지고 있었다. 교정반사 끝에는 심리적 수치심과 반동의 흔적을 내담자에게 남길 수 있어서, 이후에 만나는 조력자들이 대처해야 하는 상황이 된다. 내담자가 시작점에서 보이는 분노와 냉소는 이 면담에서 나온 것이 아니었다. 상담실 문을 열고 들어올 때 가지고 들어온 것이었다. 한편, 위면담에서 보여주는 것은 반영과 전략적 질문들이 이처럼 도전적이기까지 한 조건에서도 변화대화를 일굴 수 있다는 것이다.

요약하면, 내담자와 어떤 방식으로 이야기를 하느냐가 변화대화와 유지대화를 얼마나 듣게 되느냐에 큰 영향을 준다. 그다음, 이 두 대화의 비율이 변화 가능성을 나타낸다. 동기면담으로 저항에 반응할 때 저항을 완화시킨다. 한편 저항에 논박하는 경우 저항을 강화시키는 경향이 있다. 저항은 단순히 내담자의 문제라기보다는, 실무자의 동기면담 기술을 위한 도전이 된다.

> 내담자와 어떤 방식으로 이야기하느냐가 변화대화를 얼마나 듣게 되느냐에 영향을 준다.

• 개인적 관점 • 저항과 함께 구르기

우리 두 사람은 내담자의 저항을 유지대화와 불화로 나누었다.

내담자를 비난하는 함의 때문에 *저항*이라고 하는 용어를 이제 덜 강조하고는 있으나, "저항과 함께 구르기"라고 하는 문구를 상실하게 된 것에 애석했음을 고백한다. 나는 잃어버린 이 표현이 좋다. 하지만 "유지대화 완화하기"도 나쁘지는 않다. "함께 구르기"라고 하는 말은 유지대화와 불화에 반대하는 대신에 어떻게 반응해야 하는지를 묘사하는 말이다. 이 구절에서 어떤 무술이 연상되는데 동기면담은 대적하여 경쟁하는 것이 아니어서 이 연상이 적합하지는 않을 수 있다.

나는 개인적으로 내담자의 저항이 관계 맺기임을 본다. 활기를 돋워주고, 특권이라고 본다. 저항 속에 생기, 에너지, 그리고 분투하는 사람이 있음을 알려주고, 이런 것들이 방향을 달리할 수 있다. 위의 사례에서 나는 내담자와의 면담을 즐겼고 좀 더 내담자를 알게 되었으며, 그를 진정으로 좋아하는 나 자신을 발견했다. 유지대화 또는 불화조차도 개인적으로 받아들이지 말라! 저항은 관계를 맺고(engage), 경청하고, 듣고, 이해하라는 신호일 뿐이다. 변화에 대한 양가감정은 완전 자연스러운 것이며, 흔히 있는 인간의 딜레마이다. 싸우려고 들지 말고, 저항을 경험하는 것처럼 보이는 사람 편에서 걷자. 나는 동기면담을 할 때 의자를 조금 돌려놓고 앉음으로써 물리적으로 내담자와 마주하고 직면하는 것처럼 하지 않는다. 우리는 함께 여행을 하고 있다. 다른 사람을 알게 되는 과정에 있는 것이다. 적어도 잠시 동안은.

－빌

☑ 주요 개념

- 나란히 가기
- 사과하기
- 심리적 반동
- 유지대화 완화하기
- 주의를 다른 데로 돌리기
- 진자추 접근
- 확대반영

☑ 요점 정리

- 동기면담에서, 저항(resistance)이라고 하는 비난적 용어를 유지대화와 불화로 나누었다. 이 두 가지는 변화의 결핍을 예측한다.
- 유지대화는 변화 주제와 관련된다. 한편 불화는 실무자와 내담자의 관계에 관한 것으로서 종종 "선생님은"이라는 단어를 포함한다.
- 동기면담은 유지대화와 불화를 완화하는 데 사용하는 반영 기법들과 기타 전략적인 방법들을 포함한다.

참고문헌

1. Miller, W. R. (2022). *On second thought: How ambivalence shapes your life*. Guilford Press.
2. Brown, B. (2018). *Dare to lead: Brave work, tough conversations, whole hearts*. Random House, p. 96.
3. Brehm, S. S., & Brehm, J. W. (1981). *Psychological reactance: A theory of freedom and control*. Academic Press.
   de Almeida Neto, A. C. (2017). Understanding motivational interviewing: An evolutionary perspective. *Evolutionary Psychological Science, 3*(4), 379–389.
   Rains, S. A. (2013). The nature of psychological reactance revisited: A meta-analytic review. *Human Communication Research, 39*(1), 47–73.
4. de Almeida Neto, A. C. (2017). Understanding motivational interviewing: An evolutionary perspective. *Evolutionary Psychological Science, 3*(4), 379–389.
5. Patterson, G. R., & Forgatch, M. S. (1985). Therapist behavior as a determinant for client noncompliance: A paradox for the behavior modifier. *Journal of Consulting and Clinical Psychology, 53*(6), 846–851.
   Glynn, L. H., & Moyers, T. B. (2010). Chasing change talk: The clinician's role in evoking client language about change. *Journal of Substance Abuse Treatment, 39*(1), 65–70.
6. Chamberlain, P., Patterson, G., Reid, J., Kavanagh, K., & Forgatch, M. S. (1984). Observation of client resistance. *Behavior Therapy, 15*, 144–155.

7. Magill, M., Apodaca, T. R., Borsari, B., Gaume, J., Hoadley, A., Gordon, R. E. F., et al. (2018). A meta-analysis of motivational interviewing process: Technical, relational, and conditional process models of change. *Journal of Consulting and Clinical Psychology, 86*(2), 140–157.
8. We acknowledge that within the context of an empathic and compassionate relationship, an occasional confrontation or disagreeing response can sometimes have a positive effect on change.
9. In prior editions we called this strategy a "running head start." The pendulum metaphor works better because moving in one direction naturally leads to a counterbalancing swing in the opposite direction.
10. This dialogue is from Lewis, J. (2001). *Motivational interviewing with Dr. William R Miller.* Copyright © 2001 by Pearson Education. Reprinted by permission of Pearson Education, Inc. The video recording from which it is transcribed is available for purchase from *www.psychotherapy.net.*
11. *Join-Up* is a term that Monty Roberts uses for the method and moment of collaborative union between horse and trainer. There are some differences in method to be sure, but there are many interesting similarities between Join-Up and MI.

    Miller, W. R. (2000). Motivational interviewing: IV. Some parallels with horse whispering. *Behavioural and Cognitive Psychotherapy, 28*, 285–292.

    Roberts, M. (2001). *Horse sense for people.* Knopf.

    Roberts, M. (2008). *The man who listens to horses: The story of a real-life horse whisperer.* Random House.

15

잘 적용하기

산만한 것 중에서 단순한 것을 찾으라. 불화에서 조화를 찾으라. 어려움의 한가
운데 기회가 있다.

─알베르트 아인슈타인

3부의 마지막 장이다. 이제까지의 자세하고 복잡한 내용으로부터 한발 물러나, 이전에 설명했던 내용을 떠올리고 통합하고자 한다. 특별히 저자들은 동기면담의 적용을 세 가지 측면에서 생각할 것인데, 즉 조력자의 관점, 내담자의 관점, 작업동맹 관계의 관점에서 생각해본다. 이 내용은 동기면담을 큰 그림으로 보는 견해로서, 1장에서 동기면담의 정신을 시작했던 때와 유사하나 지금은 동기면담의 과제들에 대해서 훨씬 더 자세하게 알고 있다. 이 모든 것은 인간 대 인간의 관계 맥락에서 일어난다. 이 세 가지 측면에서 동기면담의 훌륭한 적용을 이야기하고 난 후에, 조력하는 친구 역할로 잠시 들어가서 실제 삶에서의 사례로 이 장을 마치고자 한다.

조력자

조력자의 역할을 체현할 때 전혀 다른 사람이 되는 것은 아니다. 탈을 쓰거나 가면을 쓰는 것도 아니다. 여전히 불완전한 자기로서, 스스로가 가진 결점, 편견, 취약점을 잔뜩 가지고 있다. 또 다른 불완전한 인간과 만나 그의 여정에서 안내자의 역할과 책임을 맡은 것이다.

부담감 내려놓기

안내하기는 수고스럽고 벅찬 일이다. 치료사, 코치, 교사, 사회복지사가 동기면담을 하고 있을 때 매우 편안하게 보이지만, 보이지 않게 계속 작업하는 것이 마치 물 위에 떠 있는 오리나 백조와 매우 유사하다. 겉으로는 미끄러지듯 가고 있으나 물 밑으로는 열심히 발질을 하면서 가고 있거나 물의 흐름을 거슬러 올라가고 있다. 실무자는 끊임없이 내담자의 경험과 자기 자신의 내면의 상태와 관계의 편안함에 대해 의식한다. 그 자체만으로서 모니터링할 것이 많다.

거기에 책임이라고 하는 요소를 추가해보자. 조력 대상은 변화의 이득을 얻을 수 있다. 실무자가 무엇을 하느냐에 따라 내담자가 변화하거나 또는 방해받을 수 있음을 의식한다. 이 점에서 연구 결과는 명료하다. 매 순간에 실무자가 무엇을 말하고 어떻게 하느냐가 중요하다.

그러나 한 가지 부담은 떠맡을 필요가 없다. 사람이 변화하거나 성장하게 만드는 것은 실무자의 역할이 아니다. 사실, 누구도 그 사람을 대신해서 선택을 해줄 수는 없다. 어떤 전문가는 이러한 책무를 지고 간다. 판사나 보호관찰관의 경우, 대상자들이 법을 준수하도록 만들어야 한다. 교사는 학생들이 배우고 성장하도록 만들어야 한다. 간호사나 의사는 건강을 위해 환자가 해야 할 것을 하도록 만들어야 한다. 저자들은 독자들이 실천을 잘하도록 만들어야 한다. 그러나 극단적이고 강제적인 제도적 책무가 없을 경우, 누군가로 하여금 무엇을 하게끔 만드는 것은 불가능하다. 만약 자기의 업무가 사람들로 하여금 변하게 **만들어야** 하는 것이라고 생각하며 일하러 간다면, 하루 일을 마치고 귀가할 때 좌절과 패배감을 느낄 가능성이 높다. "나는 최선을 다했어. 그런데 그들은 여전히 변하지 않아." 이와 같은 가정과 의무를 지고 가는 것은 소진이라는 처방이다.

조력 전문가들은 동기면담을 배운 후에 종종 어깨에서 짐을 내려놓았다고 말한다. 하고 있는 일이 더 즐겁고 또 동시에 더 효과적임을 알게 되었다는 것이다. 초기

> 사람이 변화하게 *만드는* 것이 실무자의 역할은 아니다.

연구 중 몇 가지 결과에서, 동기면담 적용이 전문가들의 소진을 막는 데 도움이 되는 것으로 나타났다.[1] 이와 같이 예방적인 효과는 많은 부분이 마음가짐의 변화로부터 생겨나며, 결과적으로 실제 적용하면서 나타난다. 실무자가 의도적으로 내담자를 변화하게 만들려는 경우(강요, 직면, 조종, 압도) 사람들은 그것을 감지하고 저항할 가능성이 높아진다.[2] 실무자는 내담자의 변화에 어울리는 적정한 조건들을 제공함으로써 내담자를 변화에 초대하고 변화가 더 가능하게 할 수는 있으나, 변화가 일어나게 만들 수는 없다.[3]

현재에 초점 두기

동기면담은 판단을 부과하지 않으면서 현재 일어나고 있는 것에 의식적이고 밀접하게 주의를 집중하는데, 이 점이 마음챙김 적용과 다르지 않다.[4] 동기면담을 잘 적용하면, 마음이 어수선하지 않도록 돕는다. **초심자의 마음**(beginner's mind)으로 호기심을 가지면 좌절이나 초조함과 같이 내면 상태를 흐트러지게 하는 것을 쫓아낼 수 있어서 적어도 한동안 정보 수집과 진단을 보류하게 해준다. 돕고자 하는 대상에게 흐트러짐

> 초심자의 마음을 가지면 정보 수집을 잠시 보류할 수 있다.

없이 온전히 집중하게 된다. 마음챙김 명상에서처럼, 이런 방식으로 주의를 기울이기를 계속해서 훈련한다. 산만하게 하는 것이 끼어들 수 있으나 다시금 앞에 있는 내담자에게 전적으로 집중하게 된다. 이 과제는 실무자의 내면 상태와 다루어야 할 의제를 어느 정도 자기조절하는 것을 요구한다.

가고 있는 방향에 시선 맞추기

동시에, 동기면담을 잘 적용하는 경우 실무자는 변화와 성장이라고 하는 방향을 향해 계속 초점을 둔다. 그 방향이 떠올랐다가 때로는 합의된 목표를 명료화하는 초점 맞추기 과제를 하는 동안 바뀌기도 한다. 우리는 어디로 가는가? 하나의 수평선에 접근하면서, 더 멀리에 새로운 전망이 떠오르기도 한다. 내담자가 더 급박한 이슈나 염려로 인해 산만해질 수 있는데, 그것도 물론 다루어야 하지만 안내자로서의 실무자의 업무 중 하나는 동의한 방향을 기억하고 그곳으로 계속 움직이는 것이다. 동기면담은 내담자 중심 접근에 초점과 방향에 대한 의식을 추가하였다. 현재 시점에서 그곳을 향해 가는 것이다.

내담자

내담자를 교정하거나 바꾸어야 한다는 부담을 실무자가 내려놓으면, 희망과 강점과 지혜라는 풍부한 자원을 가진 또 한 사람과 협동 관계에 들어간다. 실무자에게는, 그 사람이 진단이거나, 낙인이거나, 장애거나, 해결해야 할 문제는 아니다. 그들에 대해 많이 알수록, 그들은 변화와 성장의 여행을 하는 파트너가 된다.

사람들이 가지는 희망(hopes)은 변화대화와 유지대화 모두에 표현된다−원하고 필요한 것이든 그렇지 않든, 할 수 있고, 할 의지가 있고, 할 준비가 되어있든 아니든. 실무자가 알아야 하는 것은 조력하고자 하는 사람들을 동기화하는 것이 무엇인지이다. 최상의 일은, 때로 그들이 가기를 원하는 곳과 어떻게 거기에 다다를 것인가를 발견하는 동안 방해가 되지 않는 것이 전부이다. 실무자는 그들의 변화대화를 이끌어내고, 거울이 되어주고, 명료화하면 된다.

실무자가 조력하고자 하는 내담자에 대해 알아야 하는 또 다른 것이 있다면, 그들의 강점(strengths), 그들이 무엇을 할 수 있고, 이미 했고, 할 능력이 있는지에 대한 것이다. 변화와 성장은 본인의 적극적인 참여를 요구한다. 실무자가 권하거나 고무할 수 있으나, 변화 행동은 그 사람 스스로의 책임이다. 내담자의 강점을 이해하면 할수록 그러한 능력으로 어떻게 변화가 잘될지를 잘 알게 된다.

내담자가 자신에 대해서 가지고 있는 지혜(wisdom)를 불러내려면, 내담자의 의견을 물어보면 된다. 조력자가 지혜 조달자가 되려는 유혹이 있는데, 실무자의 통찰을 공유하는 것이 역할 중 하나일 수 있으나 이해시키려고 억지로 주입할 수 없다. 그 문은 안에서 열어야 한다. 이 내담자가 문제와 변화의 필요에 대해 어떻게 생각하는지 호기심을 가지고 행동하라. 이 호기심을 가지고 서로 교류하는 동안 내담자를 한 사람으로 관심을 가지고 만날 수 있고 그의 복지에 최고로 주의를 기울이고 있음을 보여주게 된다.

> 때로 실무자의 최상의 일은 내담자의 길에 방해가 되지 않는 것이다.

관계

동기면담을 적용할 때, 한 번에 한 사람 또는 한 명 이상의 내담자들과 조력 관계를 형성한다. 개인이 기여하는 것 이상으로, 이 작업동맹의 질적인 면이 건강 분야, 교육, 심리치료에서의 효과를 예측해준다.[5] 그래서 조력하고자 하는 사람들과의 관계의 질적인 수준에 주의를 기울이는 것은 합당하다.

동기면담에서 이 작업동맹을 정의해주는 몇 가지 특성들이 있다. 하나는 연민(compassion)이다. 상대방의 웰빙, 복지와 최상의 이득에 최우선 순위를 두는 것이다. 저자들은 연민을 동기면담의 정신의 부분으로 들고 있는데, 왜냐하면 우리가 알기로 자애나 자기만족적인 방법으로 동일한 기법들이 사용되고 있어서이다.[6] 동기면담의 관계의 질 측면에서 연민은 단순히 느낌이 아니라 상대방의 웰빙, 복지를 돌보려는 자비심 가득한 의도와 전념이다.

동기면담의 조력 관계는 또한 내담자의 자율성과 자기결정을 존중한다.[7] 실무자가 예를 들어, 교사, 보호관찰관, 고용주의 경우에서처럼 어느 정도 결정할 수 있는 힘이 있더라도, 여전히 내담자의 의지적인 선택을 받아들이고 존중한다. 건강 분야에서 내담자와 함께 합의된 의사 결정을 하는 것처럼, 동기면담은 내담자 스스로 자신의 웰빙, 복지에 대해 결정하도록 수용한다.[8] 내담자의 독립성을 인정하고 공개적으로 받아들임으로써 시작한다.[9] 동기면담은 **협동 구하기**(seeking collaboration)라고 하는 구체적인 방법들을 포함하는데, 이것은 분명하게 힘을 공유하기, 허락 구하기, 합의 구하기, 내담자만의 전문성을 인정하기, 그리고 선택권을 강조하기 등이다.

동기면담 관계는 또한 사람들에게 또는 사람들을 위해서 무엇을 하는 것이 아니며, 사람들을 위해서 함께 하는 것이다. 사람들을 교정하려는 것이 아니다. 실무자는 자신의 전문성을 적절하게 제공할 수 있으나, 사람들의 변화와 성장에 관해서는 그들이 운전석에 앉아있다. 실무자는 사람들이 변화하거나 성장하게 만들 수 없으나 그것을 초대하고 촉진할 수는 있다.

관련하여, 동기면담에서 조력 관계는 방어적이거나 적대적이지 않다. 만약 실무자가 자신의 업무를 조력 대상자를 정복하거나 압도시키는 것이라고 생각한다면, 업무하는 날 동안 불행할 수 있다. 저자들이 1장에서 말한 것처럼, 동기면담은 함께 춤을 추는 것이지 레슬링을 하는 것이 아니다. 만약 행보가 불안정해 보인다면, 더 열심히 경청하라. 만약 관계가 어떻게 되어가는지 불확실하다면, 질문하라! 상담과 심리치료 분야에서 근거 기반 경향 중 하나는 매 회기를 마칠 때 내담자의 피드백을 요청하는 것이다. 이러한 정기적인 피드백을 모으고 피드백에 반응하여 과정을 수정함으로써 치료 효과는 상당히 개선되는 것으로 나타났다.[10]

우리 얘기할 수 있나요? 메모가 달린 심층 사례

어떤 친한 친구가 저자(스티브)에게 자기의 파트너와 이야기를 해달라고 부탁했다. 이 파트너는 개인적인 정서적 이슈들로 인해 고투하고 있었다. 이 파트너가 원하는 전문적 조력에 내가 도움이 될까 생각하며 나는 친구 대 친구로서 그렇게 하겠다고 하였다. 그리고 우리는 커피숍 한쪽 구석에서 대화를 나눌 공간을 찾았다. 다른 사례들처럼 여기서도 이름과 개인 정보는 바꾸었다.

커피가 나왔고, 친구의 파트너인 짐은 커피를 마시며 바로 이야기를 시작했다. 그는 아동기에 심한 신체적 학대를 당했고, 가정에서 보육시설로 옮겨졌다. 이후 많은 어려움이 따랐다. 학교에서는 학업이 부진했고, 보육 부모가 지지적이었으나 그는 대부분의 시간을 불안하고, 외롭고, 친구 없이 보냈다. 성인이 된 지금 그는 여전히 '매우 취약하다'고 느꼈다. 불안과 절망감이 파도를 타고 몇 주씩 계속되었고, 때로 자살 충동을 느끼는 정도까지 되었다.

빌은 조력 관계에 대해서 다음과 같이 말한다

"짐은 즉시 깊이 뛰어들어 자기의 고통스러운 과거 경험과 지금도 계속되는 고통에 대해 공유하고 있습니다. 자기의 삶을 개방해서 내려놓고 있어요. 상처를 받더라도 기꺼이 스티브를 신뢰하려고 하네요. 아마도 그는 불안해하며 이 모든 것에 대해서 스티브가 어떻게 반응할지 생각하고 있을 거예요. 나에게 어떤 도움이 될 수 있을까? 새로운 것이 주는 불확실성이 있는 거죠. 이 사람은 나에 대해서 무어라 생각할까? 여기서 누가 주도를 할까? 이 사람은 믿을 만한가? 이 대화가 어디로 갈까?"

스티브는 자기 자신에 대해서 다음과 같이 말한다

"2, 3분 지나자, 저는 정서적인 무게를 느낍니다. 많은 문제들이 하나씩 나오고, 제 마음에는 가능한 진단명들이 질주하고, 자살 위험성 평가 절차가 떠오릅니다. 경청하면서 이 대화가 어디서 끝날지 궁금해하고 있습니다. 이전에 이와 같은 이야기를 들은 적이 많지요. 지금 여기에는 끔찍한 학대와 그 이상의 또 다른 이야기가 있네요. 제가 받은 인상은, 짐 또한 미리 준비한 이야기를 따라서 자신의 문제를 읽어가고 있는 것입니다. 마치 '심리학자에게 말할 때는 이렇게 하는 거야.'라는 듯 말이죠. 우리 둘 다 자동적으로 안내서를 따라가고 있는 것 같았어요. 항해 방향을 바꾸어야 하는 시간인데, 어떻게 하나요?"

스티브 : (몇 분 후) 짐, 여기서 잠시 쉴 수 있을까요?

짐 : 오, 좋아요.

스티브 : 이런 어려움에 대해 모두 이야기하고 계시네요. 파트너로부터 들은 바로는, 짐은 직장에서 매우 능력 있고 존경받는 분이고, 집에서 역시 사랑받고 매우 귀한 분이세요. 무언가 잘하고 있는 게 분명해요!

짐 : (다정하게 웃으며) 그렇게 말씀해주셔서 감사해요. 예, 사실 그래요. 인생에 대해서 한두 가지 배웠던 거지요. 제가 하는 말을 아신다면요.

스티브 : 말씀해주세요.

짐 : 우선, 저는 그 학대에 대해서 저를 비난하지 않아야 함을 배웠어요.

스티브 : 그건 일종의 승리이네요. 제 생각에는요.

짐 : 솔직히 말하면 마라톤에 더 가깝지요. 세월이 많이 걸렸어요. 제 운명을 받아들이고, 저 자신을 비난하지 않기까지요. 그런 것이 많이 도움이 되고 있어요. 적어도 제 자신을 그렇게까지 파멸시키는 걸 중단했지요. 그때까진 제가 몰입해있는 일종의 습관이어서 깨기가 어려웠어요.

스티브 : 용기와 그 이상의 것이 요구되었네요.

짐 : 노력이지요. 비난이라고 하는 게임을 놓아버려야 한다는 걸 배웠어요. 그랬더니 잊어버리고 삶을 살아가는 게 좀 더 쉬워지네요. 그래도 여전히 제가 매우 취약하고 위험에 노출된 느낌이 있어요. 때로 제가 그 느낌의 소용돌이에서 빠져나오지 못할 수 있어요. 두려워요. 죽고 싶을 정도가 되어요. 절대 그렇게 하진 않을 건데요, 그 생각을 없애기가 어렵네요.

스티브가 자신에 대해 말한다

"처음부터 문제 대화가 빗발친 후, 그리고 제가 얼마나 무겁게 느끼는지 알아차린 후, 제 머릿속의 스위치가 톡 젖혀지면서 저는 '강점 렌즈'를 착용했어요. 경험과 강점이 가득한 삶을 계속하는 와중에도 문제들은 일어납니다. 짐의 파트너를 통해서 짐이 긍정적 경험을 가지고 있음을 알게 되었고, 그래서 이 점들을 알렸어요. 즉시 관계가 엄청 더 깊어지면서 우리의 관계가 더 균형 잡히는 것을 느꼈어요. 그리고 이제 저는 그가 가지고 있는 희망을 조금 더 알게 되었지요. 소용돌이로 빠져들지 않고, 무력하게 느끼지 않는 것 말이지요. 초점이 하나 떠오르고 있네요."

빌이 조력 관계에 대해 말한다

"친구로도, 여기에 유혹이 하나 있을 수 있어요. 스티브가 '결핍 탐정(deficit detective)'이라고 부르는 것인데, 불행이라고 하는 지하묘지를 발견하고 탐구하는 걸 말합니다. 공감적으로 계속 경청하는 것이 어떤 의미에서 연민적입니다만, 짐이 느끼고 있는 황량함과 불균형을 더 많이 느끼게 할 가능성이 있지요. 스티브는 그것을 알아차렸고, 또 자기 자신이 어떻게 느끼는지도 알아차렸어요. 어떻게 균형을 회복할 것인가? 스티브는 역시 여기에서 가야 할 방향에 시선을 두고 있습니다. 그들의 대화의 목적이 그 방향이지요. 스티브가 할 일은 짐의 치료자가 되는 것이 아니라, 짐으로 하여금 앞으로 나갈 길을 스스로 발견하게 돕는 것이었지요. 물론 이득이 될 만한 전문적 도움을 포함해서요."

"스티브는 어떤 말을 해야 하는지를 어떻게 알았을까요? 매 순간 스티브는 짐의 표현뿐 아니라 자신의 내면의 반응에 긴밀하게 주의를 집중하고 있었어요. 스티브는 자신의 경험에서 '강점 안경'이라고 하는 가치를 또한 배웠던 것이고, 도전적인 것들과의 균형을 맞추고자 그 사람이 가지고 있는 탄력성과 능력이 무엇인지 찾고 있었어요. 이 점은 조력을 받고 있는 사람에게뿐만 아니라 조력자들에게도 가치가 있는 것이지요. 문제와 결핍된 점만을 보는 것은 실무자로 하여금 쉽게 소진하게 만듭니다. 긍정적인 질적인 면과 성취한 것들을 찾아보고 발견하는 것 역시 실무자로 하여금 사람들에 대해서 보다 풍부하게 이해하는 수단을 제공하지요."

스티브 : 그래서 우리 둘이 이야기를 나누고 있습니다. 어떻게 하면 소용돌이에 빠지지 않고 또

그렇게 취약하다고 느끼지 않을 수 있을지 짐이 궁금하고 있음이 틀림없어요.

짐 : 맞아요. 그것이 제가 찾고 있는 것이에요.

스티브 : 그래서 상담사나 치료사가 그 부분을 도와줄 수 있는지 알고 싶은 거군요.

짐 : 네, 소용돌이에서 빠져나올 방법을 배운다면, 저는 몇 주 동안 나쁜 기분을 느낄 필요가 없을 거예요. 담배를 안 피우면 더 심해지고, 그러면 해방감을 주는 아무 약이나 절박하게 찾게 돼요. 음, 그냥 아무 약은 아니고요. (웃는다.) 제가 무슨 말을 하는지 아실 거예요. 삶을 계속할 수 있게 해주는 치료제 같은 거죠.

스티브 : 그래서 스스로를 비난하는 것을 중단했고요. 지금 소용돌이로 빠져드는 것을 막을 방법을 찾고 싶은 거네요.

짐 : 예. 그것을 알고 싶어요. 훌륭한 치료사를 아시나요?

스티브 : 예. 도와드릴 수 있을 거예요. 그런데 우선 질문해도 될까요? 그 밖에 다른 질문이나 염려가 있으신가요?

짐 : 예. 제 아버지와의 트라우마로 돌아가서 검토해야 할 필요가 있다고 생각하시나요? 괜찮아요. 그런데 그게 도움이 되지 않을 거면, 다시 그것을 다루면서 고통받는 건 원하지 않아서요. 제 말을 아신다면요.

스티브 : 솔직히 저는 확실하지 않아서요. 트라우마 작업 경험이 저에게는 충분하지 않아서 이 질문에 답하는 게 자신이 없네요. 하지만 짐이 불필요하게 고통받기를 원하지 않는다는 건 제가 이해합니다.

짐 : 맞아요. 제가 인터넷을 찾아보았는데 혼란스럽기만 했어요. 그렇게 하는 것에 대한 훌륭한 근거가 무엇인지 찾기가 너무 어려웠어요. 치료사들마다 이렇게 만들어낸 상상적 용어들이 전부더라고요. 이틀 전에 트라우마 클리닉의 한 치료사와 상담을 했는데, 그 치료사는 좋았어요. 마음챙김을 제안했는데, 그게 저에게는 애매모호한 기법으로만 보였거든요.

스티브 : 그것이 짐에게는 어쩐지 맞게 느껴지지 않은 거네요.

짐 : 그 치료사는 괜찮았어요. 그런데 이것저것을 돌려가며 말했어요. 제게 우울증 척도를 실시했고, 중간 정도에서 낮은 범위의 우울증으로 나왔어요. 그건 도움이 되었고 다소 안심이 되었지요. 제가 생각했던 것만큼 나쁘지는 않았어요. 그런데 그 애매모호한 기법은 제가 원하는 건 아니에요.

스티브는 자신에 대해서 말한다

"이 지점에서 제가 궁금한 것은, '치료사로부터 원하는 것이 무엇일까'입니다. 제 마음 뒤편에 이 질문에 대한 답들을 고정해서 붙입니다. 소용돌이 속으로 가는 걸 중단하는 거라면, 답은 '예'입니다. 트라우마 내력을 재검토하는 것일 텐데, 짐은 그것이 도움이 될 때만이라는 거지요. 그 밖에 무엇이 있을까 하고 제가 궁금해지는 거죠. 지금 이렇게 마무리하는 건 쉬울 수 있지만, 저는 본능적으로 대화 속도를 줄이면서 더 많이 경청하고자 했습니다."

빌은 조력 관계에 대해서 말한다

"이 시점에서 두 사람의 관계에 대한 일차적 느낌은 **협동적**(collaborative)이라는 것입니다. 짐은 문제들을 말하기 시작했고, 지금 두 사람은 앞으로 나아가기 위해서 무엇이 최상인지에 대해 정리하고 있습니다. 두 사람은 파트너로서 어떻게(how)라고 하는 변화의 가능성에 대해 이야기를 나눕니다. 이것은 상당히 빨리 일어났지요. 우선 스티브는 먼저 균형을 잡을 수 있는 강점들을 몇 가지 이끌어냈고, 이후 계획을 처방하지 않은 채 어떤 계획을 할 수 있는지 대화로 초대했습니다."

스티브 : 이 트라우마 클리닉 경험에 대해서 어떻게 느끼는지 궁금해요.

짐 : 글쎄요. 다음 회기에 참석할 것이긴 한데, 어쩐지 그 기법이 답일 것 같지 않았어요.

스티브 : 뭔가 빠졌던 거네요.

짐 : 글쎄요. 우리는 이것저것에 대해 돌아가며 나누었어요. 아마도 마침내는 이것을 통해 효과적인 것들이 나올 수 있겠지요. 한 번 더 회기에 가보고, 그러고 나서 그만 갈까 해요. 그 애매모호한 마음챙김 제안을 결코 정말 따르지 않았어요. 마치 그게 제 모든 기도에 대한 답인 것처럼 말했지만요.

스티브 : 짐이 필요한 것을 그 치료사는 정말 이해하지 못했다는 거네요.

짐 : 그런 거죠. 치료사가 하는 대로 거쳐가는 또 한 사람의 환자처럼 제 자신이 느껴졌어요.

스티브 : 도움을 받고 싶은 것은 소용돌이에서 빠져나오는 거고요. 경험했던 트라우마를 재검토하는 것을 기꺼이 고려하고 있고, 또 짐을 진정으로 돌보아줄 누군가를 만나고 싶은 거네요.

짐 : 바로 그거예요.

스티브 : 좋아요. 그럼 제가 전화를 몇 군데 해보고, 그러고 나서 우리가 다시 만나서 대안들에 대해 이야기 나누면 도움이 될까요?

짐 : 그게 정말 좋겠네요. 감사합니다.

　　동기면담은 특정 조력 관계나 맥락에만 한정되지 않는다. 이 사례에서처럼, 친구 대 친구의 대화에서 적용되고, 사역자 사무실이나 고용인 지원 프로그램에서도 동일하게 적용될 수 있을 것이다. 이 대화에서 두 사람은 각기 다른 역할을 하고 있고, 이것이 동기면담의 특성과 같이 한 사람은 조력자 역할이고 다른 한 사람은 지원을 요청한 바 있다. 스티브는 짐의 관점과 희망을 초기에 이해하고 도울 수 있는 방법을 생각해보고자 열심히 노력했다. 여기에는 동기면담이 잘 적용된 증거들이 또 몇 가지 있다. 스티브보다 짐이 더 많이 말을 했고, 질문-답 회기가 아니라 대화로서 흘러갔다. 인정하기와 더불어 스티브는 질문의 두 배가 되는 반영을 하였고, (허락을 구한 후) 몇 가지 전문적 경험을 나누었다.

　　저자들이 다시금 강조하는 것은 동기면담은 실무자가 이미 하고 있는 것을 대신하거나 추가해서 하는 것이 아니라는 점이다. 동기면담은 실무자가 이미 하고 있는 것을 잘하는 또 하나의 방식이다. 동기면담은 긴 시간이 필요하지 않다. 바쁜 일정을 가진 건강 분야 실무자들이 때로 염려하는 것은 "이것을 할 시간이 없어요."인데, 사실 동기면담은 시간을 절약한다. 공감적 경청은 대화와 함께 움직이면서 일련의 구체적인 질문들로 얻을 수 있는 것보다 더 많은 정보를 가져온다. 동기면담은 목적이 다분하고, 관계를 희생하기보다는 관계를 견고히 하면서 상당히 짧은 시간 내에 많은 것이 일어날 수 있다.

> 공감적 경청은 일련의 질문들로 얻을 수 있는 것보다 더 많은 정보를 얻는다.

　　조력자의 관점에서 볼 때, 동기면담을 잘 배우고 잘 적용해야 하는 가장 설득력 있는 이유(내담자에게 주는 근거 기반 혜택을 넘어서)는 아마도 실무자의 삶과 일에서의 행복에 미치는 영향이 될 것이다. 모든 사람이 이것을 알지는 못한다. 동기면담은 모든 사람을 위한 것이 아니다. 그러나 이제까지 본서를 읽었다면, 실무자 스스로가 동기면담의 긍정적인 공명을 어느 정도 알 것이다. 상처를 입히는 세상 한가운데에 치유자로의 현존에서, 실무자가 자신의 일과 내담자들에게 편안하고 호기심을 가진 마음과 연민의 심장을 가져온다면 본질적인 만족감이 있게 된다. 변화를 만들려고 하고 사람들을 교정하려고 하는 대신, 사람들이 자신만의 이유를 가지고 변화와 성장을 선택하고 추구하는 것을 목격할 때 기쁨이 있다. 이러한 방식으로 동기면담의 숙련도를 발전시키면 조력 대상자에게뿐 아니라 실무자 자신에게도 혜택이 된다.

그러면 어떻게 동기면담을 배울까? 이 주제가 4부에서 저자들이 향하고자 하는 주제이다. 동기면담을 잘 적용하도록 자신 또는 타인을 어떻게 도울지에 관한 연구 결과가 이미 상당히 많고 단 하나의 처방된 공식은 없다. 사람들은 여러 방법으로, 그리고 다양한 속도로 동기면담을 배운다. 진정, 해야 하는 과제는 자신이 동기면담을 배우는 최상의 방법이 무엇인지를 아는 것이다.

> 동기면담의 숙련도를 발전시키면 조력 대상자뿐 아니라 실무자 자신에게 혜택으로 온다.

·개인적 관점· **축구 이야기**

동기면담을 알고 적용할 때 변화에 대한 유동적인 대화가 자연스럽게 일어나고 이끌려나온다. 내가 멘토링을 해주는 한 스포츠 코치는, 전반부 경기를 마치고 쉬는 동안 선수들이 어떻게 후반부 경기를 개선할 수 있는지 스스로 대화하는 시간을 갖는 아이디어를 냈다. 이 아이디어는 동기면담의 정신과 적용에 훌륭하게 적당한 것이었다. 선수들에게 무엇을 해야 하는지 말하는 대신, 건설적인 대화를 통해서 자기들의 경기를 개선할 수 있을까? 코치는 팀원들에게 이러한 도전 과제를 설명했고, 팀원들은 연습 기간 동안에 이 방식을 시도하였다. 코치는 질문을 제시하고, 선수들은 돌아가며 답을 했고, 서로의 답을 가로막지 않고 경청했다. 그러고 나서 선수들이 제시한 내용을 코치가 핵심 메시지로 요약했고, 또 다른 질문을 하기도 했다. 팀원들은 이 방식을 매우 잘 따라 하였는데 경기가 있는 날 새로운 방식으로 진행했다. 이전에는 작전회의나 전반부를 마쳤을 때 명령을 하거나 야단을 쳤다면 이번에는 선수들이 무엇을 해야 할지 자기들의 아이디어를 냈다. 코치 역시 차이점을 발견했다. 작전회의 및 전반부 이후에, 선수들은 자기들이 결정한 것을 정말로 해냈다. 때맞추어 선배 선수들이 질문들을 만들어 제시했고 선수들은 스스로 핵심 메시지를 요약 정리했다. 전반부를 마치고 나누었던 소통 덕분에 이런 변화가 있었는지 여부는 알 길이 없으나, 그들은 경기에서 더 많은 승리를 거두기 시작했다.

－스티브

 주요 개념

- 초심자의 마음
- 협동 구하기

☑ 요점 정리

- 조력자-안내자 역할 속에서 실무자가 다른 사람이 되지는 않는다. 실무자는 여전히 실무자 자신이다.
- 동기면담에서, 실무자는 변화를 초대하고 변화가 더 가능하게 해준다.
- 안내자의 과제 중 하나는 방향에 시선을 맞추는 것이다.
- 동기면담은 실무자가 이미 하고 있는 일을 잘하게 하는 하나의 방식이다.

참고문헌

1. Endrejat, P. C., & Kauffeld, S. (2021). Learning motivational interviewing: prospects to preserve practitioners' well-being. *International Journal of Workplace Health Management, 14*(1), 1–11.

　　Norman, Å., Lundberg, U., Farbring, C. Å., Källmén, H., & Forsberg, L. (2020). The feasibility and potential of training correctional officers in flexible styles of communication to reduce burnout: A multiple baseline trial in real-life settings. *Scandinavian Journal of Work and Organizational Psychology, 5*(1), Article 12.

　　Ogunmilugba, B. J. (2021). *Effects of motivational interviewing and mindfulness based cognitive therapies on academic burnout among extra-mural students in Ekiti state, Nigeria.* Dissertation, University of Ibadan, Nigeria.

　　Pollak, K. I., Nagy, P., Bigger, J., Bilheimer, A., Lyna, P., Gao, X., et al. (2016). Effect of teaching motivational interviewing via communication coaching on clinician and patient satisfaction in primary care and pediatric obesity-focused offices. *Patient Education and Counseling, 99*(2), 300–303.

2. Brehm, S. S., & Brehm, J. W. (1981). *Psychological reactance: A theory of freedom and control.* Academic Press.

　　de Almeida Neto, A. C. (2017). Understanding motivational interviewing: An evolutionary perspective. *Evolutionary Psychological Science, 3*(4), 379–389.

3. Rogers, C. R. (1980). *A way of being.* Houghton Mifflin.

4. Davis, D. M., & Hayes, J. A. (2011). What are the benefits of mindfulness? A practice review of psychotherapy-related research. *Psychotherapy, 48*(2), 198–208.

　　Thich Nhat Hanh. (2015). *The miracle of mindfulness: An introduction to the practice of meditation* (Mobi Ho, Trans.). Beacon Press.

5. Fuertes, J. N., Mislowack, A., Bennett, J., Paul, L., Gilbert, T. C., Fontan, G., & Boylan, L. S. (2007). The physician-patient working alliance. *Patient Education and Counseling, 66*(1), 29–36.

　　Haug, T., Nordgreen, T., Öst, L.-G., Tangen, T., Kvale, G., Hovland, O. J., et al. (2016). Working alliance and competence as predictors of outcome in cognitive behavioral therapy for social anxiety and panic disorder in adults. *Behaviour Research and Therapy, 77*, 40–51.

　　Horvath, A. O., & Symonds, B. D. (1991). Relation between working alliance and outcome in psychotherapy: A meta-analysis. *Journal of Counseling Psychology, 38*(2), 139–149.

Lacrose, S., Chaloux, N., Monaghan, D., & Tarabulsy, G. M. (2010). Working alliance as a moderator of the impact of mentoring relationships among academically at-risk students. *Journal of Applied Social Psychology, 40*(10), 2656–2686.

6. Cialdini, R. B. (2021). *Influence: The psychology of persuasion* (rev. ed.). Harper Collins.

7. Markland, D., Ryan, R. M., Tobin, V., & Rollnick, S. (2005). Motivational interviewing and self-determination theory. *Journal of Social and Clinical Psychology, 24*, 811–831.

Ryan, R. M., & Deci, E. L. (2017). *Self-determination theory: Basic psychological needs in motivation, development, and wellness.* Guilford Press.

Vansteenkiste, M., & Sheldon, K. M. (2006). There's nothing more practical than a good theory: Integrating motivational interviewing and self-determination theory. *British Journal of Clinical Psychology, 45*(1), 63–82.

8. Barry, M. J., & Edgman-Levitan, S. (2012). Shared decision making—Pinnacle of patient-centered care. *New England Journal of Medicine, 366*(9), 780–781.

Elwyn, G., & Frosch, D. L. (2016). Shared decision making and motivational interviewing: Achieving patient-centered care across the spectrum of health care problems. *Annals of Family Medicine, 12*(3), 270–275.

9. de Almeida Neto, A. C. (2017). Understanding motivational interviewing: An evolutionary perspective. *Evolutionary Psychological Science, 3*(4), 379–389.

10. Miller, S. D., Bargmann, S., Chow, D., Seidel, J., & Maeschalck, C. (2016). Feedback Informed Treatment (FIT): Improving the outcome of psychotherapy one person at a time. In W. O'Donohue & A. Maragakis (Eds.), *Quality improvement in behavioral health* (pp. 247–262). Springer.

Miller, S. D., Duncan, B. L., Brown, J., Sorrell, R., & Chalk, M. B. (2006). Using formal client feedback to improve retention and outcome: Making ongoing, real-time assessment feasible. *Journal of Brief Therapy, 5*(1), 5–22.

제 **4** 부

동기면담을 학습하고 연구하기

제15장까지 읽으면 동기면담에 대해서 배우는 데 도움을 받는다. 제4부에서는 지속적인 학습을 통해 능숙함과 숙련됨을 더 많이 얻도록 한다. 제16장에서는 연습, 피드백, 코칭을 통해서 어떻게 동기면담의 숙련도를 달성할지에 대한 다방면의 연구 결과를 기술한다. 동기면담 학습은 마치 요리, 스포츠, 음악에서 숙련도를 발전시키는 것과 같은 지속적인 과정이다. 예술은 경험과 안내를 기본적 토대로 하고 있음을 다량의 문헌들이 기술하고 있다. 제17장에서는 인공지능 도구의 지원이 증가하면서 동기면담의 세밀한 분석으로부터 하나의 완전체적인 학습 과학이 존재함을 설명한다. 이제까지 가장 많은 연구문헌들이 동기면담의 적용이 가져오는 효과 평가에 대한 것인데 이 부분을 제18장에서 요약한다. 저자들은 계속해서 배우고 있다.

동기면담 학습하기

> 실무자는 지식과 기술이 필요하다. 책을 읽기만 해도 지식을 얻는다. 기술은 책에서 얻을 수 없다. 몇 번이고 되풀이해서 연습해야 한다.
>
> — 폴 에크먼

> 우리는 두 개의 귀와 한 개의 입이 있는데, 비례해서 사용해야 한다.
>
> — 수전 케인

그러면 동기면담 적용에서의 숙련도를 어떻게 향상시킬 수 있을까? 이 접근을 가르치고 배우기 위해서는 어떤 것이 필요한가? 이 주제에 관한 연구는 이미 상당히 많다.[1] 저자들의 초기 가설은 임상적 훈련 워크숍을 통해서 달성할 수 있다는 것이었고, 이제 이 방법은 지속적인 전문가 교육에 표준이 된 바 있다. 동기면담 훈련의 첫 번째 평가에서, 실무자들이 2일 임상 워크숍에 참석하기 전에 내담자와의 실습 사례를 녹음하여 제공하도록 했다.[2] 훈련 워크숍에서 학습한 것을 실무자들이 보여주도록 표준화된(standardized) 내담자 역할자를 대상으로 면담을 수행하였다. 그리고 4개월 후, 그들은 동기면담을 적용한 실제 임상 작업에서 녹음한 사례를 샘플로 제출하였다. 이 연구를 통해 저자들은 동기면담의 질적 수준을 측정하기 위한, 첫 번째 동기면담 기술 코드(Motivational Interviewing Skills Code : MISC)를 개발했고, 이 코딩은 상담사와 내담자 각각을 대상으로 하여 글로벌 점수(global ratings)와 행동 점수(behavior counts)를 평

가하는 복잡한 관찰 시스템이다.[3]

만족도 설문 조사에서 워크숍 참가자들은 훈련의 질적 수준에 높은 점수를 주었고, 자신의 실천 현장에서 동기면담을 계속 사용하고 있으며 그것이 매우 도움이 됨을 알려주었다. 그러나 전문적 관찰자들이 이들의 회기 코딩을 한 결과는 달랐다. 일부 기술 개선은 훈련 직후(내담자 역할자와의 면담) 즉시 발생했지만 빠르게 약해졌다. 4개월간은 약간의 (통계적으로 유의미한) 변화가 남아있었으나—예를 들어, 상담 매 10분마다 반영적 경청이 한 개 이상 있었다—내담자에게 어떤 차이를 만들기에는 충분하지 않았다. 회기 내 반응 면에서 내담자의 변화가 전혀 없었다. 본질적으로, 참가자들이 기술 면에서 상당한 향상을 했다고 스스로 보고했으나 동기면담으로 훈련되었다는 증거는 거의 없었다. 단순히 질문을 함으로써 그 사람이 얼마나 경청을 잘하는지 알 수 없다. 자기가 무엇을 모르는지 모르고 있다.[4] 동기면담은 상대적으로 짧게 할 수 있어서 잘될 때 쉬워 보일 수 있기에 사람들은 배우기 쉬울 거라고 기대한다. 사실, 동기면담을 적용하는 기술의 개발은 저자들이 상상했던 것만큼 쉽지 않았다.

연구 결과에서 바라는 답을 얻지 못하더라도 훌륭한 연구들이 더 나은 질문을 하도록 가르쳐준다. 저자들은 "동기면담 훈련이 효과가 있는가?"라는 순수한 질문에

> 동기면담이 잘될 때 쉬워 보일 수 있다.

서 "사람들이 동기면담 역량을 개발하는 데 도움을 주기 위해서 실제로 어떤 것이 필요한가?"라는 질문을 하기 시작했다. 다양한 훈련 방법들을 비교한 통제된 임상 실험에서, 저자들은 임상적 동기면담 워크숍 이후 두 번의 추후 훈련이 12개월까지 훈련의 질적 수준에 어떤 영향을 주는지 실험했다.[5] 워크숍 훈련 후 추가로 제공한 한 가지 지원은 개별적으로 피드백을 제공하는 것이었는데, 기록한 회기들을 객관적으로 코딩한 결과를 토대로 학습자들에게 개별 피드백을 제공해주었다. 또 다른 지원은 워크숍 이후 몇 개월 동안 최대 여섯 번의 30분 전화 통화로 이루어진 개별 코칭이었다. 이러한 지원들 중 하나(또는 둘 다)가 동기면담 기술의 학습과 유지를 크게 향상시켰다. 그런데 그들의 내담자들이 (변화대화와 유지대화 면에서) 어떻게 반응하는지에 유의미한 변화들은 오로지 한 가지 조건에서만 발생했다. 이 조건은 실무자가 워크숍 훈련에 추가하여 개별 피드백과 개별 코칭 모두를 받았을 때였다.

이 결과는 지금도 훈련 연구 결과에서 상당히 일관성 있게 나타나고 있다. 워크숍에

단순히 참석하는 것만으로는 행동에 거의 또는 전혀 영향을 미치지 않는다.[6] 그럴 거라고 생각했던 건가? 테니스, 프랑스 요리, 기타 연주, 또는 비행기 조종과 같은 분야에서 수업만 받는다고 상상해보자. 그런 복잡한 기술을 배우는 정상적인 방법은, 전문가의 코칭과 함께 적용하는 것을 관찰하는 것이 포함된다.

동기면담을 교육하고 학습하는 것에 관한 연구문헌은 이미 상당히 많고 복합 메타분석을 할 만큼 충분히 많다.[7] 지금까지 알게 된 결과를 요약하면 다음과 같다.

- 동기면담은 학습 가능하다. 다양한 훈련 접근법들의 효과를 평균화할 때, 학습자들은 동기면담의 적용 기술에서 일반적으로 중간 내지 큰 증가치를 보인다.
- 혼자 동기면담을 학습하는 것은 쉽지 않다. 동기면담에 대해 읽거나 시연을 보는 것만으로는 숙련도를 향상시키기 어렵다.
- 마찬가지로, 동기면담 수업이나 워크숍에 한 번 참석하는 것은 적용 기술에서 단기적인 향상을 가져올 수 있지만, 능력을 유지하기에는 충분하지 않다.
- 사람들은 일반적으로 동기면담 적용에서 자신의 숙련도를 과대평가한다.
- 객관적인 피드백과 함께 전문가의 관찰과 그에 대한 코칭을 받는 것이 동기면담의 학습과 역량 유지를 견고하게 한다.[8] 동기면담 훈련 워크숍을 제안받으면, 저자들은 다음과 같은 질문을 한다. "직원들이 동기면담에 대해 알기를 원하세요? 아니면 동기면담을 할 수 있기를 원하세요?"
- 동기면담의 학습 능력은 학력과 관련이 없어 보인다. 높은 학위를 가진 사람들도 배워야 동기면담을 할 수 있다!
- 공감적인 경청 기술을 보여주는 것(관계 맺기에 대해서 저자들이 이전에 기술한 바 있음)은 동기면담 학습에서 매우 훌륭한 시작점이 된다. 임상 연구를 위해 상대적으로 짧은 기간 내에 다양한 현장에서 치료사들을 훈련해야 할 때 저자들은 반영적 경청 기술을 보고 나서 선별하여 사전 결정했다. 이렇게 했을 때, 동기면담의 학습 효과를 상당히 촉진시켰다.[9]

동기면담의 적용에서 합리적인 수준의 숙련도를 개발하는 데 충분하거나 요구되는 정도의 표준 훈련 '용량'은 없다. 각각의 기술 기준에 맞게 훈련하는 것이 일리가 있다.

초기 교육 후에 학습이 끝나지 않았다고 생각하는 것이 신중하다. 음악이나 스포츠에서처럼, 때로 거의 공식적인 훈련 없이도 동기면담에서 빠르게 재능을 발달시키는 천재들을 본다. 한편 긴 시간의 교육을 받아도 동기면담의 기본 원리를 배우고 적용하는데 어려움을 겪는 사람들도 있었다. 얼마나 많은 시간과 훈련이 동기면담에 익숙하고 능숙해지는 데 필요한지에 대한 이 두 극단 간 차이가 매우 크다. 이 점은 이어서 다음 질문을 제기한다. "무엇을 위해서 숙련되려고 하는가?"이다. 학습자는 동기면담을 어떻게 사용할 것인가? 동기면담의 어떤 적용에서는 더 높은 수준의 숙련도와 유연성을 요구한다. **새로운 동기면담 훈련가를 위한 훈련**(Training of New Trainers : TNT)에 지원하는 사람들에게, 동기면담 훈련가 네트워크(MINT)[10]는 동기면담 적용에서 합리적인 수준의 숙련도를 보여주는 적용 사례 샘플을 요구하고 있다. 그 이유는 단순하다. 피아노 연주자를 가르치기 위해서는 본인이 피아노를 잘 연주할 수 있어야 한다. 역량 있는 훈련자가 되려면 교육할 때 동기면담을 시연할 수 있어야 하며, 질문이 제기될 때 실제적인 사례들을 제공할 수 있어야 하기 때문이다.

다행히도, 초기 훈련 이후 적은 양의 후속 코칭만으로도 합리적인 수준의 기술을 달성할 수 있었다. 앞서 언급한 훈련 방법의 무작위 실험에서,[11] 저자들은 평균 다섯 번의 30분 전화 코칭으로 임상가들이 관찰된 현장에서 합리적인 수준의 역량에 도달하는 것을 보았고, 이것은 임상 실험에서 동기면담을 할 수 있다고 확신할 만큼 충분했다. 이러한 결과는, 동기면담의 숙련도를 달성하기 위해 엄청난 양의 시간과 교육이 필요하다고 종종 걱정하던 것이 틀렸음을 나타낸다. 이러한 기술 향상은 집단 형식으로도 달성될 수 있다. 초기 훈련 이후, 전문가들의 학습 공동체로 모인 일차 진료 임상가들은 동기면담의 이해와 실제에서 '패러다임의 전환'을 경험하면서 "교육에서 유발로, 직면에서 수용으로, 부과하는 것에서 협력하는 것으로, 보호에서 연민으로"의 전환을 이루었고, 자신들을 건강 분야 전문가라기보다 건강 분야 안내자로 생각하기 시작했다.[12]

사람들의 동기면담 학습 속도의 차이가 무엇 때문에 나타나는지 솔직히 알 수 없다. 저자들은 동기면담 학습을 선호하는 경향이라고 생각한 다양한 성격 특성들을 조사했다. 이전에 언급한 학력이나 전문적 경력처럼, 성격의 특성 역시 어느 것도 없었다.[13] 정확한 공감에 이미 능숙하다면 동기면담의 나머지 부분(예로, 변화대화를 이끌어내거나 유지대화나 불화에 반응하는 것)을 배우기가 더 쉬워진다.[14] 이것은 동의어일 수 있는

데 왜냐하면 동기면담은 높은 질적 수준의 경청과 떼어놓을 수 없기 때문이다. 마치 기하학을 잘하면 미적분을 잘할 것을 예측하는 것과 같다.

따라서 많은 연구와 경험, 약간의 신비로움을 가지고, 저자들은 16장에서 동기면담의 적용 기술을 발달시키는 데 도움을 주고자 한다. 지금까지 저자들이 알게 된 것은 다음과 같다.

관계 맺기 기술

동기면담을 배우기 위한 중요한 첫걸음은 4장과 8장에서 설명한 내담자 중심의 관계 맺기 기술에 대해서 편안함과 역량을 견고히 하는 것이다. 이 기술들은 그 자체로 가치 있는 조력 기술이며 동기면담의 전반적 방법에서 확고한 기반을 제공한다. 실제로, 어느 정도 공감적인 경청 기술의 숙련 없이는 동기면담의 나머지 부분을 배우는 것이 불가능하다.

이와 관련하여 좋은 소식이 있다면, 일상생활에서 열린 질문, 인정하기, 반영적 경청, 요약하기(OARS) 기술을 연습할 대화 기회가 정기적으로 제공된다는 점이다.[15] 이렇게 비공식적인 방식으로 연습할 때, 실무자는 사람들이 어떻게 반응하는지 주의를 기울여서 자연스럽게 피드백을 받을 수 있다. 예를 들어, 실무자가 반영하면 그런 추측이 맞았는지 내담자로부터 즉시적으로 피드백(언어적 및 비언어적)을 받는 것이 일반적이다. 잘 반영하면, 초기 반영이 정확하지 않았더라도 내담자는 일반적으로 계속 말하면서 명확하게 해준다. 사람들은 훌륭하게 경청해준 것에 대해서 감사해한다. 이해하려는 목적만으로도 내담자의 온전한 주의 집중을 받는 것은 보람 있는 경험이다. 따라서, 관계 맺기를 위한 OARS 기술을 연습하려고 특별한 기회를 찾을 필요는 없다. 기회는 일상대화 어디든지 있다. 개발하고 싶은 기술을 의도적으로 연습하려고 해야 한다. 물론, 다른 사람들과 함께 특별히 시간을 정해서 동기면담을 연습할 수 있고 그 시간에 여러 구성 요소 기술을 시도하면서 무슨 일이 일어나는지 주목해볼 수 있다.[16]

다음은 조력 관계가 아닌 곳에서 관계 맺기 기술을 적용한 예로, 자주 방문하지 않던 친척들과의 식사 장면이다. 친척들은 손님으로 환영을 받았고, 자리를 잡았으며, 이제 저녁 식사를 위해 주인 가족과 함께 앉는다. 대화는 정치 문제로 흘러가고, 친척 중 한

명이 주인과는 다른 관점에서 강하게 자기 의견을 고집한다.

주인 : 이 사안에 대해서 강하게 느끼시네요. [반영]

친척 : 그래! 내게는 신념이지.

주인 : 신념이 중요하다는 거 알아요. 믿는 바에 충실하게 살려고 노력하시네요. [인정]

친척 : 그렇지. 때로 힘들지만, 그렇게 살고 싶지.

주인 : 어려울 때도 있지만. [반영, 문단 이어가기]

친척 : 간혹 내 의견에 동의하지 않는 사람들이랑 정말 논쟁하게 돼. 모르겠어. 자네도 내 의견 에 동의하지 않을 수 있지. [잠재적 불화]

주인 : 제가 중요하게 생각하는 것은 우리가 가족이라는 것이고, 저는 형님을 아끼고 있어요. [인정하기]

친척 : 그 의미가 크지. 우리는 가족이라는 것.

주인 : 이건 어떨까요? 이 뜨거운 사안에 대해 형님이 어떻게 생각하는지 더 듣고 싶어요. 형님 을 더 잘 알고 싶으니까 듣기만 할게요. 방해나 동의나 반대를 하지 않고요. 사실, 저는 이렇 게 뜨거운 사안에 대해 사람들이 말하는 것을 잘 들어야 한다고 생각하니까요. 어렵더라도 서로 경청해야 하겠지요. 그렇게 할까요? [허락 구하기]

친척 : 내가 믿는 바를 말하기만 하면 되나?

주인 : 예. 왜 중요한지. 정말로 신경 쓰는 것이 무엇인지.

친척 : 나와 논쟁하려는 건 아니지?

주인 : 아니요. 질문은 할 수도 있지만, 그냥 잘 듣고 이해하고 싶어요. 형님이 어떻게 생각하고 느끼는지. 아시겠죠?

친척 : 그럼. 내 생각을 말하긴 쉽지.

주인 : 좋아요! 조금 전에 얘기하던 것에 대해 좀 더 얘기해줘요.

친척이 하는 말이 맞다. 대부분의 사람들은 자기가 믿는 것에 관해 이야기하기가 쉽 다. 여기서 더 도전적인 일을 해야 하는 사람은 주인이다. 순수하게 공감적 경청을 계속 하는 것이다. 저자(빌)는 최근 나와 다른 정치적 견해를 가진 몇몇 친구들에게 의도적으 로 이런 방식을 시도해보았다(사실 거의 모든 사람과 할 수 있다). 나는 한 시간 동안 한 명 한 명에게 반영적 경청을 했고, 내가 경청하는 역할을 하자 기대하지 않았는데 그 역 할이 놀라울 정도로 쉽다는 사실을 발견했다. 경청이 내가 해야 할 모든 것이었다. 잘 듣기만 하면 된다! 다른 의제는 없다. 한 시간이 지나자, 그중 한 명이 말했다. "이제 네 의견을 듣고 싶어." 그리고 그는 자기가 말한 대로 잘 들었다.[17]

관계 맺기 기술을 넘어서

동기면담에는 훌륭한 경청보다 훨씬 더 많은 것이 있다. 내담자 중심의 중요 기술들은 사람들이 변화를 향해 움직이도록 도와주는 목적 지향적인 방법으로 적용된다.[18] 공감적 경청은 특별한 목표를 염두에 두지 않고도 할 수 있다.[19] 동기면담에서, 초점 맞추기(focusing) 과제(5장과 9장 참조)는 특정 변화 목표들을 설정하여, 그 목표들을 향해 움직이기 위해서 변화 동기를 이끌어내는 기술들을 사용한다.[20]

첫째, 이 기술 중에 변화대화, 유지대화, 그리고 불화를 알아차릴(recognize) 수 있어야 하는데, 이 세 가지는 실무자가 변화를 향해 가고 있는지 아니면 멀어지고 있는지를 나타내는 중요하고도 자연스러운 현상들이기 때문이다. 따라서 이러한 특별한 언어 표현들이 들리면 주목하는(notice) 듣는 귀를 훈련시켜야 한다. 만약 이것들을 주목하지 못하면, 자신의 반응들을 의도적으로 적절하게 바로잡을 수 없다. 또한 해로울 것으로 예상되는 자신의 대화 패턴을 즉시 알아차려야 한다. 예로, 상대방이 변화에 반대하는 주장을 할 때 실무자가 변화를 옹호하는 주장을 하고 있다면, 즉시 지금 하고 있는 대화 패턴을 바로잡아야 할 때임을 알아차려야 한다. 동기면담은 변화의 언어로 표현되는 것에 순간적 인식을 지속적으로 하는 것이며, 특히 변화대화, 유지대화, 그리고 불화에 대해 방심하지 않아야 한다.

둘째, 유발하기 과정에 대한 장에서 기술한 것처럼, 변화대화가 일어나기만을 기다리지 말고 변화대화를 초대(invite)해야 한다. 면담을 할 때 OARS를 전략적으로 사용하면서 변화대화를 이끌어내는데, 예로 특정 질문들을 의식적으로 하는 것이다. 따라서 동기면담은 자신의 말과, 그 말에 대한 상대방의 반응을 지속적으로 순간 인식한다. 한 발자국 앞서서 생각하는 것이다. "이 질문을 하면, 내담자가 어떻게 반응할까?" "방금 내가 들은 것 중 변화대화가 어디 있는가, 그리고 더 많은 변화대화를 어떻게 초대할 건가?"

셋째, 유발하기 과제 내에서 변화대화를 견고히 하도록(strengthen) 의도된 방식으로

의식적으로 반응해야 한다. 따라서 동기면담의 중요한 부분은 실무자가 변화대화를 듣고 난 다음 무엇을 말할 것인가이다. 변화대화를 들으면, 내용에 따라서 차별적으로 변화대화를 반영하고, 인정하고, 요약하며, 내담자가 어떻게 반응하는지 주의 깊게 살펴본다. 따라서 유발하기의 기술들은 변화대화를 알아차리고, 초대하고, 그런 다음 견고히 하는 것이다.

다음 예시에서는 관계 맺기를 넘어선 동기면담 기술을 적용하고 있다. 방과 후 프로그램 장면으로, 학생들이 등록하고, 자원봉사 보조교사들이 운영한다. 사례에서 학생은 리암이라는 10세 소년으로 5학년 수준에 못 미치는 읽기 능력을 보이며, 내년 중학교 진학에 대해 걱정하고 있다. 보조교사는 은퇴한 고등학교 지리 교사이다. 소개 후 그들은 함께 북 카페에 왔고, 거기서 리암이 흥미롭게 보이는 책 두 권을 골랐다.

> 내담자의 변화대화를 듣고 실무자는 이어서 무엇을 말할 것인가?

교사 : 네가 골라온 책들 모두 내가 아는 책이구나. 무엇이 마음에 들었니?

학생 : 이 책은, 두 명의 남자아이들이 깊은 구멍을 들여다보고 있어서, 그 안에 무엇이 있는지 궁금해서요.

교사 : 그걸 알고 싶구나. [반영, 문단 이어가기]

학생 : 예. 그리고 이 책은 표지에 많은 것들이 있어서요. 성곽, 말, 아이들, 이건 개나 사자 같아 보이고요. 그리고 여기에 큰 얼굴이 있어요. 어떤 얼굴인지는 모르겠어요.

교사 : 표지만 봐도 궁금해지는구나. 이야기를 알고 싶은 것 같네. [반영]

학생 : 그래도 저는 그림이 많은 책이 좋아요.

교사 : 그런 책들이 더 쉬운거네. [반영, 추측]

학생 : 그림을 보면 무슨 일이 일어날지 알려주니까 상상하는 데 도움이 돼요.

교사 : 책은 우리가 본 적이 없는 것을 상상하게 하지. [반영]

학생 : 선생님도 그러세요? 상상하세요?

교사 : 그렇지! 나도 전에 가본 적이 없는 곳들을 상상하는 걸 좋아해. 너도 그런 것 같네. 이야기에서 가장 좋아하는 것은 무엇이지? [유발적 질문 : 욕구]

학생 : 다음에 무슨 일이 일어날지 모를 때.

교사 : 이야기가 다음에 어디로 갈지 궁금해지면, 모험하는 것처럼 흥미진진하지. [변화대화 반영]

학생 : 하지만 이런 책들은 어려워요. 싫증이 나고 읽은 걸 기억 못 해요. [유지대화]

교사 : 그럼에도 불구하고 여기 온 거네. 읽기 실력을 늘리려고 말이야. 왜 등록했을까? [유발적 질문 : 이유]

학생 : 선생님이 그렇게 해야 한다고 하셨어요. 저도 더 잘 읽을 수 있으면 좋겠어요. 잘 읽어야 해요. [변화대화] 내년에는 6학년(즉 중학교 1학년)이 될 건데 더 어려워질 것 같아서요.

교사 : 앞을 내다보고 준비하고 싶은 거구나. [변화대화 반영] 그리고 또 관심과 호기심이 있나 봐. 더 많은 이야기를 알아보고 들으려는 준비가 되어있네. [인정하기] TV와 영화에도 이야기들이 있지만, 내가 책 읽기를 좋아하는 이유를 알고 있니?

학생 : 뭔데요?

교사 : 나의 상상력을 사용하게 해주거든. 그림들을 조립하는 대신, 내 마음속에서 그것들을 볼 수가 있어. 같이 해볼까? 어때? [허락 구하기]

학생 : 좋아요.

교사 : 어떤 책부터 시작할까? [선택권 제공하기]

학생 : 이거요. 구덩이. 읽어주실 거죠?

교사 : 내가 시작하고, 우리가 번갈아 가며 할 수 있어. 한 페이지씩.

학생 : 좋아요.

교사 : (한 페이지를 먼저 읽고 나서 리암에게 두 번째 페이지를 읽게 해서 읽기 능력을 알아본다.) 여기까지가 1장이네. 어떤 게 궁금할까? [열린 질문]

학생 : 이야기를 하는 사람이 누구인지 모르겠어요. 캠프인 것 같은데, 감독관이 있고 독사랑 그런 것들도 있네요. 무슨 일이 일어나고 있는 거죠?

교사 : 잘했어! 두 페이지만 읽고도 호기심을 가지네. 2장은 한 페이지뿐이야. 이제 내 차례. (2장을 읽는다.) 그럼 이제 무엇을 알 수 있니?

학생 : 스탠리라는 소년이 있고, 어떤 감옥 캠프 같아요. 그 아이는 나쁜 짓을 했고, 그래서 그는 사막에 와있어요.

교사 : 다음에 무슨 일이 일어날 것 같니?

리암은 보조교사와 이야기하며 이미 관계를 형성하였다. 관계 맺기를 넘어서서, 보조교사는 이미 합의된 주제("나는 더 잘 읽고 싶어요.")를 가지고 있으며, 변화대화 형식으로 어느 정도 동기를 유발하고 있다. 즉각적으로 문제나 결핍을 강조하는 대신, 학생이 가진 관심사와 능력을 강조한다. 보조교사는 읽기 기술을 견고히 할 수 있는 몇 가지 전략을 이미 사용하고 있지만, 마치 흥미로운 대화처럼 흘러가고 있다.

유지대화와 불화 완화하기

동기면담을 적용할 때 주의를 기울여야 할 것으로 변화대화 말고도 더 있다. 폭넓게 내담자가 떠올리는 이야기와 반응에 경청해야 하며, 함께 가기로 한 방향 지표를 기억해야 한다. 실무자는 무엇을 말할지, 그리고 내담자가 거기에 어떻게 반응할지를 고려해야 한다. 실무자는 자신의 반응을 자가 모니터링 하면서 교정반사를 내려놓고, 마음을 맑게 하고 내담자가 변화에 대한 탐구를 하는 데 방해하지 않도록 하며, 이렇게 하는 동안에 계속하여 동기면담의 정신, 즉 파트너십, 수용, 연민, 임파워먼트(역량 증진)를 염두에 두어야 한다. 기억해야 할 것이 상당히 많다.

이 모든 것을 하면서 동시에 적어도 변화대화처럼 중요한 것에 응답할 준비가 되어 있어야 한다. 사실, 일부 연구 결과는 더 많이 중요한 것이 있다고 알려주는데, 그것은 14장에서 설명한 유지대화와 불화이다. 이 두 가지가 중요한 이유는 유지대화와 불화가 계속되면 변화를 잘 예측하지 않기 때문이다. 동기면담에서는 유지대화와 불화를 강화하지 않도록 하는 특정한 반응 방법들이 있다. 여기서 중요한 것은, 부정적인 반응으로 인해 교정반사를 하지 않도록 하며, 여전히 연민의 정신과 접근으로 계속 반응하는 것이다. 여기에 별도의 기술들이 따로 있지는 않다. 동기면담의 전반적인 접근이 동일하게 적용된다. 가장 흔하고 효과적인 반응은 반영이며, 때로 약간 확대하거나 양면 형식으로 반영한다. 다시 한번, 가장 중요한 단서는 내담자가 실무자의 말에 어떻게 반응하는지이다. 유지대화나 불화를 완화하는 데는 시간이 걸릴 수 있지만, 그것의 강도를 줄여야 한다. 만약 부정적인 것이 증가하는 것을 본다면, 방금 했던 것과는 다른 방법을 시도하라. 앞에 앉아있는 내담자야말로 올바른 방향을 찾게 해주는 최고의 교사이다.

다음은 두 명의 손님과의 짧은 사건 이후 식당 관리자 사무실로 불려 간, 화가 나있는 직원의 예시이다.

관리자 : 그 손님들에게 약간 짜증이 났던 것 같네요. [반영, 최소화하기]

직원 : 화를 내서 죄송해요. 손님들이 떼거리로 공격하는 것 같았어요.

관리자 : 어떤 것이 특별히 성가셨던 거죠? [열린 질문]

직원 : 손님들이 결정을 못 내리고 계속 바꾸는 거예요. 그러고 나서 주문한 것을 제가 가져다 주니까 틀렸다고 하면서 비난하는 거예요.

관리자 : ○○ 씨 잘못이 아닌 것 같을 때 짜증 날 수 있어요. [반영] 무슨 일이 있었던 걸까요? [열린 질문]

직원 : 손님들은 결정을 내리고 나서 주문한 것을 기억하지 못했을 수 있어요. 제가 잘못 받아 적었다고는 생각하지 않아요.

관리자 : 제대로 받아 적었을 거라고 확신하는 거군요. [반영]

직원 : 꽤 확신해요. 적었으니까요. 그런데 손님들이 어찌나 열받게 하는지!

관리자 : 모든 것을 제대로 했다고 생각하고 있고, 또 한편으론 이 상황을 잘 처리하지 않았다는 걸 알고 있는 것 같아요. [반영, 양면]

직원 : 네, 하지만 제 잘못이 아니었어요.

관리자 : 누구의 잘못인지가 문제가 아니에요, 그러니 걱정하지 마세요. 이곳에는 별별 손님들이 옵니다. 어떻게 했으면 좋았겠다고 생각하나요? [열린 질문]

직원 : "알아서 하든지."라고 말하고 자리를 떠나기보다는요?

관리자 : 맞아요.

직원 : 깊게 숨을 들이마시고 아무 말도 하지 않는 것?

관리자 : 그것도 하나의 가능성이에요. 여기서 훈련받을 때, 고객에 대해 식당의 우선순위는 무엇이었죠?

직원 : 좋은 음식, 좋은 서비스, 그리고 손님들이 다시 오기를 원하는 것입니다.

관리자 : 개인적으로는 그들이 다시 오지 않기를 바라더라도요. [문장 이어가기, 변화대화 빌리기]

직원 : (씽긋한다.) 맞아요. 죄송해요.

관리자 : 일 잘하고 있어요. ○○ 씨가 좋고요. 그래서 여기서 계속 있으면서 배우길 원해요. [인정하기] 그 밖에 어떻게 말할 수 있었을까요? [열린 질문]

직원 : 원하시는 것이 아니라서 죄송합니다. 무엇을 가져다드릴까요?

관리자 : 좋아요. 손님들은 여기에 와서 식사할 때 본인들이 원하는 것을 얻을 자격이 있다고 느끼고, 우리는 그것을 제공하기 위해 최선을 다합니다.

직원 : 미소를 지으면서.

관리자 : 예. 맞아요. 미소를 지으면서. 그렇게 할 수 있겠어요?

직원 : 예. [변화대화, 능력] 그렇게 할게요. [변화대화, 결단]

여기서 관리자는 직원뿐 아니라 식당 운영과 손님들에게도 책임을 진다. 직원의 행동에서 변화가 필요했다 — 명확하게 초점 두기. 비판이나 비난으로 시작하기 쉬웠을 것이다. 대신, 관리자는 반영, 열린 질문, 인정하기로 대화를 시작했고 필요한 행동 변화를 향해 나아갔다.

의도적으로 적용해보기

이제, 이 모든 것을 대화 과정에서 집중해야 한다. 바삐 면담하다 보면 언어에서 표현된 중요한 것들을 놓칠 수 있다. 적용한 것을 돌이켜 검토할 수 있다면, 대화 중에 알아차리지 못했던 것들을 종종 주목할 가능성이 있다.

실무자가 자신의 작업을 검토하는 것이 **의도적 적용**(deliberate practice)의 한 형태이다 — 별도의 시간과 특별한 노력을 투자하여 자기 기술을 향상시키기 위한 것이다. 음악가에게는 공연과 공연 사이에 정기적인 연습이 필요하다. 스포츠에서는 특정 기술이나 동작에 집중해서 반복적으로 연습하거나 동작을 녹화해서 검토할 수 있다. 역량 있는 치료사는 그렇지 않은 치료사와 구별되는데, 내담자와의 실제 회기 외에 의도적 적용에 투자하는 시간에서 양적 차이가 있다.[21] 서비스 제공은 업무이고, 의도적으로 적용해보는 것은 실무자의 숙련도를 향상시킨다. 그래서 도로 운전 연습, 야구 연습 기구, 비행 시뮬레이터, 그리고 키보드 타자 연습 등이 있는 것이다.

대인 관계 기술을 의도적으로 적용하는 방법들은 많다.[22] 닫힌 질문보다는 인정하기, 반영하기, 열린 질문 하기 등의 특정 구성 기술들을 반복 적용해볼 수 있다. 저자들이 언급했듯이, 일상대화나 집중 적용 회기에서 이런 연습을 할 수 있다. 사람들은 협동적인 **학습 공동체**(learning community)를 구성해서 특정 기술을 적용해보고 지지적인 피드백을 주고받을 수 있다.

특별히 동기면담을 실제로 적용하여 녹음한 것을 검토하는 것이 도움이 될 수 있다. 적용 후에 기억하려고 하는 것보다, 녹음을 하게 되면 일시 중지, 다시 듣기, 토론하기,

전후로 빨리 감기 등의 이점을 가지고 더 정확한 정보를 얻을 수 있다. 녹음하기 전에 내담자의 동의가 필수이며, 일반적으로 음성 녹음으로 충분하다. 녹음한 것을 스스로 검토하거나 또는 학습 공동체에서 코치나 동료들과 검토할 수 있다. 대화를 대부분 누가 했는가? 동기면담에서는 면담자가 일반적으로 절반 이하의 시간 동안 말하게 된다.[23] 동기면담 적용 사례를 검토할 때, 특별히 변화대화, 유지대화, 불화를 잘 경청해야 한다. 이런 대화들이 나오기 직전에 실무자가 뭐라고 말했고, 그 대화에 실무자가 어떻게 반응했나? 실무자는 자기가 한 구체적인 반응들(반영, 질문 등)을 셀 수 있다. 적어도 질문 수만큼 반영하는 것이 바람직하다. 두 배로 반영하면 더욱 좋다. 면담 중 어떤 특정 지점에서 어떻게 동기면담에 일치되는 그 밖의 방식으로 반응할 수 있을까? 동기면담을 잘할 수 있는 방법들은 많다.

> 최소 질문 수만큼의 반영을 하라. 두 배로 반영하면 더 좋다.

• 치료자에게 • 동기면담 코칭과 슈퍼비전 하기

임상 장면에서, 경험 많은 선임 치료사들은 종종 경험이 적은 실무자들을 지도하도록 한다. 코칭은 사람들이 특정 숙련도를 발달시키도록 돕는 교육자 역할이다. 슈퍼비전은 실무자가 감독하는 직원들의 서비스 질과 효과에 대하여 법적 책임을 추가한다. 코치나 슈퍼바이저로서, 실무자는 사람들이 동기면담 기술을 배우고 계속 발달하도록 도와준다.

그러기 위해서, 실제 적용하는 것을 직접 관찰할 필요가 있다. 학습자가 치료 회기에서 나올 때, 가장 중요한 정보는 그들이 인지하거나 기억하지 않거나 보고하지 않은 것일 수 있다. 일반적으로 내담자가 알고 동의한 음성 녹음이면 충분하다. 저자들의 경험으로는, 내담자들보다 실무자들이 녹음에 대해 훨씬 더 망설이는 것 같다. 질적인 관리를 위해서 일상적으로 하는 방법이라고 설명하면, 대부분의 내담자들이 녹음에 동의한다. 내담자가 녹음 내용에 대해 특히 우려할 때는 언제든지 녹음기를 끌 것이라고 말할 수 있다. 내담자들은 이렇게 할 수 있다는 것에 감사하는데, 저자들의 경험에 의하면 내담자들이 스스로 이런 요청을 하는 경우는 드물다. 기밀 임상 기록물과 동일한 기준으로 녹음 자료를 보호해야 한다. 또한 녹음 자료는 훈련이나 슈퍼비전 목적을 다하고 일정 기간 후에 삭제하도록 한다.

저자들은 또한 녹음 내용을 부호화하기 위해 구조화된 관찰 시스템 사용을 권한다.[24] 학습자와 함께 녹음을 듣는 경우, 두 사람이 각자 회기를 부호화한 다음 결과를 비교할 수 있다. 일반적으로, 10분 정도의 녹음 부분을 고르면 충분하며, 적용 사례의 훌륭한 견본을 얻을 수 있다.

학습자가 적용할 제안을 여러 가지 하고 싶은 유혹이 있을 수 있다. 적어도 지속적인 코칭이나 슈퍼비전이라면, 한 가지 제안만 하고 다음 회기에 그 제안을 해보도록 한다. 이 시점에서 특정 학습자에게 무엇이 가장 중요한지를 고려하는 것이 필요하다. 학습자가 잘하고 있는 것을 알아차리는 데 관대하고 구체적이어야 한다. 훌륭한 적용에 대해 인정하기를 하는 것은 어떤 개선 제안이라도 그것을 능가한다.

실무자 기술 역량 검토하기

4판에서 저자들은 동기면담을 적용할 때 결합할 수 있는 다양한 구성적 기술들을 설명한 바 있다. 학습자들은 때로 동기면담 기술들을 발달시키는 과정 중 어떤 특정 지점에서 막히곤 한다.[25] 엘리자베스 라슨(Elizabeth Larson)과 베스 마틴(Beth Martin)의 아이디어에서 영감을 받아[26] 저자들은 동기면담의 구성적 기술 목록을 다음과 같이 개발했다. 목록을 읽으면서, 내담자를 도울 때 이러한 각각의 기술들을 적용할 준비도가 어느 정도인지 평가한다. 다음 척도를 사용하여 각 능력별로 자신감을 평가한다.

_____을 할 수 있는 능력에 대해 얼마나 자신감을 가지고 있는가?

0	1	2	3	4	5	6	7	8	9	10

전혀　　　　　　　어느 정도　　　　상당히　　　　　대단히
자신 없다　　　　자신 있다　　　　자신 있다　　　　자신 있다

평가할 때, 각 기술에 대해서 알고 있는지 여부를 묻는 것이 아니라, 각 기술을 잘할 수 있는 능력에 대한 자신감이 어느 정도인지를 묻는 것이다. 각각에 대해 지금 자신감 점수를 어떻게 줄 것인가?

동기면담 정신 (1장)

1. 해결해야 할 결핍, 진단, 문제보다는 우선적으로 **사람**(person)을 먼저 본다.
2. 이미 알고 있다고 추측하지 않고, 초심자의 마음으로 조력 관계를 시작한다.
3. 사람, 문제를 고치려는 교정반사를 억제한다.
4. 협동적인 안내자가 되어 내담자들 자신의 지혜를 바탕으로 그들의 변화를 돕는다.
5. 사람들을 있는 그대로, 비판단적으로 수용한다.
6. 내가 돕고 있는 사람의 건강과 웰빙을 최우선으로 한다.
7. 사람들의 강점과 능력을 인정해주어 스스로 선택하도록 한다.

관계 맺기 (4장, 8장)

8. 면담 중에 닫힌 질문보다 열린 질문을 더 많이 한다.

9. 질문을 반영적 경청 문장으로 바꾼다.

10. 면담 중에 절반 미만으로 적게 말한다.

11. 사람들의 긍정적인 행동과 특성을 주목하고 인정한다.

12. **복합반영**을 하여 강점이 지속되고 있음을 강조한다.

13. 면담 중에 적어도 질문 수만큼의 반영을 한다.

14. 면담 중에 질문 수의 두 배 많은 반영을 한다.

15. 반영적 경청을 지속하여 내담자가 무엇을 말하는지 정확하게 이해한다.

16. 내담자가 말한 내용을 재진술하기보다 **문단 이어가기** 방식으로 반영한다.

17. 작업 관계에서 불화의 신호를 알아차린다.

18. 내담자의 불화와 화가 난 반응들을 완화한다.

19. 복합반영 또는 재구조화를 사용하여 또 다른 의미를 비추어준다.

20. 내담자가 말한 것을 기억하여 요약하기에 담아낸다.

초점 맞추기 (5장, 9장)

21. 작업동맹을 맺고 합의된 목표로 향해 간다.

22. 가능한 변화 목표들 중에서 하나의 경로를 선택하게 돕는다.

23. 변화 목표들이 불분명할 때 명료화한다.

24. 내가 무엇을 선택하고 싶을 때 결정저울을 사용하여 중립성을 유지한다.

유발하기 (6장, 10장, 11장)

25. 양가감정을 가진 사람들이 변화의 이유를 표현하도록 돕는다.

26. 변화대화(DARN CATs)를 들을 때 주목하여 알아차린다.

27. 방향 지향적 질문으로 변화대화를 일군다.

28. 중요성 척도와 자신감 척도를 사용하여 변화대화를 이끌어낸다.

29. 양면반영을 할 때, 변화대화로 문장 끝맺음을 한다.

30. 정보나 조언을 제공하기 전에 허락을 구한다.

31. 정보나 조언을 제공할 때 질문하기–제공하기–질문하기 형태로 한다.

32. 유지대화를 강화하기보다는 유지대화를 완화하는 방식으로 반응한다.

33. 불화를 유발시킨 동기면담 불일치 반응들을 복구한다.

34. 대부분의 변화대화에 대해 OARS로 반응한다.

35. 이끌어낼 변화대화가 거의 없어 보이면 씨앗을 심는다.

36. '꽃 부케' 요약에는 내담자의 변화대화를 수집하여 넣는다.

계획하기 (7장)

37. 변화의 이유(why)로부터 변화를 어떻게(how) 할까로 옮길 준비도를 알기 위해 '물 온도 느껴보기'를 한다.

38. 변화를 어떻게 달성할 것인지에 대해 내담자 자신의 아이디어를 이끌어낸다.

39. 동기면담 기술을 사용하여 내담자의 자신감을 견고히 한다.

40. 사람들이 자신의 강점과 과거 성공 경험을 밝히도록 돕는다.

자신감 점수가 낮은 항목의 경우, 어떻게 하면 편안함과 능력을 높일 수 있을까?

현존하는 방법

동기면담의 숙련도는 위의 구성적 기술들에서 평균치 이상을 말한다. 각각의 기술은 마치 오케스트라의 악기와 같아서, 그 소리를 합칠 때 음악이 만들어진다. 이러한 기술들을 발전시키고 강화할 때 이 기술들이 합쳐져서 협동적이고, 수용적이고, 연민적이고, 역량 증진적인 방식으로 조력 관계에 현존한다. 시간이 지나면서, 실무자는 이러한 현존의 방식에서 숙련된 기술을 계속 발달시킬 수 있다.

16장에서 저자들은 동기면담의 적용을 검토하도록 고무하였다. 17장에서는 동기면담 대화를 경청할 때 사용할 수 있는 구조화된 도구들을 소개한다.

> 각각의 기술은 마치 오케스트라의 악기와 같다.

·개인적 관점· **동기면담 배우기**

사람들은 자기 경험과, 성공과 실패의 이야기를 공유하는 것으로도 잘 배운다는 사실은 말할 필요가 없다. 동기면담을 적용하는 것은 똑똑해지는 것이 아니라, 실무자가 무엇을 어떻게 말하는지가 사람들에게 미치는 영향을 인식하는 것에 관한 것이다. 사람들이 웰빙으로 가는 경로를 친절하고 사려 깊게 집중하면서, 조언과 함께 유용한 대화가 될 수 있도록 구조화하는 능력으로 지지해줄 때 마법이 존재한다. 개인적으로 나에게는 동기면담을 배우는 길을 열어준 하나의 경험이 있었는데, 그것은 유쾌한 경험은 아니었다.

1970년대 당시, 나는 남아프리카공화국 케이프타운의 한 중독치료센터에서 일하는, 훈련 과정에 있는 젊은 간호사였다. 의심할 여지 없이 모든 관련자들이 선한 의도를 가지고 있었는데 당시 치료에서 내담자들에게 무엇이 최선인지에 대한 일련의 신념을 따라 지도를 받았고 여기에는 내담자들의 부인과 빈약한 동기 수준을 직면하는 것이 포함되었다. 당시의 모든 교과서에서 말하는 것처럼, 결국 부인하는 것은 질병의 한 부분이고 무너뜨려야 하는 것이었다. 이런 직면적인 면담은 개인과 집단 치료 모두에서 일상적으로 사용되고 있었다. '저항'을 하기로 소문난 한 젊은 남성 내담자는 집단 모임에서 한마디도 하지 않고 있다가 집에 가서 아내와 자신을 총으로 쏘았고, 어린 두 딸을 남겼다.

이 경험은 나의 인생 교훈이 되어 자리 잡았고, 이후 내가 임상심리학자로 훈련받는 동안 내담자들에게 부드러워야 하는 욕구가 되었다. 그러고 나서 나는 동기면담에 관한 첫 번째 논문을 읽게 되었고, 도움이 되고자 배우게 되었다.

−스티브

☑ 주요 개념

- 의도적 적용
- 학습 공동체
- TNT−새로운 동기면담 훈련가를 위한 훈련(동기면담 훈련가 네트워크에서)

☑ 요점 정리

- 공감적 경청에 이미 능숙한 사람들은 기타 다른 동기면담 기술들을 학습하는 데 있어서 선취점을 갖는다.
- 훌륭한 경청과 관계 맺기 등의 관계적 기술을 넘어서, 기술적 기법들로는 변화대화

알아차리기, 초대하기, 견고히 하기 등이 포함된다.

- 유지대화나 불화로 인해서 교정반사로 빠지지 않아야 한다. 이전과 동일한 공감적인 정신과 접근으로 계속 반응해야 한다.
- 이러한 대인 관계 기술들을 의도적으로 적용하는 방법이 많다.
- 자신이 적용한 것을 녹음하여 검토하는 것이 동기면담 숙련도를 증진하는 좋은 방법이다.

참고문헌

1. As of this writing, our bibliography of MI outcome literature included more than 2,000 controlled trials.
2. Miller, W. R., & Mount, K. A. (2001). A small study of training in motivational interviewing: Does one workshop change clinician and client behavior? *Behavioural and Cognitive Psychotherapy, 29*, 457–471.
3. The MI Skills Code is available at *https://casaa.unm.edu/codinginst.html*. For early studies of this instrument, see: DeJonge, J. J. M., Schippers, G. M., & Schaap, C. P. D. R. (2005). The Motivational Interviewing Skill Code: Reliability and a critical appraisal. *Behavioural and Cognitive Psychotherapy, 33*, 1–14.

   Moyers, T. B., Martin, T., Catley, D., Harris, K. J., & Ahluwalia, J. S. (2003). Assessing the integrity of motivational interventions: Reliability of the Motivational Interviewing Skills Code. *Behavioural and Cognitive Psychotherapy, 31*, 177–184.

   Welch, G., Rose, G., Hanson, D., Lekarcyk, J., Smith-Ossman, S., Gordon, T., et al. (2003). Changes in Motivational Interviewing Skills Code (MISC) scores following motivational interviewing training for diabetes educators. *Diabetes, 52*(Suppl. 1), A421.
4. This is sometimes called the Dunning–Kruger effect: overvaluing your skills because you don't know what you don't know. It is more common for novices, and some people outgrow it while others do not. Dunning, D. (2011). The Dunning–Kruger effect: On being ignorant of one's own ignorance. In J. M. Olson & M. P. Zanna (Eds.), *Advances in experimental social psychology* (Vol. 44, pp. 247–296). Academic Press.
5. Miller, W. R., Yahne, C. E., Moyers, T. B., Martinez, J., & Pirritano, M. (2004). A randomized trial of methods to help clinicians learn motivational interviewing. *Journal of Consulting and Clinical Psychology, 72*(6), 1050–1062.
6. Fixsen, D. L., Blase, K. A., & Van Dyke, M. K. (2019). *Implementation practice and science.* Active Implementation Research Network.

   Miller, W. R., Sorensen, J. L., Selzer, J. A., & Brigham, G. S. (2006). Disseminating evidence-based practices in substance abuse treatment: A review with suggestions. *Journal of Substance Abuse Treatment, 31*(1), 25–39.
7. Barwick, M. A., Bennett, L. M., Johnson, S. N., McGowan, J., & Moore, J. E. (2012). Training health and mental health professionals in motivational interviewing: A systematic review. *Children and Youth Services Review, 34*(9), 1786–1795.

   de Roten, Y., Zimmerman, G., Ortega, D., & Despland, J. N. (2013). Meta-analysis of the effects of MI training on clinicians' behavior. *Journal of Substance Abuse Treatment, 45,* 155–162.

Hall, K., Staiger, P. K., Simpson, A., Best, D., & Lubman, D. I. (2016). After 30 years of dissemination, have we achieved sustained practice change in motivational interviewing? *Addiction, 111*(7), 1144–1150.

Kaczmarek, T., Kavanagh, D., Lazzarini, P. A., Warnock, J., & Van Netten, J. J. (2022). Training diabetes healthcare practitioners in motivational interviewing: A systematic review. *Health Psychology Review, 16*(3), 430–449.

Madson, M. B., Loignon, A. C., & Lane, C. (2009). Training in motivational interviewing: A systematic review. *Journal of Substance Abuse Treatment, 36*(1), 101–109.

Maslowski, A. K., Owens, R. L., LaCaille, R. A., & Clinton-Lissell, V. (2021). A systematic review and meta-analysis of motivational interviewing training effectiveness among students-in-training. *Training and Education in Professional Psychology, 16*(4), 354–361.

Schwalbe, C. S., Oh, H. Y., & Zweben, A. (2014). Sustaining motivational interviewing: A meta-analysis of training studies. *Addiction, 109*(8), 1287–1294.

Soderlund, L. L., Madson, M. B., Rubak, S., & Nilsen, P. (2011). A systematic review of motivational interviewing training for general health care practitioners. *Patient Education and Counseling, 84*(1), 16–26.

8. Schwalbe, C. S., Oh, H. Y., & Zweben, A. (2014). Sustaining motivational interviewing: A meta-analysis of training studies. *Addiction, 109*(8), 1287–1294.

9. Miller, W. R., Moyers, T. B., Arciniega, L., Ernst, D., & Forcehimes, A. (2005). Training, supervision and quality monitoring of the COMBINE Study behavioral interventions. *Journal of Studies on Alcohol, 15*(Suppl.), 188–195.

10. *https://motivationalinterviewing.org.*

11. See note 5.

12. Langlois, S., & Goudreau, J. (in press). "From health experts to health guides": Motivational interviewing learning processes and influencing factors. *Health Education and Behavior.*

13. See note 4.

14. Miller, W. R., & Moyers, T. B. (2021). *Effective psychotherapists: Clinical skills that improve client outcomes.* Guilford Press.

Truax, C. B., & Carkhuff, R. R. (1976). *Toward effective counseling and psychotherapy: Training and practice.* Aldine Transaction.

15. Miller, W. R. (2018). *Listening well: The art of empathic understanding.* Wipf & Stock.

Nichols, M. P., & Strauss, M. B. (2021). *The lost art of listening: How learning to listen can improve relationships* (3rd ed.). Guilford Press.

Rakel, D. (2018). *The compassionate connection: The healing power of empathy and mindful listening.* Norton.

16. Egan, G., & Reese, R. J. (2019). *The skilled helper: A problem-management and opportunity-development approach to helping* (11th ed.). Cengage.

Rosengren, D. B. (2018). *Building motivational interviewing skills: A practitioner workbook* (2nd ed.). Guilford Press.

17. Miller, W. R. (2018). Listening well in conflict. In *Listening well: The art of empathic understanding* (pp. 84–94). Wipf & Stock.

18. Here we consciously say "directional" rather than "directive." The focusing process (Chapters 4 and 8) is necessarily a collaborative one to arrive at shared change goals. Evoking processes then intentionally move in the chosen direction.

19. Indeed, Carl Rogers originally called his counseling approach "nondirective," but later he dropped this term in favor of "client-centered." Kirschenbaum, H. (2009). *The life and work of Carl Rogers*. American Counseling Association.

In practice, Rogers may not have been truly "unconditional" in his counseling responses, but he differentially reinforced certain positive change directions. Truax, C. B. (1966). Reinforcement and non-reinforcement in Rogerian psychotherapy. *Journal of Abnormal Psychology, 71*, 1–9.

Bowen, M. V.-B. (1996). Commentary: The myth of non-directiveness—The case of Jill. In B. A. Farber, D. C. Brink, & P. M. Raskin (Eds.), *The psychotherapy of Carl Rogers: Cases and commentary* (pp. 84–94). Guilford Press.

20. The technical skills of MI have been differentiated from the relational skills of engaging. Miller, W. R., & Rose, G. S. (2009). Toward a theory of motivational interviewing. *American Psychologist, 64*(6), 527–537.

21. Chow, D. L., Miller, S. D., Seidel, J. A., Kane, R. T., Thornton, J. A., & Andrews, W. P. (2015). The role of deliberate practice in the development of highly effective psychotherapists. *Psychotherapy, 52*(3), 337–345.

Miller, S. D., Hubble, M. A., & Chow, D. (2020). *Better results: Using deliberate practice to improve therapeutic effectiveness*. American Psychological Association.

22. Manuel, J. K., Ernst, D., Vaz, A., & Rousmaniere, T. (2022). *Deliberate practice in motivational interviewing*. American Psychological Association.

Chow, D. L., Miller, S. D., Seidel, J. A., Kane, R. T., Thornton, J. A., & Andrews, W. P. (2015). The role of deliberate practice in the development of highly effective psychotherapists. *Psychotherapy, 52*(3), 337–345.

Miller, W. R., & Moyers, T. B. (2021). Developing expertise. In *Effective psychotherapists: Clinical skills that improve client outcomes* (pp. 127–144). Guilford Press.

23. Hershberger, P. J., Pei, Y., Bricker, D. A., Crawford, T. N., Shivakumar, A., Vasoya, M., et al. (2021). Advancing motivational interviewing training with artificial intelligence: Read, MI. *Advances in Medical Education and Practice, 12*, 613–618.

24. There are various such observational codes. Currently, the most commonly used system is the Motivational Interviewing Treatment Integrity coding system, which also has normative data for practice and for changes with training. Moyers, T. B., Rowell, L. N., Manuel, J. K., Ernst, D., & Houck, J. M. (2016). The Motivational Interviewing Treatment Integrity code (MITI 4): Rationale, preliminary reliability and validity. *Journal of Substance Abuse Treatment, 65*, 36–42. See the MINT website for resources: *https://motivationalinterviewing.org/motivational-interviewing-resources*. Depending on the trainee's level of development, it can also be as simple as just counting questions and reflections.

25. Miller, W. R., & Moyers, T. B. (2006). Eight stages in learning motivational interviewing. *Journal of Teaching in the Addictions, 5*, 3–17.

26. Larson, E., & Martin, B. A. (2021). Measuring motivational interviewing self-efficacy of pre-service students completing a competency-based motivational interviewing course. *Exploratory Research in Clinical and Social Pharmacy, 1*, 100009.

변화에 관한 대화에서 학습하기

이론상으로는, 이론과 실천에 차이는 없다. 실천에서 차이가 난다.

―익명

축구를 하는 건 간단하다. 간단한 축구를 하는 건 매우 어렵다.

―요한 크루이프

저자들이 일찍이 배운 것으로, 누군가 적용하는 역량을 증진하도록 돕기 위해서는 그들이 적용하고 있는 것을 관찰해야 한다. 가수들의 노래를 듣지 않고 그들이 개선되도록 돕거나, 테니스선수들의 경기를 지켜보지 않고 그들이 더 나아지도록 돕는 것을 상상할 수 있는가? 기술을 연습하는 회기에서 어떤 일이 있었는지 자기 자신이 보고만 하는 것으로는 충분하지 않다. 기술을 발전시키려면, 실무자가 연습하느라 바쁜 가운데 보거나 듣거나 기억하지 **못했던** 것이 무엇인지를 알아야 한다.

적용하는 동안 경청하기

회기에서 적용하는 동안 기록하면, 그 작업을 추후에 검토하는 것이 가능해진다. 비디오 녹화를 하면 정보가 더 추가되기도 하지만, 대체로 음성 녹음으로 충분하다. 질적 수준을 모니터링하기 위해서 실제 적용 사례를 녹음하는 것이 이제는 전화나 전자 매체로 제공된 서비스에서 상당히 흔하다. 내담자로부터 동의서를 받을 때, 녹음의 목적(들), 누가 검토할 것인지, 어떻게 자료를 보관할 것인지, 언제 어떻게 파기할 것인지 등을 포함해야 한다.

기록물은 실무자가 자신의 작업을 검토할 때 사용하거나, 또는 코치나 슈퍼바이저가 작업하고 있는 실무자를 관찰하도록 해준다. 저자들은 한때, 동기면담 적용 사례를 경청하는 것이 정말 따분할 수 있다고 생각하였으나 정반대였다. 적어도 저자들에게는 정반대였다. 실제 적용 사례를 경청할 때 동기면담의 대인관계 과정이 작동하는 것을 볼 수 있는데, 상담사의 특정 반응 직후 내담자가 반응하는 수준까지 볼 수 있다.[1] 주관적인 느낌을 알기 위해 경청하는 것 외에, 17장에서 기술하는 몇 가지 객관적 관찰 척도들을 사용할 수 있다.

시간을 가지고 자신의 적용 사례를 검토하라. 동기면담 기술을 단련하고 싶어 하는 동료들과 함께 하면 더 좋다. 서로의 적용 사례를 경청하고 배울 수 있기 때문이다. 학습 공동체(learning community)와 같이, 경쟁이 아니라 상호 지지하여 함께 숙련도를 더욱 발전하려는 데 목적이 있다. 그룹으로 동기면담 기술을 익히는 다양한 방법들을 제안하는 훌륭한 자료들이 많다.[2] 다음은 그룹을 시작하려는 실무자에게 줄 수 있는 몇 가지 제안들이다.

- 적용하는 것에 관해서 이야기만 하지 말고, 실제 적용 사례(녹음 등)를 경청하거나 그룹 내에서 실제로 적용해본다. 일반적으로, 10분 길이의 녹음 또는 실제 적용 사례로 충분하며 이후 논의를 풍요하게 할 수 있다. **롤 플레이**(role play, 역할놀이 또는 역할연습, 동기면담이 사용될 상황에 있는 사람들 역할을 하는 것)로 사례를 만들어 사용하거나 **리얼 플레이**(real play, 실제 사례)를 사용할 수 있는데 리얼 플레이란 동기면담 대상자들이 그룹 내에서 안전하게 나눌 수 있는 실생활 주제에 대해 스스로 이야기하는 것을 말한다. 저자들은 리얼 플레이 적용에서 교육 참가자 모두가 더 많이 배우는 경향이 있음을 알게 되었다.
- 긍정적 피드백을 관대하게 제공하라. "…할 수도 있었을 거예요."라는 제안들을 떠올리는 것이 유혹적이고 쉽지만, 대신 면담자가 잘한 것이 무엇인지에 초점을 맞추도록 하라. 교육 참가자들이 10분 분량의 적용 사례를 관찰할 때 동기면담 일

치 반응들을 기록할 수 있는 양식을 개발한 바 있다. 이 양식에 한 가지 제안을 생각하여 넣는다. 이 제안은 동기면담 기술들을 강화하도록 돕는 것이어야 한다. 수동적으로 적용 사례를 지켜보기보다는, 적극적으로 무언가 하도록 함으로써 관찰자들이 더 몰입하게 해준다. 적용 사례를 보고 나서, 참가자들은 그들이 주목했던 긍정적인 동기면담 기술 한 가지를 한 사람씩 말하도록 하며 그와 같은 관찰 결과들이 모두 언급되도록 한다. 마지막으로, 한 사람을 무작위로(예로, 주사위 던지기) 선정하여 한 가지 제안을 말하도록 한다.

- 동기면담을 배울 때, 구조화된 관찰 시스템을 사용하여 적용 회기들을 부호화하는 것도 유용하다. 그러한 도구들을 소개한다.

> 실무자는 자신의 사례를 검토하는 시간을 가지도록 한다.

평가 척도

적용 역량의 질적 수준을 확보하고 증진하기 위해서, 구성 기술들을 신뢰도 있게 측정하는 도구들이 유용하다. 객관적인 관찰 시스템을 개발하여 상담의 질적 수준을 기록한 역사는 길다. 초기에 칼 로저스와 제자들이 작업을 한 바 있다.[3] 녹음이 가능해지면서, 구조화된 평가 척도들이 개발되었고 관찰자들은 상담사들이 시연할 때 정확한 공감, 긍정적 존중과 진정성의 질적 수준에 대해서 그들의 결론을 수렴할 수 있었다.[4] 적용의 질적 수준을 평가하는 가장 초기 방법 중 하나가 평가 척도이다. 이 접근에서는 훈련된 관찰자가 특정 적용 사례에 점수를 매기는데, 현장에서 리얼 플레이를 관찰하거나 나중에 녹음이나 축어록을 검토하여 평가한다.

일반적으로, 점수를 매길 때 행동 기준이 제공된다. 예로, 초기 척도에서 정확한 공감은 5점 평가 척도를 사용하여 각각의 점수에 대한 행동 기준을 평가했다.[5] 가장 낮은 1점은 "내담자의 관점에 거의 또는 전혀 관심을 두지 않는다."였고, 가장 높은 5점은 "내담자의 경험에 대한 깊은 이해를 보이며, 내담자가 표현한 것뿐 아니라 표현하지 않았으나 의미하는 바를 이해한다."라는 것이었다. 중간 점수 3점은 "적극적으로 내담자의 관점을 이해하려고 노력하며, 어느 정도 성공한다."였다. 이상적인 것은, 동일한 적용 사례를 이러한 척도를 사용하여 관찰자들이 평가하여 동일하거나 가까운 점수를 매기는 것이다. 이것을 가리켜 **평가자 간 신뢰도**(interrater reliability)라고 하며, 이러한 신뢰도를 높이기 위해서는 일반적으로 어떤 경향성을 띠지 않도록 지속적으로 모니터링하는 것뿐만 아니라 관찰자들을 꼼꼼히 훈련해야 한다.

다양한 척도들이 동기면담 적용 사례의 질적 수준을 평가하고자 개발되었고 철저하게 검토한 결과, 21개의 도구들을 찾아냈다.[6] 그중 이 목적에 부합하는 첫 번째 도구는 **동기면담 기술 코드**(Motivational Interviewing Skills Code : MISC)로 실무자와 내담자 모두의 반응을 측정했다.[7] 또한 간편하게 개정된 코딩 시스템으로 **동기면담 치료 효과**(Motivational Interviewing Treatment Integrity : MITI)가 있는데 실무자의 반응에 대해서만 측정한다. MITI의 최근 개정판은 글로벌 점수를 내기 위한 네 가지 5점 척도로서 (1) 변화대화 일구기, (2) 유지대화 완화하기, (3) 파트너십 맺기, (4) 공감 표현하기 등을 포함하며, 마지막 척도는 정확한 공감을 평가하던 최초의 척도와 밀접한 관련이 있다.[8] 그 밖에 타당도가 검증된 척도들이 단기 건강 자문,[9] 지역사회 치료 프로그램,[10] 집단치료,[11] 시뮬레이션 내담자 반응에 답한 내용[12] 등 보다 특정적인 분야 실무자의 동기면담 반응이 어느 정도인지 평가한다. **동기면담 프로세스 코드**(Motivational Interviewing Process Code : MIPC) 시스템은 열세 가지의 동기면담 일치 기술과 열두 가지의 동기면담 불일치 반응들을 5점 척도로 평가한다.[13] **동기면담 슈퍼비전 및 훈련 척도**(Motivational Interviewing Supervision and Training Scale : MISTS) 역시 열여섯 가지 동기면담 구성 기술들을 7점 척도로 평가하는데, 모든 하위 척도마다 1점, 4점, 7점에 해당하는 행동 기준을 제공해준다.[14] 요약하면, 동기면담 평가 척도들이 부족하지 않다.

행동 점수 매기기

훈련된 관찰자들은 이러한 평가 도구들을 동기면담 적용의 질적 수준을 기록할 때 신뢰성 있게 사용할 수 있다. 하지만 실무자가 이러한 평가 도구를 사용할 때는 자신의 적용 수준을 정확하게 평가하기가 어렵다. 자기 평가를 할 때 종종 객관적인 관찰자가 말하는 것보다 과대평가하곤 한다. 실무자가 자신이 적용하는 것을 관찰할 때, 자신의 구체적인 반응들을 경청하는 것이 더 도움이 될 수 있다. 또한 관찰자는 이러한 행동 반응들을 신뢰성 있게 코딩하는 훈련을 받을 수 있으며, 주관적으로 느낀 인상이나 평가 도구보다도 더 구체적이고 정확하게 학습자들에게 피드백을 줄 수 있다.[15]

행동 반응들을 정확하게 세기 위해서는, 명확한 정의를 알고 있어야 한다. 다음은 최근의 MITI 코딩 시스템(4.2.1)에서 발췌한 열 가지 행동 반응의 정의들이다.[16] 반응 수를 셀 때 열 가지 또는 그 이하를 사용할 수 있다. 이 행동 반응들은 모두 본서의 이전 장에서 설명한 바 있다.

1. **질문(Q)**. 모든 질문 유형(열린 질문, 닫힌 질문, 유발적 질문, 사실 확인 질문 등)이 포함된다. 내담자가 답하기 전에 서너 개의 질문을 연거푸 하는 경우, 질문 개수는 한 개로 한다.

내담자가 말한 내용을 가지고 반영적 경청 진술을 할 경우가 있다. 이때 새로운 내용을 추가하기도 하는데 본질적으로는 내담자가 한 말을 기억해서 돌려주는 것이며 이 경우 단순반영(simple reflection) 또는 복합반영(complex reflection)의 개수로 센다.

2. **단순반영(SR)**. 내담자가 한 말에 어떤 의미나 부분을 강조하지 않는다. 내담자가 원래 말한 내용 이상의 말을 하지 않는다. 내담자가 이전에 언급했던 내용 서너 가지를 요약하는 경우 역시 단순반영이 되는데 내담자가 한 말에 실무자가 내용을 추가하지 않을 경우에 해당한다.

3. **복합반영(CR)**. 내담자가 한 말에 상당한 의미를 추가하거나 강조할 경우이다. 표현되거나 전달되지 않은 내용을 보다 심오하게 또는 보다 복잡한 그림으로 추가할 때를 말한다. 내담자가 이전에 언급한 내용에 새로운 내용을 추가하여 요약하는 경우도 해당한다.

4. **인정하기(Aff)**. 내담자에 대한 긍정적인 면, 예를 들어 강점, 노력, 의도, 가치 등을 강조하여 말하는 경우이다. 내담자가 가진 구체적인 특성, 행동, 성취한 바, 기술, 강점에 대해서 내담자를 진정성 있게 '높이 평가'하는 것이다. 인정하기가 만약 복합반영처럼 들리는 경우라도, 인정하기로 부호화한다.

5. **정보 제공하기(GI)**. 면담자가 설득하거나 충고하거나 경고하지 않고, 정보를 주거나, 교육을 하거나, 피드백을 제공하거나, 전문가 의견을 말할 때 부호화한다. 일반적으로 정보를 주는 목소리 톤이 중립적이며, 보편적인 정보를 전달할 때 사용하는 언어가 내담자로 하여금 그것을 해야 함을 강요하지 않을 때를 말한다.

6. **협동 구하기(SEEK)**. 면담자가 내담자와 힘을 공유하고, 의견을 수렴하고자 노력하 거나, 내담자의 전문성을 인정할 경우이다. 정보나 조언을 제공해도 될지 허락 구 하기를 하거나, 내담자가 그 정보나 조언에 대해서 어떻게 생각하는지 질문을 하 는 경우에 협동 구하기로 부호화한다.

7. **선택권 강조하기(Emphasize)**. 내담자가 변화를 결정하고 행동 실천을 하는 것과 관 련하여 내담자 자신에게 선택권이 있음을 명료하게 존중하는 말을 할 경우이다. 내담자가 자신의 태도와 행동 실천에 대해서 통제력, 선택의 자유, 개인적 자율성, 능력, 책임을 가지고 있음을 강조하는 경우를 말한다.

8. **설득하기(Persuasion)**. 내담자의 의견, 태도, 행동을 바꾸려고 논리, 강력한 논쟁, 자 기 개방, 사실 정보를 사용하는 경우를 말한다. **설득하기**에 포함되는 것으로는 한 쪽으로 치우친 정보, 조언, 제안, 묘책, 의견, 문제 해결책 등이 있다. 설득하기는 허락을 구하는 설득하기와 허락을 구하지 않는 설득하기로 분류한다. 허락 구하고 설득하기(Persuasion with Permission)로 부호화하기 위해서는 다음 중 최소한 한 가 지가 선행되어야 한다.

a. 내담자가 면담자에게 무엇을 해야 할지 또는 어떻게 처리해야 할지에 대해서 의견을 직접적으로 요청한 경우.

b. 면담자가 내담자에게 허락을 직접 구하는 경우로서, 조언하기, 제안하기, 의견 주기, 피드백 제공하기, 염려를 표현하기, 충고하기, 특정 주제에 관해 이야기 하기 등에 대해서 허락을 구하는 경우.

c. 면담자가 내담자의 자율성을 강조하고 나서 설득하는 경우. 예로, 면담자가 하 는 조언에 대해서 내담자가 듣지 않을 수 있고, 무시할 수 있으며, 반대할 수 있 고, 개인적으로 평가할 수 있음을 강조하는 경우.

다음 두 가지는 동기면담 불일치 행동으로서 면담자의 중요한 반응이다.

9. **허락 없이 설득하기(Persuasion without Permission)**. 위에서 언급한 허락 조건 없이 조 언이나 제안이나 의견이나 피드백이나 염려나 충고를 하는 경우를 말한다.

10. **직면하기(Confront)**. 면담자가 직접적으로 반대를 드러내거나, 논쟁하거나, 교정

하거나, 수치심을 주거나, 비난하거나, 혹평하거나, 낙인을 찍거나, 경고하거나, 교화하거나, 조롱하거나 내담자의 정직성에 의문을 던지는 등 내담자에게 직면할 때 부호화한다. 이러한 반응들은 힘의 불균형 관계라는 속성을 가지며 반대 또는 부정을 동반하고 있다. 질문이나 반영에서 실무자의 목소리 톤이 명백하게 직면일 경우 역시 **직면하기**로 부호화한다.

위의 열 가지 반응들이 관찰될 수 있는데 모두 동기면담 적용의 특성과 연관된다. 한편 이 열 가지 행동 외에 동기면담 숙련도와 관련된 행동들이 더 있다. 17장에서 앞부분에 설명한 평가 도구들이 몇 가지 추가적인 차원들을 측정하고 있다. 더 깊이 있는 복잡성, 예로 면담자의 질문이나 반영의 방향성 기능이 있는데, 이것은 변화대화나 유지대화를 더 많이 유발할 가능성을 가진다. 요점은, 다른 사람의 대화이든 자신의 대화이든 간에, 실무자 자신이 관찰한 동기면담 대화로부터 배울 수 있게 돕는 몇 가지 구조화된 틀을 가지는 것이다. 반영과 질문의 개수만 세는 것으로 간단히 시작할 수 있고, 이후 관심이 많아지고 편안해지면 더 다양한 반응 유형의 개수를 추가한다.

복잡한 기술을 배울 때 흔히 도움이 되는 것은, 전문성을 더 많이 가진 사람에게 관찰하고 코칭을 해달라고 요청하는 것이다. 이러한 방법은 피트니스나 대중 연설, 스포츠 경기, 악기 등의 분야에서 기술 강화를 위해 사용된다. 가능하다면 프로그램이나 기관에서 직원들이 동기면담 기술을 배우고 발전시키도록 돕는 전담 전문가가 있으면 도움이 된다. 학습 공동체(이전에 언급한 바 있음)에서는 전문적인 코치가 있든 없든 동료 간에 서로 지원을 해줄 수 있다. 핵심은, 의도적이고 반영적인 적용을 통해서 숙련 수준을 견고히 하는 것이다.

어떤 집단들은 전문적으로 동기면담 코딩 서비스를 제공하는데, 최근의 혁신으로 인해 동기면담 적용에 대한 **컴퓨터 자동화 코딩**(computer-automated coding) 시스템이라는 것이 있다.[17] 첫 번째 단계는 목소리 인식 기술

> 전문성을 더 많이 가진 누군가에게 관찰하고 코칭을 해달라고 요청하라.

을 통해서 녹음한 면담 사례를 축어록으로 전환해준다. 다음 단계로, 축어록을 알고리듬 연산 방법을 통해 분석하여 기준 결정 규칙에 따라 특정 반응 개수를 세는데, 이 시스템은 시간이 흐르면서 발전할 수 있다.[18] 자동화된 행동 점수의 정확도에 관해서 연

구 중이며, 전문가들이 하는 코딩의 황금률에 어느 정도 가까이 결과를 내는지 찾는 중이다. 전문가가 하는 코딩은 시간과 비용이 더 든다. 명백한 이득은 효율성이다. 전문가가 하루 동안 네댓 개의 사례를 코딩하는 데 비해, 컴퓨터 자동화 코딩 시스템은 동일한 시간 내에 수천 개의 부호화를 달성할 수 있다. 더 좋은 이득은 일관성이다. 이러한 자동 시스템은 언제나 적용 사례 부호화에 동일한 답을 내준다. 이러한 시스템들이 더 정교화된다면, 대화로부터의 학습을 지지해줄 더 많은 도구를 추가할 수 있을 것이다.[19] 최근에 혁신적으로, 변화대화 자동화 코딩에 얼굴 표정 기록을 추가했다.[20]

동기면담 적용 시 질적 관리

많은 사람들이 동기면담을 잘 적용하고 있다고 믿지만 실제로는 그렇지 않다. 이러한 잘못된 생각에 대해 저자들에게 부분적으로 책임이 있다. 1990년대에 저자들은 동기면담이라는 용어를 상표로 등록하지 않기로 결정했다. 저작권이나, 면허나 기타 다른 방식으로 이름과 방법의 사용을 제한하지 않으려고 했다. 대신, 저자들은 우리들이 배운 것들을 사용하도록 자유롭게 공유하였고, 동기면담 경찰력이 되기보다는 선한 적용을 증진하는 데 중점을 두기로 선택하였다. 저자들은 아직도 그것이 올바른 선택이었다고 믿는다. 그러나 이런 결정으로 인한 필연적 결과로 동기면담의 적용에 대한 질적 관리가 없다. 이것이 동기면담에만 유일한 것은 아니다. 누구라도 자신이 인지행동치료, 실존치료, 게슈탈트 치료, 내담자 중심 상담 또는 기타 행동 건강 분야라는 광범위한 범위에서 어느 것이든지 잘하고 있다고 주장할 수 있다. 적용하는 것을 직접적으로 관찰하지 않고서는, 이러한 적용의 질적 수준에 대해 알기가 어렵다. 그리고 상담사나 기타 전문 조력자를 선발할 때 그들이 하고 있다고 말하는 것에만 의존해야 한다.[21] 실무자의 경우 전문가 자격증을 가지고 있는데 그렇다고 해서 자격증이 업무 내용이나 충실도를 보장하지는 않는다. 특정 치료 기법의 자격증을 가지고 있다고 해도, 그것이 나타내는 것은 한 번, 질적 기준을 충족했다는 것이지, 실제 현장에서 지금도 그렇게 하고 있음을 의미하는 것은 아니다.

질적 보장(quality assurance)은 특별한 노력을 요구한다. 실무를 얼마나 훌륭하게 하는가? 실무자들이 원한다면 개인이나 기관에서 실무의 질적 수준을 측정하고 보장하는 것이 가능하다. 행동 건강 및 사회복지 실무의 질적 수준은 때로 간접적으로 모니터링이 되는데, 소비자 만족도를 측정하거나 실무자와 내담자 간의 작업동맹을 평가한다.[22] 보다 직접적인 접근법은 실무를 지속적으로 관찰하면서 체계적으로 평가하는 것으로, 질적 보증뿐 아니라 지속적인 질적 개선을 가능케 한다.

또한 신뢰도 있는 실무 측정 방법을 가지고 있을 때 상담 기술이 어떻게 발전되는지, 그리고 그런 기술들이 내담지의 치료 효과에 어떻게 영향을 주는지에 대해 연구하는 것이 가능케 된다.[23,24] 이러한 종류의 치료 효과 평가는 역사적으로 상담 및 심리치료의 질적 수준을 기록하는 기준을 제기한 바 있으며, 이것이 **근거 기반 치료**(Evidence-Based Treatment : EBT)라는 개입의 기반을 제공하였다.[25] 한때는 동료 리뷰 연구에서 연구자들이 검증하려는 치료(들)의 이름만을 언급하거나 기술할 수 있었으나, 과학 학술지의 편집자들이 근거를 요구하기 시작했고, 근거란 기술한 개인들이 실제로 적용하였는지 그리고 얼마나 잘 적용하였는지에 대한 자료였다. 임상 연구 예산을 성공적으로 신청하기 위해서는, 지원자들은 종종 치료자 매뉴얼 양식에 어떤 치료를 적용할 것인지, 어떻게 적용할 것인지를 자료화하여 명시해야 했다.[26]

치료 기법의 충실도 측정(동기면담의 경우 위에서 기술한 측정 도구처럼) 도구들이 차례로 번성하였고, 이것이 **실천 과학**(implementation science) 분야를 강화하였는데, 실천 과학이란 일상의 적용에서 어떻게 근거 기반 개입들이 적용되는지(또는 안 되는지)를 연구하는 학문이다.[27] 어떤 치료 기법이 신중하게 개발되어 검증된 후에 지역사회에서 그대로 사용될 때 어떤 일이 발생할까? 근거 기반 개입에서 실무자들을 훈련하는 것만으로는 실무자들이 현장에서 그것을 적용할 수 있는지 또는 적용하려고 하는지를 보장할 수 없음이 명백해졌다.[28] 실무자들이 치료 개입을 적용하기 전에 역량 기준치까지 훈련을 받았다 하더라도, 지속적인 질적 보장 모니터링이 없다면 기대했던 절차로부터 멀어져서 이전의 습관으로 돌아가는 **충실도 일탈**(fidelity drift)이 종종 있다. 그런 일탈이 내담자 치료 효과에 어떻게 영향을 주는가? 임상 실험에서 참가자들의 효과는 일련의 번호로 예측된다. 여기서 번호란 내담자가 연구에 입력되는 순서를 말한다. 연구에 늦게 들어오는 내담자들이 더 좋은 치료 효과를 보이거나(예로, 치료자들이 치료 기법에 더 숙련되면서),[29] 또는 연구가 진행되는 동안 효과가 줄어드는데 왜냐하면 치료자가 적용 시 처음의 충실도로부터 점차 멀어지기 때문이다.

조력 전문가로서 저자들은 이득이 되는 실무, 해가 되지 않는 실무가 되기를 기대한다. 이득을 주고자 하는 의도가 훌륭한 시작이 되는데, 종종 개인 실무자와 기관에서조차 실무의 실제적인 질적 수준과 효과에 대한 근거를 거의 수집하지 않고 있다. 이처럼 의도적으로 적용하지 않는다면, 실무자의 효능감은 경험처럼 증가하지 않는 것이 흔히 나타나는 과정이다.[30] 실무의 질적 수준을 개선하는 데 도움이 되는 도구는 매우 많고, 이런 도구들이 잘 개발되어 있으며, 동기면담 연구문헌의 상당한 부분이 빠른 속도로 알려지고 있고 자리를 차지한다. 본서의 마지막 18장에서, 저자들은 동기면담 연구에서 지금까지 알게 된 내용을 간략하게 독자 편에서 요약한다.

> 의도적으로 적용하면, 동기면담 효능감은 경험과 함께 증진된다.

• 개인적 관점 •   경청을 통해서 배우기

우리들이 처음에 동기면담 회기의 질적 수준을 평가하기 위해서 관찰 시스템을 개발했을 때,[31] 나는 코딩하는 과정이 지루하고 따분할 거라고 생각했다. 그러나 동기면담이 어떻게 효과적인지를 이해하는 데 관심이 있는 사람들에게는 적어도, 코딩 작업은 매우 몰입할 수 있는 것이었다. 코딩은 동기면담 과정들을 느린 속도로, 실제로 목격하는 기회이다. 경험 많은 임상가여야 하는 것이 아니며, 학부 학생들이 배워서 신뢰성 있는 전문적 코더들이 될 수 있다. 사실, 임상 경험이 정확한 코딩에 방해가 될 수 있는데 왜냐하면 치료자들의 자연적 성향이, 들은 내용의 의미를 읽거나 추론을 하려고 하여 실제로 들은 내용에 의지하지 않기 때문이다. 그러나 예기치 못한 발견이라면, 경험 많은 코더들이 종종 재능 있는 동기면담 실무자가 된 것이었다. 그들은 무관한 내용으로 인해 산만해지지 않고서 변화대화를 듣는 귀를 발달시킨다. 나 자신도 동기면담을 적용할 때 내 적용 사례와 다른 사람들의 적용 사례를 경청하고 코딩하면서 확실히 증진되었다.

인공지능(AI) 코딩의 개발이 또한 나의 흥미를 끈다. 처음에는 회의적이었는데, 기계도 역시 경청함으로써 배울 수 있음을 보았다. 오랫동안 알게 된 사실은, 어떤 환경에서는 인간 임상가들이 하는 것보다 전문 시스템들이 더 정확하게 진단명을 내릴 수 있다는 것이다.[32] 그리고 1960년대에 컴퓨터 기반 모델을 개발하여 정확한 공감을 측정하려는 초기 시도로서 요제프 바이첸바움(Joseph Weizenbaum)의 ELIZA 프로그램이 있었다.[33] 동기면담의 효과적인 적용을 측정하는 구성 요소들을 인지하는 AI 시스템이 어디까지 발전할 수 있을까? 인간 전문가의 코딩보다 AI 코딩 속도는 엄청나게 빠르다. 수천 개의 적용 사례들을 반나절에 코딩할 수 있다. 이러한 시스템에서 나온 피드백이 실무자로 하여금 보다 나은, 보다 효과적인 면담자가 되게 도울 수 있을까?[34] 동기면담 회기들을 '경청'함으로써 AI 시스템 역시 알고리듬 연산법을 개발하여 내담자 치료 효과를 예측하는 것이 대화의 어느 측면인지 결정해줄 수 있을 것이다. 문자, 음성, 비디오 형태로 동기면담을 *전달하는* 자동화된 시스템들은 어떨까?[35] 인간 전문가의 동기면담 적용, 코딩, 슈퍼비전 등이 기계가 할 수 있는 것에 무엇을 추가할 수 있을까? 궁금해진다.

−빌

☑ 주요 개념

- 근거 기반 치료(EBT)
- 동기면담 기술 코드 (MISC)
- 동기면담 슈퍼비전 및 훈련 척도(MISTS)
- 동기면담 치료 효과 (MITI)

- 동기면담 프로세스 코드(MIPC)
- 롤 플레이
- 리얼 플레이
- 설득하기
- 실천 과학

- 직면
- 질적 보장
- 충실도 일탈
- 컴퓨터 자동화 코딩
- 평가자 간 신뢰도

☑ 요점 정리

- 동기면담에 관한 책을 읽거나 훈련 워크숍에 참가한 것으로는 유능하게 적용할 수 있는 가능성이 없다.
- 동기면담에서 더 숙련되는 데 도움을 받고자 한다면, 적용 시 관찰 가능해야 한다.
- 신뢰도 있는 동기면담 충실도 측정으로, 글로벌 평가 척도와 행동 점수가 있다.

참고문헌

1. Bischoff, M. M., & Tracey, T. J. G. (1995). Client resistance as predicted by therapist behavior: A study of sequential dependence. *Journal of Consulting and Clinical Psychology, 42*(4), 487–495.

Drage, L., Masterson, C., Tober, G., Farragher, T., & Bewick, B. (2019). The impact of therapists' responses to resistance to change: A sequential analysis of therapist-client interactions in motivational interviewing. *Alcohol and Alcoholism,*

54(2), 173–176.

Magill, M., Walthers, J., Mastroleo, N. R., Gaume, J., Longabaugh, R., & Apodaca, T. R. (2016). Therapist and client discussions of drinking and coping: a sequential analysis of therapy dialogues in three evidence-based alcohol use disorder treatments. *Addiction, 111*(6), 1011–1020.

2. Rosengren, D. B. (2018). *Building motivational interviewing skills: A practitioner workbook* (2nd ed.). Guilford Press.

Manuel, J. K., Ernst, D., Vaz, A., & Rousmaniere, T. (2022). *Deliberate practice in motivational interviewing.* American Psychological Association.

The MI Network of Trainers also freely shares its Training of New Trainers Manual: *https://motivationalinterviewing.org/motivational-interviewing-resources.*

3. Kirschenbaum, H. (2009). *The life and work of Carl Rogers.* American Counseling Association.

4. Truax, C. B., & Carkhuff, R. R. (1967). *Toward effective counseling and psychotherapy.* Aldine.

5. See note 4.

6. Hurlocker, M. C., Madson, M. B., & Schumacher, J. A. (2020). Motivational interviewing quality assurance: A systematic review of assessment tools across research contexts. *Clinical Psychology Review, 82*, 101909.

Madson, M. B., & Campbell, T. C. (2006). Measures of fidelity in motivational enhancement: A systematic review. *Journal of Substance Abuse Treatment, 31*(1), 67–73.

7. Miller, W. R., & Mount, K. A. (2001). A small study of training in motivational interviewing: Does one workshop change clinician and client behavior? *Behavioural and Cognitive Psychotherapy, 29*, 457–471.

8. The MITI scale is freely available at *https://casaa.unm.edu/codinginst.html* or *https://motivationalinterviewing.org.*

Moyers, T. B., Rowell, L. N., Manuel, J. K., Ernst, D., & Houck, J. M. (2016, June). The Motivational Interviewing Treatment Integrity code (MITI 4): Rationale, preliminary reliability and validity. *Journal of Substance Abuse Treatment, 65*, 36–42.

Atkinson, C., & Woods, K. (2017). Establishing theoretical stability and treatment integrity for motivational interviewing. *Behavioural and Cognitive Psychotherapy, 45*, 337–350.

9. Lane, C., Huws-Thomas, M., Hood, K., Rollnick, S., Edwards, K., & Robling, M. (2005). Measuring adaptations of motivational interviewing: The development and validation of the behavior change counseling index (BECCI). *Patient Education and Counseling, 56*(2), 166–173.

10. Martino, S., Ball, S. A., Nich, C., Frankforter, T. L., & Carroll, K. M. (2008). Community program therapist adherence and competence in motivational enhancement therapy. *Drug and Alcohol Dependence, 96*(1–2), 37–48.

11. Wagner, C. C., & Ingersoll, K. S. (2018). Development and initial validation of the Assessment of Motivational Interviewing Groups—Observer Scales (AMIGOS). *International Journal of Group Psychotherapy, 68*(1), 69–79.

12. Rosengren, D. B., Baer, J. S., Hartzler, B., Dunn, C. W., & Wells, E. A. (2005). The video assessment of simulated encounters (VASE): Development and validation of a group-administered method for evaluating clinician skills in motivational interviewing. *Drug and Alcohol Dependence, 79*, 321–330.

13. Barsky, A., & Coleman, H. (2001). Evaluating skill acquisition in motivational Interviewing: The development of an instrument to measure practice skills. *Journal of Drug Education, 31*, 69–82.

14. Madson, M. B., Campbell, T. C., Barrett, D. E., Brondino, M. J., & Melchert, T. P.

(2005). Development of the Motivational Interviewing Supervision and Training Scale. *Psychology of Addictive Behaviors, 19*, 303–310.

15. A more challenging adaptation keeps track of the sequence in which specific provider and client behaviors occur, allowing detailed analysis of communication patterns within MI sessions and their relationship to outcomes.

Houck, J. M., & Moyers, T. B. (2015). Within-session communication patterns predict alcohol treatment outcomes. *Drug and Alcohol Dependence, 157*, 205–209.

Hannover, W., Blaut, C., Kniehase, C., Martin, T., & Hannich, H. J. (2013). Interobserver agreement of the German translation of the Motivational Interviewing Sequential Code for Observing Process Exchanges (MI-SCOPE;D) *Psychology of Addictive Behaviors, 27*(4), 1196–1200.

16. The MITI coding manual itself is freely available, offering more detailed definitions and decision rules.

Moyers, T. B., Manuel, J. K., & Ernst, D. (2015). *Motivational Interviewing Treatment Integrity Coding Manual 4.2.1.* Center on Alcoholism, Substance Abuse and Addiction (CASAA), University of New Mexico. Available at *https://casaa.unm.edu/download/MITI4_2.pdf.*

17. Atkins, D. C., Steyvers, M., Imel, Z. E., & Smyth, P. (2014). Scaling up the evaluation of psychotherapy: Evaluating motivational interviewing fidelity via statistical text classification. *Implementation Science, 9*(1), 49.

Idalski Carcone, A., Hasan, M., Alexander, G. L., Dong, M., Eggly, S., Brogan Hartlieb, K., et al. (2019). Developing machine learning models for behavioral coding. *Journal of Pediatric Psychology, 44*(3), 289–299.

Imel, Z. E., Pace, B. T., Soma, C. S., Tanana, M., Hirsch, T., Gibson, J., et al. (2019). Design feasibility of an automated, machine-learning based feedback system for motivational interviewing. *Psychotherapy, 56*(2), 318–328.

18. Tanana, M., Hallgren, K. A., Imel, Z. E., Atkins, D. C., & Srikumar, V. (2016). A comparison of natural language processing methods for automated coding of motivational interviewing. *Journal of Substance Abuse Treatment, 65*, 43–50.

19. Hasan, M., Carcone, A. I., Naar, S., Eggly, S., Alexander, G. L., Hartlieb, K. E. B., et al. (2019). Identifying effective motivational interviewing communication sequences using automated pattern analysis. *Journal of Healthcare Informatics Research, 3*(1), 86–106.

Imel, Z. E., Pace, B. T., Soma, C. S., Tanana, M., Hirsch, T., Gibson, J., et al. (2019). Design feasibility of an automated, machine-learning based feedback system for motivational interviewing. *Psychotherapy, 56*(2), 318–328.

20. Nakano, Y. I., Hirose, E., Sakato, T., Okada, S., & Martin, J.-C. (2022). *Detecting change talk in motivational interviewing using verbal and facial information.* Paper presented at the International Conference on Multimodal Interaction, Bengaluru, India. *https://doi.org/10.1145/3536221.3556607.*

21. Miller, W. R., & Meyers, R. J. (1995). Beyond generic criteria: Reflections on life after clinical science wins. *Clinical Science* (Spring), 4–6.

22. Baca, C. T., & Manuel, J. K. (2007). Satisfaction with long-distance motivational interviewing for problem drinking. *Addictive Disorders and Their Treatment, 6*(1), 39–41.

Magill, M., Mastroleo, N. R., Apodaca, T. R., Barnett, N. P., Colby, S. M., & Monti, P. M. (2010). Motivational interviewing with significant other participation: Assessing therapeutic alliance and patient satisfaction and engagement. *Journal of Substance Abuse Treatment, 39*(4), 391–398.

Miller, S. D., Bargmann, S., Chow, D., Seidel, J., & Maeschalck, C. (2016). Feedback Informed Treatment (FIT): Improving the outcome of psychotherapy one person at a time. In W. O'Donohue & A. Maragakis (Eds.), *Quality improvement in behavioral health* (pp. 247–262). Springer.

Pollak, K. I., Nagy, P., Bigger, J., Bilheimer, A., Lyna, P., Gao, X., et al. (2016). Effect of teaching motivational interviewing via communication coaching on clinician and patient satisfaction in primary care and pediatric obesity-focused offices. *Patient Education and Counseling, 99*(2), 300–303.

23. Carkhuff, R. R., & Truax, C. B. (1965). Training in counseling and psychotherapy: An evaluation of an integrated didactic and experiential approach. *Journal of Consulting Psychology, 29*, 333–336.

24. Rogers, C. R., Gendlin, E. T., Kiesler, D. J., & Truax, C. B. (Eds.). (1967). *The therapeutic relationship and its impact: A study of psychotherapy with schizophrenics*. Greenwood Press.

Truax, C. B. (1966). Reinforcement and non-reinforcement in Rogerian psychotherapy. *Journal of Abnormal Psychology, 71*, 1–9.

Truax, C. B., & Carkhuff, R. R. (1965). The experimental manipulation of therapeutic conditions. *Journal of Consulting Psychology, 29*, 119–124.

25. Drake, R. E., Rosenberg, S. D., Teague, G. B., Bartels, S. J., & Torrey, W. C. (2003). Fundamental principles of evidence-based medicine applied to mental health care. *Psychiatric Clinics of North America, 26*, 811–820.

Miller, W. R., & Moyers, T. B. (2017). Motivational interviewing and the clinical science of Carl Rogers. *Journal of Consulting and Clinical Psychology, 85*(8), 757–766.

Miller, W. R., Zweben, J. E., & Johnson, W. (2005). Evidence-based treatment: Why, what, where, when, and how? *Journal of Substance Abuse Treatment, 29*, 267–276.

26. For example: Miller, W. R., Moyers, T. B., Arciniega, L., Ernst, D., & Forcehimes, A. (2005). Training, supervision and quality monitoring of the COMBINE Study behavioral interventions. *Journal of Studies on Alcohol, 15*(Suppl.), 188–195.

Stein, K. F., Sargent, J. T., & Rafaels, N. (2007). Intervention research: Establishing fidelity of the independent variable in nursing clinical trials. *Nursing Research, 56*(1), 54–62.

Waltman, S. H., Sokol, L., & Beck, A. T. (2017). Cognitive behavior therapy treatment fidelity in clinical trials: Review of recommendations. *Current Psychiatry Reviews, 13*(4), 311–315.

27. Bauer, M. S., Damschroder, L., Hagedorn, H., Smith, J., & Kilbourne, A. M. (2015). An introduction to implementation science for the non-specialisst. *BMC Psychology, 3*(1), 32.

Fixsen, D. L., Blase, K. A., & Van Dyke, M. K. (2019). *Implementation practice and science*. Active Implementation Research Network.

Rogers, E. M. (2003). *Diffusion of innovations* (5th ed.). Free Press.

28. A painful lesson was learned in a clinical trial at our center testing a cognitive-behavioral treatment. Therapists were trained in the proper procedures, and every treatment session was audiotaped to document fidelity of practice. The therapists met weekly with a supervisor to discuss cases, but coding the tapes was postponed until after treatment had ended, only to find that there was little evidence of the intended treatment.

29. For example, clients entering this study later and receiving MI fared better than those intended to receive the same treatment earlier in the study: Tuomaala, A.-K., Hero, M., Tuomisto, M. T., Lähteenmäki, M., Miettinen, P. J., Laine, T., et al. (2021). Motivational interviewing and glycemic control in adolescents with poorly controlled type 1 diabetes: A randomized controlled pilot trial. *Frontiers in Endo-*

crinology, 12(639507).

30. Miller, W. R., & Moyers, T. B. (2021). *Effective psychotherapists: Clinical skills that improve client outcomes.* Guilford Press.

Norton, P. J., & Little, T. E. (2014). Does experience matter? Trainee experience and outcomes during transdiagnostic cognitive-behavioral group therapy for anxiety. *Cognitive Behaviour Therapy, 43*(3), 230–238.

Tracey, T. J., Wampold, B. E., Lichtenberg, J. W., & Goodyear, R. K. (2014). Expertise in psychotherapy: An elusive goal? *American Psychologist, 69*(3), 218–229.

31. Miller, W. R., & Mount, K. A. (2001). A small study of training in motivational interviewing: Does one workshop change clinician and client behavior? *Behavioural and Cognitive Psychotherapy, 29,* 457–471.

32. Goldberg, L. R. (1970). Man versus model of man: A rationale plus evidence for a method of improving clinical inferences. *Psychological Bulletin, 73,* 422–432.

Wiggins, J. S. (1973). *Personality and prediction.* Addison-Wesley.

33. Bassett, C. (2019). The computational therapeutic: Exploring Weizenbaum's ELIZA as a history of the present. *AI and Society, 34*(4), 803–812.

Duggan, G. B. (2016). Applying psychology to understand relationships with technology: From ELIZA to interactive healthcare. *Behaviour and Information Technology, 35*(7), 536–547.

Holden, C. (1977). The empathic computer. *Science, 198*(4312), 32.

Weizenbaum, J. (1966). ELIZA—A computer program for the study of natural language communication between man and machine. *Communications of the Association for Computing Machinery, 9*(1), 36–45.

34. Imel, Z. E., Pace, B. T., Soma, C. S., Tanana, M., Hirsch, T., Gibson, J., et al. (2019). Design feasibility of an automated, machine-learning based feedback system for motivational interviewing. *Psychotherapy, 56*(2), 318–328.

35. Boustani, M., Lunn, S., Visser, U., & Lisetti, C. (2021). Development, feasibility, acceptability, and utility of an expressive speech-enabled digital health agent to deliver online, Brief motivational interviewing for alcohol misuse: Descriptive study. *Journal of Medical Internet Research, 23*(9), e25837.

Hester, R. K., Squires, D. D., & Delaney, H. D. (2005). The drinker's check-up: 12–month outcomes of a controlled clinical trial of a stand-alone software program for problem drinkers. *Journal of Substance Abuse, 28,* 159–169.

Shingleton, R. M., & Palfai, T. P. (2016). Technology-delivered adaptations of motivational interviewing for health-related behaviors: A systematic review of the current research. *Patient Education and Counseling, 99*(1), 17–35.

Galvão Gomes da Silva, J., Kavanagh, D. J., May, J., & Andrade, J. (2020). Say it aloud: Measuring change talk and user perceptions in an automated, technology-delivered adaptation of motivational interviewing delivered by video-counsellor. *Internet Interventions, 21,* 100332.

동기면담 연구하기

정보는 항상 친절하다. 어느 분야에서든 수집된 증거는 진실에 가깝게 해준다.

— 칼 로저스

저자들이 반기는 것은, 동기면담이 처음부터 과학 연구 분야에서 검증되고, 평가되고, 명료화되어 온 점이다. 사람들이 변하도록 도울 때 무엇이 효과가 있을지에 대한 신념은 가정이자, 인간 본성에 대한 추측이며, 다른 사람들의 경험 안에 타당화할 필요가 있다. 경험 과학은, 일찍이 칼 로저스와 그의 제자들이 내담자 중심 접근을 개발했을 때 실천하였고, 내담자 중심 접근으로부터 동기면담이 성장했다.[1] 그들은 사람들이 훨씬 더 나아지는 방향으로 변화하도록 돕는 데 과연 무엇이 도움이 되는지에 대해 궁금해했고, 아이디어가 생기면 다른 사람들도 반복해서 연구할 수 있는 과학적 방법을 사용하여 검증했다. 이러한 노력으로 얻은 한 가지 결과물은, 정확한 공감 기술을 관찰할 수 있게 정의 내린 것이며, 이러한 정의는 반세기 넘게 잘 유지되고 있고, 상담에서 긍정적인 치료 효과의 최상의 예측 요인 중 하나로 나타난 바 있다.[2,3]

18장에서 저자들은 동기면담 관련 수천 가지 연구 결과들로부터 배운 것들을 요약한다. 이 작업이 간단하지는 않지만, 여기서 중점을 두려는 것은 동기면담의 적용과 평가에 관한 연구의 함의이다. 저자들은 16, 17장에서 동기면담 학습과 교육에 관한 연구 결과들을 제시하였다. 이제 저자들은 특정 유형의 변화를 촉진할 때 동기면담의 효과성, 어떻게 효과가 나는지, 그리고 동기면담에 대해서 무엇을 알게 되었는지에 대한 질문들을 고찰한다. 끝으로, 미래의 동기면담 연구를 위한 몇 가지 제언을 한다.

동기면담은 얼마나 효과가 있나?

2,000가지 이상의 통제된 임상 연구들과 기타 수없이 많은 효과성 연구들을 보면, 동기면담 효과성에 대한 근거가 풍부하다.[4] 명백한 사실은, 내담자에게 아무것도 하지 않거나 또는 무엇을 하라고만 말하는 것보다 더 유용한, 동기면담에 이득 되는 무엇이 있다는 점이다. 완전 다양한 분야와 국가로부터 긍정적 결과들이 보고되는 것은 주목할 만하다.

이와 똑같이 명백한 사실은, 동기면담이 변화를 항상 돕지는 않는다는 점이다. 동기면담 임상 연구들의 4분의 1 정도에서 유의미한 이득이 없다고 보고하였다.[5] 다양한 임상 장면에서 잘 통제된 연구 결과에서도 동기면담이 어떤 장면에서는 효과가 있고, 다른 장면에서는 그렇지 않았다.[6] 이러한 결과는 다중 장면 처방약 실험 연구에서도 동일하게 나타나는데, 대체로 장면에 따른 효과의 평균치에 차이가 있어서 그 효과가 뚜렷하지는 않다.[7] 때로 동기면담이 장면에 따라서 불충분한 질적 수준으로 적용되기도 한다.[8] 치료자들이 함께 훈련을 받고 동기면담 적용 슈퍼비전을 받을 때도 내담자는 매우 다른 효과를 낼 수 있는데, 그것은 누가 내담자를 치료했는가에 달려있다.[9] 또 이러한 결과는 심리치료 연구에서 흔히 있다.[10] 동기면담 훈련을 받고 적용하려는 모든 사람이 실제로 다 도움이 되는 것은 아니다. 동기면담 적용의 측정된 충실도 수준이 치료 효과의 어떤 차이들을 설명해준다. 상담사들은 그들이 제공하는 동기면담의 질적 수준에서 다양한 차이가 있다.[11] 아직까지는, 누가 동기면담을 제공하는가가 왜 중요한지에 대해서 미확인된 측면들도 있다.

동기면담의 연구에서 매우 많은 **체계적 문헌 고찰**과 **메타 분석** 결과들이 이미 출판되었으며—4판 개정 시 200가지 이상이었다—문헌에 대한 문헌 고찰이 나오고

> 동기면담은 사람을 변화하도록 항상 돕는 것은 아니다.

있다.[12] 메타 분석에서는 일반적으로 연구 결과들을 모두 수집하여 효과 크기의 평균값

을 계산한다. 모든 메타 분석은 아니지만 대부분의 메타 분석에서 동기면담이 통계적으로 유의미한 수준의 효과 평균치가 있는 것으로 보고한다. 대체로 작은 효과 크기에서 중간 효과 크기로 나타나며 연구마다 상당히 차이를 보인다. 동기면담을 기타 근거 기반 치료에 결합할 경우 종종 내담자 치료 효과가 높아진다. 더 큰 강도와 기간으로 적용되는 기타 개입들과 비교하면, 동기면담은 유사한 결과를 내는 경향이 있다. 18장의 후반부에, 목표 영역에 따른 메타 분석 결과를 제시한다.

동기면담은 어떻게 효과가 있나?

동기면담은 관계적 측면과 기술적 측면을 모두 가지고 있다.[13] 관계 측면(관계 맺기 기술과 정신으로서의 동기면담에서 설명하였음)은 조력 관계에서 내담자 중심의 방식을 말한다.[14] 기술적 측면은 변화대화에 주의를 기울이고, 이끌어내고, 견고히 하는 것, 그리고 유지대화와 불화를 완화하는 것을 말한다. 이 둘 중에 어느 측면이 더 중요한지 묻는다면, 자동차가 달릴 때 어느 엔진이 더 중요한지 궁금해하는 것과 다소 비슷하다. 이 두 측면은 함께 적용되고, 각각의 중요성에 대한 근거를 가지고 있다. 변화대화 일구기를 하는데 낮은 수준의 공감으로 하거나, 또는 변화대화에 주의를 기울이지 않고 잘 경청하려고 하는 것 등은 모두 동기면담일 수 없다.

연구 고찰과 메타 분석뿐 아니라 개인 연구에서도 동기면담의 효과성 기저에 흐르는 장치들을 탐색해 왔다.[15] 동기면담의 구성 요인들이 함께 어우러져서 효과를 낸다는 것을 인지할 때, 몇 가지 실무자 기술들이 관찰되었다. 이 기술들이 더 나은 내담자 반응과 치료 효과와 관련이 있어 왔다.

- 동기면담 일치 반응 수가 많을수록
- 동기면담 불일치 반응 수가 적을수록
- 동기면담 정신, 따뜻한 공감적 스타일이 많을수록
- 명료한 목표(들)를 향해 초점을 유지할수록

동기면담의 효과성 **매개 요인**(mediator)은 회기 내에 관찰된 내담자 반응이다. 이 반응들은 치료 효과에 대한 사전 치료 예측 요인들이 아니고, 동기면담을 경험하는 동안 내담자들에게 발생하는 변화들이다.

- '저항'(유지대화, 불화)이 낮을수록
- 변화대화 대 유지대화 비율에서 변화대화 비율이 높을수록
- 불일치감 또는 인지적 부조화의 경험이 많을수록
- 변화에 대한 자기효능감이 높을수록

메타 분석에서 나타난 또 다른 결과는, 한 회기 이상 동기면담이 적용되거나, 단기 회기들보다 길게 적용될 때 더 효과가 있다는 것이다.[16]

동기면담은 어떤 문제에 효과적인가?

여기서 저자들은 동기면담이 어떻게 다양한 문제들에 영향을 주는지 근거들을 요약하고, 결론 부분에서 어느 정도 자신감을 보장하는 연구 결과들이 충분히 있는 분야들을 소개한다. 근거 자료로서 주석 끝부분에 대표적인 메타 분석들을 제시한다.

중독

동기면담을 개발할 때 저자들은 원래 중독 문제를 가진 사람들을 돕고자 하였다.[17] 그리고 그러한 적용이 효과성에서 가장 큰 근거임이 지속적으로 나타나고 있다.[18] 물질사용장애에 동기면담을 적용한 결과에 대한 스물다섯 가지 이상의 고찰과 메타 분석들을 연구하였고, 여기에 보다 최근 자료들을 제시한다.[19]

심각한 음주, 위험성 음주, 문제성 음주를 가진 사람들을 돕는 데 있어서 동기면담의 효과성은 성인이나 청소년 모두를 대상으로 하여 자료가 잘 기록되어 있으며, 조언을 하거나 개입을 하지 않는 경우와 비교해서 작거나 중간 정도의 효과성 크기를 나타낸다. 동기면담은 또한 위험성 음주군에게 적용하는 선별, 단기 개입 및 치료 의뢰(Screening, Brief Intervention and Referral to Treatment : SBIRT) 프로그램에 널리 사용되고 있다.[20]

금연과 관련한 보다 최근의 문헌 고찰에서는 단기 개입을 포함한 동기면담의 효과를 지지하고 있다.[21] 음주와 흡연에서 동기면담은 또한 전화와 인터넷을 매체로 효과적으로 적용될 수 있다.[22] 또한 대마초사용장애와 문제도박에의 동기면담 사용을 명백하게 지지해 오고 있다.[23,24] 지금까지, 아편류나 자극제사용장애에 동기면담만을 사용할 때의 효과성에 대해서는 거의 지지되지 않는데,[25] 이에 대해 저자들은 기타 근거 기반 치료들을 적용하는 하나의 구성 요소나 하나의 방식으로서의 동기면담의 효과성이 연구되어야 한다고 생각한다.

건강 증진 분야

동기면담은 일차 의료 장면에서, 특히 만성 질환 관리, 응급실, 특별한 케어 장면에서 재상해율과 재입원율을 낮추기 위해 널리 사용되고 있다.[26,27] 또한 건강 상태 선별,[28] 식이요법 변화,[29] 처방약 복용 준수,[30] 신체 활동,[31] 그리고 체중 감소[32] 등에 사용되어 왔다. 예방 치의학에서, 동기면담은 성인의 구강 건강을 개선하는 데 전망을 보이며, 아동 역시 부모들과 함께 개입을 제공받으면서 전망을 나타낸다.[33,34]

물론 동기면담만을 적용하는 것은 많은 건강 관심사를 다루는 데 불충분하다. 동기면담이 독립적인 개입으로 사용될 수 있으나, 일반적으로 적용되고 있는 다른 치료들과 결합하면서 보다 광범위하게 케어 전달 방식으로 사용된다.[35] 건강 증진 분야에서, 동기면담은 치료 준수를 높이는 데 가장 자주 사용되고 있고, 천식,[36] 암 질환,[37] 만성 통증,[38] 당뇨 질환,[39] 심장 질환,[40] 그리고 고혈압[41] 등을 포함한 만성 질환 상태 관리에서 자기 케어를 도모하는 데 사용된다. 또한 연구 리뷰에서 보면, 소아과에서 부모-자녀 건강 행동을 견고히 해주는 데 동기면담의 사용을 지지한다.[42]

심리사회 분야에서의 적용

동기면담은 행동 건강 분야에서 적용되는 다른 치료 방법들과 함께 통합하여 주로 사용된다.[43] 위에 제시한 물질사용장애 연구 분야에서 잘 정리된 문헌들에 덧붙여서, 불안장애[44]와 우울증[45] 치료, 그리고 심각한 정신장애 관리[46]에서 동기면담을 적용할 때 적당 수준의 경험적 지지를 받고 있다. 학교 현장에서, 학생의 행동 문제를 다루고 학업 성취도를 증진하는 데 동기면담이 사용되고 있다.[47] 일찍이, 동기면담이 복직과 보다 나은 직업 성과를 촉진할 수 있다는 근거가 있다.[48,49] 동기면담은 또한 사회복지 현장과, 부모와 자녀 복지 업무에 적용되고 있다.[50,51]

동기면담은 누구를 대상으로 할 때 효과가 있나?

동기면담과 관련하여 광범위한 범위에서 긍정적인 임상 연구 결과들이 보여주는 것은, 동기면담이 폭넓은 범위의 대상군에게 효과적으로 사용될 수 있다는 것이다. **내담자-치료 매칭**(client-treatment matching)에 관한 연구 결과, 동기면담이 특별히 도움이 되는 대상으로는 초기에 변화 동기가 낮고 분노나 저항이 높을 경우이다.[52,53] 추가적으로, 동기면담은 불우하고 주변인인 '소수민족' 대상에게 크게 이득이 있는 것으로 나타났다.[54] 후기 청소년기 내담자들이 적어도 성인들만큼 동기면담에 잘 반응하며,[55] 더 어린아이들은 동기면담에 어떻게 반응하는지 알려진 것이 거의 없다.[56] 더 어린아이들에게 있어서 전망이 있는 영역은 학생 중심의 학교 기반 동기면담이다.[57] 동기면담이 자기조절과 동기의 지속성을 가속하려면 필수적인 인지 발달 수준이 필요하다. 여기서 장점은, 동기면담이 어린아이들의 부모와 양육자에게 효과적으로 사용될 수 있다는 점이다.

　동기면담에 **역효과**(contraindication)가 있는가? 동기면담이 충실하게 적용되는 경우 피해의 위험은 매우 낮은 것으로 보인다. 동기면담의 관계 맺기 기술들은 대체로 내담자의 치료 효과를 증진한다.[58] 저자들이 18장 초반에 설명한 바와 같이("동기면담은 어떻게 효과가 있나?"), 유지대화와 불화를 완화하는 동안에 변화대화 일구기를 함으로써 동기면담의 유발하기 기술들이 가치가 있음을 보여주는 근거가 많다. 그런데 초기에 높은 수준의 변화 준비도 또는 변화 자신감을 이미 보였던 사람에게는 동기면담이 역효과를 냈다는 보고서가 서너 가지 있다.[59] 변화 동기가 낮은 사람들이 동기면담에서 혜택을 받았던 반면, 동기 수준이 더 높은 사람들의 경우는 동기면담 개입을 받지 않고도 잘 해냈다. 이 경우 문제는, 이미 동기화된 사람들에게 왜(why) 변화해야 하는지를 유발하는 과정에서 불필요하게 시간을 소비했다는 의심을 갖게 한다는 점이다. 그렇게 함으로써 진척되는 것을 방해하기까지 했을 것이다. 이런 경우, 어떻게(how) 변화

> 동기면담이 모든 사람에게 필요하지는 않다.

하려는지 계획하고 실천하는 과제로 바로 움직여야 한다. 이 점이 동기면담의 표준화

된 적용을 반대하는 것인데, 표준화된 적용이란 각각의 과제에 얼마만큼의 고정된 시간과 집중을 쏟는 것이다.

미래 동기면담 연구를 위한 몇 가지 제언

수백 가지의 무작위 임상 연구 이후 저자들의 의문은, 동기면담이 효과가 있는지 여부만을 계속 질문하는 것이 과연 생산적인가 하는 것이다. 이진법적으로 예/아니요 결정을 $p < .05$ 수준에서 맞추기보다는 더 나은 질문들을 해야 할 때이다.[60] 동기면담을 언제, 얼마나 잘, 그리고 누가 또는 무엇으로 적용할 때, 언제, 왜, 그리고 누구를 대상으로 이득이 되는가? 동기면담의 어떤 핵심 측면들이 호의적인 변화를 촉진하는가?[61]

저자들은 또한 동기면담과 기타 다른 접근 간에 어느 것이 우월한지 여부를 묻는 '경마' 실험 연구들을 계속하는 것을 막고자 한다. 현재 동기면담의 가장 흔한 적용은 경쟁이 아니라 기타 근거 기반 방법들과 결합하는 데 있다.[62] 저자들이 이 주제를 처음 만난 것은 1990년대 초반이었고, 당시 우리들은 프로젝트 MATCH(Matching Alcoholism Treatments to Client Heterogeneity) 실험 연구를 위해서 세 가지 뚜렷한 개입 접근들을 설계하고 있었다.[63] 동기면담 기반 치료는 공감과 같은 관계적 요인들을 강조했는데,[64] 나머지 두 치료 조건들(인지행동치료, 12단계 촉진 치료)에서 치료자 공감을 최소화하는 것은 있을 수 없었고 윤리적이지도 않았다. 결국, 세 가지 MATCH 치료들은 인지행동치료를 동기면담 스타일로 적용하는 결합된 행동 개입(Combined Behavioral Intervention : COMBINE)으로 묶었고,[65] 동시에 12단계 프로그램 참여를 적극 격려하였다.[66] 저자들에게 더 명확해진 것은, 동기면담이 교육,[67] 건강 증진,[68] 상담과 심리치료,[69] 코칭,[70] 또는 리더십[71] 등 어느 분야에 적용되든 간에 조력자로서 이미 하고 있는 것을 잘하는 또 하나의 방식일 수 있다는 점이다. 확실한 것은, 동기면담의 중요한 관계적 측면들이 나은 치료 효과와 관련되어 있는 일반적인 조력 기술들과 겹친다는 것이다.[72]

미래의 동기면담 연구에서는 동기면담이 적용되는 동안 충실도를 면밀히 보고해야 한다. 도달해야 하는 적용 기준치를 사전에 명시해야 하고, 실무자들이 연구 참여자들에게 처치를 시작하기에 앞서서 이러한 숙련도 수준을 시연할 수 있도록 해야 한다. 적용되는 동안 질적 수준을 연구 과정 내내 모니터링해야 한다.[73] 행동 관찰 비용을 고려하면, 면담의 '짧은 부분들(thin slices)'을 측정하거나 또는 실무자의 숙련도 기준치가 증명되면 자동화된 코딩 시스템을 사용하는 것이 충분할 수 있다.[74,75] 실무자들의 동기면담 적용 질적 수준이 다양하기 때문에, 연구 과정에서 충실도 일탈을 막기 위해서 적시에 보호해야 한다.[76]

동기면담은 현재 기타 근거 기반 치료들과 종종 결합되면서, 개입 충실도를 측정하는 것이 더 복잡해졌다. 그런 경우가 일반적이기 때문에, 큰 규모 개입의 부분이 될 경우 동기면담의 어떤 주요 측면들이 적용되어야 하고 측정되어야 하는가? 기타 구성 요소들을 적용하게 되면, 동기면담만을 위해서 고안된 평가 도구로 측정한 동기면담의 뚜렷한 '질적인 면(quality)'이 감소할 것인가? 동기면담이 기여하는 부분과 기타 개입 요인들이 어떻게 치료 효과의 예측 요인으로 뽑힐 수 있는가?

일단 어떤 효과적인 치료가 확인되면, 장차 해야 할 단계는 분해하는 연구로서, 효과의 구조를 조사하기 위해서 다양한 구성 요인들을 추가하거나 또는 제거한다. 어떤 조건하에서 동기면담의 관계 맺기 (내담자 중심) 요인들이 변화를 불러일으키는가? 보다 기술적인 과제(초점 맞추기, 유발하기, 계획하기)들은 관계적 요인을 넘어서 무엇에 기여하는가? 개별 평가 피드백(동기증진치료에서처럼)이 누구에게 또는 어떤 조건하에서 동기면담의 관계적, 기술적 구성 요인들을 넘어서 치료 효과를 증진하는가?

동기면담 정신의 글로벌 점수는 종종 그 자체로는 치료 효과를 예측하지 않는다.[77] 서너 가지의 통제된 실험 연구에서 동기면담을 내담자 중심 비지시적 조건과 비교한 바 있다. 내담자 중심 비지시적 조건은 변화대화를 유발하지 않고 동기면담의 정신을 담고 있다. 그중 두 연구에서 동기면담 조건이 유의미하게 더 많은 변화,[78] 또는 더 빠른 변화[79]를 가져왔고, 세 번째 연구에서는 단기적 치료 효과 면에서 차이가 없었다.[80]

집단 동기면담은 적용과 연구에 특별히 도전이 되고 있다.[81] 집단 형태의 동기면담이 가지는 긍정적 효과를 보고하는 임상 연구들이 있는데, 개인 대 집단 동기면담의 상대적 효과성은 불분명하다.[82]

증폭시키는 부가 요인들

동기면담의 핵심 관계적, 기술적 측면을 넘어서 동기면담의 영향력을 확장할 수 있는 몇 가지 구체적인 요소들이 때로 동기면담에 포함되거나 또는 결합되곤 한다. 이러한 것은 추가로 연구되어야 하며 언제 그리고 어떻게 동기면담 개입의 효과를 늘리는지 확인해야 한다.

> 우리는 동기면담의 영향력을 증폭시킬 수 있는가?

인정하기

인정하기는 동기면담을 처음으로 기술했을 때 언급된 첫 번째 임상 전략이었다.[83] 사람들의 장점과 노력을 인정하는 것은 관계 맺기에서의 OARS 기술들에 해당되는데, 동기면담의 이론적 설명에서는 덜 강조되었다. 상담사가 하는 인정하기와, 긍정적 존중이라고 하는 보다 폭넓은 질적인 면이 심리치료의 긍정적인 치료 효과와 일반적으로 관련이 있어 왔다.[84] 동기면담에서, 인정하기는 변화대화 수의 증가와 관련이 있다.[85] 한 무작위 임상 연구에서 마샤 리네한(Marsha Linehan)과 그의 동료들이 발견한 사실은, 변증법적 행동치료(DBT)에서 인정하기를 하는 '포괄적 타당화' 요인이 DBT의 특정 요인들이 추가되지 않아도 유사하게 긍정적인 효과를 가져왔다는 점이다.[86] 인정하기가 내담자의 방어를 감소시키고 긍정적 정서 반응을 유발함으로써 동기면담의 치료 효과를 증진하는 것이 가능하다.[87]

평가 피드백하기

13장에서 기술한 바와 같이, **동기증진치료**(Motivational Enhancement Therapy : MET)란 동기면담이라는 임상적 스타일에 개별 평가 결과에 대한 피드백을 추가한 것이다.[88] 표준적으로 평가 피드백을 하는 것만으로도 물질 사용 및 지각된 평균치에 적당한 수준의 효과를 발휘할 수 있다.[89] 그렇다면, 피드백을 제시하는 스타일이 어떤 영향을 줄까? 한 작은 실험 연구에서,[90] 문제음주자들이 평가 결과를 받은 후 동기면담 스타일 또는 보다 직면적인 스타일로 무작위로 나뉘어 피드백을 받았다. 대기자 명단의 통제 집단에 비해서 즉각적으로 피드백을 받은 사람들이 6주와 12개월 이후 조사에서 알코올 사용이 상당히 감소된 것으로 나타났으며, 두 가지 조건 간에는 유의미한 차이가 없었으나 실제로(의도되었던 바와는 반대로) 치료자 행동이 내담자의 음주 결과를 예측하였는데, 상담사가 직면을 많이 할수록 내담자는 음주를 더 많이 하였다. 이러한 효과가 말하는 것은, 실제로 적용되었던 동기면담 개입과 의도되었던 동기면담 개입을 구별하는 것이 중요하다는 점이다. 동기면담과 피드백을 다양하게 결합하여 비교하는 한 순차적 실험에서 피드백의 효과를 발견했는데, 여자 대학생들의 폭음에는 동기면담이 부가적 효과를 가져오지는 않았다.[91] 이와 대조적으로 또 다른 무작위 임상 실험에서 발견한 바에 따르면, 대학생들의 과음의 경우 평가 피드백만을 할 때에 비해서 동기면담과 피드백을 합체할 때 유의미한 음주 감소를 가져왔고, 동기면담만 하거나 피드백만을 할 때는 유의미한 차이가 없었다.[92]

자율성 지지하기

자기결정이론은 관계성과 유능함뿐 아니라 내담자의 자율성 지지하기의 중요성을 제시하고 있다. 동기면담은 자기결정이론과 높은 상관관계를 가지고 있는 개입 접근으로 기술되고 있다.[93] 개인의 선택권을 강조하는 것이 동기면담에서 흔한 요인이 되는데, 문화 간 비교 연구에서 동기면담의 자율성 지지하기가 미국에 비해서 덴마크와 독일 치료사들에게는 덜 현저했다. 미국의 경우 개인주의에 높은 가치를 두고 있다.[94] 동기면담은 변화의 매개 인자(mediator)로서 내담자가 지각하는 자기결정과 자기효능감을 증진한다.[95]

중요한 타자들

지지적 중요한 타자(Supportive Significant Other : SSO)를 포함함으로써 중독치료 효과를 증진할 수 있고,[96] 동기면담 회기에 SSO를 포함할 때 더 많은 효과성 연구를 할 만한 가치가 있다.[97] 프로젝트 MATCH에서 최초의 동기증진치료(MET) 원안[98]은 SSO와 함께 하는 공동 회기들을 제시했는데, 적용 시 소수의 사례에서만 이렇게 하였다. SSO의 동참이 내담자의 변화대화와 유지대화 표현에 영향을 줄 수 있고, 치료자 반응이 줄 수 있는 영향을 감소시킨다.[99] 한 무작위 실험 연구에서 동기면담에 SSO를 포함할 때 매우 비용 효과적임을 발견하였다.[100]

가치 탐색하기

비교적 단기적인 동기면담 개입일지라도, 인간의 가치와 관련된 행동에 영향을 줄 수 있다.[101] 본서의 3판에서 저자들은 변화 동기의 근원이자 가능한 장치로서 가치에 더 많은 주의를 기울인 바 있다. 알코올사용장애 치료를 받고 있는 성인들에게 한 시간 동안 가치 기반 동기면담 1회기를 제공하였을 때 무작위로 할당된 교육 통제 조건에 비해서 3개월과 6개월에 알코올 사용이 유의미하게 감소되었고, 음주 감소에는 자기존중감의 향상이 매개로 작용하였다.[102] 또 다른 무작위 실험 연구에서는, 가치 기반 동기면담 개입이 비만 청소년들에게 유의미한 수준으로 칼로리 섭취량을 감소시켰다.[103] 동기면담이 가치를 통해서 어떻게 영향을 주는지 또는 어떻게 효과가 있는지는 아직 명료화할 필요가 있다.

기타 치료들과 동기면담을 결합하기

동기면담은 이제 다른 치료 기법들과 나란히 협력하여 흔히 사용되고 있고, 한 **메타 분석**(meta-analysis)에 의하면 그렇게 함으로써 시간이 흐르면서 효과 크기가 증가하였다고 한다.[104] 그러면, 동기면담이라고 하는 임상적 방법과 기타 접근들이 어떻게 통합하여 상호작용할까? 사전치료로서 내담자를 동기화하는 데 동기면담을 사용할 수 있는데, 하나의 별개 모듈로 포함하고(포함하거나) 기타 치료의 적용을 위해서 임상적 스타일로 채택할 수 있다.

　주거치료 프로그램의 환자들을 대상으로 초기에 1회기 사전치료 동기면담 회기에 무작위로 할당되어 참가하거나 참가하지 않게 하고 프로그램 실무자가 아닌 스태프가 진행하였다.[105] 참가자들이 어느 집단에 할당되었는지 모르는 상태였으나 프로그램 치료자들은 퇴원 시 동기면담 치료 환자 집단이 더 동기화되고, 더 준수적이고, 더 기꺼이 프로그램 회기에 참여했다고 평가하였고, 더 나은 예후를 보인다고 평가했다. 이 결과가 의미하는 바는, 사전치료 동기면담이 치료 참여율을 높였다는 것이다. 동기면담 사전치료 내담자들은 또한 3개월 이후 조사에서 상당히 적은 음주와 높은 비율의 단주를 나타냈다.

　다른 치료들의 적용 시 동기면담이 임상적 스타일로 사용될 때, 내담자 치료 효과를 증진하는 일반적인 치료적 요인으로서 기여한다.[106] 결합된 행동 개입(COMBINE)의 임상 연구에서 동기면담을 사전치료와 처방된 임상 스타일로 사용한 바 있다.[107] 이 연구에서 내담자 치료 효과가 관계적 요인(치료자 공감)과 특정 요인(적용한 치료 모듈)에 모두 독립적으로 예측되었다.[108] 기타 치료 개입들과 결합되어 사용되는 동기면담의 기여를 찾아보는 것은 복잡한 과정이지만 미래 연구로 가치가 있다. 동기면담은 치료 효과 유지, 참여, 작업동맹, 치료 준수 등을 증진한다.

동기면담 훈련하기

16장에서 기술한 바와 같이, 동기면담 기술의 학습과 교육 관련 연구문헌들이 빠르게 성장하고 있다. 연구 결과들을 검토해보면, 동기면담 훈련은 일반적으로 단기적인 동기면담 숙련도 수준에 중간 내지 큰 효과 크기를 가져온다.[109] 동기면담 숙련도의 지속적인 획득과 유지는 초기 훈련 이후에 코칭과 피드백으로 향상될 수 있다. 학습자에게 요구되는 시간이나 훈련량은 상당히 다양하며, 훈련 후 숙련도 수준 면에서도 다양하다. 동기면담 훈련은 단계별 방식으로 제공될 수 있는데, 기준 수행치를 달성하는 데 필요한 만큼의 추가적인 분량과 질적 향상을 더해야 한다.[110] 동기면담 기술을 종국적으로 획득하는 것에 대한 신뢰도 있는 사전 훈련 예측 요인들은 알기 어려우며, 성별, 연령, 교육 수준, 경력, 또는 성격 특성과 관련하여서는 일관성이 거의 없다. 공감적 경청과 같은 구성적 숙련도를 사전 선별하는 것이 동기면담 기술 획득을 촉진한다.[111] 칼 로저스는 "치료자의 공감을 일찌감치 측정함으로써 성공적이지 못한 수많은 치료를 피해 갈 수 있다."라고 했다.[112]

상대적으로 덜 언급된 연구 주제 한 가지는, 동기면담 훈련이 임상가 자신에게 주는 영향력에 관한 연구이다. 사람들은 흔히 동기면담을 배우면서 자신의 실무와 개인의 삶에 어떤 이득이 있었는지 저자들에게 말해주는데, 체계적인 연구는 부족하다. 전망이 될 만한 변인들로는 스트레스 감소와 소진, 직업 만족도의 증가, 건강 행동, 자기 연민, 자기 모니터링, 그리고 마음챙김 등이다.[113] 동기면담의 적용은 조력자의 어깨에서 부담을 덜고 조력 관계의 즐거움을 높이는 것으로 보인다.

수천 가지 연구들이 이미 발표되었으나, 저자들은 여전히 조력 관계 내에서 어떤 일이 일어나고 있는지에 대해서 이해하기 시작했을 뿐이라고 생각한다. 저자들이 명백히 하는 것은, 동기면담 정신의 관계적 측면들과 관계 맺기가 어떤 이득이 발생하든 간에 중심이 된다는 것이다. 또한, 동기면담의 보다 기술적인 측면들이 변화의 이유와 방법에 대해서 내담자가 스스로 지혜와 자원을 찾도록 활성화할 수 있음이 명백해 보인다. 이 모든 것을 통해서 저자들은 변화와 성장을 향해 현재 상태를 넘어서는 인간의 능력에 목격자가 되는 혜택과 경험을 소중히 계속하고 있다.

저자들이 희망하는 것은, 동기면담이 도움을 받는 사람들과 도움을 제공하는 사람들에게 지속적으로 인간적인 서비스가 되도록 하는 것이다.

> 동기면담은 조력자의 업무를 더 즐겁게 할 수 있게 한다.

> **• 개인적 관점 •   동기면담 배우기**

나의 경우, 박사 과정 훈련 중에 상당히 일찍이 내담자 중심 접근을 배우기 시작했는데, 1970년대에 내가 박사 학위를 받았던 곳은 임상심리학 프로그램의 배경으로 행동주의가 유력했고, 경험적 과학은 더욱 행동주의적 성향이었던 곳이다. 나는 사람들을 이해하는 방법으로서의 행동주의 또는 실증주의에 실제로 몰두하지는 않았지만, 심리학적 주장들은 경험적으로 반복 검증되어야 한다는 데 동의하고 있었다. 그때는 칼 로저스가 임상 과학에 이와 동일하게 실행해 왔다는 것을 내가 알기 전이었고, 적용 과정과 효과, 그리고 특정 가설들이 입증되기 위해서는 관찰되고 측정되어야 한다는 것을 알기 전이었다.[114]

기대하지 않았던 연구 결과들이 우리를 동기면담으로 이끌었다. 우리가 기대했던 결과가 없었을 때 나는 호기심이 생겼고, 종종 그렇듯이, 데이터를 따라가다가 중요한 새로운 방향으로 이끌려 갔다.[115] 내담자들이 행동치료에 어떻게 반응하는가에 있어서 상담자들의 정확한 공감이 왜 그렇게 중요했나? 대기자 명단에 무작위로 할당된 내담자들의 경우 전혀 변화하지 않은 반면, 단기 개입과 자조 자료들을 제공받은 내담자는 왜 빠르게 호전되었나? 치료 효과를 예측할 때 왜 유지대화가 변화대화보다 더 자주 중요한가? 동일한 매뉴얼 기반 치료 방법을 적용하는 데 상담사들의 치료 효과는 왜 그렇게 차이가 나는가? 나에게 있어서, 잘 알려진 심리치료나 치료 매뉴얼들이 통계적으로 유의미한 차이가 있는지 여부에 대한 경마 유형의 연구들보다는 이러한 연구들이 훨씬 더 흥미가 있으며, 나 자신이 그러한 연구에 많이 참여해 왔다. 내담자들과 작업할 때처럼, 나는 연구에 호기심을 가지고 계속 몰입해 왔으며, 탐색의 중요한 결과로서 어떻게 더 나은 질문들을 할지 알게 된 것에 나는 만족한다.

－빌

☑ 주요 개념

- 내담자-치료 매칭
- 메타 분석
- 지지적 중요한 타자
- 매개 요인
- 역효과
- 체계적 문헌 고찰

☑ 요점 정리

- 임상 연구와 메타 분석에서 일반적으로 동기면담은 유의미한, 작거나 중간 크기의 효과성을 보고하는데, 여기에서 중요한 부분은 실무자와 장면과 연구에 따라서 치료 효과의 차이가 있다는 점이다.
- 동기면담의 효과성은 누가 적용하는가에 따라서 차이가 있고, 그 차이는 동기면담 적용의 질적 수준/충실도에 부분적으로 기인하고 있다.
- 동기면담을 기타 근거 기반 치료에 추가할 때 종종 내담자의 치료 효과를 증진한다.
- 물질사용장애에서, 알코올, 흡연, 대마초에 동기면담이 가장 명백하게 효과를 나타낸다.
- 건강 증진 분야에서 동기면담은 만성 질환 상태 관리에 효과적으로 사용되고 있으며, 건강 선별, 식이 변화, 처방약 복용 준수, 신체 활동과 체중 감소, 그리고 성인과 아동의 구강건강 개선 등을 증진하고 있다.
- 동기면담의 효과성을 입증하는 근거가 매우 많으며, 이제는 동기면담을 무처치 또는 다른 치료들과 경쟁적으로 비교하는 것보다 더 결실 있는 연구 주제들이 많이 있다.

참고문헌

1. Kirschenbaum, H. (2009). *The life and work of Carl Rogers*. American Counseling Association.
   Miller, W. R., & Moyers, T. B. (2017). Motivational interviewing and the clinical science of Carl Rogers. *Journal of Consulting and Clinical Psychology, 85*(8), 757–766.

2. Rogers, C. R. (1980). Empathic: An unappreciated way of being. In *A way of being* (pp. 137–163). Houghton Mifflin.

   Truax, C. B., & Carkhuff, R. R. (1967). *Toward effective counseling and psychotherapy*. Aldine.

3. Elliott, R., Bohart, A. C., Watson, J. C., & Murphy, D. (2018). Therapist empathy and client outcome: An updated meta-analysis. *Psychotherapy, 55*(4), 399–410.

   Miller, W. R., & Moyers, T. B. (2021). *Effective psychotherapists: Clinical skills that improve client outcomes*. Guilford Press.

4. A bibliography of controlled trials involving MI is available under "Other Resources" at *https://motivationalinterviewing.org*.

5. Lundahl, B. W., Kunz, C., Brownell, C., Tollefson, D., & Burke, B. L. (2010). A meta-analysis of motivational interviewing: Twenty-five years of empirical studies. *Research on Social Work Practice, 20*(2), 137–160.

6. Ball, S. A., Martino, S., Nich, C., Frankforter, T. L., van Horn, D., Crits-Christoph, P., et al. (2007). Site matters: Multisite randomized trial of motivational enhancement therapy in community drug abuse clinics. *Journal of Consulting and Clinical Psychology, 75*, 556–567.

   Babor, T. F., & Del Boca, F. K. (Eds.). (2003). *Treatment matching in alcoholism*. Cambridge University Press.

7. Miller, W. R., LoCastro, J. S., Longabaugh, R., O'Malley, S., & Zweben, A. (2005). When worlds collide: Blending the divergent traditions of pharmacotherapy and psychotherapy outcome research. *Journal of Studies on Alcohol,* Suppl. No. 15, 17–23.

8. Rimayanti, M. U., O'Halloran, P. D., Shields, N., Morris, R., & Taylor, N. F. (2021). Comparing process evaluations of motivational interviewing interventions for managing health conditions and health promotions: A scoping review. *Patient Education and Counseling.*

9. Moyers, T. B., Houck, J. M., Rice, S. L., Longabaugh, R., & Miller, W. R. (2016). Therapist empathy, combined behavioral intervention, and alcohol outcomes in the COMBINE research project. *Journal of Consulting and Clinical Psychology, 84*(3), 221–229.

   Project MATCH Research Group. (1998). Therapist effects in three treatments for alcohol problems. *Psychotherapy Research, 8*, 455–474.

10. Anderson, T., Ogles, B. M., Patterson, C. L., Lambert, M. J., & Vermeersch, D. A. (2009). Therapist effects: Facilitative interpersonal skills as a predictor of therapist success. *Journal of Clinical Psychology, 65*(7), 755–768.

    Crits-Christoph, P., Baranackie, K., Kurcias, J. S., & Beck, A. T. (1991). Meta-analysis of therapist effects in psychotherapy outcome studies. *Psychotherapy Research, 1*(2), 81–91.

    Okiishi, J., Lambert, M. J., Nielsen, S. L., & Ogles, B. M. (2003). Waiting for supershrink: An empirical analysis of therapist effects. *Clinical Psychology and Psychotherapy, 10*, 361–373.

    Wampold, B. E., & Bolt, D. M. (2006). Therapist effects: Clever ways to make them (and everything else) disappear. *Psychotherapy Research, 16*(2), 184–187.

11. Miller, W. R., & Rollnick, S. (2014). The effectiveness and ineffectiveness of complex behavioral interventions: Impact of treatment fidelity. *Contemporary Clinical Trials 37*(2), 234–241.

12. DiClemente, C. C., Corno, C. M., Graydon, M. M., Wiprovnick, A. E., & Knoblach, D. J. (2017). Motivational interviewing, enhancement, and brief interventions over the last decade: A review of reviews of efficacy and effectiveness. *Psychology of Addictive Behaviors, 31*(8), 862–887.

Frost, H., Campbell, P., Maxwell, M., O'Carroll, R., Dombrowski, S., Cheyne, H., et al. (2016). Effectiveness of motivational interviewing on adult behaviour change in health and social care settings: An overview of reviews. *Physiotherapy, 102*(Suppl. 1), e59–e60.

Lundahl, B., & Burke, B. L. (2009). The effectiveness and applicability of motivational interviewing: A practice-friendly review of four meta-analyses. *Journal of Clinical Psychology, 65*(11), 1232–1245.

McKenzie, K. J., Pierce, D., & Gunn, J. M. (2015). A systematic review of motivational interviewing in healthcare: The potential of motivational interviewing to address the lifestyle factors relevant to multimorbidity. *Journal of Comorbidity, 5*(1), 162–174.

Thompson, D. R., Chair, S. Y., Chan, S. W., Astin, F., Davidson, P. M., & Ski, C. F. (2011). Motivational interviewing: A useful approach to improving cardiovascular health? *Journal of Clinical Nursing, 20*(9–10), 1236–1244.

13. Miller, W. R., & Rose, G. S. (2009). Toward a theory of motivational interviewing. *American Psychologist, 64*(6), 527–537.

Magill, M., Colby, S. M., Orchowski, L., Murphy, J. G., Hoadley, A., Brazil, L. A., et al. (2017). How does brief motivational intervention change heavy drinking and harm among underage young adult drinkers? *Journal of Consulting and Clinical Psychology, 85*(5), 447–458.

Magill, M., & Hallgren, K. A. (2019). Mechanisms of behavior change in motivational interviewing: Do we understand how MI works? *Current Opinion in Psychology 30*, 1–5.

14. Rogers, C. R. (1980). *A way of being.* Houghton Mifflin.

15. Apodaca, T. R., & Longabaugh, R. (2009). Mechanisms of change in motivational interviewing: A review and preliminary evaluation of the evidence. *Addiction, 104*(5), 705–715.

Copeland, L., McNamara, R., Kelson, M., & Simpson, S. (2015). Mechanisms of change within motivational interviewing in relation to health behaviors outcomes: A systematic review]. *Patient Education and Counseling, 98*(4), 401–411.

Csillik, A., Meyer, T., & Osin, E. (2022). Comparative evaluation of motivational interviewing components in alcohol treatment. *Journal of Contemporary Psychotherapy, 52*(1), 55–65.

Grodin, J. P. (2006). *Assessing therapeutic change mechanisms in motivational interviewing using the articulated thoughts in simulated situations paradigm.* Dissertation, University of Southern California, Los Angeles. Available at *http://digitallibrary.usc.edu/assetserver/controller/item/etd-Grodin-20060929.pdf*

Magill, M., Apodaca, T. R., Borsari, B., Gaume, J., Hoadley, A., Gordon, R. E. F., et al. (2018). A meta-analysis of motivational interviewing process: Technical, relational, and conditional process models of change. *Journal of Consulting and Clinical Psychology, 86*(2), 140–157.

Magill, M., Colby, S. M., Orchowski, L., Murphy, J. G., Hoadley, A., Brazil, L. A., et al. (2017). How does brief motivational intervention change heavy drinking and harm among underage young adult drinkers? *Journal of Consulting and Clinical Psychology, 85*(5), 447–458.

Magill, M., Gaume, J., Apodaca, T. R., Walthers, J., Mastroleo, N. R., Borsari, B., et al. (2014). The technical hypothesis of motivational interviewing: A meta-analysis of MI's key causal model. *Journal of Consulting and Clinical Psychology, 82*(6), 973–983.

Pace, B. T., Dembe, A., Soma, C. S., Baldwin, S. A., Atkins, D. C., & Imel, Z. E. (2017). A multivariate meta-analysis of motivational interviewing process and outcome. *Psychology of Addictive Behaviors, 31*(5), 524–533.

    Pirlott, A. G., Kisbu-Sakarya, Y., Defrancesco, C. A., Elliot, D. L., & Mackinnon, D. P. (2012). Mechanisms of motivational interviewing in health promotion: A Bayesian mediation analysis. *International Journal of Behavioral Nutrition and Physical Activity, 9*(1), 69.

    Romano, M., & Peters, L. (2016). Understanding the process of motivational interviewing: A review of the relational and technical hypotheses. *Psychotherapy Research, 26*(2), 220–240.

16. Rubak, S., Sandbaek, A., Lauritzen, T., & Christensen, B. (2005). Motivational interviewing: A systematic review and meta-analysis. *British Journal of General Practice, 55*(513), 305–312.

17. Miller, W. R. (1983). Motivational interviewing with problem drinkers. *Behavioural Psychotherapy, 11*, 147–172.

    Miller, W. R., & Rollnick, S. (1991). *Motivational interviewing: Preparing people to change addictive behavior.* Guilford Press.

18. DiClemente, C. C., Corno, C. M., Graydon, M. M., Wiprovnick, A. E., & Knoblach, D. J. (2017). Motivational interviewing, enhancement, and brief interventions over the last decade: A review of reviews of efficacy and effectiveness. *Psychology of Addictive Behaviors, 31*(8), 862–887.

    Lundahl, B., & Burke, B. L. (2009). The effectiveness and applicability of motivational interviewing: A practice-friendly review of four meta-analyses. *Journal of Clinical Psychology, 65*(11), 1232–1245.

    McKenzie, K. J., Pierce, D., & Gunn, J. M. (2015). A systematic review of motivational interviewing in healthcare: The potential of motivational interviewing to address the lifestyle factors relevant to multimorbidity. *Journal of Comorbidity, 5*(1), 162–174.

    Thompson, D. R., Chair, S. Y., Chan, S. W., Astin, F., Davidson, P. M., & Ski, C. F. (2011). Motivational interviewing: A useful approach to improving cardiovascular health? *Journal of Clinical Nursing, 20*(9–10), 1236–1244.

19. Appiah-Brempong, E., Okyere, P., Owusu-Addo, E., & Cross, R. (2014). Motivational interviewing interventions and alcohol abuse among college students: A systematic review. *American Journal of Health Promotion, 29*(1), e32–e42.

    Barnett, E., Sussman, S., Smith, C., Rohrbach, L. A., & Spruijt-Metz, D. (2012). Motivational Interviewing for adolescent substance use: A review of the literature. *Addictive Behaviors, 37*(12), 1325–1334.

    Kohler, S., & Hofmann, A. (2015). Can motivational interviewing in emergency care reduce alcohol consumption in young people? A systematic review and meta-analysis. *Alcohol and Alcoholism, 50*(2), 107–117.

    Lenz, A. S., Rosenbaum, L., & Sheperis, D. (2016). Meta-analysis of randomized controlled trials of motivational enhancement therapy for reducing substance use. *Journal of Addictions and Offender Counseling, 37*(2), 66–86.

    Samson, J. E., & Tanner-Smith, E. E. (2015). Single-session alcohol interventions for heavy drinking college students: A systematic review and meta-analysis. *Journal of Studies on Alcohol and Drugs, 76*(4), 530–543.

    Tanner-Smith, E. E., & Risser, M. D. (2016). A meta-analysis of brief alcohol interventions for adolescents and young adults: Variability in effects across alcohol measures. *The American Journal of Drug and Alcohol Abuse, 42*(2), 140–151.

20. Academic ED SBIRT Research Collaborative. (2007). The impact of screening, brief intervention, and referral for treatment on Emergency Department patients' alcohol use. *Annals of Emergency Medicine, 50*(6), 699–710.

Brooks, A. C., Carpenedo, C. M., Lauby, J., Metzger, D., Byrne, E., Favor, K., et al. (2017). Expanded brief intervention for substance use in primary care. *Drug and Alcohol Dependence, 171*, e26–27.

21. DiClemente, C. C., Corno, C. M., Graydon, M. M., Wiprovnick, A. E., & Knoblach, D. J. (2017). Motivational interviewing, enhancement, and brief interventions over the last decade: A review of reviews of efficacy and effectiveness. *Psychology of Addictive Behaviors, 31*(8), 862–887.

Heckman, C. J., Egleston, B. L., & Hofmann, M. T. (2010). Efficacy of motivational interviewing for smoking cessation: A systematic review and meta-analysis. *Tobacco Control, 19*(5), 410–416.

Hettema, J. E., & Hendricks, P. S. (2010). Motivational interviewing for smoking cessation: A meta-analytic review. *Journal of Consulting and Clinical Psychology, 78*(6), 868–884.

Poudel, N., & Kavookjian, J. (2018). Motivational interviewing as a strategy for smoking cessation among adolescents—A systematic review. *Value in Health, 21*(Suppl. 1), S238–S239.

22. Jiang, S., Wu, L., & Gao, X. (2017). Beyond face-to-face individual counseling: A systematic review on alternative modes of motivational interviewing in substance abuse treatment and prevention. *Addictive Behaviors, 73*, 216–235.

23. Gates, P. J., Sabioni, P., Copeland, J., Le Foll, B., & Gowing, L. (2016). Psychosocial interventions for cannabis use disorder. *Cochrane Database of Systematic Reviews*(5), CD005336.

Grenard, J. L., Ames, S. L., Pentz, M. A., & Sussman, S. (2006). Motivational interviewing with adolescents and young adults for drug-related problems. *International Journal of Adolescent Medicine and Health, 18*(1), 53–67.

Halladay, J., Scherer, J., MacKillop, J., Woock, R., Petker, T., Linton, V., & Munn, C. (2019). Brief interventions for cannabis use in emerging adults: A systematic review, meta-analysis, and evidence map. *Drug and Alcohol Dependence, 204*(107565).

Lundahl, B., & Burke, B. L. (2009). The effectiveness and applicability of motivational interviewing: A practice-friendly review of four meta-analyses. *Journal of Clinical Psychology, 65*(11), 1232–1245.

24. Yakovenko, I., Quigley, L., Hemmelgarn, B. R., Hodgins, D. C., & Ronksley, P. (2015). The efficacy of motivational interviewing for disordered gambling: Systematic review and meta-analysis. *Addictive Behaviors, 43*, 72–82.

25. Darker, C. D., Sweeney, B. P., Barry, J. M., Farrell, M. F., & Donnelly-Swift, E. (2015). Psychosocial interventions for benzodiazepine harmful use, abuse or dependence. *Cochrane Database of Systematic Reviews*(5), CD009652.

Li, L., Zhu, S., Tse, N., Tse, S., & Wong, P. (2016). Effectiveness of motivational interviewing to reduce illicit drug use in adolescents: A systematic review and meta-analysis. *Addiction, 111*(5), 795–805.

26. Lundahl, B., Moleni, T., Burke, B. L., Butters, R., Tollefson, D., Butler, C., et al. (2013). Motivational interviewing in medical care settings: A systematic review and meta-analysis of randomized controlled trials. *Patient Education and Counseling, 93*(2), 157–168.

Morton, K., Beauchamp, M., Prothero, A., Joyce, L., Saunders, L., Spencer-Bowdage, S., et al. (2015). The effectiveness of motivational interviewing for health behaviour change in primary care settings: A systematic review. *Health Psychology Review, 9*(2), 205–223.

Purath, J., Keck, A., & Fitzgerald, C. E. (2014). Motivational interviewing for older adults in primary care: A systematic review. *Geriatric Nursing, 35*(3), 219–224.

VanBuskirk, K. A., & Wetherell, J. L. (2014). Motivational interviewing with primary care populations: A systematic review and meta-analysis. *Journal of Behavioral Medicine, 37*(4), 768–780.

27. Havard, A., Shakeshaft, A., & Sanson-Fisher, R. (2008). Systematic review and meta-analyses of strategies targeting alcohol problems in emergency departments: Interventions reduce alcohol-related injuries. *Addiction, 103*(3), 368–376.

Kohler, S., & Hofmann, A. (2015). Can motivational interviewing in emergency care reduce alcohol consumption in young people? A systematic review and meta-analysis. *Alcohol and Alcoholism, 50*(2), 107–117.

Poudel, N., Kavookjian, J., & Scalese, M. J. (2020). Motivational interviewing as a strategy to impact outcomes in heart failure patients: A systematic review. *The Patient—Patient Centred Outcomes Research, 13*(1), 43–55.

28. Chan, D. N. S., & So, W. K. W. (2021). Effectiveness of motivational interviewing in enhancing cancer screening uptake amongst average-risk individuals: A systematic review. *International Journal of Nursing Studies, 113*, 103786.

Miller, S. J., Foran-Tuller, K., Ledergerber, J., & Jandorf, L. (2017). Motivational interviewing to improve health screening uptake: A systematic review. *Patient Education and Counseling, 100*(2), 190–198.

29. Stallings, D. T., & Schneider, J. K. (2018). Motivational interviewing and fat consumption in older adults: A meta-analysis. *Journal of Gerontological Nursing, 44*(11), 33–43.

30. Alperstein, D., & Sharpe, L. (2016). The efficacy of motivational interviewing in adults with chronic pain: A meta-analysis and systematic review. *Journal of Pain, 17*(4), 393–403.

Easthall, C., Song, F., & Bhattacharya, D. (2013). A meta-analysis of cognitive-based behaviour change techniques as interventions to improve medication adherence. *BMJ Open, 3*(8), 4994.

Palacio, A., Garay, D., Langer, B., Taylor, J., Wood, B. A., & Tamkariz, L. (2016). Motivational interviewing improves medication adherence: A systematic review and meta-analysis. *Journal of General Internal Medicine, 31*(8), 929–940.

Teeter, B. S., & Kavookjian, J. (2014). Telephone-based motivational interviewing for medication adherence: A systematic review. *Translational Behavioral Medicine, 4*(4), 372–381.

Zomahoun, H. T., Guenette, L., Gregoire, J. P., Lauzier, S., Lawani, A. M., Ferdynus, C., et al. (2016). Effectiveness of motivational interviewing interventions on medication adherence in adults with chronic diseases: A systematic review and meta-analysis. *International Journal of Epidemiology, 46*(2), 589–602.

31. Nuss, K., Moore, K., Nelson, T., & Li, K. (2021). Effects of motivational interviewing and wearable fitness trackers on motivation and physical activity: A systematic review. *American Journal of Health Promotion, 35*(2), 226–235.

O'Halloran, P. D., Blackstock, F., Shields, N., Holland, A., Iles, R., Kingsley, M., et al. (2014). Motivational interviewing to increase physical activity in people with chronic health conditions: A systematic review and meta-analysis. *Clinical Rehabilitation, 28*(12), 1159–1171.

Pudkasam, S., Feehan, J., Talevski, J., Vingrys, K., Polman, R., Chinlumprasert, N., et al. (2021). Motivational strategies to improve adherence to physical activity in breast cancer survivors: A systematic review and meta-analysis. *Maturitas, 152*, 32–47.

32. Barnes, R. D., & Ivezaj, V. (2015). A systematic review of motivational interviewing for weight loss among adults in primary care. *Obesity Reviews, 16*(4),

304–318.

Kao, T. A., Ling, J., Hawn, R., & Vu, C. (2021). The effects of motivational interviewing on children's body mass index and fat distributions: A systematic review and meta-analysis. *Obesity Reviews, 22*(6), e13308.

Patel, M. L., Wakayama, L. N., Bass, M. B., & Breland, J. Y. (2019). Motivational interviewing in eHealth and telehealth interventions for weight loss: A systematic review. *Preventive Medicine, 126*, 105738.

Suire, K. B., Kavookjian, J., Feiss, R., & Wadsworth, D. D. (2021). Motivational interviewing for weight management among women: A meta-analysis and systematic review of RCTs. *International Journal of Behavioral Medicine, 28*(4), 403–416.

33. Cascaes, A. M., Bielemann, R. M., Clark, V. L., & Barros, A. J. D. (2014). Effectiveness of motivational interviewing at improving oral health: A systematic review. *Revista de Saúde Pública, 48*(1), 142–153.

Gao, X., Lo, E. C. Y., Kot, S. C. C., & Chan, K. C. W. (2014). Motivational interviewing in improving oral health: A systematic review of randomized controlled trials. *Journal of Periodontology, 85*(3), 426–437.

Kay, E. J., Vascott, D., Hocking, A., & Nield, H. (2016). Motivational interviewing in general dental practice: A review of the evidence. *British Dental Journal, 221*(12), 785–791.

34. Albino, J., & Tiwari, T. (2016). Preventing childhood caries: A review of recent behavioral research. *Journal of Dental Research, 95*(1), 35–42.

Borelli, B., Tooley, E. M., & Scott-Sheldon, L. A. J. (2015). Motivational interviewing for parent-child health interventions: A systematic review and meta-analysis. *Pediatric Dentistry, 37*(3), 254–265.

Colvara, B. C., Faustino-Silva, D. D., Meyer, E., Hugo, F. N., Celeste, R. K., & Hilgert, J. B. (2021). Motivational interviewing for preventing early childhood caries: A systematic review and meta-analysis. *Community Dentistry and Oral Epidemiology, 49*(1), 10–16.

Faghihian, R., Faghihian, E., Kazemi, A., Tarrahi, M. J., & Zakizade, M. (2020). Impact of motivational interviewing on early childhood caries: A systematic review and meta-analysis. *Journal of the American Dental Association, 151*(9), 650–659.

35. Rollnick, S., Miller, W. R., & Butler, C. C. (2023). *Motivational interviewing in health care: Helping patients change behavior* (2nd ed.). Guilford Press.

36. Gesinde, B., & Harry, S. (2018). The use of motivational interviewing in improving medication adherence for individuals with asthma: A systematic review. *Perspectives in Public Health, 138*(6), 329–335.

37. Spencer, J. C., & Wheeler, S. B. (2016). A systematic review of motivational interviewing interventions in cancer patients and survivors. *Patient Education and Counseling, 99*(7), 1099–1105.

38. Alperstein, D., & Sharpe, L. (2016). The efficacy of motivational interviewing in adults with chronic pain: A meta-analysis and systematic review. *Journal of Pain, 17*(4), 393–403.

39. Ekong, G., & Kavookjian, J. (2016). Motivational interviewing and outcomes in adults with type 2 diabetes: A systematic review. *Patient Education and Counseling, 99*(6), 944–952.

40. Ghizzardi, G., Arrigoni, C., Dellafiore, F., Vellone, E., & Caruso, R. (2021). Efficacy of motivational interviewing on enhancing self-care behaviors among patients with chronic heart failure: A systematic review and meta-analysis of randomized controlled trials. *Heart Failure Reviews, 27*(4), 1029–1041.

Thompson, D. R., Chair, S. Y., Chan, S. W., Astin, F., Davidson, P. M., & Ski, C. F. (2011). Motivational interviewing: A useful approach to improving cardiovascular health? *Journal of Clinical Nursing, 20*(9–10), 1236–1244.

41. Ren, Y., Yang, H., Browning, C., Thomas, S., & Liu, M. (2014). Therapeutic effects of motivational interviewing on blood pressure control: A meta-analysis of randomized controlled trials *International Journal of Cardiology, 172*(2), 509–511.

42. Borelli, B., Tooley, E. M., & Scott-Sheldon, L. A. J. (2015). Motivational interviewing for parent–child health interventions: A systematic review and meta-analysis. *Pediatric Dentistry, 37*(3), 254–265.

Gayes, L. A., & Steele, R. G. (2014). A meta-analysis of motivational interviewing interventions for pediatric health behavior change. *Journal of Consulting and Clinical Psychology, 82*(3), 521–535.

43. Arkowitz, H., Miller, W. R., & Rollnick, S. (Eds.). (2015). *Motivational interviewing in the treatment of psychological problems* (2nd ed.). Guilford Press.

44. Marker, I., & Norton, P. J. (2018). The efficacy of incorporating motivational interviewing to cognitive behavior therapy for anxiety disorders: A review and meta-analysis. *Clinical Psychology Review, 62*, 1–10.

Randall, C. L., & McNeil, D. W. (2017). Motivational interviewing as an adjunct to cognitive behavior therapy for anxiety disorders: A critical review of the literature. *Cognitive and Behavioral Practice, 24*(3), 296–311.

45. Riper, H., Andersson, G., Hunter, S. B., de Wit, J., Berking, M., & Cuijpers, P. (2014). Treatment of comorbid alcohol use disorders and depression with cognitive-behavioural therapy and motivational interviewing: A meta-analysis. *Addiction, 109*(3), 394–406.

46. Wong-Anuchit, C., Chantamit-O-Pas, C., Schneider, J. K., & Mills, A. C. (2019). Motivational interviewing–based compliance/adherence therapy interventions to improve psychiatric symptoms of people with severe mental illness: Meta-analysis. *Journal of the American Psychiatric Nurses Association, 25*(2), 122–133.

47. Rollnick, S., Kaplan, S. G., & Rutschman, R. (2016). *Motivational interviewing in schools: Conversations to improve behavior and learning.* Guilford Press.

Snape, L., & Atkinson, C. (2016). The evidence for student-focused motivational interviewing in educational settings: A review of the literature. *Advances in School Mental Health Promotion, 9*(2), 119–139.

48. Flodgren, G. M., & Berg, R. C. (2017). *Motivational interviewing as a method to facilitate return to work: A systematic review* (p. 71). Oslo: Norwegian Institute of Public Health, Division of Health Services.

49. Binder, J., Hannum, C., McCarthy, C., McLeod, E., Overpeck, J., Kaiser, L., et al. (2019). A systematic review of the efficacy of motivational interviewing on occupational performance. *Student Papers and Posters.* Retrieved from *https://jdc.jefferson.edu/student_papers/32.*

50. Hohman, M. (2021). *Motivational interviewing in social work practice* (2nd ed.). Guilford Press.

51. Shah, A., Jeffries, S. K., Cheatham, L. P., Hasenbein, W., Creel, M., Nelson-Gardell, S., & White-Chapman, N. (2018). Partnering with parents: Reviewing the evidence for motivational interviewing in child welfare. *Families in Society, 100*(4), 104438941880345.

52. Witkiewitz, K., Hartzler, B., & Donovan, D. (2010). Matching motivation enhancement treatment to client motivation: Re-examining the Project MATCH motivation matching hypothesis. *Addiction, 105*, 1403–1413.

53. Karno, M. P., & Longabaugh, R. (2005). An examination of how therapist directiveness interacts with patient anger and reactance to predict alcohol use. *Journal*

of *Studies on Alcohol, 66*, 825–832.

Waldron, H. B., Miller, W. R., & Tonigan, J. S. (2001). Client anger as a predictor of differential response to treatment. In R. Longabaugh & P. W. Wirtz (Eds.), *Project MATCH hypotheses: Results and causal chain analyses* (Vol. 8, pp. 134–148). National Institute on Alcohol Abuse and Alcoholism.

54. Hettema, J., Steele, J., & Miller, W. R. (2005). Motivational interviewing. *Annual Review of Clinical Psychology, 1*, 91–111.

Villanueva, M., Tonigan, J. S., & Miller, W. R. (2007). Response of Native American clients to three treatment methods for alcohol dependence. *Journal of Ethnicity in Substance Abuse, 6*(2), 41–48.

55. Cushing, C. C., Jensen, C. D., Miller, M. B., & Leffingwell, T. R. (2014). Meta-analysis of motivational interviewing for adolescent health behavior: Efficacy beyond substance use. *Journal of Consulting and Clinical Psychology, 82*(6), 1212–1218.

Heckman, C. J., Egleston, B. L., & Hofmann, M. T. (2010). Efficacy of motivational interviewing for smoking cessation: A systematic review and meta-analysis. *Tobacco Control, 19*(5), 410–416.

Jensen, C. D., Cushing, C. C., Aylward, B. S., Craig, J. T., Sorell, D. M., & Steele, R. G. (2011). Effectiveness of motivational interviewing interventions for adolescent substance use behavior change: A meta-analytic review. *Journal of Consulting and Clinical Psychology, 79*(4), 433–440.

Schaefer, M. R., & Kavookjian, J. (2017). The impact of motivational interviewing on adherence and symptom severity in adolescents and young adults with chronic illness: A systematic review. *Patient Education and Counseling, 100*(12), 2190–2199.

56. Erickson, S. J., Gerstle, M., & Feldstein, S. W. (2005). Brief interventions and motivational interviewing with children, adolescents, and their parents in pediatric health care settings: A review. *Archives of Pediatrics and Adolescent Medicine, 159*(12), 1173–1180.

57. Snape, L., & Atkinson, C. (2016). The evidence for student-focused motivational interviewing in educational settings: A review of the literature. *Advances in School Mental Health Promotion, 9*(2), 119–139.

58. Miller, W. R., & Moyers, T. B. (2021). *Effective psychotherapists: Clinical skills that improve client outcomes.* Guilford Press.

59. Kuerbis, A., Houser, J., Levak, S., Shao, S., & Morgenstern, J. (2018). Exploration of treatment matching of problem drinker characteristics to motivational interviewing and non-directive client-centered psychotherapy. *Journal of Substance Abuse Treatment, 86*, 9–16.

Peters, L., Romano, M., Byrow, Y., Gregory, B., McLellan, L. F., Brockveld, K., et al. (2019). Motivational interviewing prior to cognitive behavioural treatment for social anxiety disorder: A randomised controlled trial. *Journal of Affective Disorders, 256*, 70–78.

Rohsenow, D. J., Monti, P. M., Martin, R. A., Colby, S. M., Myers, M. G., Gulliver, S. B., et al. (2004). Motivational enhancement and coping skills training for cocaine abusers: Effects on substance use outcomes. *Addiction, 99*(7), 862–874.

Stotts, A. L., Schmitz, J. M., Rhoades, J. M., & Grabowski, J. (2001). Motivational interviewing with cocaine-dependent patients: A pilot study. *Journal of Consulting and Clinical Psychology, 69*, 858–862.

60. Cohen, J. (1994). The earth is round ($p < .05$). *American Psychologist, 49*, 997–1003.

61. There is a rich literature now on "therapeutic mechanisms" as well as key attributes

of providers.

Magill, M., Kiluk, B. D., McCrady, B. S., Tonigan, J. S., & Longabaugh, R. (2015). Active ingredients of treatment and client mechanisms of change in behavioral treatments for alcohol use disorders: Progress 10 years later. *Alcoholism: Clinical and Experimental Research, 39*(10), 1852–1862.

Miller, W. R., & Moyers, T. B. (2021). *Effective psychotherapists: Clinical skills that improve client outcomes.* Guilford Press.

62. Chermack, S. T., Bonar, E. E., Goldstick, J. E., Winters, J., Blow, F. C., Friday, S., et al. (2019). A randomized controlled trial for aggression and substance use involvement among veterans: Impact of combining motivational interviewing, cognitive behavioral treatment and telephone-based continuing care. *Journal of Substance Abuse Treatment, 98,* 78–88.

Naar, S., & Safren, S. A. (2017). *Motivational interviewing and CBT: Combining strategies for maximum effectiveness.* Guilford Press.

Oei, T. P. S., Raylu, N., & Casey, L. M. (2010). Effectiveness of group and individual formats of a combined motivational interviewing and cognitive behavioral treatment program for problem gambling: A randomized controlled trial, *Behavioural and Cognitive Psychotherapy, 38*(2), 233–238.

63. Project MATCH Research Group. (1993). Project MATCH: Rationale and methods for a multisite clinical trial matching patients to alcoholism treatment. *Alcoholism: Clinical and Experimental Research, 17,* 1130–1145.

64. Miller, W. R., Zweben, A., DiClemente, C., & Rychtarik, R. (1992). *Motivational enhancement therapy manual: A clinical research guide for therapist treating individuals with alcohol abuse and dependence* (Vol. 2). National Institute on Alcohol Abuse and Alcoholism.

65. Longabaugh, R., Zweben, A., LoCastro, J. S., & Miller, W. R. (2005). Origins, issues and options in the development of the Combined Behavioral Intervention. *Journal of Studies on Alcohol, 66*(4), S179–S187.

66. The Combined Behavioral Intervention was evaluated in the COMBINE Study: Donovan, D. M., Anton, R. F., Miller, W. R., Longabaugh, R., Hosking, J. D., & Youngblood, M. (2008). Combined pharmacotherapies and behavioral interventions for alcohol dependence (The COMBINE Study): Examination of posttreatment drinking outcomes. *Journal of Studies on Alcohol and Drugs, 69*(1), 5–13.

67. Rollnick, S., Kaplan, S. G., & Rutschman, R. (2016). *Motivational interviewing in schools: Conversations to improve behavior and learning.* Guilford Press.

68. Rollnick, S., Miller, W. R., & Butler, C. (2023). *Motivational interviewing in health care: Helping patients change behavior* (2nd ed.). Guilford Press.

69. Arkowitz, H., Miller, W. R., & Rollnick, S. (Eds.). (2015). *Motivational interviewing in the treatment of psychological problems* (2nd ed.). Guilford Press.

70. Rollnick, S., Fader, J., Breckon, J., & Moyers, T. B. (2020). *Coaching athletes to be their best: Motivational interviewing in sports.* Guilford Press.

71. Marshall, C., & Nielsen, A. S. (2020). *Motivational interviewing for leaders in the helping professions: Facilitating change in organizations.* Guilford Press.

Organ, J. N. (2021). Motivational interviewing: A tool for servant leadership. *International Journal of Servant-Leadership, 15*(1), 209–234.

Wilcox, J., Kersh, B. C., & Jenkins, E. A. (2017). *Motivational interviewing for leadership: MI-LEAD.* Gray Beach.

72. Egan, G., & Reese, R. J. (2019). *The skilled helper: A problem-management and opportunity-development approach to helping* (11th ed.). Cengage.

Miller, W. R., & Moyers, T. B. (2021). *Effective psychotherapists: Clinical skills that improve client outcomes.* Guilford Press.

73. Jelsma, J. G. M., Mertens, V.-C., Forsberg, L., & Forsberg, L. (2015). How to measure motivational interviewing fidelity in randomized controlled trials: Practical recommendations. *Contemporary Clinical Trials Communications, 43*, 93–99.

74. Caperton, D. D., Atkins, D. C., & Imel, Z. E. (2018). Rating motivational interviewing fidelity from thin slices. *Psychology of Addictive Behaviors, 32*(4), 434–441.

75. Atkins, D. C., Steyvers, M., Imel, Z. E., & Smyth, P. (2014). Scaling up the evaluation of psychotherapy: Evaluating motivational interviewing fidelity via statistical text classification. *Implementation Science, 9*(1), 1–11.

76. Hallgren, K. A., Dembe, A., Pace, B. T., Imel, Z. E., Lee, C. M., & Atkins, D. C. (2018). Variability in motivational interviewing adherence across sessions, providers, sites, and research contexts. *Journal of Substance Abuse Treatment, 84*, 30–41.

77. Apodaca, T. R., & Longabaugh, R. (2009). Mechanisms of change in motivational interviewing: A review and preliminary evaluation of the evidence. *Addiction, 104*(5), 705–715.

78. Sellman, J. D., Sullivan, P. F., Dore, G. M., Adamson, S. J., & MacEwan, I. (2001). A randomized controlled trial of motivational enhancement therapy (MET) for mild to moderate alcohol dependence. *Journal of Studies on Alcohol, 62*, 389–396.

79. Morgenstern, J., Kuerbis, A., Amrhein, P., Hail, L., Lynch, K., & McKay, J. R. (2012). Motivational interviewing: A pilot test of active ingredients and mechanisms of change. *Psychology of Addictive Behaviors, 26*(4), 859–869.

80. Morgenstern, J., Kuerbis, A., Houser, J., Levak, S., Amrhein, P., Shao, S., et al. (2017). Dismantling motivational interviewing: Effects on initiation of behavior change among problem drinkers seeking treatment. *Psychology of Addictive Behaviors, 31*(7), 751–762.

81. Wagner, C. C., & Ingersoll, K. S. (with contributors). (2013). *Motivational interviewing in groups*. Guilford Press.

82. Jiang, S., Wu, L., & Gao, X. (2017). Beyond face-to-face individual counseling: A systematic review on alternative modes of motivational interviewing in substance abuse treatment and prevention. *Addictive Behaviors, 73*, 216–235.

83. Miller, W. R. (1983). Motivational interviewing with problem drinkers. *Behavioural Psychotherapy, 11*, 147–172.

84. Farber, B. A., Suzuki, J. Y., & Lynch, D. A. (2018). Positive regard and psychotherapy outcome: A meta-analytic review. *Psychotherapy, 55*(4), 411–423.

    Miller, W. R., & Moyers, T. B. (2021). *Effective psychotherapists: Clinical skills that improve client outcomes*. Guilford Press.

85. Apodaca, T. R., Jackson, K. M., Borsari, B., Magill, M., Longabaugh, R., Mastroleo, N. R., et al. (2016). Which individual therapist behaviors elicit client change talk and sustain talk in motivational interviewing? *Journal of Substance Abuse Treatment, 61*, 60–65.

    Magill, M., Gaume, J., Apodaca, T. R., Walthers, J., Mastroleo, N. R., Borsari, B., et al. (2014). The technical hypothesis of motivational interviewing: A meta-analysis of MI's key causal model. *Journal of Consulting and Clinical Psychology, 82*(6), 973–983.

86. Linehan, M. M., Dimeff, L. A., Reynolds, S. K., Comtois, K. A., Welch, S. S., Heagerty, P., et al. (2002). Dialectical behavior therapy versus comprehensive validation therapy plus 12–step for the treatment of opioid dependent women meeting criteria for borderline personality disorder. *Drug and Alcohol Dependence, 67*(1), 13–26.

87. Epton, T., Harris, P. R., Kane, R., van Konigsbruggen, G. M., & Sheeran, P. (2015). The impact of self-affirmation on health-behavior change: A meta-analysis. *Health*

Psychology, 34(3), 187–196.

Wagner, C. C., & Ingersoll, K. S. (2008). Beyond cognition: Broadening the emotional base of motivational interviewing. *Journal of Psychotherapy Integration, 18*, 191–206.

88. Miller, W. R., Zweben, A., DiClemente, C., & Rychtarik, R. (1992). *Motivational enhancement therapy manual: A clinical research guide for therapist treating individuals with alcohol abuse and dependence* (Vol. 2). National Institute on Alcohol Abuse and Alcoholism.

89. Agostinelli, G., Brown, J. M., & Miller, W. R. (1995). Effects of normative feedback on consumption among heavy drinking college students. *Journal of Drug Education, 25*, 31–40.

Blevins, C. E., Walker, D. D., Stephens, R. S., Banes, K. E., & Roffman, R. A. (2018). Changing social norms: The impact of normative feedback included in motivational enhancement therapy on cannabis outcomes among heavy-using adolescents. *Addictive Behaviors, 76*, 270–274.

Neighbors, C., Lewis, M. A., Atkins, D. C., Jensen, M. M., Walter, T., Fossos, N., et al. (2010). Efficacy of web-based personalized normative feedback: A two-year randomized controlled trial. *Journal of Consulting and Clinical Psychology, 78*(6), 898–911.

90. Miller, W. R., Benefield, R. G., & Tonigan, J. S. (1993). Enhancing motivation for change in problem drinking: A controlled comparison of two therapist styles. *Journal of Consulting and Clinical Psychology, 61*, 455–461.

91. Juarez, P., Walters, S. T., Daugherty, M., & Radi, C. (2006). A randomized trial of motivational interviewing and feedback with heavy drinking college students. *Journal of Drug Education, 36*, 233–246.

92. Walters, S. T., Vader, A. M., Harris, T. R., Field, C. A., & Jouriles, E. N. (2009). Dismantling motivational interviewing and feedback for college drinkers: A randomized clinical trial. *Journal of Consulting and Clinical Psychology, 77*(1), 64–73.

93. Britton, P. C., Williams, G. C., & Conner, K. R. (2008). Self-determination theory, motivational interviewing, and the treatment of clients with acute suicidal ideation. *Journal of Clinical Psychology, 64*(1), 52–66.

Resnicow, K., & McMaster, F. (2012). Motivational Interviewing: moving from why to how with autonomy support. *International Journal of Behavioral Nutrition and Physical Activity, 9*(1), 1–9.

Vansteenkiste, M., Williams, G. C., & Resnicow, K. (2012). Toward systematic integration between self-determination theory and motivational interviewing as examples of top-down and bottom-up intervention development: autonomy or volition as a fundamental theoretical principle. *The International Journal of Behavioral Nutrition and Physical Activity, 9*(1), 1–11.

94. Schmidt, L. K., Andersen, K., & Søgaard Nielsen, A. (2022). Differences in the delivery of motivational interviewing across three countries. *Journal of Ethnicity in Substance Abuse, 21*(3), 823–844.

95. O'Halloran, P. D., Blackstock, F., Shields, N., Holland, A., Iles, R., Kingsley, M., et al. (2014). Motivational interviewing to increase physical activity in people with chronic health conditions: A systematic review and meta-analysis. *Clinical Rehabilitation, 28*(12), 1159–1171.

O'Halloran, P. D., Shields, N., Blackstock, F., Wintle, E., & Taylor, N. F. (2016). Motivational interviewing increases physical activity and self-efficacy in people living in the community after hip fracture: A randomized controlled trial. *Clinical Rehabilitation, 30*(11), 1108–1119.

96. Hunter-Reel, D., Witkiewitz, K., & Zweben, A. (2012). Does session attendance by a supportive significant other predict outcomes in individual treatment for alcohol use disorders? *Alcoholism: Clinical and Experimental Research, 36*(6), 1237–1243.

Jiménez-Murcia, S., Tremblay, J., Stinchfield, R., Granero, R., Fernández-Aranda, F., Mestre-Bach, G., et al. (2017). The involvement of a concerned significant other in gambling disorder treatment outcome. *Journal of Gambling Studies 33*(3), 937–953.

97. Magill, M., Mastroleo, N. R., Apodaca, T. R., Barnett, N. P., Colby, S. M., & Monti, P. M. (2010). Motivational interviewing with significant other participation: Assessing therapeutic alliance and patient satisfaction and engagement. *Journal of Substance Abuse Treatment, 39*(4), 391–398.

98. Project MATCH Research Group. (1993). Project MATCH: Rationale and methods for a multisite clinical trial matching patients to alcoholism treatment. *Alcoholism: Clinical and Experimental Research, 17*, 1130–1145.

99. Apodaca, T. R., Magill, M., Longabaugh, R., Jackson, K. M., & Monti, P. M. (2013). Effect of a significant other on client change talk in motivational interviewing. *Journal of Consulting and Clinical Psychology, 81*(1), 35–46.

100. Shepard, D. S., Lwin, A. K., Barnett, N. P., Mastroleo, N., Colby, S. M., Gwaltney, C., et al. (2016). Cost-effectiveness of motivational intervention with significant others for patients with alcohol abuse. *Addiction, 111*, 832–839.

101. Rokeach, M. (1973). *The nature of human values*. Free Press.

102. Sanchez, F. P. (2001). *A values-based intervention for alcohol abuse*. PhD dissertation, University of New Mexico, Albuquerque.

103. Bean, M. K., Ingersoll, K. S., Powell, P., Stern, M., Evans, R. K., Wickham, E. P., 3rd, et al. (2018). Impact of motivational interviewing on outcomes of an adolescent obesity treatment: Results from the MI Values randomized controlled pilot trial. *Clinical Obesity, 8*(5), 323–326.

104. Hettema, J., Steele, J., & Miller, W. R. (2005). Motivational interviewing. *Annual Review of Clinical Psychology, 1*, 91–111.

105. Brown, J., & Miller, W. R. (1993). Impact of motivational interviewing on participation and outcome in residential alcoholism treatment. *Psychology of Addictive Behaviors, 7*, 211–218.

106. The spirit and method of MI overlap substantially with "nonspecific" or "common" factors associated with better outcomes. See Miller, W. R., & Moyers, T. B. (2021). *Effective psychotherapists: Clinical skills that improve client outcomes*. Guilford Press.

107. Longabaugh, R., Zweben, A., LoCastro, J. S., & Miller, W. R. (2005). Origins, issues and options in the development of the Combined Behavioral Intervention. *Journal of Studies on Alcohol, 66*(4), S179–S187.

108. Moyers, T. B., Houck, J. M., Rice, S. L., Longabaugh, R., & Miller, W. R. (2016). Therapist empathy, combined behavioral intervention, and alcohol outcomes in the COMBINE research project. *Journal of Consulting and Clinical Psychology, 84*(3), 221–229.

109. de Roten, Y., Zimmerman, G., Ortega, D., & Despland, J. N. (2013). Meta-analysis of the effects of MI training on clinicians' behavior. *Journal of Substance Abuse Treatment, 45*, 155–162.

110. Martino, S., Canning-Ball, M., Carroll, K. M., & Rounsaville, B. J. (2011). A criterion-based stepwise approach for training counselors in motivational interviewing. *Journal of Substance Abuse Treatment, 40*(4), 357–365.

111. Miller, W. R., Moyers, T. B., Arciniega, L., Ernst, D., & Forcehimes, A. (2005).

Training, supervision and quality monitoring of the COMBINE Study behavioral interventions. *Journal of Studies on Alcohol, 15*(Suppl.), 188–195.

112. Rogers, C. R. (1980). Empathic: An unappreciated way of being. In *A way of being* (pp. 137–163). Houghton Mifflin, p. 147.

113. Cunningham, F. C., Murphy, M. G., Ward, G., Fagan, R., Arley, B., Hornby-Turner, Y. C., et al. (2022). Impact of an Aboriginal and Torres Strait Islander brief intervention training program on health staff participants' own health behaviours: Smoking, nutrition and physical activity. *Health Promotion Journal of Australia, 33*(S1), 235–245.

Endrejat, P. C., & Kauffeld, S. (2021). Learning motivational interviewing: Prospects to preserve practitioners' well-being. *International Journal of Workplace Health Management, 14*(1), 1–11.

Epstein, R., Siegel, D., & Silberman, J. (2008). Self-monitoring in clinical practice: A challenge for medical educators. *The Journal of Continuing Education in the Health Professions, 28,* 5–13.

Norman, Å., Lundberg, U., Farbring, C. Å., Källmén, H., & Forsberg, L. (2020). The feasibility and potential of training correctional officers in flexible styles of communication to reduce burnout: A multiple baseline trial in real-life settings. *Scandinavian Journal of Work and Organizational Psychology, 5*(1), Article 12.

Pastore, O., & Fortier, M. (2020). Understanding the link between motivational interviewing and self-compassion. *Journal of Counselling and Psychotherapy, 54*(4), 846–860.

Pollak, K. I., Nagy, P., Bigger, J., Bilheimer, A., Lyna, P., Gao, X., et al. (2016). Effect of teaching motivational interviewing via communication coaching on clinician and patient satisfaction in primary care and pediatric obesity-focused offices. *Patient Education and Counseling, 99*(2), 300–303.

114. Miller, W. R., & Moyers, T. B. (2017). Motivational interviewing and the clinical science of Carl Rogers. *Journal of Consulting and Clinical Psychology, 85*(8), 757–766.

Kirschenbaum, H. (2009). *The life and work of Carl Rogers.* American Counseling Association.

115. Miller, W. R. (2000). Rediscovering fire: Small interventions, large effects. *Psychology of Addictive Behaviors, 14,* 6–18.

동기면담 용어 모음

가치-행동 불일치(Value-behavior discrepancies) 내담자의 현재 행동과, 삶의 의미와 방향을 가리키는 자신의 핵심 목표 및 기준 사이의 갈등.

거울 되기(Mirroring) 내담자가 말하거나 경험한 것을 정확하게 반영하려고 노력한다.

결단대화(Commitment language) 활동적 변화대화의 한 유형으로 변화를 수행하려는 의도와 동의를 표현한 말. 흔히 동사로는 '할 거예요, 하고 있어요, 하려고 합니다' 등이 포함된다.

결정저울(Decisional balance) 변화에 대한 긍정적, 부정적 동기의 상대적인 힘. 변화나 계획에 대한 찬반을 동등하게 탐색하는 개입을 말한다.

경험하기(Experiencing) 자기 자신에 관해서 이야기할 때 일인칭으로, 현재 시제로, 정서적으로 몰입되어 표현한다.

계획하기 과제(Planning task) 동기면담의 기본 과정 중 네 번째 과제. 특정 변화를 성취하는 방법을 파악하고자 한다.

공감(Empathy) 내담자의 관점과 경험을 면담자가 정확하게 이해하여 전달하는 것. 가장 흔히 반영으로 전달된다.

과장하기(Overstating) 내담자가 표현한 말의 내용이나 감정에 강도를 더해서 표현하는 반영의 한 유형. **확대반영** 참조.

관계 맺기 과제(Engaging task) 동기면담의 네 가지 과업 중 첫 번째 과제. 서로 신뢰하고 존중하는 조력 관계를 형성한다.

교정반사(Fixing reflex) 피해를 방지하고 내담자의 복지를 도모하려는 조력자의 자연스러운 욕구인데 지각된 문제들을 바로잡거나 고쳐주려고 한다.

근거 기반 치료(Evidence-based treatment : EBT) 구체적으로 명시된 기준에 의해서 효과성이 충분하게 과학적으로 입증된 치료적 방법을 말한다.

나란히 가기(Coming alongside) 유지대화나 불화가 지속될 때 면담자가 하는 반응으로 내담자의 관점을 채택해서 반영한다.

내담자-치료 매칭(Client-treatment matching) 어떤 내담자 부류와 어떤 치료 유형이 차별화된 이득을 가지고 오는지 알아보는 방법을 말한다.

내재된 변화대화(Embedded change talk) 유지대화와 섞여서 표현되는 변화대화를 말한다.

능력대화(Ability language) 예비적 변화대화의 한 유형. 변화할 수 있다는 개인의 지각된 능력을 반영하며, '할 수 있다' 등의 말이 포함된다.

단순반영(Simple reflection) 내담자가 이미 말한 것에 다른 내용을 거의 또는 전혀 추가하지 않은 반영을 말한다.

단순인정(Simple affirmation) 하나의 특정한 긍정적 행동, 말, 노력, 의도를 인정하는 지지적 진술을 말한다.

닫힌 질문(Closed question) 답을 할 수 있는 범위를 제한하는 질문으로 예/아니요, 단답식, 또는 구체적인 정보를 묻는다.

동기면담(Motivational interviewing : MI) 내담자와 대화하는 특별한 방식으로서 내담자 자신의 동기와 결단을 견고히 하기 위해 변화와 성장에 관해 이야기하는 것이다.

동기면담 정신(Spirit of MI) 동기면담을 적용할 때 가지는 마음가짐과 정신으로서, 파트너십, 수용, 연민, 임파워먼트(역량 증진)를 포함한다.

동기증진치료(Motivational enhancement therapy : MET) 프로젝트 MATCH에서 처음 개발되고 검증된 치료 접근으로 동기면담을 평가 피드백과 결합한 것이다.

따라가기(Following) 상대방의 경험을 경청하고 따라가면서 자기의 생각을 주입하지 않는 자연스러운 소통 스타일을 말한다.

롤 플레이(Role play) 기술 훈련 방법 중 하나. '내담자' 역할을 배우처럼 한다.

리얼 플레이(Real play) 기술 훈련 방법 중 하나. 내담자는 자신의 실제 경험을 이야기한다.

매개 요인(Mediator) 연구에서, 두 가지 변인의 관계를 설명하는 또 다른 변인을 말한다.

메타 분석(Meta-analysis)   연구 결과들의 효과 크기와 경향을 조사하기 위해서 독립된 결과들을 통합하는 연구 방법을 말한다.

문단 이어가기(Continuing the paragraph)   반영적 경청을 하는 한 가지 방법. 상담사는 내담자가 말할 만한 다음 문장(아직 표현하지 않은 내담자의 문장)을 말해줌으로써 내담자의 문단이 되도록 한다.

물방울 용지(Bubble sheet)   종이에 원을 많이 그리고 그 안에 대화 주제가 될 수 있는 다양한 대안들을 하나씩 적은 것이다.

미래에 대한 그림 그리기(Envisioning)   내담자가 변화를 성취한 것을 상상하도록 한다.

반영(Reflection)   내담자가 한 말의 의미(표현된 것 또는 표현되지 않은 것)를 면담자가 거울처럼 비추어 진술한다. **단순반영**과 **복합반영** 참조.

방향 지향적(Directional)   특정 변화를 향해 가는 것을 선호하는 것을 말한다.

방향 지향적 반영(Directional reflection)   변화대화에 초점을 맞춘 전략적 반영을 말한다.

방향 지향적 질문(Directional question)   변화대화가 자연스럽게 나오게 하는 전략적 질문을 말한다.

변화 단계(Stages of change)   초이론적 변화 모델에서 변화 과정에서의 일련의 단계들을 말한다.

변화대화(Change talk)   특정 변화 목표를 향해 가는 것을 선호하는 모든 언어 표현을 말한다.

변화대화 빌려오기(Lending change talk)   내담자가 말로 하지 않았으나 이제까지 말한 것으로부터 유추할 만한 변화대화를 시험적으로 반영한다.

변화대화 일구기(Cultivating change talk)   변화를 선호하는 내담자 언어의 깊이, 강도, 탄력을 증가시키는 방식으로 면담자가 반응하는 것을 말한다.

변화 안건 도해(Agenda mapping)   면담에서 다룰 수 있는 주제(들)를 선택한다.

복합반영(Complex reflection)   내담자가 이미 한 말을 넘어서서 추가적 의미나 또 다른 의미를 더하는 면담자의 반영. 내담자가 의미한 것을 추측해서 반영한다.

복합인정(Complex affirmation)   내담자의 지속적인 긍정적 속성을 강조하거나 나타내는 면담자의 지지적 진술을 말한다.

불화(Discord)   작업 관계에서 불협화음을 나타내는 대인 관계적 행동. 유지대화 자체는 불화가 될 수 없다. 불화의 예로 논쟁하기, 가로막기, 듣지 않기, 무시하기 등이 있다.

비유하기(Analogy)   직유나 은유로 된 반영 형태를 말한다.

빠르게 관계 맺기(Rapid engaging)   면담 초기에 오로지 경청만 하는 것으로서 조사하려는 질문이나 문제 해결이나 중간에 끼어들기를 하지 않는 것이다.

사과하기(Apology)   불화에 반응하는 방식. 부분적으로 책임을 진다.

사람 중심(Person-centered)   칼 로저스가 소개한 접근. 지지적이고, 공감적이고, 수용적인 관계에서 내담자가 자기 경험을 탐색하는 것. 내담자 중심이라고도 한다.

산만해지기 함정(Wandering trap)   방향 지향적으로 충분히 집중하지 않은 채 듣는 것을 말한다.

설득하기(Persuasion)   내담자가 가진 의견, 태도, 행동을 변화시키고자 하는 시도로서, 논리, 강압적 논쟁, 자기 개방이나 사실 정보를 사용하는 경우이다.

설득하기 함정(Persuasion trap)   내담자를 확신시키기 위해 노력하는 소통법이다.

수용(Acceptance)   동기면담 정신의 네 가지 구성 요인 중 하나. 면담자는 내담자를 있는 그대로 비판단적으로 이해하고 소통한다.

시간 함정(Time trap)   시간 압박을 느껴서 성급하게 또는 도움이 되지 않게 소통하게 되는 경우를 말한다.

실천 과학(Implementation science)   실제 현장에서 특정 결과물이나 프로그램이 어떻게 채택되고 적용되는지를 연구하는 학문을 말한다.

심리적 반동(Psychological reactance)   자신이 위협을 받는다고 느끼면 자유를 주장하는 천성적인 성향을 말한다.

안내하기(Guiding)   내담자가 방향을 찾도록 도와주는 자연스러운 소통 스타일. 지시하기와 따라가기의 몇 가지 요인들을 결합한 스타일이다.

양가감정(Ambivalence)   변화에 대한 찬반 동기가 동시에 경쟁적으로 존재한다.

양가감정의 한쪽 깃대(Vertical ambivalence)   변화에 관한 찬반 동기가 경쟁적으로 동시에 존재하는데, 내담자는 의식적으로 한쪽 동기를 알고 있으나 반대편 동기는 알지 못하는 상태를 말한다.

양가감정 확장하기(Developing ambivalence)   현 상태와, 내담자의 중요한 목표 및 가치

간 괴리를 지각하도록 돕는다.

양면반영(Double-sided reflection)   유지대화와 변화대화를 모두 포함한 반영. 주로 '그리고'라는 접속사를 중간에 넣어서 반영한다.

역효과(Contraindication)   특정 접근법이 잘못되게 만드는 어떤 상황이나 특성을 말한다.

연민(Compassion)   동기면담 정신의 네 가지 핵심 구성 요소 중 하나. 내담자의 복지, 웰빙을 향한 선한 의도를 말한다.

열린 질문(Open question)   내담자에게 어떻게 반응할지 폭넓은 범위를 제공하는 질문. **닫힌 질문**과 비교.

예비적 변화대화(Preparatory change talk)   변화대화의 하위 유형. 변화하려는 구체적인 의도나 결단을 말하거나 내포하지 않고 변화 동기를 표현하는 것을 말한다. 변화 욕구, 능력, 이유, 필요 등.

요약하기(Summary)   이전에 진술된 내용 중 두 개 이상을 끌어내어 반영한다.

욕구대화(Desire language)   변화대화의 한 유형으로 변화를 원한다는 말. 일반적으로 '하고 싶다, 원한다, 좋아한다' 등이 들어있다.

유발하기 과제(Evoking task)   동기면담의 네 가지 과업 중 세 번째 과제. 내담자의 특정 변화에 대한 동기를 이끌어내는 것이다.

유지대화(Sustain talk)   현 상태를 선호한다는 표현으로 변화를 향하지 않으려고 한다.

유지대화 완화하기(Softening sustain talk)   유지대화나 불화에 반응할 때 그 깊이, 강도, 탄력을 감소시키는 것을 말한다.

의도적 적용(Deliberate practice)   일상적인 적용 이외에 의도적으로 시간과 노력을 전념하여 기술 역량을 강화하는 것을 말한다.

이유대화(Reason language)   예비적 변화대화의 한 유형. '만약–그러면'으로 구체적인 변화 동기를 표현하는 내담자의 말을 의미한다.

임파워먼트(역량 증진)(Empowerment)   내담자가 자신의 강점과 능력을 알아차리고 사용하도록 돕는다.

자기 개방(Self-disclosure)   내담자에게 도움이 될 것으로 기대하는 타당한 이유가 있을 때 실무자가 진실한 자기 모습을 나눈다.

자기 인정하기(Self-affirmation)   자신의 긍정적 노력과 속성을 인정해주는 진술을 말한다.

자기조절(Self-regulation)　스스로 계획을 세워서 그 계획을 수행하고자 행동 실천하는 능력을 말한다.

자신감 대화(Confidence language)　변화 능력을 내포하거나 나타내는 변화대화.

자신감 척도(Confidence ruler)　특정 변화를 성취할 자기 능력에 대해 자신감 수준을 평가하는 척도를 말한다(일반적으로 0~10점).

자율성 지지하기(Autonomy support)　내담자의 자유로운 선택과 자기결정을 인정하고 존중하는 면담자 반응을 말한다.

작업동맹(Working alliance)　내담자와 상담사의 협동적 관계의 수준으로서 변화 유지와 효과를 예측한다.

재구조화하기(Reframing)　내담자가 한 말의 또 다른 해석을 고려하도록 초대하는 면담자의 진술을 말한다.

전문가 함정(Expert trap)　상담사가 내담자의 문제에 대해 상담사 자신이 가장 좋은 답을 가지고 있다고 생각하며 소통하는 것을 말한다.

정확한 공감(Accurate empathy)　내담자가 의미하는 바를 지각하고 다시 말해주는 기술로서 두 사람 모두 더 명확하게 이해하게 된다.

주의를 다른 데로 돌리기(Shifting attention)　불화에 반응하는 방법의 하나. 주의나 논의를 덜 논쟁적인 주제나 관점으로 돌린다.

중립(Neutrality)　내담자의 선택이나 변화의 방향에 영향을 주지 않으려는 면담자의 의도적 결심을 말한다.

중요성 척도(Importance ruler)　특정 변화에 대한 중요성을 평가하는 척도를 말한다(일반적으로 0~10점).

지시하기(Directing)　가르치기, 끌고 가기, 조언하기, 정보 주기, 명령하기와 같이 자연스러운 소통 스타일을 말한다.

지지적 중요한 타자(Supportive significant other)　내담자가 변화하도록 지지하는 사람을 말한다.

직면(Confront)　동기면담과 불일치하는 반응. 예로 경고하기, 반대하기, 논쟁하기 등이 있다.

진자추 접근(Pendulum approach) 변화대화를 유발하는 하나의 전략. 면담자가 우선 현 상태에 대해 지각한 좋은 점들을 반영하고 나서 덜 좋은 점들이 무엇인지 질문한다.

진정성(Genuineness) 진실하고 있는 그대로의 자기 모습을 말한다.

질문하기-제공하기-질문하기(ask-offer-ask : AOA) 정보를 교환하는 과정은 내담자의 경험을 탐색하는 것으로 시작하고 마침으로써 제공할 정보를 틀에 맞춘다.

질적 보장(Quality assurance) 동기면담 적용의 충실도를 측정한다.

체계적 문헌 고찰(Systematic review) 특정 주제에 관한 연구 결과들을 순시대로 요약한 것이다.

초심자의 마음(Beginner's mind) 대화를 시작할 때 호기심과 열린 마음을 가지는 것이 며 자기가 모르고 있음을 아는 것이다.

초점 맞추기 과제(Focusing task) 동기면담의 네 가지 과업 중 두 번째 과제. 공유된 목 표나 변화 방향을 밝힌다.

최소화하기(Understating) 내담자가 표현한 말의 내용이나 감정의 강도를 감소하거나 최소화하여 표현하는 반영의 한 유형을 말한다.

충실도 일탈(Fidelity drift) 시간이 지나면서 치료 접근 준수 정도가 감소하는 것을 말 한다.

컴퓨터 자동화 코딩(Computer-automated coding) 인공지능을 사용하여 상담사나 내담 자의 구체적 반응들을 코딩한다.

파트너십(Partnership) 동기면담 정신의 네 가지 주요 구성 요소 중 하나. 면담자는 파 트너 또는 동반자로서 내담자 자신의 전문성을 가지고 협동하는 것을 말한다.

평가자 간 신뢰도(Interrater reliability) 언어 반응을 평가하거나 분류할 때 두 관찰자가 상호 동의하는 수준을 가리킨다.

표준치로 교정하기(Norm correction) 정보를 제공하는 개입의 하나. 신뢰도 있는 설문 조사나 표준치 데이터를 토대로 평균적인 실제 행동을 알려준다.

필요대화(Need language) 예비적 변화대화의 한 유형. 이유를 구체적으로 명시하지 않 고 변화의 절박함을 표현하는 내담자의 말. 흔히 나오는 단어는 '할 필요가 있다, 해 야 한다, 안 하면 안 된다' 등이다.

학습 공동체(Learning community) 실무자들이 한 집단이 되어 자신들의 기술 향상을 위해서 함께 의도적 훈련에 참여한다.

합의된 의사 결정하기(Shared decision making)   내담자에게 다양한 대안들에 관한 최상의 근거를 제공하고 내담자가 어떻게 처리할지 지지하는 과정을 말한다.

핵심 질문(Key question)   질문의 한 형태. 변화대화를 요약한 후에 실무자가 본질적으로 질문한다. "이제 무엇을 할까요?"

행동 실천 대화(Taking-steps language)   활동적 변화대화의 한 유형. 변화 행동이나 단계를 이미 실천하였음을 반영한다.

허락(Permission)   조언이나 정보를 제공하기에 앞서 동의를 구한다.

현 상태(Status quo)   변화가 없는 현재 상태를 말한다.

협동 구하기(Seeking collaboration)   내담자와 힘을 공유하거나 내담자의 전문성을 인정하는 면담자의 반응을 말한다.

확대반영(Amplified reflection)   내담자가 표현한 것 이상의 강도로 내용을 반영해서 말함. 유지대화 또는 불화에 사용하는 반응 형태를 말한다.

활동적 변화대화(Mobilizing change talk)   변화대화의 하위 유형. 변화 행동을 말하거나 의미하는 말. 결단, 활성화, 행동 실천 등이 포함된다.

활성화 대화(Activation language)   활동적 변화대화의 한 유형을 말한다.

CATs   활동적 변화대화의 세 가지 하위 유형의 약자. 결단, 활성화, 행동 실천 대화.

DARN   예비적 변화대화의 네 가지 하위 유형의 약자. 욕구, 능력, 이유, 필요.

MET   ➞ 동기증진치료.

MINT(Motivational Interviewing Network of Trainers)   동기면담 훈련가 네트워크. 1997년에 창설되었고 2009년에 법인화하였다(https://motivationalinterviewing.org).

MIPC(Motivational Interviewing Process Code)   동기면담 프로세스 코드.

MISC(Motivational Interviewing Skills Code)   동기면담 기술 코드. 동기면담 적용 시 내담자와 면담자의 언어 표현을 코딩하는 최초의 시스템을 말한다.

MISTS(Motivational Interviewing Supervision and Training Scale)   동기면담 슈퍼비전 및 훈련 척도.

MITI(Motivational Interviewing Treatment Integrity)   동기면담 치료 효과. MISC를 알기 쉽게 설명한 것으로 면담자 반응에만 초점을 두어 동기면담 적용의 충실도 수준을 기록한다.

OARS   내담자 중심의 소통 기술 네 가지의 약자. 열린 질문, 인정하기, 반영하기, 요약하기.

TNT(Training of New Trainers of MI)   새로운 동기면담 훈련가를 위한 훈련. 1993년에 시작했고 현재 MINT가 담당하고 있다.

찾아보기

지은이

William R. Miller

미국 뉴멕시코대학교 심리학 및 정신건강의학과 명예교수. 동기면담(MI)을 1983년에 논문에서 소개하였고, 도서 *Motivational Interviewing* 초판을 1991년에 Stephen Rollnick 박사와 함께 출판하였다. 중독 분야에서 치료와 예방에 주력하여 연구해 왔고 변화를 위한 심리학 분야에서 보다 포괄적으로 연구하였다. 미국심리학회에서 두 번에 걸쳐 전문경력 수상을 하였고, 국제 젤리넥 기념상을 수상하였으며, 로버트 우드 존슨 재단으로부터 혁신자 상을 수상하였고, 그 외에 많은 상을 받았다. 65여 권의 도서를 출판하였고, 400편 이상의 논문과 글이 있다.

웹사이트 https://williamrmiller.net

Stephen Rollnick

영국 웨일스의 카디프대학교 의과대학 명예교수. 동기면담의 공동 개발자. 임상 심리 분야에서 경력을 가지고 변화에 관한 대화를 증진하는 방법에 학문적으로 주력하였으며, 동기면담 훈련가 네트워크(MINT, www.motivationalinterviewing.org)를 창립하는 데 도움을 주었다. 다양한 분야의 경력을 가지고 있는데, 정신 건강, 그리고 당뇨, 심장 질환, HIV/AIDS 등의 장기적 건강 문제에 특별히 관심을 가지고 있다. 행동 변화 돕기를 주제로 과학 저널과 많은 도서를 집필한 바 있다. 다양한 현장과 문화권에서 임상가를 훈련하는 국제적 훈련가이며, 현재 건강 현장과 스포츠 분야에서 훈련가 및 자문가로 일하고 있다.

웹사이트 www.stephenrollnick.com

옮긴이

조성희 (cho@bu.ac.kr)

백석대학교 상담학 교수로 2007년에 밀러 박사와 모이어스 박사가 미국 시카고에서 공동 진행한 TNT에 참여하였다. MINT 회원이자 동기면담 훈련가이다.